安本雅典＋真鍋誠司 編

オープン化戦略

境界を越えるイノベーション

Strategy for Open Business:
Innovation across Boundaries

有斐閣
yuhikaku

はじめに

　企業活動のオープン化に関する議論が盛んになってきている。たとえば，オープン・イノベーション，ビジネス・エコシステム，プラットフォーム，国際標準化（および知財マネジメント），脱系列化などである。これらは，それぞれ異なるトピックではありながら，従来の枠組みを超えた企業のオープンな取組みという意味では共通点がある。

　なかでも，オープン・イノベーションが学界のみならず実務界でも近年注目されている。だが，その概念や言葉の指す内容はまちまちである。それに伴い，実に多様な活動が取り上げられている。それらが，同じオープン・イノベーションという括りで論じられているのが現状なのである。オープン・イノベーションというコンセプトを掲げることが，自前主義から脱却するための方法として，シンプルで理解しやすいからかもしれない。

　「社内よりも社外の方が技術・知識・アイデアの源泉も活用機会も多いのだから，これまで自社内で閉じていたイノベーションのプロセスをオープンにするべきだ」という考え方そのものは，たしかにシンプルである。だが，だからこそ，無批判にこれに飛びつくわけにはいかない。オープン・イノベーションの考え方や戦略を各企業の状況に合わせて有効に取り入れるのは，実は容易ではない。言うまでもなく，国・地域や産業・分野による違いがあり，各企業を取り巻く経営環境や，企業が培ってきた組織能力（およびポジション）は異なってくるからである。

　本書の狙いは，オープン・イノベーションを含む，企業のさまざまなオープンな取組みについて，そのマネジメントと戦略の視角から整理して紹介することにある。本書では，それぞれの論点を専門とする経営学研究者の論考を中心に集めている。まず，オープンな取組みを実践するために必要になる，情報，組織，企業間関係のマネジメントを考える。加えて，その手段として，提携，プラットフォーム，標準化といった戦略を取り上げる。さらに，オープンな取組みに関する政策，成果，課題についても考察する。

　ただし，学術的な知見を提供するだけにとどまらず，実務上も参考になるように留意した。したがって，経営学や技術経営を学ぶ大学生や大学院生は

　もちろん，オープンな取組みを実践的に検討しているビジネスパーソンにも手に取っていただきたいと考えている。本書を通じて，企業のオープンな取組みについての関心を，理論と実践の両面から高めることができれば，編者として望外の喜びである。

執筆者紹介 （執筆順）

安本 雅典 （やすもと・まさのり）
編者，第 1・2・3 章 （共同執筆），第 1・2・3 部補論，第 3 部ショートケース （共同執筆）
横浜国立大学大学院環境情報学府・研究院教授
主要著作◎『携帯電話産業の進化プロセス：日本はなぜ孤立したのか』（共編著）有斐閣，2010 年。
「複雑システムの標準化戦略のアプローチ：社会的課題解決に向けた課題と展望」『研究 技術 計画』第 31 巻 1 号，2016 年。

真鍋 誠司 （まなべ・せいじ）
編者，第 1・2・3 章 （共同執筆），第 1・2・4 部ショートケース
横浜国立大学大学院国際社会科学研究院教授
主要著作◎「長期的関係による信頼構築：自動車部品の系列取引システム」加護野忠男・山田幸三編『日本のビジネスシステム』有斐閣，2016 年，所収。「R&D 関連部門の物理的近接による逆機能発生のメカニズム：日産自動車の事例分析」『組織科学』第 45 巻 3 号，2012 年。

川上 智子 （かわかみ・ともこ） 第 4 章
早稲田大学大学院経営管理研究科教授
主要著作◎『顧客志向の新製品開発：マーケティングと技術のインタフェイス』有斐閣，2005 年。

貴志 奈央子 （きし・なおこ） 第 5 章
横浜国立大学大学院国際社会科学研究院准教授
主要著作◎「組織の調整力と製品アーキテクチャの適合性：輸出比率への影響」（共同執筆）『経済研究』（一橋大学）第 61 巻 4 号，2010 年。「研究開発における探索の範囲と機動性」『組織科学』第 45 巻 1 号，2011 年。

椙山 泰生 （すぎやま・やすお） 第 6 章
京都大学経営管理大学院教授
主要著作◎『グローバル戦略の進化：日本企業のトランスナショナル化プロセス』有斐閣，2009 年。「アーキテクチャ論から見た産業成長と経営戦略：オープン化と囲い込みのダイナミクス」藤本隆宏・新宅純二郎編著『中国製造業のアーキテクチャ分析』東洋経済新報社，2005 年，所収。

若林 直樹 （わかばやし・なおき） 第 7 章
京都大学経営管理大学院教授
主要著作◎『ネットワーク組織：社会ネットワーク論からの新たな組織像』有斐閣，2009 年。『ハイテク産業を創る地域エコシステム』（共著）有斐閣，2012 年。

永山 晋 （ながやま・すすむ） 第 8 章 （共同執筆）
法政大学経営学部専任講師
主要著作◎「クリエイティブ産業におけるプロジェクト・マネジメント：タスク，チームサイズ，ネットワーク構造に着目した実証分析」『日本経営学会誌』第 37 号，2016 年。"Connect the Dots, but Deliberately: Intrapersonal Diversity in Function and Genre in Creative Teams," （共同執筆）*Academy of Management, Best Paper Proceedings*, 2016.

井上 達彦 （いのうえ・たつひこ） 第 8 章 （共同執筆）
早稲田大学商学学術院教授
主要著作◎『模倣の経営学：偉大なる会社はマネから生まれる』日経 BP 社，2012 年。『ブラックスワンの経営学：通説をくつがえした世界最優秀ケーススタディ』日経 BP 社，2014 年。

加藤 みどり（かとう・みどり）　　　　　　　　　　　　　　　　第9章
東京経済大学経営学部教授
主要著作◎「日本企業における技術経営と高信頼性組織の親和性」『信頼性』第34巻5号，2012年。『「育てる・見つける」優れた技術者』（共著）生産性出版，2008年。

立本 博文（たつもと・ひろふみ）　　　　　　　　第10・12章（共同執筆）
筑波大学ビジネスサイエンス系教授
主要著作◎『オープン・イノベーション・システム：欧州における自動車組込みシステムの開発と標準化』（共編者）晃洋書房，2011年。『プラットフォーム企業のグローバル戦略：オープン標準の戦略的活用とビジネス・エコシステム』有斐閣，2017年。

小川 紘一（おがわ・こういち）　　　　　　　　　第10・12章（共同執筆）
東京大学政策ビジョン研究センター客員研究員
主要著作◎『国際標準化と事業戦略：日本型イノベーションとしての標準化ビジネスモデル』白桃書房，2009年。『オープン＆クローズ戦略：日本企業再興の条件』翔泳社，2014年。

新宅 純二郎（しんたく・じゅんじろう）　　　　　　第10章（共同執筆）
東京大学大学院経済学研究科教授
主要著作◎『日本のものづくりの底力』（共編著）東洋経済新報社，2015年。『新興国市場戦略論：拡大する中間層市場へ・日本企業の新戦略』（共編）有斐閣，2015年。

糸久 正人（いとひさ・まさと）　　　　第11章，第3部ショートケース（共同執筆）
法政大学社会学部准教授
主要著作◎「標準に対するユーザーとサプライヤーのコンセンサス：コンフリクトを克服した互恵性の達成」『研究 技術 計画』第27巻1/2号，2013年。『コア・テキスト生産管理』（共著）新世社，2015年。

澤田 直宏（さわだ・なおひろ）　　　　　　　　　　　　第13章（共同執筆）
青山学院大学大学院国際マネジメント研究科教授
主要著作◎「新たな派生市場セグメントに対する既存ビジネスシステムの適応困難性：競争優位劣化・逆転の要因に関する一考察」（共同執筆）『組織科学』第43巻3号，2010年。「競合企業との相互作用に基づくビジネスシステムの形成および同プロセスが生み出す市場ニーズとのミスマッチ」『組織科学』第47巻4号，2014年。

中村 洋（なかむら・ひろし）　　　　　　　　　　　　　第13章（共同執筆）
慶應義塾大学大学院経営管理研究科教授
主要著作◎『ライフサイエンス産業経済分析：経営と政策の共進的発展』慶應義塾大学出版会，2009年。"New NHI Drug-pricing System in Japan: Incentives for R&D and Budget Neutrality," （共同執筆）*International Journal of Economic Policy Studies*, Vol. 10, 2015.

浅川 和宏（あさかわ・かずひろ）　　　　　　　　　　　第13章（共同執筆）
慶應義塾大学大学院経営管理研究科教授
主要著作◎『グローバル経営入門』日本経済新聞社，2003年。『グローバルR&Dマネジメント』慶應義塾大学出版会，2011年。

延岡 健太郎（のべおか・けんたろう）　　　　　　　　　　　　　第14章
一橋大学イノベーション研究センター教授
主要著作◎『MOT［技術経営］入門』日本経済新聞社，2006年。『価値づくり経営の論理：日本製造業の生きる道』日本経済新聞出版社，2011年。

目　　次

はじめに　i

━━━━━━━━━━━━　第1部　オープン化戦略を促す要因　━━━━━━━━━━━━

第1章　オープン化の背景と分類 ――――――――― 3
真鍋誠司・安本雅典

1 オープン化とは ……………………………………………3
　1.1　米国におけるオープン化経営　3
　1.2　日本における囲い込み経営　4

2 オープン化の背景 …………………………………………5
　2.1　経営環境の変化　5
　2.2　オープン化の環境条件と組織能力　6

3 「オープン・イノベーション」というコンセプト ……………7

4 オープン・イノベーションとオープン化戦略 ………………9
　4.1　オープン・イノベーションの位置づけ　9
　4.2　価値の創造と獲得のバランス　11
　4.3　本書の構成　14

第2章　オープン化戦略を促す環境 ――――――― 19
安本雅典・真鍋誠司

1 オープン化戦略と環境 ……………………………………19

2 相互補完性に基づくオープン化 …………………………21

3 技術や知識のオープン化を促す要因 ……………………23
　3.1　仕組みの制度化　26
　3.2　製品化（実装）技術の市場形成　29
　3.3　技術や知識のオープン化による企業間分業の発達　34

4 ビジネス・エコシステムによるオープンな環境 ······················36

4.1　企業間の相互補完性とネットワーク　36

4.2　コミュニティとしてのビジネス・エコシステム　38

4.3　エコシステムの成り立ち　41

5 オープン化戦略を促す環境要因間の関係 ························44

第3章　オープン化戦略を可能にする企業の能力 ——— 56
真鍋誠司・安本雅典

はじめに　56

1 オープン化戦略と組織能力 ······························56

2 企業内部の知識・技術を管理する組織能力 ················57

2.1　ビジネスモデルの構築能力　57

2.2　知財権の管理能力　58

2.3　アーキテクチャのデザイン能力　60

3 企業外部の知識・技術を管理する組織能力 ················62

3.1　知識の吸収能力　62

3.2　標準化の促進能力　63

3.3　企業間ネットワークの構築能力　66

4 オープン化戦略を可能にする組織能力間の関係 ···········69

補　論　オープン化と複雑化するシステム ——— 75
収益化のための戦略の展望　　　　　安本雅典

1 複雑化するシステムと標準化 ······························75

2 標準化の意義の変容 ······································78

3 オープン化の環境整備の対価と収益化 ····················80

ショートケース　大阪ガスのオープン化戦略 ——— 87
真鍋誠司

▨▨▨▨▨▨　第2部　オープン化戦略を支えるマネジメント　▨▨▨▨▨▨

第4章　市場情報のマネジメント ──────── 93
価値共創分析マトリクスの提案　　　　　　　　　　　　川上智子

はじめに　93

1 企業と消費者との関係の変化 ……………………………94

1.1　刺激反応型から共創型への変遷　94
1.2　製品購入後の使用を通じた共創　96

2 共創型イノベーションにおける市場情報のマネジメント …………97

2.1　市場志向の実現と市場情報　97
2.2　情報入手段階におけるデータの多種多量化　99
2.3　情報共有段階におけるインターフェースの複雑化　101
2.4　情報利用段階における判断基準の変化　102

3 価値共創分析マトリクスの提案と事例分析 ………………104

3.1　共創型イノベーションのための価値共創分析マトリクス　104
3.2　事例分析：関西大学における産学官連携の対話型イノベーション　105
3.3　事例分析に基づく発見事項　108

おわりに　108

第5章　技術情報のマネジメント ──────── 113
　　　　　　　　　　　　　　　　　　　　　　　　　貴志奈央子

はじめに　113

1 研究開発における「探索」とは ……………………………115

2 探索の範囲 …………………………………………116

3 オープン化戦略の追求において現代組織の抱える課題 …………119

4 半導体業界のケース …………………………………121

4.1　1990年代における半導体業界の特性　122
4.2　探索範囲の拡大と研究開発の速度　122
4.3　分析と結果　123

5 オープン化戦略の追求と研究開発の強化 ················127

第6章　オープン・イノベーションと内部組織・戦略策定 ── 130
日本企業が技術を獲得・提供するための能力の探求　椙山泰生

はじめに　130

1 本章の目的とオープン・イノベーションの定義 ················130

2 既存の議論と日本企業という文脈 ················132

2.1 オープン・イノベーションと内部組織に関する先行研究　132

2.2 議論の文脈としての多角化した日本企業　134

3 内部組織の影響：事業部の自律性と事業部間調整 ················137

3.1 多角化とオープン・イノベーション　137

3.2 企業内の部門間調整とオープン・イノベーション　139

4 戦略の影響：事業領域とコア技術 ················144

4.1 事業領域の明確化の影響　144

4.2 必要な技術の特定化と技術導入　145

4.3 技術の応用範囲と技術提供　146

4.4 コア技術の特定と技術導入　147

おわりに　148

第7章　企業間ネットワークのマネジメント ──────── 153
若林直樹

はじめに　153

1 組織間ネットワークの働きとメカニズム ················154

1.1 組織間ネットワークとは何か　154

1.2 ネットワークの経済的な働きとガバナンス　156

1.3 学習とイノベーション　158

1.4 組織ネットワーク理論の視角　159

2 知識移転の促進と社会関係資本 ················159

2.1 知識の移転しやすさ　159

2.2 求める知識により異なるネットワークのタイプ　160

2.3　ネットワークの提供する関係資源　162

2.4　知識移転を促進しやすいネットワークの質と形態　162

2.5　組織間学習を促進するネットワーク・マネジメント　164

2.6　産業クラスターにおける働きとマネジメント　165

3　企業間ネットワークのマネジメント ……………………167

第**8**章　エコシステムのマネジメント ———— 169
ニッチ企業の共有を通じたセミオープンなエコシステム　永山晋・井上達彦

はじめに　169

1　ビジネス・エコシステムの基本概要 ………………………170

1.1　ビジネス・エコシステムとは　170

1.2　エコシステムの健全性指標　173

1.3　オープンかクローズドかのトレードオフ　174

2　エコシステムのマネジメント ………………………176

2.1　プラットフォーム企業の視点：自社の担当範囲と他社との関係性　176

2.2　ニッチ企業の視点：四つの戦略タイプ　179

2.3　ニッチ企業同士の補完性によるトレードオフの解消　182

3　日本のゲームビジネスのエコシステム ………………………183

3.1　日本のゲームビジネスの概要　183

3.2　プラットフォーム企業の振る舞い　185

3.3　取引依存度によるニッチ企業の分類　187

3.4　ニッチ企業のパフォーマンスと補完性　189

おわりに　191

補　論　技術の公開とマネジメント ———— 194
安本雅典

1　技術・知識のマネジメントのポリシー ………………………194

2　技術のコントロールの可能性 ………………………196

ショートケース　ナインシグマ・ジャパン：技術の仲介企業 ———— 203
真鍋誠司

■■■■■■■■　第3部　オープン化戦略のバリエーション　■■■■■■■■

第9章　アライアンス戦略 ────────── 209
　　パートナーの戦略的活用による人材育成と相互学習の進化　　加藤みどり

はじめに　209

1　研究開発アライアンスの現状 ·················211
　1.1　概　況　211
　1.2　パートナーの使い分け戦略　213

2　アライアンスパートナーの戦略的活用 ·················218
　2.1　大学（基礎研究フェーズ）　218
　2.2　グループ企業　220
　2.3　サプライヤー－顧客企業　224

3　課題と対応策 ·················229
　3.1　意図せざる技術流出　229
　3.2　技術の切り分け方のメリット・デメリット　231
　3.3　技術力の低下と知の還流　233
　3.4　人材育成：OJT への過剰適応をどう克服するか　234

おわりに：パートナーによる課題と対策　236

第10章　プラットフォームビジネス ─────── 240
　　　　立本博文・小川紘一・新宅純二郎

はじめに：オープン化の面から見た，プラットフォーム戦略の意義　240

1　イノベーション研究とプラットフォーム企業 ·················241

2　新しい産業環境の出現 ·················243

3　オープン標準化とプラットフォームビジネス ·················245

4　事例研究：インテルのプラットフォームビジネス ·················250

5　プラットフォームによる国際分業と経済成長 ·················255

おわりに：プラットフォーム戦略と国際競争力　257

第11章　標準化戦略 —————————————— 264
糸久正人

1 オープン化戦略における標準の意義 …………………264

2 イノベーション活動における標準の意味 ……………268

　2.1　サブシステムの標準　268

　2.2　インターフェースの標準　271

　2.3　アーキテクチャの標準　273

3 標準と標準化プロセスのオープン化：コンセンサス標準の戦略性 ……275

4 AUTOSAR の事例：コンソーシアムの戦略性 ……………278

5 ま と め …………………………………………………281

補　論　コンセンサス標準と知識のコントロール ———— 285
安本雅典

1 標準化のインパクト ……………………………………285

2 標準化に貢献する企業によるコントロール ……………288

3 知識のネットワーク …………………………………………290

ショートケース　オープン化戦略を促す組織とネットワーク： —— 296
欧州における EV 標準化のためのコンソーシアム　安本雅典・糸久正人

第 4 部　オープン化戦略による成果と今後の課題

第12章　欧州のイノベーション政策 ———————————— 303
欧州型オープン・イノベーション・システム　立本博文・小川紘一

は じ め に　303

1 欧州型イノベーション・システムの成立経緯 ………………303

2 欧州における共同研究促進政策 …………………………308

　2.1　Framework Programme の構造と特徴　308

　2.2　European Technology Platform　312

　　2.3　SRA と FP7 の関係　314

　　2.4　Joint Technology Initiatives　314

　　2.5　JTI の示すロードマップとは：産業エコシステム・標準化と規制・対象市場　316

　3　ERA 構想：研究ネットワーク構築の仕組み ……………………318

　4　EU のイノベーション政策への評価と考察 ……………………320

　おわりに　323

第**13**章　経営政策 ——————————————— 326

澤田直宏・中村洋・浅川和宏

　1　オープン化戦略の論点 …………………………………………326

　2　本社におけるオープン化戦略と他の経営政策との関係 ………327

　　2.1　本社のオープン化戦略と研究開発パフォーマンス　328

　　2.2　「本社のオープン化戦略」と「本社による技術開発指針の明確化」との交互
　　　　作用効果　329

　　2.3　「本社のオープン化戦略」と「組織目標達成への本社による戦略的イニシア
　　　　ティブ」との交互作用効果　330

　3　アンケート調査に基づく検証 …………………………………332

　　3.1　データおよび変数　332

　　3.2　分析結果　333

　4　考察および実務的インプリケーション …………………………337

第**14**章　価値づくりにおける課題 ——————————— 341

延岡健太郎

　1　はじめに ……………………………………………………………341

　2　ものづくりと価値づくりの乖離 …………………………………344

　3　オープン化が価値づくりへもたらす影響 ………………………347

　4　価値づくりの条件：持続的な独自性と顧客価値 ………………348

　5　オープン化戦略における価値づくり：持続的な差別化・独自性 ……350

　6　オープン化戦略における意味的価値の創出 ……………………353

　　6.1　意味的価値の定義と内容　　354

　　6.2　意味的価値とオープン化戦略　　356

7　おわりに ……………………………………………………358

ショートケース　PARC のオープン化戦略 ───────── 360
真鍋誠司

　おわりに ───────── 365

　索　　引 ───────── 369

第 **1** 部

オープン化戦略を促す要因

第 1 章　オープン化の背景と分類
第 2 章　オープン化戦略を促す環境
第 3 章　オープン化戦略を可能にする企業の能力
　補論　オープン化と複雑化するシステム
　ショートケース　大阪ガスのオープン化戦略

第**1**章

オープン化の背景と分類

真鍋誠司・安本雅典

1 オープン化とは

　企業経営のオープン化が，世界規模で進んでいる。経営のオープン化とは，自社の領域を越えて経営活動を行うことである。自社の領域には，経営を行っている既存の国土・産業・組織がある。つまり，経営のオープン化は，国・産業・組織（企業）の境界を越えた経営活動を意味する。このうち，本書では企業の境界を越える経営活動，とくにイノベーションに関わるものを中心に取り上げる。

1.1　米国におけるオープン化経営

　イノベーションを世界で牽引している米国の動向を，オープン化の視点から歴史的に見ておこう。結論を要約すれば，米国では「オープン化」（19世紀後半〜20世紀初頭）→「クローズド化」（20世紀後半）→「オープン化」（現在）という大きな潮流がある。

　19世紀後半から20世紀の初頭，米国では多くの独立研究所が存在し，メーカーはそうした企業外部の研究所で開発された技術を活用していた（武石，2012）。第一次世界大戦までは，米国メーカーは，欧州から製品や技術を導入し，個人の発明家から技術を買うことも行っていた（榊原，2005）。米国のメーカーは，自社で技術開発をせずに企業外部に技術を求めるという意味で，オープンな志向を持っていたのである。

　ところが20世紀の前半には，そのような独立研究所の役割は，企業内部

で担われるようになる（Mowery and Rosenberg, 1989）。企業の内部に中央研究所（総合研究所）が設置されるようになり，そこで研究開発活動が行われるようになっていった（Hounshell, 1996）。その理由には，以下の3点があげられる（Mowery and Rosenberg, 1989; Hounshell, 1996）。第一に，企業内部で技術開発を行うことで情報流出を防ぐためである。第二に，技術開発を委託する際，契約締結上の困難性があるためである。第三に，技術開発と生産を同じ企業内で行った方が，よい連携をとることができるためである。こうした理由によって，AT&T のベル研究所やゼロックスのパロアルト研究所のように，基礎研究所を社内に持ち，技術開発から生産まで一貫して社内で行うという企業が20世紀半ばには増加していった。

　しかしながら，次節 **2.1** 項「経営環境の変化」で述べるように，企業の必要とする知識や技術の基盤が広く深くなり，また，そうした知識や技術を入手するコストが低くなったため，イノベーションのオープン化が進むようになってきている。

1.2　日本における囲い込み経営

　他方，日本の大企業は，人材・販売チャネル・下請け等を自社の占有経営資源として囲い込んできた（國領, 1995）。自社に経営資源を囲い込み，独自の言葉や仕事の手順を構築するという経営である。そのため，オープン型経営への転換には，①囲い込み型経営による成功体験の忘却と，②雇用の流動化（雇用調整）が課題となりうる（國領, 1995）。

　また，とくに日本企業のイノベーションへの取組みは，自前主義の傾向が強いとも言われている（榊原, 2005）。しかしながら，たとえば日本の製薬企業は，海外のベンチャー企業と連携を強化するなど，アライアンス戦略に積極的になってきている（元橋, 2009）。

　もっとも，日本企業については，以前から社外との長期的関係を構築して連携をとることに秀でているという，多くの指摘がある。日本の自動車産業が典型的である。ただし，このような系列的な関係で企業間の連携が図られているからといって，純粋な「オープン」を意味しているとは言い難い。この点については，第3章で後述する。

❷　オープン化の背景

　オープン化の動向には，さまざまな要因が影響を与えうる。ここではまず，オープン化を促す背景に，経営環境の変化があることを述べる。次に，オープン化戦略を採用して成果を上げるためには，経営環境の変化による環境条件とともに，企業独自の組織能力が求められることも併せて指摘する。

❷.1　経営環境の変化

　とくに，イノベーションのオープン化が広く観察されるようになった背景に，経営環境の変化があげられる。ここで言う経営環境の変化とは，第一に企業が必要とする知識の基盤が広くて深いものになったため，それらを自社だけで賄うことができなくなってきていることである。また第二に，知識そのものの流動性が増加していることである。

　まず，科学技術が進展するとともに，分野ごとに専門化が進み，それを利用する企業が最先端の知識や技術を得ることが困難になった。それだけでなく，自社にある既存の技術や知識を超えた製品・サービスを提供する必要性が増大した。つまり，企業の求める知識基盤が拡大しているのである（Chritensen, 2006; Granstrand et al., 1997）。

　さらに，市場での競争がとくに激しい産業では，短期的な業績を向上させる必要があり，企業外部の資源を活用する要請が強まってきた（延岡, 2010）。また，市場の変化するスピードが速い場合も，イノベーションのオープン化は促進される（米倉, 2012）。たとえば，市場の変化に併せてオープン化戦略をとった日本企業には，オール電化による市場の変化にオープン・イノベーションで対応した大阪ガスや，急速に成長する新興国市場に対してオープンなアライアンス戦略をとった味の素があげられる（川合, 2012; 平尾・星野, 2012）。このような状況にある企業は，否応なしにイノベーションのオープン化を進めることになる。

　また，知識や技術を移転するコストが低くなれば，つまり知識・技術が外部から入手しやすくなれば，オープン化を進める企業が増加するという論理は自明である。もちろん，企業の目的・目標に応じてオープン化を選択する

かどうかは異なるけれども，コストの観点からは，以前よりもオープン化を促進するという選択は合理的になりうる。

とくに米国では，熟練労働者の流動性が高まったこと，大学・大学院で教育を受けた者が増えて知識レベルが向上したこと，補完的企業となるベンチャー企業とそれに投資するベンチャー・キャピタルが増加していることがイノベーションのオープン化の背景にある（Chesbrough, 2003）。情報通信技術が発達し，地理的に離れていても共同開発や調整が容易になったこともある（國領，1995; Dahlander and Gann, 2010）。

さらに，知財制度の確立や標準化とともに，「技術の市場」の形成が進んできたこと（Arora et al., 2001）が背景にある。これらと並行して製品のモジュラー化や産業の垂直分裂化（水平分業化）も進んだ（Langlois, 2002）。こうして，企業間での知識や技術の補完性と移転可能性が高まり，企業間分業が進んだことが（Jacobides et al., 2006; Teece, 2006），オープン化を推進する原動力になったのである。

2.2　オープン化の環境条件と組織能力

以上，オープン化を促す経営環境の変化について述べた。オープン化が進むには，企業間の技術や知識の円滑な供給と流通を可能にする環境条件が必要となる。技術や知識の入手（すなわち探索や活用）が困難であるということは，企業外部との調整コストがそれだけかかることを意味するので，オープン化戦略の有効性は低くなる。このため，企業間の技術や知識の移転を容易にするメカニズムが存在し，さらに企業間の市場やネットワークが発達していることが，基本的な条件となるのである。

しかし，企業が実際にオープン化戦略を採用して成果を上げるためには，その企業にとってオープン化戦略が有効になる条件が整うだけでなく，そうした条件を活かすための独自の組織能力が必要である（Chesbrough and Appleyard, 2007）。産業レベルでオープン化の条件が整うということと，それぞれの企業レベルの戦略としてのオープン化が進められるということは，異なる次元にある。

オープンな環境が整備されているだけでは，他社も同じ環境を利用できるので，製品／サービスが差別化しにくくなる。差別化が困難であれば，企業

間の競争によって極限まで価格が下がり，企業が十分な利益を確保できなくなるまで，コモディティ化が進展する可能性がある。したがって，オープン化戦略を採用し実行する企業は，自社内外の技術・知識を融合して独自の価値を創造するとともに，差別化を図り，その価値を収益として獲得しなければならない。オープン化に関わる組織能力にはいくつかの種類があるが（たとえば，Hughes and Wareham, 2010; Lichtenthaler and Lichtenthaler, 2009），企業独自の戦略やビジネスモデルとともに，その実現に適した組織能力が不可欠なのである。

　戦略やビジネスモデルは，環境と組織能力の両面によって理解することができる（青島・加藤，2003; 藤本，1997; Teece, 1986）。こうした観点を踏まえ，環境条件と組織能力については，それぞれ第 2 章（「オープン化戦略を促す環境」）と第 3 章（「オープン化戦略を可能にする企業の能力」）で詳細に議論する。

❸ 「オープン・イノベーション」というコンセプト

　イノベーションにおけるオープン化については，チェスブロウがインテル，シスコ，マイクロソフト等の有名企業をあげ，これらの企業は自らほとんど研究開発を行わないにもかかわらず，イノベーティブであると評価している（Chesbrough, 2003）。加えて，従来の「成功するイノベーションにはコントロールが必要である」という，内向きな論理のクローズド・イノベーションが崩壊し始めているとした。その上で，企業内部と外部の技術・知識（アイディア）を有機的に結び付けるオープン・イノベーションを提唱したのである。

　チェスブロウがこのように提唱して以来，イノベーションに関わる技術や知識（アイディア）の企業を越えた流入・流出の重要性や必要性について，学界や実務界において広く賛同が得られるようになった。

　学界においては，国際ジャーナルの *R&D Management* 誌（2009; 2010）や *International Journal of Technology Management* 誌（2010），国内ジャーナルでは『研究 技術 計画』(2010)，『一橋ビジネスレビュー』(2012) が，オープン・イノベーションの特集号を組んでおり，多くの研究論文が掲載された。また，オープン・イノベーションのマネジメントに関して，多数の論者が多様な論点を多角的に検討する書籍も刊行されている[1]。

　先進的な事例には海外企業のものが多いが，日本企業においてもオープン・イノベーションに対する取組みは始まっている。たとえば，日本電気 (NEC)，ダイキン工業，三菱ケミカルホールディングスなどは，積極的にオープン・イノベーションの考え方を企業活動に取り入れることを明らかにしている。さらに，日本の行政機関である経済産業省や文部科学省も，オープン・イノベーションに高い関心を寄せている。

　ただし，オープン・イノベーションを概念として提唱したチェスブロウは，オープン・イノベーションを「知識の流入と流出を自社の目的にかなうように利用して社内イノベーションを加速するとともに，イノベーションの社外活用を促進する市場を獲得すること」と広く定義した (Chesbrough, 2006)。このため，企業レベルでのオープン・イノベーションに限っても，論者によってその強調するポイントが異なるという事態を招き，オープン・イノベーションに関わる議論には混乱が見られるようになっている。実際の企業の試みについても，多様な試みがオープン・イノベーションとしてあげられていることが多く，その実態は把握し難い状況にある (Gassman et al., 2010)。

　とくに，自社内で完結しない活動をすべてオープンと捉える立場では，クローズド・イノベーションの単なる否定もオープン・イノベーションとなる。つまり，多少なりとも自社以外の企業との提携をしているだけで，オープン・イノベーションであると認められることになる。「日本自動車産業の系列では，自動車メーカーと部品メーカーは長期継続的関係のもとに共同開発を行っており，オープン・イノベーションは目新しい現象ではない」といった指摘は，その典型である。

　たしかに，相互によく理解している相手との共同研究開発も，オープン・イノベーションの一形態である。しかしながら，本来のオープン・イノベーション概念の貢献は，長期継続的関係を前提とするような，特定相手との知識・技術の流出入というよりは，その時点でベストと考えられる相手とのそれにあると考えられる。まったく新たな結び付きによる知識の連結にこそ，オープン・イノベーションの本質があると言えよう。

---

1 たとえば，Chesbrough and Vanhaverbeke (2006), Chesbrough et al. (2014), 米倉・清水 (2015)。

❹ オープン・イノベーションとオープン化戦略

　以上の議論をもとに,「オープン・イノベーション」と本書で扱う「オープン化戦略」の相違について考えてみよう。先に見たオープン化を促す背景のもとでいったんオープン化の傾向が一般的になると,オープン化へ転換する企業が増加する。その理由としては,オープン化傾向という流行への後追いが考えられる (Mortara and Minshall, 2014)。このようなトレンドに乗るだけのオープン化は,独自の戦略なき模倣であって,価値を生むものにはなりにくいと考えられる。競合他社も,同様にオープン化を進めるためである。ここでは,こうした戦略性の有無に触れながら「オープン化戦略」と「オープン・イノベーション」の相違について,本書における観点を提示する。

❹.1　オープン・イノベーションの位置づけ

　ここではまず,図1中のオープン・イノベーションとして示している部分を検討していく。オープン・イノベーションの議論では,近年において開発コミュニティといった複数企業へ研究対象の広がりを見せているものの,基本的には企業単体の活動に焦点を当てている。とくに,技術や知識の動く方向によって,二つに大別できる (Chesbrough, 2006; Enkel et al., 2009)[2]。一つは,外部からの技術・知識・アイディアの導入と拡大による価値の創造と獲得に,もう一つは外部への技術・知識・アイディアの提供・普及による価値の創造と獲得に関わる。前者はインバウンド型オープン・イノベーション,後者はアウトバウンド型オープン・イノベーションと呼ばれている。

　インバウンド型オープン・イノベーションは,たとえば「サプライヤーや顧客,外部知識との統合を通じて,自社知識の基盤を強化すること」(Enkel et al., 2009) と定義され,企業外部にある技術や知識を企業内部に流入する

---

[2]　第3のタイプとして,知識のインバウンドとアウトバウンドの両方が見られるカップルド型オープン・イノベーションの存在も指摘されているが,本書では考察しない。カップルド型オープン・イノベーションとは,「成功するためにギブ・アンド・テイクが不可欠な,アライアンスの協調,合併を通じた（主に）補完的パートナーとの共創」である (Enkel et al., 2009)。

図1　オープン・イノベーションとオープン化戦略

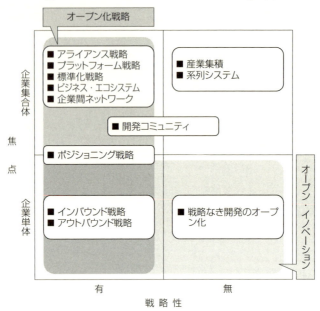

ことに力点が置かれる。具体的な手段としては，ユーザー，サプライヤー，大学や公的機関との共同研究開発，ベンチャーへの投資，知財の購入，企業買収といったものがある。

　他方，アウトバウンド型オープン・イノベーションの定義は，「アイディアを市場に出したり，IP（知財）を売却したり，外部環境へアイディアを普及させることで技術を増やし，利益を獲得すること」（Enkel et al., 2009）であり，企業外部への技術や知識の流出を主題にしている。たとえば，知財の販売やライセンシング，スピンオフ，ジョイント・ベンチャーが手段として考えられる。

　ただし，先に述べたように「知識の流入と流出を自社の目的にかなうように利用して社内イノベーションを加速するとともに，イノベーションの社外活用を促進する市場を獲得すること」という Chesbrough（2006）による定義を広義に解釈すれば，イノベーションに関わる戦略性，すなわち新しい価値を創造・獲得する戦略的な意図のないオープン化もオープン・イノベーションに含まれることになる。図1で，「戦略なき開発のオープン化」として示

している部分である。

　たとえば，すでに述べたオープン化現象の単なる後追いのように，企業外部を活用さえしていれば，競争優位性を考慮しないものであってもオープン・イノベーションと見なされる。

　しかしながら，そのようなオープン化は，高い経営成果には結び付き難いだろう。顧客に対する価値を創造し，それを獲得するための戦略が必要である。こうした戦略は，「オープン・ビジネスモデル」（Chesbrough, 2006）や「価値の創造と獲得のメカニズム」（武石，2012）と呼ばれるものに相当する。たとえば，P&G は社外の技術を活用し成果を上げていることで知られているが，その背後には，世界的なブランド，マーケティング，流通体制を活用することによる，価値の創造と獲得のための戦略，メカニズム，ビジネスモデルが不可欠である（Chesbrough, 2006; 武石，2012）。

4.2　価値の創造と獲得のバランス

　ここで，オープン化戦略による価値の創造と獲得について検討したい。オープン・イノベーションの議論においては，価値獲得にも注意が払われてはいるものの，価値創造がとくに強調されてきた。だが，オープン化戦略としてオープン化を捉える場合，価値の創造と獲得の両立は必ずしも容易ではないことがわかる。本書では，オープン化戦略を，「価値を創造し獲得するための，企業外部にオープンにする領域の決定とその領域のマネジメントに関するシナリオ」と定義する。

　企業がオープン化戦略を採用する際には，技術や知識の専有と普及のトレードオフに直面することを考えてみよう。オープン化により技術や知識の普及を促せば，他企業によるイノベーションや市場拡大（およびスケールメリットによるコスト削減）が促されると考えられる。こうしたイノベーションや市場拡大を活かして，さらに自らイノベーションを起こしたり，事業を展開したりすることも可能になるだろう。その結果，巨大な価値を獲得することができる可能性もある（Pisano and Teece, 2007）。

　だが，企業は，独自の技術や知識を作り込み専有することで，価値を独占しようとしがちである。こうしたやり方で価値獲得が目指された場合には，技術や知識の普及は難しくなり，社会・産業全体としてイノベーションや市

場拡大を期待し難くなる恐れがある[3]。各企業が徹底して自らの取り分を確保（価値獲得）しようとすれば，広く活用可能な技術や知識は乏しくなり，結局は新たな価値の創造や獲得も期待し難くなってしまうのである。

　一方，近年注目を浴びているロイヤルティ・フリー（RF）のように，技術や知識の無償公開が徹底された場合，技術や知識のオープン化による企業の収益は極限まで減少せざるをえない。そうなると，企業は，逆にイノベーションを行おうとしなくなったり，技術や知識を非公開としてしまう恐れがある（Arora et al., 2001; West and Gallagher, 2006）。企業は存立するための収益を確保しにくく，技術や知識を安定的に供給することができないため，オープン化戦略そのものが成り立たなくなる可能性があるのである。徹底した無償を前提にしても，結局は，オープン化による価値の創造や獲得は難しくなってしまう。こうした点を踏まえ，オープン・イノベーションの議論においても，知的財産による収益を前提とした議論が展開されている（Chesbrough, 2003）。

　以上のように，極端なオープン化による価値創造と極端な専有化による価値獲得のいずれかに偏った状況は，想定することができない。むしろ，価値の創造と獲得を両立させるように，技術や知識の専有と普及のバランスをとることで，オープン化戦略について考えなくてはならなくなっている[4]。

　ただし，オープン化に伴う専有と普及に関する議論は，ある一つの事業や技術・知識を想定してオープンにするかどうかという，二者択一的な判断を企業に迫りがちであった点に注意する必要がある。実際には，企業は複数の事業や技術を組み合わせて用いることができる。ある部分は無償もしくは低価格で提供して普及させることで，イノベーションやコスト低下を促す。一方で，そうして普及した技術と密接不可分な技術を囲い込んでおけば，こうした技術に基づく製品やサービスの売上げや有償ライセンスから収益を上げることができる。すなわち，市場を使い分けて事業を展開することができるのである[5]。

3　Lessig（2001）; Alexy et al.（2009）; Pisano and Teece（2007）。
4　多岐にわたるが，たとえば，Chesbrough and Appleyard（2007）, Eisenmann et al.（2009）, Henkel（2006）, Henkel et al.（2014）, West（2003; 2007）。
5　技術や知識の無償提供の多くは，複数の事業に収益源を抱える統合型の大企業

　インテルなどのプラットフォーム・リーダーシップ戦略（Gawer and
Cusumano, 2002）やオープン−クローズ戦略（小川，2014）は，こうした発想
に基づいている [6]。さらに，それぞれ詳細は異なるものの，携帯端末機器向
OS のグーグル（Android）や空調機器のダイキンなどの試みは，技術の無償
公開による広範な普及と製品／サービスの収益化とを両輪にしており，一歩
進んだ取組みであるかもしれない [7]。

　以上のように，プラットフォーム戦略や標準化戦略は，ビジネス・エコシ
ステムや企業間ネットワークのような，企業の枠を越えてさまざまな企業が
参加する集合体を視野に入れている（前掲図 1 参照）。こうしたさまざまな企
業の集合体においては，プラットフォーム・リーダーのような支配的な企業
になることだけが戦略ではない。どのように対等なアライアンスを構築し，
どのようなポジショニングを採用するのかという戦略も考えざるをえない。

　なお，企業集合体レベルで戦略性のないものには，産業集積および系列シ
ステムがあげられるだろう。いずれも戦略的に活用されることはあるかもし
れないが，産業集積や系列システムの成立自体は，特定企業による事前の戦
略に基づくとは考えにくい。また，戦略性の有無についてどちらもありうる
ものに，開発コミュニティがある。たとえば，OS（オペレーティング・システ

によるものが多いとされる（Chesbrough and Appleyard, 2007）。大企業はほか
に関連した事業で収益を確保することができるからこそ，収益を期待せずに外部
に補完的な技術や知識を提供することができるからである。

[6]　Linux をはじめとしたソフトウェア産業や IT 産業における事例は，こうした
取組みの可能性を示唆している（Boudreau, 2007; 2010; Evans et al., 2006; 國領
ほか，2011）。

[7]　同様の試みは，詳細は異なるものの，半導体のインテルや TSMC，自動車のボ
ッシュ（車載エレクトロニクス），テスラ（電気自動車），トヨタ（水素自動車）
をはじめ，さまざまな産業で見出せるようになっている。こうした試みは，特定
企業を中心に補完企業を囲い込むというよりは，よりオープンにさまざまな企業
が参加可能なビジネス・エコシステムの展開が意識されている。制御系の車載エ
レクトロニクスについての欧州企業による標準化（AUTOSAR）をはじめ，欧
州のコンセンサス標準の場合，標準化コンソーシアムのメンバーシップに応じて
一定のロイヤリティを支払わなければならないことが多いものの，狙いは共通し
ている。こうした共有もしくは開放された技術や知識（標準やプラットフォー
ム）とある企業独自の技術や知識との関係については必ずしも十分な検討が進ん
でいるとは言えないが，たとえば，Eisenmann et al. (2009), Henkel et al.
(2014) を参照。

ム）の Unix や Linux の開発コミュニティは，誰でも開発に参加できることが知られている。企業によってこうした開発コミュニティが戦略的に設計・活用されることもあるものの，コミュニティそのものは戦略的意図なしに自然発生的に生じる傾向がある。そのため，開発コミュニティについては，本書では基本的に取り上げない。

4.3　本書の構成

　本書では新しい価値の創造と獲得という視点から，企業外部の戦略的活用を中心的に考察する。ただし，図1からも明らかであるように，オープン化戦略は従来のオープン・イノベーションの議論の多くを含んでおり，本書においても従来のオープン・イノベーションの主張や議論についても適宜，オープン化戦略と併せて再検討していく。

　まず，第1部「オープン化戦略を促す要因」では，オープン化戦略を成立させるための基礎的な要件を議論する。本章（第1章）「オープン化の背景と分類」では，オープン化の動向，およびオープン化戦略とオープン・イノベーションの関係について検討した。第2章「オープン化戦略を促す環境」ではオープン化の前提となる環境条件を，第3章「オープン化戦略を可能にする企業の能力」ではオープンな環境を活用して独自の価値を創造するための能力について考察する。

　第2部「オープン化戦略を支えるマネジメント」では，オープン化戦略のための情報や，広義の組織マネジメントについて考える。第4章「市場情報のマネジメント」は企業外部にある情報のうち市場に基づくもののマネジメントを扱う。また第5章「技術情報のマネジメント」においては，技術情報の中でも特許に着目し，そのマネジメントを検討する。第6章「オープン・イノベーションと内部組織・戦略策定」はオープン化に適した企業組織のマネジメント，第7章「企業間ネットワークのマネジメント」はオープン化を実現する企業で構成されるネットワークのマネジメント，第8章「エコシステムのマネジメント」ではビジネスの生態系に関するマネジメントを検討する。

　第3部「オープン化戦略のバリエーション」では，オープン化戦略のパターンを考察していく。第9章「アライアンス戦略」，第10章「プラットフォ

ームビジネス」，第 11 章「標準化戦略」において，それぞれの戦略を詳細に論じる。

　第 4 部「オープン化戦略による成果と今後の課題」では，オープン化戦略に影響を与える国・地域レベルの産業政策や，企業経営における政策と成果の関係，およびオープン化戦略の今後の課題について議論する。まず，第 12 章「欧州のイノベーション政策」において，オープン化戦略の成果に影響を与える政策について，欧州を例に考える。第 13 章「経営政策」では，オープン・イノベーションに関わる経営政策とその成果について，実際のデータをもとに分析を行っている。第 14 章「価値づくりにおける課題」では，価値づくりの視点から，オープン化戦略の課題を考察する。

参考文献

Alexy, O., P. Criscuolo and A. Salter (2009), "Does IP Strategy Have to Cripple Open Innovation?" *MIT Sloan Management Review*, Fall, *51* (1), 71–77.

青島矢一・加藤俊彦 (2003)，『競争戦略論』東洋経済新報社。

Arora, A., F. Fosfuri and A. Gambardella (2001), *Markets for Technology: The Economics of Innovation and Corporate Strategy*, Cambridge, MA: MIT Press.

Boudreau, K. J. (2007), "Does Opening a Platform Stimulate Innovation? The Effect on Systemic and Modular Innovations," MIT Sloan Research Paper, No.4611–06.

Boudreau, K. J. (2010), "Open Platform Strategies and Innovation: Granting Access vs. Devolving Control," *Management Science*, *56* (10), 1849–1872.

Boudreau, K. J. and K. R. Lakhani (2009), "How to Manage Outside Innovation," *MIT Sloan Management Review*, *50* (4), 69–76.

Chesbrough, H. W. (2003), *Open Innovation: The New Imperative for Creating and Profiting from Technology*, Boston, MA: Harvard Business School Press. (大前恵一朗訳『OPEN INNOVATION：ハーバード流イノベーション戦略のすべて』産業能率大学出版部，2004 年。)

Chesbrough, H. W. (2006), *Open Business Models: How to Thrive in the New Innovation Landscape*, Boston, MA: Harvard Business School Press. (諏訪暁彦解説，栗原潔訳『オープンビジネスモデル：知財競争時代のイノベーション』翔泳社，2007 年。)

Chesbrough, H. W. and M. M. Appleyard (2007), "Open Innovation and Strategy," *California Management Review*, *50* (1), 57–76.

Chesbrough, H. W., W. Vanhaverbeke and J. West (eds.) (2014), *New Frontiers in Open Innovation*, Oxford, UK: Oxford University Press.

Chesbrough, H. W., W. Vanhaverbeke and J. West (eds.) (2006), *Open Innovation: Researching a New Paradigm*, Oxford, UK: Oxford University Press.

Christensen, J. F. (2006), "Wither Core Competency for the Large Corporation in an Open Innovation World?" in H. W. Chesbrough, W. Vanhaverbeke and J. West (eds.), *Open Innovation: Researching a New Paradigm*, Oxford, UK: Oxford University Press, 35–61.

Dahlander, L. and D. M. Gann (2010), "How Open is Innovation?" *Research Policy, 39* (6), 699–709.

Eisenmann, T. R., G. Parker and M. W. van Alstyne (2009), "Opening Platforms: How, When and Why?" in A. Gawer (ed.), *Platforms, Markets and Innovation*, Cheltenham, UK: Edward Elgar Publishing, 131–162.

Enkel, E., O. Gassmann and H. W. Chesbrough (2009), "Open R&D and Open Innovation: Exploring the Phenomenon," *R&D Management, 39* (4), 311–316.

Evans, D. S., A. Hagiu and R. Schmalensee (2006), *Invisible Engines: How Software Platforms Drive Innovation and Transform Industries*, Cambridge, MA: MIT Press.

藤本隆宏 (1997), 『生産システムの進化論:トヨタ自動車にみる組織能力と創発プロセス』有斐閣。

Gassmann, O., E. Enkel and H. W. Chesbrough (2010), "The Future of Open Innovation," *R&D Management, 40* (3), 213–221.

Gawer, A. and M. A. Cusumano (2002), *Platform Leadership: How Intel, Microsoft, and Cisco Drive Industry Innovation*, Boston, MA: Harvard Business School Press.(小林敏男監訳『プラットフォーム・リーダーシップ:イノベーションを導く新しい経営戦略』有斐閣,2005 年。)

Gawer, A. and R. Henderson (2007), "Platform Owner Entry and Innovation in Complementary Markets: Evidence from Intel," *Journal of Economics & Management Strategy, 16* (1), 1–34.

Granstrand, O., P. Patel and K. Pavitt (1997), "Multi-Technology Corporations: Why They Have 'Distributed' Rather than 'Distinctive Core' Competencies," *California Management Review, 39* (4), 8–25.

Greenstein, S. and V. Stango (eds.)(2007), *Standards and Public Policy*, Cambridge, UK: Cambridge University Press.

Henkel, J. (2006), "Selective Revealing in Open Innovation Processes: The Case of Embedded Linux," *Research Policy, 35* (7), 953–969.

Henkel, J., S. Schöberl and O. Alexy (2014), "The Emergence of Openness: How and Why Firms Adopt Selective Revealing in Open Innovation," *Research Policy, 43* (5), 879–890.

平尾毅・星野雄介 (2012), 「味の素:栄養改善をめざした BOP 市場への参入」『一橋ビジネスレビュー』第 60 巻 2 号,102–117 頁。

Hounshell, D. A. (1996), "The Evolution of Industrial Research in the United States," in R. S. Rosenbloom and W. J. Spencer (eds.), *Engines of Innovation: U. S. Industrial Research at the End of an Era*, Boston, MA: Harvard Business School Press.

Hughes, B. and J. D. Wareham (2010), "Knowledge Arbitrage in Global Pharma: A Synthetic View of Absorptive Capacity and Open Innovation," *R&D Management, 40* (3), 324–343.

Jacobides, M. G. and S. Billinger (2006), "Designing the Boundaries of the Firm: From 'Make, Buy, or Ally' to the Dynamic Benefits of Vertical Architecture," *Organization Science, 17* (2), 249–261.

Jacobides, M. G., T. Knudsen and M. Augier (2006), "Benefiting from Innovation: Value Creation, Value Appropriation and the Role of Industry Architectures," *Research Policy, 35* (8), 1200–1221.

川合一央 (2012),「社内企業家と技術市場の内部化：大阪ガスにおけるオープン・イノベーションの事例から」『一橋ビジネスレビュー』第60巻2号, 56-71頁。

國領二郎 (1995),『オープン・ネットワーク経営：企業戦略の新潮流』日本経済新聞社。

國領二郎＋プラットフォームデザイン・ラボ編著 (2011),『創発経営のプラットフォーム：協働の情報基盤づくり』日本経済新聞出版社。

Langlois, R. N. (2002), "Modularity in Technology and Organization," *Journal of Economic Behavior & Organization, 49* (1), 19–37.

Lessig, L. (2001), *The Future of Ideas: The Fate of the Commons in a Connected World*, New York, NY: Random House. (山形浩生訳『コモンズ：ネット上の所有権強化は技術革新を殺す』翔泳社, 2002年。)

Mortara, L. and T. Minshall (2014), "Patterns of Implementation of OI in MNCs," in H. W. Chesbrough, W. Vanhaverbeke and J. West (eds.), *New Frontiers in Open Innovation*, Oxford, UK: Oxford University Press.

元橋一之 (2009),『日本のバイオイノベーション：オープンイノベーションの進展と医薬品産業の課題』白桃書房。

Mowery, D. C. and N. Rosenberg (1989), *Technology and the Pursuit of Economic Growth*, Cambridge, UK: Cambridge University Press.

延岡健太郎 (2010),「オープン・イノベーションの陥穽：価値づくりにおける問題点」『研究 技術 計画』第25巻1号, 68-77頁。

小川紘一 (2014),『オープン＆クローズ戦略：日本企業再興の条件』翔泳社。

Pisano, G. P. and D. J. Teece (2007), "How to Capture Value from Innovation: Shaping Intellectual Property and Industry Architecture," *California Management Review, 50* (1), 278–296.

榊原清則 (2005),『イノベーションの収益化：技術経営の課題と分析』有斐閣。

Schilling, M. A. (2009), "Protecting or Diffusing a Technology Platform:

Tradeoffs in Appropriability, Network Externalities, and Architectural Control," in A. Gawer (ed.), *Platforms, Markets and Innovation*, Cheltenham, UK: Edward Elgar Publishing, 192–218.

武石彰 (2012),「オープン・イノベーション：成功のメカニズムと課題」『一橋ビジネスレビュー』第60巻2号, 16–26頁。

Teece, D. J. (1986), "Profiting from Technological Innovation: Implications for Integration, Collaboration, Licensing and Public Policy," *Research Policy, 15* (6), 285–305.

Teece, D. J. (2006), "Reflections on 'Profiting from Innovation'," *Research Policy, 35* (8), 1131–1146.

West, J. (2003), "How Open is Open Enough?: Melding Proprietary and Open Source Platform Strategies," *Research Policy, 32* (7), 1259–1285.

West, J. (2007), "The Economic Realities of Open Standards: Black, White and Many Shades of Gray," in S. Greenstein and V. Stango (eds.), *Standards and Public Policy*, Cambridge, UK: Cambridge University Press, 87–122.

West, J. and S. Gallagher (2006), "Challenges of Open Innovation: The Paradox of Firm Investment in Open-source Software," *R&D Management, 36* (3), 319–331.

米倉誠一郎 (2012),「オープン・イノベーションの考え方」『一橋ビジネスレビュー』第60巻2号, 6–15頁。

米倉誠一郎・清水洋編 (2015),『オープン・イノベーションのマネジメント：高い経営成果を生む仕組みづくり』有斐閣。

『一橋ビジネスレビュー』(2012), (特集：オープン・イノベーションの衝撃) 秋号, 第60巻2号。

『研究 技術 計画』(2010), (特集：『オープン・イノベーション』の再検討) 第25巻1号。

International Journal of Technology Management, (2010), Special Issue: Broadening the Scope of Open Innovation, *52* (3/4).

R&D Management, (2009), Special Issue: Open R&D and Open Innovation, *39* (4).

R&D Management, (2010), Special Issue: The Future of Open Innovation, *40* (3).

第2章

オープン化戦略を促す環境

安本雅典・真鍋誠司

1 オープン化戦略と環境

　技術や知識は企業間で偏在している。さまざまな技術や知識がイノベーションに結び付くには，どこにどのような技術や知識を保有する企業が存在するのか，またそうした技術や知識を，どのように提供したり，活用すればよいのかがわからなければならない[1]。こうした探索や活用のコスト（たとえば，時間や工数）は，企業にとって大きな課題であり，イノベーションや価値の創造を左右する。

　国・産業・企業の境界を越えて，分散しているさまざまな技術や知識が移転・活用されるようになるには，まず企業間での技術や知識の取引（および共有）を促すことが必要となる。それを可能にするには，制度的な仕組みや多様な企業による取組みが求められる。これらによって，偏在している技術や知識の探索・活用のコストが下がり，取引が促されることで，さまざまな企業がそれらを活用したイノベーションを試み，事業としての価値を創造することが容易になってくる。なお，こうした要因や取組みに加え，IT技術によるデジタル化や人材移動（の市場）も技術や知識の移転や活用を促すが，ここでは論じない。

　オープン化戦略におけるポジショニングやビジネスモデルを考える上では，

---

[1] このように技術とその活用（解決される問題）との間に「距離」がある場合についての，探索と活用のマネジメントについては，たとえば，米倉・清水（2015）参照。

こうした戦略を可能にする環境について理解を深める必要がある。企業戦略のオープン性（openness）については，これまでに整理がなされている（たとえば，Dahlander and Gann, 2010; 米倉・清水，2015）。では，どのようにしてさまざまな企業間にわたる技術や知識の移転や活用が促され，企業を取り巻くオープンな環境がもたらされるのだろうか[2]。環境のオープン性は，潜在的に競争関係や補完関係にある企業の活動（たとえば，参入・退出）や，それらの企業間の関係を左右する（たとえば，Gawer and Cusumano, 2002）。このため，オープン化戦略についての綿密な分析や実践を進める上では，環境のオープン性についての整理は不可欠であると考えられる。

　環境のオープン性については，技術や知識といった競争上重要な資産についての使用の権利や経済的対価といった複数の側面のうち，どれに注目するかによって，多元的に捉えられることが知られている（West, 2006）。資産についての使用の権利や経済的対価のあり方が変化することで，それぞれの企業が技術や知識を独占するだけでなく，企業間でライセンシングしたり，共有することが一般化してきている。こうした資産の専有可能性（appropriability）の変化は，企業による価値の創造や獲得の戦略を大きく変えてきた（Dahlander and Wallin, 2006; Pisano, 2006）。専有可能性とは，企業が独占的に技術や知識といった資源を活用できる程度である。専有可能性のあり方の変化は，環境のオープン化を促し，企業の戦略に影響する。本章では，こうした環境のオープン化のメカニズムや条件についてより具体的に見てみる。

　まず，第 2 節では，オープン化戦略を可能にする環境が，いかに成り立っているのかについて整理しながら概説する。続いて，第 3 節では，オープン化戦略を可能にする環境について，とくに技術や知識の移転や活用を促す要因を分類しながら整理する。その上で，第 4 節では，さまざまな企業が相互に補完し合うオープンな環境をいかに形作っているのかについて，企業間ネットワークやビジネス・エコシステム（以下，エコシステム）の議論を中心に概説する。最後に，第 5 節では，まとめと課題について述べる。

　2　多様な企業間の協働の基盤となる環境の設計について，事例を用いて示唆を提示しているものもある（たとえば，國領ほか，2011）。一方で，こうした環境が，どのようにオープンであり，またなぜそのようにオープンになっているのかといった点については，検討の余地がある。

❷ 相互補完性に基づくオープン化

　オープン化戦略の展開の可能性は，企業外の技術や知識といった補完的資産にアクセスし活用しやすくなっているかどうかにかかっている。どこにどういう技術や知識が存在するのかについての探索・評価や，そうした技術や知識の移転には，コスト（取引コスト）を要する。こうしたコストが十分に下がっていないのであれば，企業内への統合が進む（Williamson, 1975）。もしくは，系列やサプライヤー（部品供給業者）・システムのように特定の企業間の継続的取引を伴う企業グループに統合することが，合理的となる（Williamson, 1985）[3]。このような企業グループへの統合は，典型的には日本の自動車産業で観察されてきた。

　これに対し，オープン化戦略を促す環境では，こうしたコストが十分に下がり，独立した企業間にわたる取引（典型的には市場取引）の方がより合理的となっていなければならない。企業間にわたる知識・技術へのアクセスが，誰にとっても容易となっていれば，企業間で技術・知識の移転や活用が進むことになる（関連する説明としては，たとえば，Shapiro and Varian, 1999）[4]。

　オープン・イノベーションの議論は，以上の点に着目して展開されてきた。理論的には，1980年代後半における補完的資産や専有可能性に関する議論（Teece, 1986）とユーザー・イノベーションの議論（von Hippel, 1988）に遡ることができる（永田, 2009）。なぜフォロワーが先行するイノベーターの利益を奪うことができるのか，なぜ企業は持続的な競争優位を構築できるのか。こうした問いに対し，収益を生む技術や知識の専有可能性に注目しながら，イノベーションに必要な補完的資産を自社の内部に統合するか，契約を通じて外部から補完的資産を調達するかが問われてきた（Teece, 1986）。

---

[3]　取引コストについての，これらの論点についての説明は，たとえば，今井ほか（1982）や小田切（2010）を参照。系列やサプライヤー・システムについての実証研究については，たとえば，藤本ほか（1998）を参照。

[4]　技術や知識のすべてが明白に記述され，誰にでも容易に利用可能となっているような，純粋なオープン性は現実には想定しにくい。オープンと専有（proprietary）もしくはクローズドとの間には，複数の中間的なレベルが存在する（West, 2007）ことに注意する必要がある。

補完的資産とは，技術の事業化の成功を促す上で必要となる資産や能力である。技術を製品化するためには，マーケティング，製造，アフターサービスなどが不可欠である。また，たとえば，パソコンやスマートフォンの開発や使用には，OS やアプリケーション，さらに無線ネットワークといった補完財が必要となる[5]。こうした補完的資産を提供する企業（補完材の供給企業を含む補完的企業）が成長し，技術や知識の取引のコストが下がっていれば，補完的資産へのアクセスは容易になる。このようなアクセスが容易になってきたため，企業は補完的資産を自力で蓄積しなくてもよくなってきているとされる（Chesbrough, 2003a; 2006）。

　一方，ユーザー・イノベーションについての議論は，技術や知識の企業間での移転と活用によるイノベーションに注目してきた。近年では「イノベーションの民主化（democratizing innovation）」に関する議論（von Hippel, 2006）として注目されている。当初のユーザー・イノベーションの議論は，リード・ユーザーが持つ固有の「情報の粘着性」（information stickiness）が，イノベーションの源泉となることに注目してきた（von Hippel, 1988; 1994）。粘着性の高い情報には，それぞれの現場で蓄積されている顧客の要望や使い方についての知識，ものづくりや接客のノウハウ，ユーザー当人の感覚など，広く形式化されていない実践的な知識が含まれる。イノベーションを実現するには，こうした，形式化されておらず移転が困難なユーザー固有の知識を活かすことが重要であるとされてきた[6]。

　その後，2000 年代に入ると，アイディアや技術を提供し合うコミュニティが形成され，ユーザー自らが補完的資産を利用してイノベーションを実現できるようになっていることに，注目が集まるようになってきた。典型的には，Linux をはじめとする OSS（オープン・ソース・ソフトウェア）の例がある[7]。こうしたソフトウェアの開発では，公開されているソースコードや開発ツールのような補完財を用いることで，ユーザー自身が自らの保有する粘

5　ここでは，補完的資産のうち，コアとなる部品や製品を補完して効用をもたらす財を，補完財と呼ぶことにする。

6　関連する概念として，暗黙知（野中・竹内，1996）の概念が知られている。

7　たとえば，Feller et al.（2005），Dahlander and Wallin（2006），Evans et al.（2006），Fleming and Waguespack（2007），Raymond（1999），von Hippel and von Krogh（2003）参照。

着性の高い情報を用いてイノベーションを実施できるようになってきている[8]。補完的資産の利用可能性の高まりやコミュニティを通じた問題解決によって，ユーザー自身によるイノベーションが促進されるようになってきていると言える。

　では，なぜ補完的資産へのアクセスやその活用が容易になってきたのか。次に，この点について，見ていくことにしよう。

❸ 技術や知識のオープン化を促す要因

　技術や知識の移転や活用の面から，オープン化を促し，事業としての価値の創造を促す要因をまとめてみたのが，表1である。まず，1. 知財制度や標準化といった，制度的な仕組みが構築され，技術や知識の取引や流通を促す市場が形成されることで，オープン化は促されてきた面がある（Chesbrough, 2003a; 2006）。知財制度や標準化は，企業間での技術や知識の探索・活用のコストを下げ，企業間にわたる技術や知識の利用を促し移転可能性を高めることで，企業間の分業を促す（Teece, 1986）。

　ただし，制度的な仕組みが整えば，技術や知識の供給や活用が円滑に進むわけではない。知財制度が整備され，特許をはじめとする知的財産についての権利（知財権）が確立されるだけでは，技術や知識の取引が促され市場が十分に発達するとは限らない。知財制度や標準化は技術の移転や活用を促すかもしれないが，実際に適切な技術やアイディアを見出し，さらにそれらを活用して製品にすることは容易ではない[9]。技術や知識は無数の企業間にわたって偏在していることから，探索が必要であり，またそれらの活用には補完的な技術や知識が求められる。このため，誰がどのような技術やアイディアを持ち，必要としているのかという情報や，それらの活用を可能にする知識が必要になってくる（Chesbrough, 2006; Chesbrough and Appleyard, 2007）。

　したがって，2. 技術を実装して製品化するためのノウハウや知識が，容

---

[8]　たとえば，von Hippel（2001; 2006），von Hippel and Katz（2002）参照。

[9]　併せて，アイディアの事業化に関して，「アイディアの市場」（Gans and Stern, 2003）の存在が，新興企業の成否や新興企業と既存企業との関係に影響することが指摘されている。

表 1　オープン化を促す要因

要因		例		影響
1. 仕組みの制度化	(1)知財制度による技術の市場の形成	知財の権利化やその条件の設定		・基本技術の取引（公開やライセンス）とそれによる普及
	(2)技術仕様の標準化	基本技術の枠組み・仕様策定		・共通の基本技術の普及 ・分業の促進
2. 製品化（実装）技術の市場形成	(1)モジュラー化	アーキテクチャ（統合ルール）の設定		・共通の設計ルールの普及による統合の容易化 ・構成要素の調達の容易化 ・専門別の分業の促進
		共通インターフェースの設定		
		これらに基づくモジュール（部材）の供給		
	(2)統合を促す中間財の市場化	ソリューションとしてのプラットフォームの提供	製品機能を統合済みの（カプセル化された）コアとなる技術や部材の供給	・あらかじめ既定の機能の実現に必要な技術や部材を統合することによる、統合の容易化
	(3)開発のための補完財の市場化		開発環境の提供	・開発力そのものの普及を通じた、ユーザー企業自身の要請に沿った統合の容易化
			開発支援ツールの供給	
			エンジニアリング・サービスの供給	

易に取引され利用可能になっている（製品化／実装技術の市場形成）必要がある。従来，オープン化戦略については，斬新な技術（とくに部品や個別技術といった要素の技術）やアイディアの探索とマッチングが問題とされることが多かった（Enkel and Gassmann, 2010）。だが，製品やサービスを効果的に実現するためには，個々の技術を探索し確保するだけでなく，それらを統合して製品化できる必要があるのである。

　知財や標準には，製品化できるほど詳細な仕様（実装のための仕様やノウハウ）は書き込まれていないことが少なくない[10]。また，新しい技術が開発さ

---

[10]　たとえば，欧州に見られる企業間の協調によるコンセンサス標準の多くは，詳細な仕様を規定せず，最低限充たすべき要件（requirements）を規定しているという点で，要件標準もしくは性能標準となっている（阿部，2015; 安本・糸久，2014; West, 2007）。そのまま実装可能な仕様は，個々の企業の差別化領域に関わってくる可能性があり，そこまで標準化するとなると企業間で合意が形成できず標準化が成り立ちにくいという事情もある。関連する議論としては第3部・第4部補論参照。

れた当初は，実装可能なかたちで標準化しうるほど，技術開発が進んでいない場合も多い。

　技術を製品化するには，実際の要件（製造条件やニーズに基づく要求仕様など）に従って技術や部品を統合しなくてはならない。技術は製品間や部材間にわたって用いられ，また製品や部材は複数の技術によって成り立っている（Henkel and Baldwin, 2009）。たとえば，通信や充電に関わる特許や規格は技術別に成立している。こうした技術を実際のシステムとして製品化するには，何らかのアイディアやコンセプトに基づいて，他の技術と合わせて，製品や部材として設計・評価し，実用に耐えうるように作り込む必要がある。

　技術の実装のための知識としては，エンジニアリングや製品化の知識の重要性が，以前から指摘されている[11]。とくに自動車産業をはじめとした複雑なシステムの製品開発についての研究では，製品化のための知識の重要性が示されてきた（武石, 2003）。こうした実装知識は，システム全体の知識（システム知識）に基づいて，技術の統合を可能にする。さまざまなサプライヤーからの部品を統合して製品化する上で，こうした知識は欠かせない。

　実装知識は，オープン化された環境では「ボトルネック」となる資産であると考えることができる。オープン化された環境では，こうした資産をコントロールできるかどうかが，価値の獲得を左右する（清水, 2016; Pisano and Teece, 2007）[12]。誰でもアクセスし活用できるオープンな知識に対し，製品化のための実装知識は，企業内で開発や製造のノウハウとして経験的に蓄積され，専有されていることも多い[13]。自ら技術開発や標準化を手掛けてきた

11　以下の自動車産業の事例に加え，とくに航空機などのシステムが複雑で企業間分業の発達した産業の事例について，こうした点が指摘されてきた（Brusoni and Prencipe, 2001; Brusoni et al., 2001; Prencipe, 2003; Vincenti, 1990）参照。また，より一般的な観点から，オープンな企業間分業が進む中で，同様の指摘がなされている（たとえば，Chesbrough and Appleyard, 2007; Chesbrough and Teece, 2002; West, 2007）。同様の概念にアーキテクチャ知識（Henderson and Clark, 1990）があるが，これはより具体的に要素間の関係を定めるシステム構成についての知識に近い。

12　ボトルネック解消はオープン化を促し，同時にボトルネック解消を促す企業（たとえば，プラットフォーム提供企業）の優位をもたらしうる（清水, 2016）。

13　こうした知識は，明確に記述されていないことも少なくなく，暗黙知（野中・竹内, 1996）としての側面を持つ。

わけではない新規参入企業には，こうした知識が不足しがちである。こうした事情から，とくにソフトウェアに関する研究では，実装に関わる活動によって産業や技術の進歩をコントロールできるという指摘もなされている (Garud et al., 2002; West, 2007)[14]。

さらに，以上のいずれの場合についても，企業間をつなぐ市場が不完全であるという問題がある。技術や知識の市場が成立していても，どこに適切な技術・知識や部材があるのか，またそれらにはどのようなユーザーがいるのかは容易に把握できないため，それらの探索が課題となってくる (Enkel and Gassmann, 2010)。以上のような状況は，技術の移転・活用や実装を妨げ，技術の製品化や事業化の支障となる。

これらの課題に対し，技術や知識の移転や活用を促す取組みとして，標準的な構成要素間の関係（インターフェース）を提供するモジュラー化や，構成要素間の統合を促すソリューションやエンジニアリング・サービスのプラットフォームが提供されるようになっている。なお，プラットフォームはより広義には知財制度や標準化などの制度的な仕組みも含む協働の基盤であるが（たとえば，國領ほか，2011），ここでは主として顧客やユーザーの問題解決に資するソリューションとしてのプラットフォームを念頭に置き，区別する。モジュラー化やプラットフォームの提供は，IT化やデジタル化に支えられながら，設計，シミュレーション，評価・検証，さらに部材の探索や選択を容易にし，製品化のためのシステム知識の活用を広く促している。

以上で述べた要因について，以下，それぞれ，簡単に見てみよう。

3.1　仕組みの制度化

(1)　知財制度による技術の市場の形成

知財制度に基づいて知財権が確立されれば，技術や知識の市場が形成されるようになる (Arora et al., 2001; Gambardella et al., 2007)。制度的な仕組みに

14　OSSの開発については，早期に実装知識を標準に反映して公開することで，ユーザーや顧客などのステークホルダーの支持を確保できれば，自社技術を普及させて優位に立つことができるといった指摘もある（國領ほか，2011）。ただし，普及が進んでも，実装知識を提供することによる収益化は期待できなくなる恐れがあるため，戦略の工夫が求められる。関連する議論としては第3部補論参照。

よって技術や知識の権利化（典型的には特許化）が可能になり，ライセンスによる経済的報酬などの権利が保障されるようになれば，発明者（企業や研究機関）は技術や知識を提供するようになるだろう。権利化には技術の内容の文書化や分類が伴うため，発明者以外にも技術や知識の探索や活用が容易になる。以上のような条件が整備されれば，技術や知識の供給と取引が促されるかもしれない。

　ただし，一方で，知財を無償公開することで，イノベーションが促されるという指摘もあることに留意する必要がある[15]。この点については，知財権そのものを設定せず開示する，知財権を保持しながら経済的報酬を低額もしくは無償とすることが考えられる（関連する議論としては第 2 部補論参照）。

(2)　技術仕様の標準化

　標準化によって，技術や知識を共有できれば，それに基づいて多くの企業やユーザーが取引することが可能になる。また，とくにシステム全体に関わるイノベーションが進められている場合には，標準化がなされていなければ，企業間の調整は困難である（Chesbrough and Teece, 2002）。

　標準化には技術や知識の公開性や標準化の仕方によって，いくつかのタイプが考えられる（たとえば David and Greenstein, 1990; European Commission, 2014; 新宅・江藤, 2008）。典型的には，市場競争を通じて支配的となっているデファクト標準（事実上の標準）や，複数企業が相互利益を目指して協調して形成するコンセンサス標準といったものがあげられる（詳細については本書第 11 章参照）。

　これらは標準化の進め方によってタイプ分けされているだけでなく，誰が技術や知識のスポンサーであり（David and Greenstein, 1990; Stango, 2004），コントロールする主体なのかという点で，特徴に違いがある（関連する議論としては第 2 部・第 3 部補論参照）[16]。デファクト標準の場合には，スポンサー

15　たとえば，Henkel et al. (2014), Lessig (2001), Rifkin (2014) による。なお，経済的報酬としてのライセンス収入を放棄して公開しても，知財権を手放すことになるわけではなく，知財権を活かした戦略はありうる（たとえば，江藤, 2016）。経済的報酬の有無と法的な所有権は分けて考える必要がある。こうした知財権についての実務的な整理としては，たとえば，European Commission (2014) 参照。

16　コントロールとは，技術のアップグレード，洗練，互換性のペースを定める

となる特定企業によりコントロールされている（たとえば，パソコン産業における Windows）。一方，コンセンサス標準（たとえば，通信についての移動体通信や Wi-Fi の規格）は，複数企業により形成され共有されており，スポンサーとなる特定の企業がコントロールしているわけではない。こうした特徴の違いは，後述するように，環境，とくに企業間の関係のオープン性に影響を与える。

　ただし，いずれの標準化にも共通した意義がある。共通の技術標準があれば，異なる企業の製品間でも相互に接続することが可能になる（相互接続性）。また，企業間で相互に部材を活用しやすくなる（互換性）（Katz and Shapiro, 1985; Shapiro and Varian, 1999）。一定の標準的な要件（典型的には性能・仕様の要件やその評価方法）に従うことで，製品や部材の品質も確保しやすくなる。こうして補完的企業や顧客／ユーザーが増えるほど，製品やサービスの価値が高まる（ネットワーク外部性）ことになる（Katz and Shapiro, 1985）[17]。

　こうした意義をふまえた上で，とくに複数の企業の協調によるコンセンサス標準への関心が高まっている[18]。コンセンサス標準は，企業間の競争に左右されずに，技術の整合性や一貫性を保持しやすい面がある。このため，よりマクロの観点から，以下のような政策的な意義が期待されている[19]。

能力であり（Morris and Ferguson, 1993），設計を直接行わずに，システムの構成要素のセットの設計を促したり制約する能力である（Arikan and Schilling, 2011）。特定企業によるスポンサー付きのプラットフォーム（標準）以外でも，コントロールは可能であると考えられる。

17　こうした点を含む標準（化）の経済学的・戦略的なポイントの概説としては，Shapiro and Varian（1999）参照。経済的な意義や関連する論点については，たとえば，David and Greenstein（1990），Greenstein and Stango（2007），Stango（2004）参照。プラットフォームについては，いかにデファクト標準としてネットワーク外部性を活かして優位を築くかが，企業の戦略的な課題として取り上げられてきた。デファクト標準に関する観点からではあるが，その戦略上のポイントや関連する事例については，たとえば，淺羽（1995; 2004），新宅・許斐・柴田（2000），山田（1993; 1997）参照。

18　コンセンサス標準については，数多くの研究がある（Cargill, 1997; Farrell and Saloner, 1988; 糸久, 2016; Leiponen, 2008; Rysman and Simcoe, 2008; Simcoe, 2012; Weiss and Cargill, 1992; Xia et al., 2012）。これらは，標準を形成する上での協調や貢献に注目しているものが多く，特定企業によるデファクト標準やプラットフォームについての研究とは異なる論点に注目している。

19　政策主体や経済学の観点からの指摘がある（DIN and DKE, 2009; European

支配的な標準の獲得をめぐって争うよりも，多くの企業が協調して一定の方向性を共有して技術開発を進めれば，開発競争による重複投資の無駄を抑えつつ，多様なイノベーションを生み出しやすくなる。同時に，共通の仕様に基づく技術が普及しやすくなるため，まったく異なる技術によって，使用していた製品や補完財が使えなくなるといった事態は生じにくくなる。

　AV機器（CD，DVD，VTR）の例に代表されるように，異なる技術規格が競合している場合，普及しなかった規格の製品や補完財は無駄になってしまう恐れがある[20]。このような不安があれば，企業や消費者は特定の規格の製品や補完財への投資やその購入を控えるようになるだろう。とくに移動体通信を含むICT（Information and Communication Technologies）産業のように，多くの企業の製品や部材がネットワークとしてつながる，複雑なシステムが前提になる場合には，産業そのものが立ち上がらなくなってしまう恐れすらある（第1部補論参照）。一方，当初から共通の技術標準を協調して用意していれば，こうした事態は避けることができる。これらの理由から，コンセンサス標準によって，消費者をはじめとする，ステークホルダーの信頼を確保することが可能になり，技術の進歩と普及が促されると期待されている。

3.2　製品化（実装）技術の市場形成

(1)　モジュラー化

　製品の機能がいかにその構成要素に配分されるかによって，そのシステムのアーキテクチャ（構成要素の統合ルール）は定まってくる。機能と構成要素が対応しており，また相互に独立した構成要素間にインターフェースが定められている場合，そのシステムはモジュラー・アーキテクチャと考えることができる[21]。このように，一定の設計ルールを定め，部材間に標準的な共

Commission, 2014; Farrell and Saloner, 1988）。この点については，特定の企業によるプラットフォームについても指摘されている（たとえば，Gawer and Henderson, 2007）。

20　デファクト標準についての関連する論点や事例については，注 **17** の日本語文献参照。

21　アーキテクチャの概念を含め，こうした考え方については Baldwin and Clark（2000），Sanchez and Mahoney（1996），Ulrich（1995）参照。解説や事例としては，藤本（2004）や藤本ほか（2001）を参照。

通のインターフェース（I/F）を設定すること，すなわちモジュラー化には，多くの利点がある。モジュラー化は，構成要素ごとに問題解決の範囲を局所化し，構成要素を担う企業間や企業内の組織ユニット間の調整のコストを抑えることを可能にする（Garud and Kumaraswamy, 1995; Sanchez and Mahoney, 1996）。その結果，システム全体を変更せずに，部分的に構成要素を変更することで，多様な製品を生み出したり，構成要素別のイノベーション（モジュラー・イノベーション）によって機能の向上を図ることができるようになる[22]。

　パソコン産業などのエレクトロニクス製品に代表されるように，モジュラー化は企業内・グループ内のみならず，企業間にわたって進められることも増えている[23]。企業間にわたる共通のインターフェースに準拠すれば，異なる企業間でもシステムや部材の接続性や互換性を保って調整コストを抑えることができる。こうして，関連する技術や部材を提供する補完的企業のネットワークを発達させ，垂直統合から水平分業への変化が促されるとされてきた。モジュラー化によって，企業はオープン化戦略を試みやすくなっている面がある（Chesbrough, 2003a; b; Christensen and Raynor, 2003; 國領, 1999）。

　オープンなモジュラー化は，プラットフォーム提供企業が，自社の事業をうまく展開するために進められていることが少なくない[24]。共通のアーキテクチャやインターフェースを設定して公開すれば，さまざまな構成要素を統合して製品化することが容易になる。そうなれば，それぞれの構成要素やタスクに特化した補完財企業が参入しやすくなり，さまざまなイノベーションや機能の導入が進む。パソコンに関するインテルやマイクロソフトに加え，とくにソフトウェアについて多くの事例があげられている（典型的にはアップルやグーグル）[25]。

---

[22]　たとえば，Henderson and Clark（1990），Langlois and Robertson（1992）参照。

[23]　たとえば，Baldwin and Clark（2000），Christensen and Raynor（2003）参照。中国についての事例としては，丸川（2007）参照。

[24]　Morris and Ferguson（1993）や Gawer and Cusumano（2002）による指摘に加え，たとえば，立本ほか（2008）の事例検討を参照。理論的には，Pisano and Teece（2007）や Schilling（2009）が，技術や知識の専有性とオープンな産業環境との両立の点から，こうした取組みを説明している。

一方で，オープンなモジュラー化は，イノベーションを抑制することもある。モジュラー化は，コストやリードタイムの短縮といった利点をもたらす。その一方で，企業が，従来とは異なる新たなシステムを生み出したり，新たなシステムを採用して産業や技術の進歩に適応することを困難にする（Chesbrough and Kusunoki, 2001）。これに伴い，イノベーションよりも，むしろコモディティ化を促し，過当競争をもたらすことも指摘されている（Christensen and Raynor, 2003; 榊原・香山，2006）。たとえば，中国の産業は海外企業・国内の先行企業の部材や技術を用いることよって急速に発達してきたが，その結果はイノベーションというよりはコモディティ化による多産多死の状態を生み出してきた（丸川，2007）。モジュラー化とオープン・イノベーションとの関係は単純ではなく，注意を要する[26]。

(2)　統合を促す中間財の市場化

企業間で分散した技術や知識を製品化するためには，さまざまな部材や技術をシステムに統合する実装の知識が必要となる。モジュラー化が進んでも，あらゆる要件や設計・製造条件を網羅していない以上，部材のシステムへの統合は難しい（Staudenmayer et al., 2005）。こうした知識を提供する役割を担う企業として，プラットフォーム提供企業がある。こうした企業は，システムの機能を集約したソリューションを提供することで，技術や知識の統合を促す中間財の市場化を促し，顧客企業のイノベーションを助けるさまざまな技術や知識の普及を促している。

従来，プラットフォーム提供企業については，もっぱら経済学的な観点から，その市場への影響や戦略が検討されてきた（関連する議論としては本書第2部補論，第10章参照）[27]。プラットフォームによって共通に利用可能な技術や知識が提供されれば，補完財企業や顧客／ユーザーを引き付け，市場を拡大させることになる。典型的な例としては，パソコンやソフトウェアにおける製品市場と補完財市場との関係についての事例がある（たとえば，Evans et

---

[25]　ソフトウェアのケースを中心に，さまざまな観点から検討がなされているが，たとえば，Boudreau (2010), Evans et al. (2006), Gawer and Cusumano (2002), Parker et al. (2016) 参照。

[26]　一部で関係を議論しているものもある（Chesbrough and Prencipe, 2008）。

[27]　プラットフォーム戦略にはさまざまなものがあるが，たとえば，根来・足代 (2011) の整理が参考になる。

al., 2006; Gawer and Cusumano, 2002; Gawer and Henderson, 2007)。

　一方で，幅広い企業による技術や知識の探索や活用を促すオープンな環境
を理解する上では，プラットフォーム提供企業の役割を，知識の移転や活用
の観点から捉えることも重要となってくる。プラットフォーム提供企業は，
製品やシステムのコアとなる技術や部材を提供している。プラットフォーム
提供企業の中には，技術や知識を集約した中間財（典型的には IC などのコア
部品）を提供するものもある。こうした企業は，製品システムのコアと関連
の深い部材や機能を統合し，パッケージ化して提供している（カプセル化や
トータル・ソリューション）。これにより，統合の必要性を抑えて顧客のシス
テムの開発の負担を抑えることができる [28]。

　プラットフォーム提供企業は，このような中間財とともに，開発環境を整
備することで実装のための知識を提供し，顧客企業の問題解決（たとえば製
品開発）を容易にしている [29]。たとえば，半導体，ソフトウェア，エレクト
ロニクス機器をはじめとする分野では，併せて，システム開発の参考となる
参照設計／参照アーキテクチャ（reference design/architecture），評価・検証
済みの技術（および IP: Intellectual Property）や部材のリスト，開発を進める
上で必要なコンポーネント，評価・検証機能なども提供され，開発環境が整
備されていることがある [30]。さらに，次に述べるような，開発支援のため
のツールやエンジニアリング・サービスも併せて提供し，トータル・ソリュ
ーションとしていることもある。

(3)　開発のための補完財の市場化

　以上のような規定の中間財によるソリューションだけでは，開発に十分な
技術や知識は提供されにくい。それぞれの国・地域や企業・製品によって異
なる，多様な要求仕様や設計要件に対応して開発を行う必要があるからであ

28　本書第 10 章でも取り上げるが，Iansiti and Levien（2004），小川（2014），丸
川・安本（2010）にも同様の指摘がある。

29　たとえば Evans et al.（2006）や丸川・安本（2010）の事例を参照。

30　代表的なものとしては，端末機器のデータ処理を担う半導体（CPU）の IP を
評価しそのセットを提供する ARM があげられる。半導体製造受託の TSMC
（Taiwan Semiconductor Manufacturing Company）や，端末機器の OS であ
る Android を提供するグーグル /OHA（Open Handset Alliance）も，同様の
ケースと考えることができる。

る。このため，先に見たように，それぞれの要求に応じて製品化できるように，顧客企業向けの開発環境，開発支援ツール，さらにエンジニアリング・サービスの提供も進んでいる。

製品開発のエンジニアリングの支援では，デザインハウス，ODM（Original Design Manufacturer），EMS（Electronics Manufacturing Service）といった設計や製造を担う企業が存在する。また，欧州における車載制御の OS（AUTOSAR: AUTomotive Open System ARchitecture）については，技術開発や標準化に加え，専業ベンダーから実装のための開発支援ツールやエンジニアリング・サービスが提供されている[31]。同様に，産業システムの標準化を伴うドイツの Industrie 4.0 や，多様な産業にわたる IoT（Internet of Things）の試みである IIC（Industrial Internet Consortium）においても，システム・インテグレーションなどのエンジニアリング・サービスを行う企業が，重要な役割を果たしている[32]。

プラットフォーム提供企業は，知識を集約して普及を促すことで，産業のあり方に影響を与えている（Jacobides and Billinger, 2006）。プラットフォーム提供企業のソリューションにより，実装の知識が提供されることで，新興企業を含む多くの企業が，技術や部材を自ら探索したり，統合する負担から解放されることになる。ICT 産業やエレクトロニクス産業において，新興企業や異なる産業・分野からの参入企業の成長が目立つようになっているの

---

[31]　たとえば，安本・糸久（2014）を参照。普及を促すために，開発ツールやコンポーネントの標準化も試みられている。AUTOSAR やその開発ツール提供の実態については，本書第 11 章や徳田ほか（2011）を参照。また，端末機器の OS である Android は，アプリケーションや端末を開発するための開発ツール（キット）や基本的なコンポーネントを提供し，新規参入企業でも自ら Android 用のアプリを開発したり，Android を実装した端末を開発できるようにしたことで，モバイル機器の支配的な OS となった面がある。

[32]　Industrie 4.0 と IIC は，いずれも IoT を活用する代表的な試みである。IoT とは，センサーと通信機能を持つ複数の機器がインターネットを通じて接続され，クラウドを通じて相互に情報交換を行い制御する仕組みである。ドイツが主導する Industrie 4.0（http://www.plattform-i40.de/I40/Navigation/EN/Home/home.html）は，これを活用して，データを収集しリアルタイムで分析することで，個別大量生産に対応し，また機器の遠隔監視や予防・保全の高度化を目指している。GE などの米国企業が主導する IIC（http://www.iiconsortium.org/）は，同様の試みを広く他産業・分野でも推進しようとしている。

は，こうした事情による（川上，2012; 小川，2014; 立本，2017）。

たとえば，携帯電話産業では2000年代初頭までに技術の国際標準化が進み関連特許も公開されてきたが，2000年代半ば以降になってようやく中国などの新興メーカーや新規参入メーカーの台頭が本格化するようになった（丸川・安本，2010）。新興国企業の成長が促されてきたのは，知財や標準の整備とともに，鍵となる技術の実装を促す各種のプラットフォームの提供が進んだからである。

3.3　技術や知識のオープン化による企業間分業の発達

特許や標準によって個々の技術情報は公開される。だが，それらに基づく製品化のための知識は外部に公開されるわけではない。技術開発や標準化と，技術の実装や製品化との間にはギャップが存在する（図1）。こうしたギャップは事業機会にもなる。従来，こうした機会を活かすことができたのは，自ら技術開発や標準化を進め，システム全体の知識を保有している企業（典型的には垂直統合型の企業）であった。このため，以前から，オープンな企業間分業が進んでも，システム全体の知識を保有する企業が優位を保ちうることが指摘されてきた（Kapoor and Adner, 2012; Chesbrough and Teece, 2002）。

とくにコンセンサス標準では，標準化を進める企業は先行して製品化することで，市場での優位を固めることができる（Shapiro and Varian, 1999）。移動体通信，コンピュータ・システム，ソフトウェアについての実証研究においても，技術開発や標準化を推進する企業は，技術を公開しながらも，先行して関連する技術を開発し，最新技術の製品化のためのノウハウ的な知識を蓄積することで，他社に比べ迅速に製品化やサービス化を進め優位を築くことが明らかにされている（Funk, 2002; Garud and Kumaraswamy, 1993; Garud et al., 2002）。技術が公開されているにもかかわらず，新興企業が競争上不利になりがちなのは，こうした事情による。

だが，こうした一部の企業だけでなく，広く多様な企業が技術・知識や部材を活かせるようになるには，技術や部材の探索が容易になっているだけでなく，さまざまな技術や部材を統合し製品化するための知識が容易に利用可能となっている必要がある。先に見たように，プラットフォーム提供企業は，オープンなモジュラー化を進めたり，統合プラットフォームやエンジニアリ

図 1　技術のオープン化と実装のギャップ

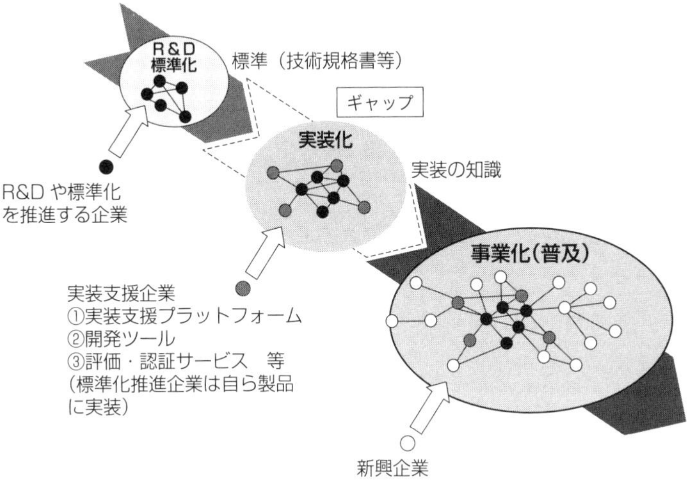

（出所）　安本（2016），図 2 より作成。

ング・サービス／開発ツールを提供し，多様な企業が相互に技術や知識を活用できるようにしている。

　プラットフォーム提供企業は，製品化のための技術や知識のギャップを埋め，ボトルネックを解消することで，多くの新興企業が参加可能なオープンな環境を用意している。プラットフォーム提供企業は，分散して存在している技術や部品を媒介しながら[33]，製品化を可能にする技術や知識（より具体的には開発環境）を提供する役割を果たしている。そうすることで，従来垂直統合型企業に囲い込まれてきたバリュー・チェーンを多様な企業に開放し，産業の垂直分裂化（バリュー・チェーンのモジュラー化）を促してきたと言える[34]。

---

[33]　事例としては，注 30 を参照。こうしたハブとしての位置づけについては，後述 4.1 項を参照。

[34]　パソコンや端末機器に典型的なように，こうした分業の進展は産業の市場規模を大きく成長させてきた。プラットフォーム提供企業のような役割を果たす企業と産業のアーキテクチャについての，より一般的な考察は，たとえば Jacobides et al.（2006）や Pisano and Teece（2007）参照。また，製品の性能や機能がすでに十分なものに達している場合には水平分業が，そうでない場合には垂直統合が進むといった，製品の性能や機能から見た要因も考えることができる

技術や知識の経験的な蓄積の乏しい新興企業の参入や産業・分野間での相互参入が容易になり，技術の普及と市場の拡大が促されてきたのは，こうしたプラットフォーム提供によるところが大きい [35]。特許や標準の技術情報に加え，製品化のための知識が提供され，十分に技術の探索や活用のコストが下がることで，多様な企業が活躍できるオープンな環境は成り立っている。

❹ ビジネス・エコシステムによるオープンな環境

4.1　企業間の相互補完性とネットワーク

これまでに見てきたように，技術や知識の移転や活用を促す要因に基づいて，多様な企業が相互に補完し合うようになっている。独立した企業間のネットワークが発達して，技術や知識を企業間で移転・活用し相互に補完し合うことが容易になれば，イノベーションを促したり，製品やサービスの開発・供給のコストを下げることも可能になる [36]。こうした環境は，資源に乏しい新規企業の参入を容易にしたり，新興企業のキャッチアップを促すことにもなる [37]。

このように，オープン化戦略を促す環境は，技術や知識の移転や活用が促され，企業間のネットワークが形成されることで成り立っている（詳細については本書第7章参照）。多様な企業によるイノベーションについては，ネットワークの形成と発達やそのデザインの面から検討されてきた [38]。ネット

（Christensen and Raynor, 2003）。

[35]　プラットフォーム提供による，中国のような新興国における企業の参入と成長の事例については，丸川（2007）がわかりやすい。エレクトロニクス産業を中心とするこの種の事例としては，川上（2012），丸川・安本（2010），小川（2014），立本（2017）に加え，本書第10章を参照のこと。

[36]　こうした点を含むネットワークの意義に早くから注目したものとしては，たとえば，今井・金子（1988）参照。ネットワークの概念やそれによる分析についての説明については，金光（2003），安田（1997），若林（2009）参照。ネットワークの戦略的な重要性については，Gulati（1998），Gulati et al.（2000）参照。事業上の取引だけでなく，研究開発や標準化に関してもネットワークは存在する。

[37]　たとえば，特許引用による技術のスピルオーバーやキャッチアップについては，He et al.（2006），Jaffe and Trajtenberg（2002）参照。

[38]　たとえば，Ahuja et al.（2011），Powell et al.（2005）参照。ネットワークの戦略的デザインについては，Gulati et al.（2012）がある。

ワークは，企業間で技術や知識の移転を促進し，それらの共有や普及を容易
にする[39]。また，ネットワークのあり方が，そうした技術や知識の移転や，
イノベーションなどの成果に影響することも知られている[40]。

　企業間で，知識や情報，ノウハウの交流を担うネットワークは「知識移転
ネットワーク」と呼ばれている（Ingram, 2002）。企業間の直接，間接の結び
付きは，企業による新しい知識の学習を促す。たとえば，R&D ネットワー
クや技術移転のネットワークにおいて，企業がいかに学習し能力を蓄積する
のかが検討されている[41]。加えて，先にコンセンサス標準について触れた
ように，標準化を進める上での企業間の協調についての検討もなされている。
相互補完的な企業間のネットワークが形成されれば，それを通じて技術の供
給と活用が促される。

　ただし，企業間にわたって必要な補完財（技術や部品）は分散して存在し
ている。このため，技術や知識を媒介するハブとなる企業が分散した技術や
知識を媒介・統合して提供することで，ネットワークは発達しやすくなる
（Dhanaraj and Parkhe, 2006）。また，ハブのような媒介機能を持つ中小企業
のネットワークが，イノベーションに結び付く傾向にあることも指摘されて
いる（Lee et al., 2010）。とくに技術や知識を統合するインテグレータの企業
は，ネットワークにおいて技術や知識を媒介するハブとして捉えることがで
きる（Fichter, 2009）[42]。たとえば，プラットフォーム提供企業は，製品化に
関わる多岐にわたる技術や知識を集約し媒介するという点で，ハブとしての
側面を持っている（Iansiti and Levien, 2004; 立本，2017）[43]。

39　たとえば，Powell et al.（1996），Reagans and McEvily（2003），Tortoriello
　　et al.（2012）参照。

40　たとえば，Ahuja（2000），Inkpen and Tsang（2005），Schilling and Phelps
　　（2007），Nieto and Santamaria（2007），Powell, et al.（2005）参照。

41　たとえば，He et al.（2006），Powell et al.（1996），Xia et al.（2012）といった
　　実証研究がある。

42　ここでは，技術や知識を媒介する役割を担うプレーヤーをハブと総称するが，
　　厳密には，ネットワーク上のポジション（トポロジー），信頼の程度，役割・機
　　能により，ブローカー（もしくはブリッジ）やバウンダリー・スパナー（境界連
　　結者）といった概念でそれぞれ区別され，またリーダーとも同義ではないことが
　　示されている（Fleming and Waguespack, 2007）。ブリッジについては後述。

43　ほかにも，たとえば，Evans（2009），Gawer（2009），Jacobides and Billinger
　　（2006）にも同様の観点が見出せる。ただし，プラットフォーム提供企業は，統

4.2　コミュニティとしてのビジネス・エコシステム

　価値の創造や獲得の面から，以上のような企業間のネットワークを捉えたものが，エコシステムである（より詳細な議論については本書第8章参照）[44]。エコシステムは，多様な企業が協調して価値を創造するシステムである（Adner and Kapoor, 2010; 椙山・高尾，2011）。そうした価値は，一社で実現できるものではなく，それぞれ異なるリソースを持つ多様な企業が，異なる役割を果たし相互に補完し合うことで，集合的に実現される。エコシステムが成り立つには，多様な企業が知識や能力を補完し合い，何らかの価値を実現する必要がある。

　たとえば，システムを統合したり技術や知識を媒介する企業，標準技術の実装プラットフォームを提供する企業，各専門分野に特化して部材や技術を提供する補完的企業などの分業がなされ，製品やサービスの価値が実現されている。こうした状況に関して，エコシステムに関する議論では，キーストーンやニッチ（補完的企業）といった役割やポジションの相互補完的な分担が考えられている（Iansiti and Levien, 2004）[45]。このうち，キーストーンはプラットフォームを提供し，エコシステムの健全性を保つことで，他企業とともに価値を創造し獲得する[46]。一方，ニッチは，プラットフォームを活用しながら，特定の領域に特化して差別化を図り，価値を創造・獲得する。加えて，企業間を橋渡しするハブが，技術や知識を仲介している。こうして，さまざまな企業が補完し合いながらネットワークを形作ることで，エコシス

　　合や開発環境などの協働の基盤の提供といった，単に技術や知識を媒介する以上の役割や機能を果たしている。このため，ハブであってもプラットフォーム提供企業であるとは限らない。こうした役割や機能の違いは，ネットワーク図（もしくはネットワーク上のポジション）だけでは十分に理解することが難しい。

[44]　たとえば，Adner and Kapoor（2010），Iansiti and Levien（2004），Moore（1996）参照。経済学に基づく関連する考え方としては，Brandenburger and Nalebuff（2011）参照。

[45]　自社内に統合しネットワークをコントロールして価値を独占しようとする支配者や，他企業の創造した価値を簒奪しようとするハブの領主については，エコシステムの維持に貢献するわけではないので，除外して考える。

[46]　これらの競争戦略の基盤は，「アーキテクチャ」「統合」「市場のマネジメント」の三つの側面から整理されている（Iansiti and Levien, 2004）。

テムは形成されている。

　以上のように，価値の創造や実現を伴うという点で，エコシステムは単な
る企業間の分業やネットワークとは区別されている。典型的には，ハイテク
の中小企業は，相互補完関係，とくに技術開発，製品開発，試作・実験，生
産，サービスなどのバリュー・チェーンの上流や下流との相互補完関係を通
じて製品を開発するようになっている。エコシステムは，多様な企業による
技術の供給と活用を促す上で意義を持つ。

　エコシステムの概念は，特定の有力企業のプラットフォームを中心に理解
されることが少なくない[47]。プラットフォーム提供企業は，自社事業と結
び付いた補完財（技術や部品）を提供し，補完的企業や顧客を引き付けてエ
コシステムを構築することで，自社の価値の創造や獲得に結び付けている。
こうした理解は，パソコン産業のインテルや Windows をはじめ，製品のコ
アとなる CPU や OS の事例を中心に発達してきた。プラットフォーム・リ
ーダー戦略（Gawer and Cusumano, 2002）に代表される議論では，エコシス
テムは，中心となるプラットフォーム提供企業，補完財を提供するニッチ，
ユーザー企業などによって構成されている。プラットフォーム提供企業が，
どのようにコアのリソース（たとえば，システム知識）を提供しコントロール
するかによって，エコシステムがどう組織化されるのか，すなわち補完的企
業の参入や企業間の関係は定まってくる[48]。

　一方，本来のエコシステムの概念は，産業全体にもわたる広い範囲を想定
しており，より幅広い意味合いを持っている（たとえば，Iansiti and Levien,
2004; Moore, 1996; 2006）。エコシステムは，コアとなるリソースのコントロー
ルが特定の企業に集中しているか分散しているか，すなわちコントロールが
集権的か分権的かによって，プラットフォームと，コミュニティに分類され

---

[47]　たとえば，Gawer (2009), Gawer and Cusumano (2002) 参照。こうしたコ
　　ア企業によるプラットフォームの特徴（新規対支配的）やネットワークの構造
　　（密度や埋め込み）によって，製品リリースに向けた企業間の調整が説明される
　　ことは，以前から知られている（Venkatraman and Lee, 2004）。

[48]　イノベーションの促進や，事業や知財による収益化戦略を考える上での鍵と
　　して，コントロールは重視されてきた（たとえば，Boudreau, 2010; Gawer and
　　Cusumano, 2002; Pisano, 2006; Pisano and Teece, 2007; Schilling, 2009; Parker
　　and van Alstyne, 2010）。

表 2　ビジネス・エコシステムの分類

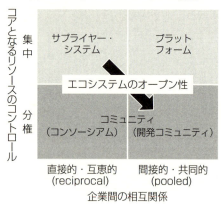

（注）　Koenig（2012）と Moore（2006）を参考に
　　　作成。

る（表2）（Koenig, 2012）。こうした区分は，**3.1**項（および本書第2部・第3部補論）における，スポンサーによるコントロールの有無による，標準の特徴の違いにほぼ対応している。

　この区分に加え，企業間の関係が，直接的・互恵的（reciprocal）か間接的・共同的（pooled）かによる，区分を考えることができる。企業間関係が少数の間で直接補い合う関係と，無数の間でリソースをプールして間接的にメリットを共有する関係とを区分する，分け方である。この区分を加えれば，コアとなるリソースのコントロールが特定の企業に集中しているタイプは，サプライヤー・システムとプラットフォームに分けられる。なお，コアとなるリソースのコントロールが分散している場合についても同様に分けることが可能であるが，ここではまとめてコミュニティとして捉えることにする。コントロールが分散しており，しかも不特定多数の企業が間接的・共同的な関係にあるほど，参加や貢献の自由度が高く，エコシステムにおける企業間関係はよりオープンであると考えることができる（本書第1章参照）。

　プラットフォームによるエコシステムでは，特定の企業が中心となってコアとなるリソースをコントロールしながら，無数の企業が間接的につながり，共同関係を築く。これに対し，コミュニティでは，特定の企業だけが中心となるのではなく，コンソーシアムを通じて多くの企業がリソースを提供して貢献しながら，協調してコアとなるリソースを構築し，開発や事業で協働し

ている。コミュニティとしてのエコシステムは，分権的に協調や協働が行われる共同体であると言える。コミュニティについては，とくにLinuxをはじめとするOSSへの関心から注目されてきた[49]。そうしたコミュニティでは，たとえばソースコード，仕様提案，特許などで貢献しながら，複数の企業が集合的に基本システムのアーキテクチャや標準を形作っており，リソースのコントロールは分権的である[50]。

さらに，大規模で複雑なシステムの開発・生産やメンテナンスも，コミュニティとしてのエコシステムの点から捉えることができる。典型的には，通信，都市インフラ，交通システム，エネルギー，ヘルスケアなどの事例が考えられる（たとえば，Hobday, 1998; Prencipe et al., 2003）。こうした大規模で複雑なシステムについては，IoTの試みに見られるように，産業・分野を横断して，多様な企業がコンソーシアムを形成して標準化を進め，相互に見知らぬ企業が協働可能なオープンな環境の形成が試みられている（本書第1部補論参照）。

4.3　エコシステムの成り立ち

エコシステムの形成や拡大の鍵となるのは，企業間にわたる技術や知識の共有や活用である。エコシステムは，多様な企業が技術や知識を統合して，価値を実現することで成り立つ。そのためのイノベーションを効果的に進めるには，産業・分野内のみならず，産業・分野間にわたって，分散した技術や知識を統合して，戦略的に知識を調和させる必要がある（Dougherty and Dunne, 2011）。

企業がそれぞれ独自に製品や部材を開発・生産するのでは，技術的な整合性をとりにくく，また製品・部材の間の相互接続性や互換性を保つことが難しい。このような場合には，システムとして機能を統合し，価値を実現することは容易ではない。そこで，さまざまな企業が準拠する共通の枠組みとし

49　Baldwin and von Hippel (2011), Dahlander and Wallin (2006), Feller et al. (2005), Fleming and Waguespack (2007), Henkel et al. (2014), Raymond (1999), West (2003), West and Dedrick (2001), West and Wood (2013), von Hippel and von Krogh (2003) をはじめ，多くの研究がある。

50　OSS以外では，コンセンサス標準についての一連の研究がある。注**17**参照。

て，アーキテクチャや標準が重要となってくる（Chesbrough and Teece, 2002; Iansiti and Levien, 2004）。

アーキテクチャは，システムの機能的な統合を可能にする構成要素間の関係を定め，システムの構成を提示する（Baldwin and Clark, 2000; Gawer and Cusumano, 2002）。構成要素間のインターフェースに代表される標準は，アーキテクチャの実現に求められる仕様として設定される。アーキテクチャや標準に準拠することで，一定の一貫性をもって，技術や製品・部材の開発や供給は進められることになる。

アーキテクチャや標準の技術仕様が定まっていれば，相互に直接的な関係のない，さまざまな企業を引き付けることができる。企業は，アーキテクチャや標準に準拠した補完財（技術や部材）を活用することで，製品・部材やサービスを提供できる。一方で，製品・部材やサービスがアーキテクチャや標準に準拠したものであれば，広く他企業やユーザーが補完財として用いることができるため，市場の発達が期待できる。こうして，直接つながりのない企業間の知識や技術の供給や活用が進むことで，エコシステムの形成は促される。

アーキテクチャや標準を提供するのは，キーストーンのようなプラットフォーム提供企業であるとされてきた（Gawer and Cusumano, 2002; Gawer, 2009）。一方，多様な企業間にわたる複雑なシステムの構築が求められるにつれ，コンソーシアムを通じて複数の企業が協調することで，共通の参照アーキテクチャや標準（コンセンサス標準）が構築されるようになっている（第3部補論参照）[51]。通信分野の事例はその典型であるし，Industrie 4.0 や IIC といった産業・分野間にわたる事例も出てきている。

こうしたより広範な取組みでは，プラットフォーム提供企業のような中心となる企業は産業・分野別に複数存在し，それぞれサブ・エコシステムを形成している。さまざまなプラットフォーム提供企業が，OS，アプリケーション IC，通信モデム，基地局，サーバー，クラウドやデータ処理のための IoT システム，各種サービスなど，それぞれの分野で活躍の場を見出してい

51　共有されるインフラ的な標準と，産業・分野による特定のプラットフォームとを異なったレベルで捉える観点は珍しいものではない（たとえば，國領ほか，2011）。

図 2　ビジネス・エコシステムの広がり

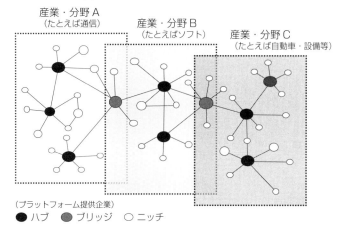

る。

　さらに，これらのサブ・エコシステム間にわたるプラットフォームを提供する企業（ブリッジ）が橋渡しをすることで，広範なエコシステムが形成されている（図 2）。ハブは市場やサブ・エコシステムのようなクラスター内で，企業間を結び付けるものである。一方，複数のクラスター間を媒介する企業はブリッジと呼ばれている（Burt, 1992）[52]。ブリッジは，結び付きのなかったクラスター間を連結させ，エコシステムの拡張を促す。こうした企業は，両方のクラスターのリソース（典型的には情報）を利用できるため，有利なポジションを築くことができる[53]。

　有力 ICT 企業は，それぞれの産業・分野においてハブとして自社プラットフォームによるサブ・エコシステムを形成している。一方で，そのうち一部の企業は，自動車，産業設備，医療，エネルギーなどの他の産業・分野のアプリケーションのプラットフォームを提供し，これらの産業・分野と

---

[52]　いずれもハブと呼ばれることがあるが，厳密には機能・役割やポジションが異なるため区別されている。

[53]　補完財や異なる分野のプラットフォームなどを組み合わせることにより，複数の市場やサブ・エコシステムをブリッジする，プラットフォーム戦略も提示されている（たとえば，Eisenmann et al., 2006; 2011）。補完財を組み合わせる場合には，そうした補完財をバンドルすることになる。詳細については，立本（2017）参照。

ICT との間をブリッジしている面がある。たとえば，グーグル，GE，マイクロソフト，シーメンスのような企業である。

　これらの企業をはじめとする，多くの企業によって，産業・分野を横断する各種のコンソーシアムが形成され，アーキテクチャ定義や標準化も進められている。こうして，多様な企業が分業しながら，さまざまな産業・分野が結び付くことで，製品やサービスの実現，すなわち価値の創造が促されている。価値は，さまざまな企業活動間の分業によるバリュー・チェーンを通じて実現されていると言える[54]。

⑤　オープン化戦略を促す環境要因間の関係

　本章では，オープン化戦略を成り立たせる環境について見てきた。制度的仕組み，企業による技術の移転や活用を促す取組み，エコシステム（企業間ネットワーク）といった，複数のレベルが複合することで，オープン化戦略を可能にする環境は成り立っている。それぞれのレベルの要因や条件によって，イノベーションや経済的成果への影響は異なってくる可能性がある。オープン化戦略を検討する際には，こうした点を考慮する必要がある。

　これまでに見てきたように，オープン化戦略を成り立たせている環境は，企業の活動によって構築されている面がある。標準化やプラットフォームの提供をはじめ，オープン化戦略を試みる企業によって，他の企業がオープン化戦略を採用することが容易になっている。また，本章では触れなかったが，企業の知財や標準化に関わる戦略によって，オープン化の程度や範囲といった環境を左右するメカニズムや条件は定まってくる。このように，オープンな環境は，企業そのものが集合的に作り出している面がある。

　なお，とくに複雑で多様な産業や技術分野にわたるエコシステムでは，レイヤー（階層）に応じて，バリュー・チェーンを意識することが重要となる。システムには要素技術や部材から全体システムまでの複数のレイヤーがあり，それぞれについて技術開発から製品化やメンテナンスといった一連のプロセ

---

[54]　こうした点については，ビジネス・アーキテクチャ（藤本ほか，2001）や産業アーキテクチャ（Jacobides and Billinger, 2006; Jacobides et al., 2006; Pisano and Teece, 2007）の観点から検討がなされている。

スがある。これらのレイヤーやプロセスの間の関係は，とくに多くの産業・分野にわたる取組みでは複雑になるため，Industrie 4.0 や IIC といった IoT についての取組みでは参照アーキテクチャ（共通の参照元となる枠組み）が提示され，注意が払われている。

　オープンな環境では，企業にとっては，どのレイヤーのバリュー・チェーンでどのようなポジションを確保するのかは，事業展開の上で重要である。たとえば，産業アーキテクチャの観点からは，プラットフォーム提供企業は上流と下流を媒介するポジションによって，高い収益を確保することが示されている（Jacobides et al., 2006）。こうした点で，オープンな環境では，自社のポジショニング（位置どり）が重要となってくる（Adner, 2012）[55]。

　適切なポジショニングにより，オープンな環境を活用したり，構築するには，企業にも一定の能力が要求される。オープン化戦略の広がりの中で，衰退していく企業（とくに先進国の既存企業）が出てくる一方で，逆にこうした環境の変化に対応して成長する企業（とくに新興企業）も出てきている。オープン化戦略に関わる能力は，企業の盛衰を左右する可能性がある。こうした能力については，次章で見てみることにしよう。

　＊　本章は，JSPS 科学研究費・基盤研究（B）（24330117, 15H03376）および挑戦的萌芽研究（15K13032）の助成による成果の一部である。

参考文献

阿部容子（2015），「情報通信技術の融合期における欧州市場統合と標準化政策：アプローチの変容を中心に」『北九州市立大学国際論集』第 13 巻，41-54 頁。

Adner, R. (2012), *The Wide Lens: What Successful Innovators See that Others Miss*, New York, NY: Portfolio/Penguin.

Adner, R. and R. Kapoor (2010), "Value Creation in Innovation Ecosystems: How the Structure of Technological Interdependence Affects Firm Performance in New Technology Generations," *Strategic Management Journal, 31*

55　エコシステムにおけるポジショニングに関するより一般的な説明としては，たとえば，Adner（2012）や Iansiti and Levien（2004）参照。一方，ネットワークの観点からは，企業内外でのネットワークにおけるポジショニングの成果への影響について実証研究が進んでいる（たとえば，Adner and Kapoor, 2010; Schilling and Phelps, 2007; Tsai, 2001; Zaheer and Bell, 2005）。

(3), 306-333.

Ahuja, G. (2000), "Collaboration Networks, Structural Holes, and Innovation: A Longitudinal Study," *Administrative Science Quarterly, 45* (3), 425-455.

Ahuja, G., G. Soda and A. Zaheer (2011), "The Genesis and Dynamics of Organizational Networks," *Organization Science, 23* (2), 434-448.

Arıkan, A. T. and M. A. Schilling (2011), "Structure and Governance in Industrial Districts: Implications for Competitive Advantage," *Journal of Management Studies, 48* (4), 772-803.

Arora, A., A. Fosfuri and A. Gambardella (2001), *Markets for Technology: The Economics of Innovation and Corporate Strategy*, Cambridge, MA: MIT Press.

淺羽茂 (1995),『競争と協力の戦略:業界標準をめぐる企業行動』有斐閣。

淺羽茂 (2004),『経営戦略の経済学』日本評論社。

Baldwin, C. Y. and K. B. Clark (2000), *Design Rules Vol. 1: The Power of Modularity*, Cambridge, MA: MIT Press.(安藤晴彦訳『デザイン・ルール:モジュール化パワー』東洋経済新報社, 2004年。)

Baldwin, C. Y. and C. J. Woodard (2009), "The Architecture of Platforms: A Unified View," in A. Gawer (ed.), *Platforms, Markets and Innovation*, Cheltenham UK: Edward Elgar, 19-44.

Baldwin, C. Y. and E. von Hippel (2011), "Modeling a Paradigm Shift: From Producer Innovation to User and Open Collaborative Innovation," *Organization Science, 22* (6), 1399-1417.

Boudreau, K. J. (2010), "Open Platform Strategies and Innovation: Granting Access vs. Devolving Control," *Management Science, 56* (10), 1849-1872.

Brandenburger, A. M. and B. J. Nalebuff (2011), *Co-Opetition*, New York, NY: Random House LLC.

Brusoni, S. and A. Prencipe (2001), "Unpacking the Black Box of Modularity: Technologies, Products and Organizations," *Industrial and Corporate Change, 10* (1), 179-205.

Brusoni, S., A. Prencipe and K. Pavitt (2001), "Knowledge Specialization, Organizational Coupling, and the Boundaries of the Firm: Why Do Firms Know More than They Make?" *Administrative Science Quarterly, 46* (4), 597-621.

Burt, R. S. (1992), *Structural Holes: The Social Structure of Competition*, Cambridge, MA: Harvard University Press.(安田雪訳『競争の社会的構造:構造的空隙の理論』新曜社, 2006年。)

Cargill, C. F. (1997), *Open Systems Standardization: A Business Approach*, Upper Saddle River, NJ: Prentice Hall PTR.

Chesbrough, H. W. (2003a), *Open Innovation: The New Imperative for Creating and Profiting from Technology*, Boston, MA: Harvard Business School Press.(大前恵一朗訳『OPEN INNOVATION: ハーバード流イノベーション戦略のすべ

て』産業能率大学出版部，2004 年。）

Chesbrough, H. W. (2003b), "Towards a Dynamics of Modularity: A Cyclical Model of Technical Advance," in A. Prencipe, A. Davies and M. Hobday (eds.), *The Business of Systems Integration*, Oxford, UK: Oxford University Press, 174–198.

Chesbrough, H. W. (2006), *Open Business Models: How to Thrive in the New Innovation Landscape*, Boston, MA: Harvard Business School Press. （諏訪暁彦解説・栗原潔訳『オープンビジネスモデル：知財競争時代のイノベーション』翔泳社，2007 年。）

Chesbrough, H. W. and K. Kusunoki (2001), "The Modularity Trap: Innovation, Technology Phase Shifts and the Resulting Limits of Virtual Organizations," *in* I. Nonaka and D. J. Teece (eds.), *Managing Industrial Knowledge: Creation, Transfer and Utilization*, Thousand Oaks, CA: Sage Publications, 202–229.

Chesbrough, H. W. and D. J. Teece (2002), "Organizing for Innovation: When Is Virtual Virtuous?" *Best of HBR, Harvard Business Review*, August (Reprint R0208J).

Chesbrough, H. W. and M. M. Appleyard (2007), "Open Innovation and Strategy," *California Management Review, 50* (1), 57–76.

Chesbrough, H. W. and A. Prencipe (2008), "Networks of Innovation and Modularity: A Dynamic Perspective," *International Journal of Technology Management, 42* (4), 414–425.

Christensen, C. M. and M. E. Raynor (2003), *The Innovator's Solution: Creating and Sustaining Successful Growth*, Boston, MA: Harvard Business School Press. （玉田俊平太監修，櫻井祐子訳『イノベーションへの解：利益ある成長に向けて』翔泳社，2003 年。）

Dahlander, L. and D. M. Gann (2010), "How Open is Innovation?" *Research Policy, 39* (6), 699–709.

Dahlander, L. and M. W. Wallin (2006), "A Man on the Inside: Unlocking Communities as Complementary Assets," *Research Policy, 35* (8), 1243–1259.

David, P. A. and S. Greenstein (1990), "The Economics of Compatibility Standards: An Introduction to Recent Research," *Economics of Innovation and New Technology, 1* (1–2), 3–41.

Dhanaraj, C. and A. Parkhe (2006), "Orchestrating Innovation Networks," *Academy of Management Review, 31* (3), 659–669.

DIN and DKE (eds.) (2009), *The German Standardization Strategy: An Update* (http://www.iso.org/sites/PEG/docs/PEG%20Documents/08_DNS_2010e_akt.pdf).

Dougherty, D. and D. D. Dunne (2011), "Organizing Ecologies of Complex Innovation," *Organization Science, 22* (5), 1214–1223.

Eisenmann, T. R. (2008), "Managing Proprietary and Shared Platforms," *California Management Review, 50* (4), 31–53.

Eisenmann, T. R., G. Parker and M. W. van Alstyne (2006), "Strategies for Two-Sided Markets," *Harvard Business Review, 84* (10), 92–101.（松本直子 訳「ツー・サイド・プラットフォーム戦略：『市場の二面性』のダイナミズムを生かす」『DIAMOND ハーバード・ビジネス・レビュー』第 32 巻 6 号，2007 年，68–81 頁。）

Eisenmann, T. R., G. Parker and M. W. van Alstyne (2008), "Opening Platforms: How, When and Why?" Harvard Business School Working Paper, No. 09–030.

Eisenmann, T. R., G. Parker and M. W. van Alstyne (2011), "Platform Envelopment," *Strategic Management Journal, 32* (12), 1270–1285.

Enkel, E. and O. Gassmann (2010), "Creative Imitation: Exploring the Case of Cross-Industry Innovation," *R&D Management, 40* (3), 256–270.

江藤学 (2016),「ライセンス収入から特許無力化戦略へ：標準必須特許ビジネスの変化」『一橋ビジネスレビュー』第 63 巻 4 号，92–106 頁。

European Commission (2014), *Patents and Standards: A Modern Framework for IPR-Based Standardization*, European Union.

Evans, D. S. (2009), "How Catalysts Ignite: The Economics of Platform-Based Start-Ups," in A. Gawer (ed.), *Platforms, Markets and Innovation*, Cheltenham, UK: Edward Elgar Publishing, 99–130.

Evans, D. S., A. Hagiu and R. Schmalensee (2006), *Invisible Engines: How Software Platforms Drive Innovation and Transform Industries*, Cambridge, MA: MIT Press.

Farrell, J. and G. Saloner (1988), "Coordination through Committees and Markets," *RAND Journal of Economics, 19* (2), 235–252.

Feller, J., B. Fitzgerald, S. A. Hissam and K. R. Lakhani (2005), *Perspectives on Free and Open Source Software*, Cambridge: MA, MIT Press.

Fichter, K. (2009), "Innovation Communities: The Role of Networks of Promotors in Open Innovation," *R&D Management, 39* (4), 357–371.

Fleming, L. and D. M. Waguespack (2007), "Brokerage, Boundary Spanning, and Leadership in Open Innovation Communities," *Organization Science, 18* (2), 165–180.

藤本隆宏 (2004),『日本のもの造り哲学』日本経済新聞社。

藤本隆宏・西口敏弘・伊藤秀史 (1998),『リーディングス　サプライヤー・システム：新しい企業間関係を創る』有斐閣。

藤本隆宏・武石彰・青島矢一 (2001),『ビジネス・アーキテクチャ：製品・組織・プロセスの戦略的設計』有斐閣。

Funk, J. L. (2002), *Global Competition between and within Standards*: *The Case of Mobile Phones*, New York, NY: Palgrave Macmillan.

Gambardella, A., P. Giuri and A. Luzzi (2007), "The Market for Patents in Europe," *Research Policy*, *36* (8), 1163–1183.

Gans, J. S. and S. Stern (2003), "The Product Market and the Market for 'Ideas': Commercialization Strategies for Technology Entrepreneurs," *Research Policy*, *32* (2), 333–350.

Garud, R. and A. Kumaraswamy (1993), "Changing Competitive Dynamics in Network Industries: An Exploration of Sun Microsystems' Open Systems Strategy, *Strategic Management Journal*, *14* (5), 351–369.

Garud, R. and A. Kumaraswamy (1995), "Technological and Organizational Designs for Realizing Economies of Substitution," *Strategic Management Journal*, *16* (S1), 93–109.

Garud, R., S. Jain and A. Kumaraswamy (2002), "Institutional Entrepreneurship in the Sponsorship of Common Technological Standards: The Case of Sun Microsystems and Java," *Academy of Management Journal*, *45* (1), 196–214.

Gawer, A. (ed.) (2009), *Platforms, Markets and Innovation*, Cheltenham, UK: Edward Elgar Publishing.

Gawer, A. and M. A. Cusumano (2002), *Platform Leadership: How Intel, Microsoft, and Cisco Drive Industry Innovation*, Boston, MA: Harvard Business School Press. (小林敏男監訳『プラットフォーム・リーダーシップ：イノベーションを導く新しい経営戦略』有斐閣，2005 年。)

Gawer, A. and R. Henderson (2007), "Platform Owner Entry and Innovation in Complementary Markets: Evidence from Intel," *Journal of Economics & Management Strategy*, *16* (1), 1–34.

Greenstein, S. (2009), "Open Platform Development and the Commercial Internet," in A. Gawer (ed.), *Platforms, Markets and Innovation*, Cheltenham, UK: Edward Elgar Publishing, 219–250.

Greenstein, S. and V. Stango (eds.) (2007), *Standards and Public Policy*, Cambridge, UK: Cambridge University Press.

Gulati, R. (1998), "Alliances and Networks," *Strategic Management Journal*, *19* (4), 293–317.

Gulati, R., N. Nohria and A. Zaheer (2000), "Strategic Networks," *Strategic Management Journal*, *21* (3), 203–215.

Gulati, R., P. Puranam and M. Tushman (2012), "Meta-Organizational Design: Rethinking Design in Inter-Organizational and Community Contexts," *Strategic Management Journal*, *33* (6), 571–586.

He, Z.-L., K. Lim and P. K. Wong (2006), "Entry and Competitive Dynamics in the Mobile Telecommunications Market," *Research Policy*, *35* (8), 1147–1165.

Henderson, R. M. and K. B. Clark (1990), "Architectural Innovation: The Reconfiguration of Existing Product Technologies and the Failure of Established Firms," *Administrative Science Quarterly*, *35* (1), 9–30.

Henkel, J. and C. Y. Baldwin (2009), "Modularity for Value Appropriation: Drawing the Boundaries of Intellectual Property," Harvard Business School Working Paper, No. 09–097.

Henkel, J., S. Schöberl and O. Alexy (2014), "The Emergence of Openness: How and Why Firms Adopt Selective Revealing in Open Innovation," *Research Policy*, *43* (5), 879–890.

Hobday, M. (1998), "Product Complexity, Innovation and Industrial Organisation," *Research Policy*, *26* (6), 689–710.

Iansiti, M. and R. Levien (2004), *The Keystone Advantage: What the New Dynamics of Business Ecosystems Mean for Strategy, Innovation, and Sustainability*, Boston, MA: Harvard Business School Press. (杉本幸太郎訳『キーストーン戦略：イノベーションを持続させるビジネス・エコシステム』翔泳社，2007年。)

今井賢一・伊丹敬之・小池和男 (1982)，『内部組織の経済学』東洋経済新報社。

今井賢一・金子郁容 (1988)，『ネットワーク組織論』岩波書店。

Ingram, P. (2002), "Interorganizational Learning," in J. A. C. Baum (ed.), *The Blackwell Companion to Organizations*, Oxford, UK: Blackwell, 642–663.

Inkpen, A. C. and E. W. K. Tsang (2005), "Social Capital, Networks, and Knowledge Transfer," *The Academy of Management Review*, *30* (1), 146–165.

糸久正人 (2016)，「複雑性の増大とコンセンサス標準：標準化活動がもたらす競争優位」『研究 技術 計画』第31巻1号，22–30頁。

Jacobides, M. G. and S. Billinger (2006), "Designing the Boundaries of the Firm: From 'Make, Buy, or Ally' to the Dynamic Benefits of Vertical Architecture," *Organization Science*, *17* (2), 249–261.

Jacobides, M. G., T. Knudsen and M. Augier (2006), "Benefiting from Innovation: Value Creation, Value Appropriation and the Role of Industry Architectures," *Research Policy*, *35* (8), 1200–1221.

Jaffe, A. B. and M. Trajtenberg (2002), *Patents, Citations, and Innovations: A Window on the Knowledge Economy*, Cambridge, MA: MIT Press.

金光淳 (2003)，『社会ネットワーク分析の基礎：社会的関係資本論にむけて』勁草書房。

Kapoor, R. and R. Adner (2012), "What Firms Make vs. What They Know: How Firms' Production and Knowledge Boundaries Affect Competitive Advantage in the Face of Technological Change," *Organization Science*, *23* (5), 1227–1248.

Katz, M. L. and C. Shapiro (1985), "Network Externalities, Competition, and Compatibility," *American Economic Review*, *75* (3), 424–440.

川上桃子 (2012),『圧縮された産業発展：台湾ノートパソコン企業の成長メカニズム』名古屋大学出版会。

Koenig, G. (2012), "Business Ecosystems Revisited," *Management, 15* (2), 208-224.

國領二郎 (1999),『オープン・アーキテクチャ戦略：ネットワーク時代の協働モデル』ダイヤモンド社。

國領二郎＋プラットフォームデザイン・ラボ編 (2011),『創発経営のプラットフォーム：協働の情報基盤づくり』日本経済新聞出版社。

Langlois, R. N. and P. L. Robertson (1992), "Networks and Innovation in a Modular System: Lessons from the Microcomputer and Stereo Component Industries," *Research Policy, 21* (4), 297-313.

Lee, S., G. Park, B. Yoon and J. Park (2010), "Open Innovation in SMEs: An Intermediated Network Model," *Research Policy, 39* (2), 290-300.

Leiponen, A. E. (2008), "Competing through Cooperation: The Organization of Standard Setting in Wireless Telecommunications," *Management Science, 54* (11), 1904-1919.

Lessig, L. (2001), *The Future of Ideas: The Fate of The Commons in A Connected World*, New York, NY: Random House.（山形浩生訳『コモンズ：ネット上の所有権強化は技術革新を殺す』翔泳社，2002 年。）

丸川知雄 (2007),『現代中国の産業：勃興する中国企業の強さと脆さ』中央公論新社。

丸川知雄・安本雅典編著 (2010),『携帯電話産業の進化プロセス：日本はなぜ孤立したのか』有斐閣。

Moore, J. F. (1996), *The Death of Competition: Leadership and Strategy in the Age of Business Ecosystems*, New York, NY: Harper and Collins.

Moore, J. F. (2006), "Business Ecosystems and the View from the Firm," *The Antitrust Bulletin, 51* (I/Spring), 31-75.

Morris, C. R. and C. H. Ferguson (1993), "How Architecture Wins Technology Wars," *Harvard Business Review, 71* (2), 86-96.

永田晃也 (2009),「オープンイノベーションの成立条件に関する一考察」『研究・技術計画学会 2009 年度年次学術発表大会報告要旨』463-466 頁。

Nalebuff, B. J. (2004), "Bundling as an Entry Barrier," *The Quarterly Journal of Economics, 119* (1), 159-187.

根来龍之・足代訓史 (2011),「経営学におけるプラットフォーム論の系譜と今後の展望」早稲田大学 IT 戦略研究所ワーキングペーパーシリーズ，No.39, 1-21 頁。

Nieto, J. M. and L. Santamaria (2007), "The Importance of Diverse Collaborative Networks for the Novelty of Product Innovation," *Technovation, 27* (6-7), 367-377.

野中郁次郎・竹内弘高 (梅本勝博訳) (1996),『知識創造企業』東洋経済新報社。

小田切宏之 (2010),『企業経済学』第 2 版，東洋経済新報社。

小川紘一 (2014),『オープン＆クローズ戦略：日本企業再興の条件』翔泳社。

Parker, G. G. and M. W. van Alstyne (2010), "Innovation, Openness and Platform Control," in ACM (ed.), *Proceedings of the 11th ACM Conference on Electronic Commerce*, 95–96.

Parker, G. G., M. W. van Alstyne and S. P. Choudary (2016), *Platform Revolution: How Networked Markets are Transforming the Economy and How to Make Them Work for You*, New York, NY: Norton and Company.

Pisano, G. P. (2006), "Profiting from Innovation and the Intellectual Property Revolution," *Research Policy, 35* (8), 1122–1130.

Pisano, G. P. and D. J. Teece (2007), "How to Capture Value from Innovation: Shaping Intellectual Property and Industry Architecture," *California Management Review, 50* (1), 278–296.

Powell, W. W., K. W. Koput and L. Smith-Doerr (1996), "Interorganizational Collaboration and the Locus of Innovation: Networks of Learning in Biotechnology," *Administrative Science Quarterly, 41* (1), 116–145.

Powell, W. W., D. R. White, K. W. Koput and J. Owen-Simith (2005), "Network Dynamics and Field Evolution: The Growth of Interorganizational Collaboration in the Life Sciences," *American Journal of Sociology, 110* (4), 1132–1205.

Prencipe, A. (2003), "Corporate Strategy and Systems Integration Capabilities: Managing Networks in Complex Systems Industries," in A. Prencipe, A. Davies and M. Hobday (eds.), *The Business of Systems Integration*, Oxford, UK: Oxford University Press, 114–132.

Prencipe, A., A. Davies and M. Hobday (eds.) (2003), *The Business of Systems Integration*, Oxford, UK: Oxford University Press.

Raymond, E. S. (1999), *The Cathedral and the Bazaar: Musings on Linux and Open Source by an Accidental Revolutionary*, Sebastopol, CA: O'Reilly Media.

Reagans, R. and B. McEvily (2003), Network Structure and Knowledge Transfer: The Effects of Cohesion and Range," *Administrative Science Quarterly, 48* (2), 240–267.

Rifkin, J. (2014), *The Zero Marginal Cost Society: The Internet of Things, the Collaborative Commons, and the Eclipse of Capitalism*, New York, NY: Palgrave MacMillan. (柴田裕之訳『限界費用ゼロ社会：〈モノのインターネット〉と共有型経済の台頭』NHK 出版，2015 年。)

Rysman, M. and T. S. Simcoe (2008), "Patents and the Performance of Voluntary Standard-Setting Organizations," *Management Science, 54* (11), 1920–1934.

榊原清則・香山晋編 (2006),『イノベーションと競争優位：コモディティ化するデジタル機器』NTT 出版。

Sanchez, R. and J. T. Mahoney (1996), "Modularity, Flexibility, and Knowledge

Management in Product and Organization Design," *Strategic Management Journal*, *17* (Winter, Special Issue: Knowledge and the Firm), 63–76.

Schilling, M. A. (2009), "Protecting or Diffusing a Technology Platform: Tradeoffs in Appropriability, Network Externalities, and Architectural Control," in A. Gawer (ed.), *Platforms, Markets and Innovation*, Cheltenham, UK: Edward Elgar Publishing, 192–218.

Schilling, M. A. and C. C. Phelps (2007), "Interfirm Collaboration Networks: The Impact of Large-Scale Network Structure on Firm Innovation," *Management Science*, *53* (7), 1113–1126.

Shapiro, C. and H. R. Varian (1999), *Information Rules: A Strategic Guide to the Network Economy*, Boston, MA: Harvard Business School Press.

清水洋 (2016),「価値創りの新しいカタチ：オープン・イノベーションを考える　第4回ボトルネックを解消し,ボトルネックを創るオープン・イノベーション」『一橋ビジネスレビュー』第 63 巻 4 号,124–129 頁。

新宅純二郎・江藤学編著 (2008),『コンセンサス標準戦略：事業活用のすべて』日本経済新聞出版社。

新宅純二郎・許斐義信・柴田高編 (2000),『デファクト・スタンダードの本質：技術覇権競争の新展開』有斐閣。

Simcoe, T. S. (2012), "Standard Setting Committees: Consensus Governance for Shared Technology Platforms," *American Economic Review*, *102* (1), 305–336.

Stango, V. (2004), "The Economics of Standards Wars," *Review of Network Economics*, *3* (1), 1–19.

Staudenmayer, N., M. Tripsas and C. L. Tucci (2005), "Interfirm Modularity and Its Implications for Product Development," *Journal of Product Innovation Management*, *22* (4), 303–321.

椙山泰生・高尾義明 (2011),「エコシステムの境界とそのダイナミズム」『組織科学』第 45 巻 1 号,4–16 頁。

武石彰 (2003),『分業と競争：競争優位のアウトソーシング・マネジメント』有斐閣。

立本博文 (2017),『プラットフォーム企業のグローバル戦略：オープン標準の戦略的活用とビジネス・エコシステム』有斐閣。

立本博文・許経明・安本雅典 (2008),「知識と企業の境界の調整とモジュラリティの構築：パソコン産業における技術プラットフォーム開発の事例」『組織科学』第 42 巻 2 号,19–32 頁。

Teece, D. J. (1986), "Profiting from Technological Innovation: Implications for Integration, Collaboration, Licensing, and Public-Policy," *Research Policy*, *15* (6), 285–305.

徳田昭雄・立本博文・小川紘一編著 (2011),『オープン・イノベーション・システム：欧州における自動車組込みシステムの開発と標準化』晃洋書房。

Tortoriello, M., R. Reagans and B. McEvily (2012), "Bridging the Knowledge

Gap: The Influence of Strong Ties, Network Cohesion, and Network Range on the Transfer of Knowledge between Organizational Units," *Organization Science, 23* (4), 1024–1039.

Tsai, W. (2001), "Knowledge Transfer in Intraorganizational Networks: Effects of Network Position and Absorptive Capacity on Business Unit Innovation and Performance," *Academy of Management Journal, 44* (5), 996–1004.

Ulrich, K. T. (1995), "The Role of Product Architecture in the Manufacturing Firm," *Research Policy, 24* (3), 419–440.

Venkatraman, N. and C.-H. Lee (2004), "Preferential Linkage and Network Evolution: A Conceptual Model and Empirical Test in the U.S. Video Game Sector," *Academy of Management Journal, 47* (6), 876–892.

Vincenti, W. G. (1990), *What Engineers Know and How They Know It: Analytical Studies from Aeronautical History*, Baltimore, MD: Johns Hopkins University Press.

von Hippel, E. (1988), *The Sources of Innovation*, New York, NY: Oxford University Press.（榊原清則訳『イノベーションの源泉：真のイノベーターはだれか』ダイヤモンド社，1991年。）

von Hippel, E. (1994), "Sticky Information and the Locus of Problem-Solving: Implications for Innovation," *Management Science, 40* (4), 429–439.

von Hippel, E. (2001), "User Toolkits for Innovation," *Journal of Product Innovation Management, 18* (4), 247–257.

von Hippel, E. (2006), *Democratizing Innovation*, Cambridge, MA: MIT Press.（サイコム・インターナショナル監訳『民主化するイノベーションの時代：メーカー主導からの脱皮』ファーストプレス，2005年。）

von Hippel, E. and R. Katz (2002), "Shifting Innovation to Users via Toolkits," *Management Science, 48* (7), 821–833.

von Hippel, E. and G. von Krogh (2003), "Open Source Software and the 'Private-Collective' Innovation Model: Issues for Organization Science," *Organization Science, 14* (2), 209–223.

若林直樹 (2009)，『ネットワーク組織：社会ネットワーク論からの新たな組織像』有斐閣。

Weiss, M. and C. Cargill (1992), "Consortia in the Standards Development Process," *Journal of the American Society for Information Science, 43* (8), 559–565.

West, J. (2003), "How Open is Open Enough?: Melding Proprietary and Open Source Platform Strategies," *Research Policy, 32* (7), 1259–1285.

West, J. (2007), "The Economic Realities of Open Standards: Black, White and Many Shades of Gray," in S. Greenstein and V. Stango (eds.), *Standards and Public Policy*, Cambridge, UK: Cambridge University Press, 87–122.

West, J. and J. Dedrick (2001), "Proprietary vs. Open Standards in the Network Era: An Examination of the Linux Phenomenon," *Proceedings of the 34th Annual Hawaii International Conference on System Sciences*, IEEE.

West, J. and D. Wood (2013), "Evolving an Open Ecosystem: The Rise and Fall of the Symbian Platform," in R. Adner, J. E. Oxley and B. S. Silverman (eds.), *Collaboration and Competition in Business Ecosystems*, Bingley, UK: Emerald Group Publishing Limited, 27–67.

Williamson, O. E. (1975), *Markets and Hierarchies: Analysis and Antitrust Implications*, New York, NY: Free Press.

Williamson, O. E. (1985), *The Economic Institutions of Capitalism: Firms, Markets, Relational Contracting*, New York, NY: Free Press.

Xia, M., K. Zhao and J. T. Mahoney (2012), "Enhancing Value via Cooperation: Firms' Process Benefits from Participation in a Standard Consortium," *Industrial & Corporate Change*, 21 (3), 699–729.

山田英夫 (1993),『競争優位の「規格」戦略：エレクトロニクス分野における規格の興亡』ダイヤモンド社。

山田英夫 (1997),『デファクト・スタンダード：市場を制覇する規格戦略』日本経済新聞社。

安田雪 (1997),『ネットワーク分析：何が行為を決定するか』新曜社。

安本雅典 (2016),「複雑システムの標準化戦略のアプローチ：社会的課題解決に向けた課題と展望」『研究 技術 計画』第 31 巻 1 号, 7–21 頁。

安本雅典・糸久正人 (2014),「標準化にともなう企業推移と技術普及：車載エレクトロニクスに関する実装知識の担い手の役割」『技術マネジメント研究』第 13 号, 3–19 頁。

米倉誠一郎・清水洋編 (2015),『オープン・イノベーションのマネジメント：高い経営成果を生む仕組みづくり』有斐閣。

Zaheer, A. and G. G. Bell (2005), "Benefiting from Network Position: Firm Capabilities, Structural Holes, and Performance," *Strategic Management Journal*, 26 (9), 809–825.

第**3**章

オープン化戦略を可能にする企業の能力

真鍋誠司・安本雅典

はじめに

　オープン化戦略に取り組む企業は，企業の外部から取り込んだ知識やアイディアを自社の知識と融合して独自の価値創造を行うとともに，その価値を収益として獲得しなければならない（Chesbrough, 2003; 武石，2012）。この一連のプロセスが優れているか否かが，企業の最終的な収益を決める。とくにオープン化戦略は，互いに経営資源を補完し合える関係やネットワークによって成り立っている。そうした関係やネットワークにおいては，さまざまな戦略が生まれる可能性がある。その前提となるのは，企業間の組織能力の違いである。すぐれた戦略のデザインと実行を可能にするためには，個別企業の組織能力のあり方が決定的に重要になる。

1　オープン化戦略と組織能力

　組織能力にはさまざまな見方や定義があるが，一般的に企業の経営資源の中でも企業のコントロール下にあって，企業の効率と効果を改善するような戦略を構想したり実行したりするものを指している。とくに，こうした組織能力に，価値や希少性があり，また模倣コストが大きい場合には，その組織能力を保有する企業に持続的な競争優位をもたらすとされている（Barney, 2002）。

　他方で，オープン化戦略とは，「価値を創造し獲得するための，企業外部にオープンにする領域の決定とその領域のマネジメントに関するシナリオ」

である（本書第 1 章参照）。したがって，価値の創造と獲得をいかに実現するか，そのための知識や技術をどこから得るか（内部育成するか外部調達するか），知識や技術をいかにマネジメントするか，知識や技術のやり取りをするために企業外部とはどのように関係性を築くかといった課題に対応できる能力が必要になる。本章では，以上の考え方を踏まえて，組織能力をより具体的に検討しよう。

　第 1 節では，組織能力の定義とオープン化戦略におけるその意義について述べたが，第 2 節では，企業内部の知識・技術を管理する組織能力を考える。より具体的には，ビジネスモデルの構築能力，知的財産権（以下，知財権）の管理能力，アーキテクチャのデザイン能力について検討する。第 3 節では，企業外部の知識・技術を管理する組織能力を考える。この節では，まず，知識の吸収能力について，既存の研究を手がかりに考える。次に，標準化の促進能力について検討する。さらに，企業間ネットワーク構築能力について，中核企業と周辺企業の役割という観点から議論する。最後に第 4 節では，オープン化戦略に必要な組織能力間の関係について考察する。

❷　企業内部の知識・技術を管理する組織能力

　ここでは，イノベーションのオープン化戦略を実現するために，企業の内部において知識や技術を扱う組織能力について述べる。まずビジネスモデルの構築能力について議論し，続けて知的財産の管理能力，最後にアーキテクチャのデザイン能力を考える。

2.1　ビジネスモデルの構築能力

　新しい技術から価値を生むためには，①既存のビジネスに活用する，②他社にライセンスする，③新たなビジネス分野にベンチャー企業を設立するという 3 つの方法がある（Chesbrough, 2003）。これは，技術単独では何の価値も生まないことを意味する。目指すべき価値およびそのために解決すべき課題の設定とともに，ビジネスモデルを構築し，技術インプットを経済的アウトプットに変える必要がある。Chesbrough（2003）は，ビジネスモデルを「技術を扱う企業が，その技術を経済的価値に変換すること」と定義してい

る。

　したがって，ビジネスモデルの構築は企業にとって大きな課題となる。企業のマネジャーは，自社の歴史や市場環境，競争環境などを総合してビジネスモデルを構築しなければならないが，ドミナント・ロジックが新しいビジネスモデルの構築を妨げることもありうる。ドミナント・ロジックとは，企業がどのようにして競争をして利益を上げるかに関する企業の支配的な考え方のことである（Chesbrough, 2003）。ドミナント・ロジックは，従業員の行動指針となる一方で，他方で意思決定の選択肢を狭めることにもつながる。つまり，既存のビジネスモデルにとらわれてしまい，新しいビジネスモデルの構築を阻害する可能性があるのである。この意味において，既存のビジネスモデルを持たない新規企業よりも，実績のある企業の方が，新しいビジネスモデルを確立することは困難になると言えるだろう。

　いずれにせよ，知財権をはじめとする知識をオープン化戦略にそって管理するためには，まずビジネスモデルを構築する必要がある。さらには，技術だけでなく，マーケット，セールス，サポート，ファイナンスについて外部の力を利用するためにも，ビジネスモデルを常に見直して刷新する能力が求められる。社外にあるアイディアや知識を活用することを目的とした，ビジネスモデルそのもののオープン化は，オープン・ビジネスモデルとして議論されている（Chesbrough, 2006）。換言すれば，自社ですべてを賄うのではなく，社外のさまざまな場所から有効なアイディアを取り込むビジネスモデルである。

2.2　知財権の管理能力

　企業のアイディアや知識の一部について，法的に扱われる知財権として，企業が保護することは少なくない。従来の企業は，知財権を他社には使わせないという防衛手段として扱ってきたと言われている。または，特定の相手とクロスライセンス契約を結び，相互の特許権を侵害せずに，契約の範囲で自由に技術を利用するという方法もある。しかし，オープン化戦略においては，場合によっては知財権を一方的に他社に利用させ，また同時に，一方的に利用して，イノベーションを促したり，収益を上げる。オープン化戦略では，知識のうち基本的な部分のみを特許とし，それ以外は公開すること

もある。バリュー・チェーンを通じて価値が増して，補完財が生まれるような知識は，公開に適している（Chesbrough, 2003）。さらには，特許についても，無償で使用させるケースもある。たとえば，トヨタは，2015年に燃料電池車関連の特許や水素ステーションに関わる特許を無償で開放すると発表した。これらは，アウトバウンド型オープン・イノベーションの一形態とも言える（本書第1章参照）。

　自社のみならず，他社にもアイディアを活用させて収益を上げるためには，そもそも従業員が新たなアイディアを発明しなければならない。その後，企業は特許を申請するかどうか，その価値を評価する必要がある。ただし，特許そのものに価値があるというよりは，効果的なビジネスモデルを通じて価値が生まれると考えるべきである（Chesbrough, 2003）。マーケットに出る前に特許の価値を評価することは容易ではない。したがって，すでに述べたように，まず適切なビジネスモデルを構築し，知財権を管理する必要がある。その上で，知財権の構成（ポートフォリオ，パテントマップ）から自社の保有する特許を中心に評価し，それらを自社で利用するか他社に活用させるかといったことを検討する能力が要求される。また同時に，社外の知財権を調査し，自社に取り入れるか否かを検討する能力も求められる。

　ただし，知財権の管理は，対象となる技術をテクノロジー・ライフサイクルに結び付けて行われるべきという主張もある（Chesbrough, 2006）。すなわち，対象技術がテクノロジー・ライフサイクルのどの段階（初期，成長，成熟，衰退）にあるかによって，知財権の管理も変える必要があるという考え方である。初期段階では，企業は知的財産の構築に投資して，ビジネスモデルに応じた保護手段を講ずる。成長段階では，製品をより完全なものにしたり，製品をサポートする補完的資産を獲得したりするため，企業は他社との提携も含め，技術を市場へ投入する。成熟段階では，企業はその技術から得られる成果の収穫方法を検討して，自社だけでなく，競合他社，顧客，サプライヤー，他市場でのサードパーティでの活用を考える。衰退段階では，企業はその技術からの撤退を考えることになる。ただし，他社のビジネスモデルにおいてその技術が有効であり続ける場合もある。

　以上のように，知財権の管理は複雑かつ不確実な側面があり，困難を伴うものになる。したがって，知財権の高い管理能力を持つ企業は，オープン化

戦略によるメリットを享受しやすくなると言えるだろう。

2.3　アーキテクチャのデザイン能力

　オープン化戦略をとる場合，自社の製品システムにおける相互依存関係を見直し，自ら定義したり設定する必要がある。この点を考える上では，製品アーキテクチャの観点が参考になる。製品アーキテクチャとは，システムとしての製品をどのようにサブシステムへ分解して，いかにそれらのサブシステム間の関係（インターフェース）を定義づけるかに関しての設計思想である（藤本ほか，2001）。

　とくに製品システムの複雑化が進んだ場合，複雑で統合的なシステムからサブシステムに分割可能なシステムへ転換させることが重要になる。つまり，製品アーキテクチャをより構成要素間に互換性があるモジュラーなシステム（モジュラー・アーキテクチャ）に変更することが求められる。システム内の相互依存関係を減らすことができれば，まず企業内での部材の流用や共用が可能になる。これにより，企業は，開発コストの低減と，開発期間の短縮を実現するとともに，新技術を導入しやすくなる[1]。

　さらに，システムのインターフェースをオープンにすれば，外部の技術の活用も容易になり，そのシステムに合致した開発を他社に任せることも可能になる（Chesbrough, 2003）。完成品やサブシステムのメーカーであれば，必要な部品やモジュールを市場で購入することによって，外部から新技術を導入しながら，開発コストの低減と，開発期間の短縮を実現することができるようになる。

　ただし，自社の製品システムのアーキテクチャやサブシステム／部品に，他社のものと差別化できるだけの優位性があることが前提となる。とくに，サブシステムや部品をどのように統合して製品化するのかを定めるシステム・アーキテクチャについて，自社独自の能力（アーキテクチャ知識：Henderson and Clark, 1990）を持つかどうかが，優位性を左右することになる[2]。

　　1　Henderson and Clark（1990）では，システム全体やアーキテクチャのイノベーションと，こうした部品やサブシステムにおけるイノベーション（モジュラー・イノベーション）は，性質が異なるイノベーションとして区別されている。

　　2　PCに代表されるように，標準的なアーキテクチャが普及し，それに伴い汎用

一方，部材メーカーであれば，自社内のアーキテクチャと対応するかたちで，システムのアーキテクチャやインターフェースを外向けに構築して公開することで，完成品メーカーや他の補完財メーカーを巻き込んで，事業を有利に進めることができる[3]。

他方，自社のシステム・アーキテクチャのあり方と関連なく，別個に社外でオープン化が進んでいる環境では，さまざまな技術や知識を統合するインテグレータが重要な役割を果たす[4]。当初は，OI を試みる企業におけるアーキテクチャ知識とそれによる統合の意義を指摘したにとどまった（Chesbrough, 2003）。分散した技術や知識を評価・検証し選択して統合するシステム統合の能力の重要性については，異なった文脈で指摘されてきた[5]。こうした研究の系譜も踏まえて，経験的に蓄積され市場で取引できないシステム統合能力（Christensen, 2006），技術や知識を用いるためにタスクを分割するデザイン能力（Acha, 2008）が実証的に検討されてきた。OI を試みる企業内では，事業を通じた価値獲得のみならず，価値創造のためにこうした社内における統合的な能力が求められる（Chesbrough and Appleyard, 2007）。したがって，OI で取り上げられている事例やデータの大部分は，何らかの形で技術や知識の蓄積があり，開発力を持つ先進国の企業が対象となっている。

このように，アーキテクチャのデザイン能力は企業外部の知識・技術を扱うための統合能力という側面を持つ。だが同時に，この節の前半で述べたように，企業内部の知識や技術をどのように集約するかという，自社製品のアーキテクチャの見直しも含めた統合能力であることをここでは改めて強調しておく[6]。

のサブシステム／部品の供給が進んでいれば，独自のアーキテクチャの構築は困難である。このような場合には，差別化が困難となり価格競争に陥りがちである。このような状況で優位を維持できるのは，インテルなどのように自らアーキテクチャを設定し，独自のサブシステムを提供している企業となる（たとえば，Gawer and Cusumano, 2002 参照）。

[3]　こうしたメカニズムやその意義についての説明は，たとえば，Gawer（2009）参照。

[4]　Maula et al.（2006），Prencipe et al.（2003）を参照。

[5]　統合のための知識は，アーキテクチャ知識以外にも，システム知識（Brusoni and Prencipe, 2001; Prencipe et al., 2003）や製品知識（武石，2003）といった概念で捉えられている。ほかには，Staudenmayer et al.（2005）を参照。

❸ 企業外部の知識・技術を管理する組織能力

　オープン化戦略では，自社でイノベーションを完結させる場合と異なり，企業外部との知識や情報のやり取りが必須である。したがって，自社にない知識を取り込み，自社に有利なように技術を普及させたり，自社をネットワークに位置づけることが重要になる。ここでは，知識の吸収能力，標準化の促進能力，および，企業間ネットワークの構築能力を考える。なお，標準化に関しては，一部の新興企業のように標準の活用に徹する戦略もありうる。こうした戦略は，自社にない標準に関する知識を自社に吸収して活用する能力によって可能になる。したがって，本章ではこの能力を知識の吸収能力として捉えることにする。

❸.1　知識の吸収能力

　自社にない知識を取り込むタイプのオープン化戦略では，知識やアイディアを組織に取り込むための活動がポイントとなる。つまり，企業の外部を探索して知識やアイディアへアクセスし，場合によってはパートナーと提携し，知識やアイディアを吸収するプロセスが必要となる。企業外部のどのような知識を，どこから，どのように獲得するかが課題となるのである[7]。

　知識やアイディアを取り込む能力については，吸収能力として OI とは別の独立した一連の議論が存在する[8]。Cohen and Levinthal (1990) は，イノベーションを生むプロセスには外部からの知識を活用することが不可欠だとして，新しい情報の価値を認識し，同化し，事業化のため応用する力を吸収能力として概念化した。企業は，自社の R&D 能力によって企業外部の技術を認識して監視し，効果的に応用する（Cohen and Levinthal, 1990）。つまり，

　6　オープン化戦略を意識したものではないが，こうした統合能力については，自動車産業（内部統合：Clark and Fujimoto, 1991）や IT 機器産業（技術統合：Iansiti, 1998）などで，実証とともに概念が整理されてきた。

　7　探索を行う主体としては，エージェント，自社，パートナーの3つを考えることができる（清水・星野，2012）。

　8　たとえば，Cohen and Levinthal (1990), Lane and Lubatkin (1998), Lane et al. (2001), Tsai (2001), Zahra and George (2002) を参照。

吸収能力とは，企業外部の技術知識を用いて価値を創造する能力と言える[9]。したがって，知識の吸収能力は，とくにインバウンド型 OI を行う上での前提条件であり重要である（Spithoven et al., 2010）。なお，Rosenberg（1990）も，社外の科学知識を評価して自社に取り込むためには，基礎研究に資金を投じる必要があるとしている。

　ただし，Hughes and Wareham（2010）は，吸収能力に関する多くの先行研究がインバウンド（知識の流入）との関連性にのみ言及していると指摘した。その上で彼らは，大手製薬企業のケース分析と既存研究の考察により，吸収能力とアウトバウンド能力（知識を企業外部に普及させる能力）を統合して考察する必要性を説いた（Hughes and Wareham, 2010）。インバウンド型，アウトバウンド型，両面を連動させ企業内外の技術や知識を使いこなす組織能力の重要性についても，指摘され始めている（Enkel et al., 2009）。

　なお，とくに自らが製品やシステムを開発・製造し事業としている場合，企業が外部の技術を効果的に応用する上では，ビジネスモデルを構築して，さまざまな技術を統合して製品化すること，すなわち課題を解決し価値を実現することが不可欠である。オープン化が進み知識や技術の入手が容易になっているからこそ，知識やノウハウの蓄積に基づく実装の能力によって製品化を有利に進めることが重要となっている面がある[10]。この点では，吸収能力は，企業内部の知識・技術を管理する組織能力とも切り離せない関係にある。

3.2　標準化の促進能力

　旧来，注目されていた標準化戦略は，競争ベースで決まる原則的に1社のデファクト標準であった。しかし，現在の標準の多くは，複数企業の合意によるコンセンサス標準[11]であり，このコンセンサス標準が事業活動に大き

---

[9]　たとえば，Zahra and George（2002），Todorova and Durisin（2007）を参照。
[10]　技術がオープン化された状況において，ノウハウなどの知識（能力）の蓄積が意義を持つという点については，ワークステーションの技術の公開に関する Garud and Kamaraswamy（1993）の先駆的な事例研究がある。オープン化が進んだ場合，こうした能力の構築で先行することがより重要となってくる可能性がある（安本，2016）。
[11]　特定の技術に関するフォーラム標準と区別されることもあるが，ここでは区

な影響を与えている。たとえば，コンセンサス標準では，標準化による技術
の普及とそれによる市場の拡大が念頭に置かれているため，通常はパテント
ポリシーによって，その標準に含まれる知財は安価に誰にでもライセンスす
ることが求められていることが多い。このため，標準化の効果をよく考える
必要がある（江藤，2008a）[12]。一般的には，標準化によって多くの企業が参
入しやすくなり，市場の拡大につながるという効果が大きい。たとえば，移
動体通信産業の場合，標準化によって世界中の企業間で互換性や相互接続性
が保障されることで，数百兆円の市場が成立している。

　技術力を有する企業の場合，製品の差別化を実現できる部分が標準化領域
外にあれば（もしくはそうした領域外で標準を設定できれば），標準化は自社に有
利に働く。差別化領域が際立つことになるからである。また，各社共通の標
準化によりコストダウンした資金を差別化領域に投資し，競争力を高めるこ
ともできる（江藤，2008a）。したがってまず，自社製品の差別化領域と標準
化領域を効果的に区分する能力が必要になる。

　とくに，すでに議論した知財権と標準の関係は，注意深く扱われなければ
ならない[13]。標準化によって一部の技術をオープンにし，他の部分で製品
を差別化する技術を知財として権利化し収益に結び付けるというのが，基本
的な戦略になるからである（江藤，2008b）。仮に低額もしくはフリーで標準
や関連する知財の多くを提供し，差別化が困難な場合でも，権利を保持して
技術をコントロールし事業展開に資するようにしたり（Boudreau, 2010;
Eisenmann et al., 2009），自らが先行して最新の標準技術を製品化できるよう
にする（Funk, 2002）といった試みが求められる。さらに，リソースの異な
る多様な企業によるコンセンサス標準の場合には，対象，範囲，程度，条件
などを自社のみで決めることは難しく，企業間で合意を形成する必要がある。
このため，そうした面での協調の仕方や交渉力も重要となってくる（Lei-

別せずに用いる。

[12]　なお，インターフェース，アーキテクチャ，プロセス，性能・評価方法など，
標準化にはさまざまなものがあり，それぞれ効果や企業戦略への影響は異なるが，
ここでは製品（サブシステム）標準について議論する。

[13]　標準と知財との関係は単純に相反するというわけでもなく複雑であるが，企
業の収益化の可能性とともにいくつかのパターンが整理されている（Blind and
Thumm, 2004; European Commission, 2014）。

ponen, 2008)。なお，標準化の戦略的な意義・課題やその収益化との関係の詳細については，本書の第 2 章，第 1 部補論，ならびに第 11 章を参照されたい。

　次に，企業間の補完関係や分業の戦略では，アーキテクチャに関する知識が重要な役割を果たす[14]。とくにコンセンサス標準によってオープン化が進んだ環境においては，具体的な設計というよりは要件や性能（および評価試験・検査方法）の仕様のレベルで標準化がなされている[15]。このため，より具体的なアーキテクチャに関する知識（たとえばインテル，メディアテック，ボッシュのプラットフォーム）に基づいて，企業内外に分散した技術・知識が選択され活用しやすいかたちで提供される必要がある。その上で，各分野における価値創造の土壌，つまり問題解決のコミュニティやエコシステムは形成・維持される[16]。

　こうした土壌を用意する企業，典型的には標準化を推進する企業やプラットフォーム提供企業は，事業展開に不可欠な技術的基盤を提供する力を持つという点で注目を集めてきた。厳密には，企業間の協調による標準化と個々の企業によるプラットフォーム構築は政策・戦略的意味合いが異なるため区別する必要がある。だが，いずれの場合でも，技術や知識を統合しながら，基盤になるアーキテクチャを管理すること，補完的企業を引き付け調整しながら技術の進歩の方向性をコントロールしていくこと，それぞれに能力が必要となる[17]。とくに個々の企業の戦略に直結しているプラットフォーム構

14　エレメント知識としての個々の特許は必ずしも事業上の成功を保障するものではなく（Henderson and Cockburn, 1994），事業や用途・仕様に応じて製品システムを統合するための実装上の開発知識（もしくはアーキテクチュラルな知識）が重要であることは，以前から指摘されている（たとえば，青島・延岡，1997; Henderson and Clark, 1990）。分業におけるその重要性については，Brusoni and Prencipe（2001），武石（2003）を参照。

15　設計をはじめ実現方法が具体的に規定されているわけではなく，実装可能なかたちでは標準化されていないことが多い。この区別は重要である。たとえば，West（2007）参照。実態に関わる論点については，たとえば，安本（2015; 2016）参照。

16　たとえば，Gawer（2009），Gawer and Cusumano（2002），Iansiti and Levien（2004）を参照。

17　プラットフォームの提供では，技術をコントロールしながら，サブ・エコシステムを構築することになる。関連する議論については，たとえば，Boudreau

築については，こうした能力が求められる。製品システムのイノベーション
をリードするには，技術的基盤を提供する組織能力は欠かせない[18]。

❸.❸　企業間ネットワークの構築能力

　企業は，単独ではイノベーションを起こすことは難しく，多くの企業とネ
ットワークを形成して，その中で価値を共同で創造している。この企業間ネ
ットワークにおいて，企業は大きく2つの役割に分かれ，それぞれ必要とす
る能力は異なる。1つはネットワークを主導し広げる能力であり，もう1つ
はネットワークを支える能力である。

　従来は外部環境として捉えていたビジネスのネットワークを，ビジネス・
エコシステム論では一定の価値の実現のために企業の内外がシームレスに結
び付いていると考える。ネットワークにおける他の企業を単なるパートナー
として見るのではなく，資産を共有するパートナーとして捉え，こうした企
業のネットワーク全体をひとつの生態系（エコシステム）として捉えるので
ある。エコシステムでは，緩やかに結び付いた多様な参加者たちが，共同の
発展と生き残りを目的として相互依存している（詳細は，本書第8章参照）。

　エコシステムに生まれる価値の全体が大きくなるように行動する中核企業
は，ビジネス・エコシステム論ではキーストーンと呼ばれる（Iansiti and Le-
vien, 2004[19]）。キーストーンのあり方によって，エコシステムそのものの性
質が大きく変わってしまう。その役割は，エコシステムのイノベーションと
オペレーションの基礎をなすプラットフォームを広げ，エコシステムを調整

(2010), Gawer (2009), Gawer and Cusumano (2002), Parker and van Al-
styne (2008) 参照。コンセンサス標準で想定されている参照アーキテクチャと
は異なり，こうしたプラットフォームの多くでは，より設計に近く実装可能なア
ーキテクチャの提供がなされている。関連する議論としては，たとえば，Gawer
(2009), Maula et al. (2006), West (2007)。

18　しかしながら，既存の有力企業ほど，そのリソースの豊富さのために，他社
との技術の共有を促す標準化には取り組みにくい面がある（たとえば，Blind
and Thumm, 2004; 糸久，2016）。本書第11章参照。

19　エコシステムに関与する上でのポジショニング，役割，他企業との関係，タ
イミングなどについての，企業レベルでの戦略については実証研究の余地が残さ
れている。ただし，実践的な観点からは，ある程度まとまった説明がなされてい
る（たとえば，Adner, 2012）。

していくことである。MPU の開発で有名なインテルは，自社製品のその周辺のアーキテクチャを主導的に開発し，補完製品のイノベーションを刺激する。他社が自社製品に基づいて製品を作ったり，サービスを提供したりするようなある種の基盤，すなわちプラットフォームを提供するのである。このように，プラットフォームを先導して普及させる企業は，プラットフォーム・リーダーと呼ばれている（Gawer and Cusumano, 2002）。ネットワーク（エコシステム）のリーダーは，高い技術力を持ちながらもネットワークを発展・拡張するように，自社のことだけではなく他社を誘導していく能力を持たなければならない[20]。

　なお，インテルのようなサブ・エコシステムを形成するプラットフォーム・リーダーはひとつとは限らない。たとえば，モバイル産業では，こうしたプラットフォーム・リーダーを中心とするサブ・エコシステムが複数存在して巨大なエコシステムを形成している。さらに，IoT（Internet of Things）の社会実装が進む中で，広く産業・分野にわたって，多様なプラットフォーム・リーダーが活躍するようになり，より巨大なエコシステムの発達を促している。

　他方，ビジネス・エコシステムにおいて多数を占めている企業がニッチ・プレイヤーである。ニッチ・プレイヤーは，エコシステムの中でその資源を活用しながら，自社を他企業から差別化することのできる能力を持っている。ニッチ・プレイヤーは，他企業が提供する強力なプラットフォームを利用しながら，狭い専門領域に自社の事業を集中させる。同時に，ニッチ・プレイヤーは，資源の効果的な利用によって，エコシステム全体の健全性を高めることにも貢献している。

　なお，特許制度の整備が進んできている現在でさえ，いまだに技術の市場化が不完全なため，技術や知識の供給や活用は十分には円滑に進んでいない[21]。このため，企業にとって探索や活用のコスト（たとえば，それを使った

---

[20]　なお，Iansiti and Levien（2004）によれば，キーストーンやニッチ以外にも，エコシステムには価値創出を単独で行う「支配者」と，価値創出を他のメンバーに依存する「ハブの領主」がいる。しかしながら，いずれも価値の多くを独占してエコシステムの発展には寄与しないので，ここでは論じない。

[21]　たとえば，Arora et al.（2001），Gambardella et al.（2007）を参照。

開発の時間やコスト）がかかる場合がある。技術・知識とそれらによって解決される問題（つまり活用）との間の距離は，イノベーションの成果に影響を与える（Enkel and Gassmann, 2010）。企業が技術や知識を利用する際のこうしたコストを下げるという点で，企業間を仲介する機能（ハブ）が注目されている[22]。仲介企業は，知識・技術のマッチングによって企業間をつなぐだけでなく，ネットワーク間を結ぶことによって，利益を上げることもある。

　このように，企業間ネットワークでは，ネットワークで中心的な役割を果たす中核企業と，その周辺にいて企業間ネットワーク全体の価値増大に寄与する企業群とに分けて考えることができる。

　また，企業間ネットワークに存在する企業に共通して注目されているものとして，ネットワークの活用能力（Dittrich and Duysters, 2007）が実証的に検討され始めている。たとえば，企業が，組織間ネットワークにおいて，他の企業との関係を構築，活用できる組織能力を持っていることが重要である（Dyer and Kale, 2007）。とくに，企業が他の企業や組織との間で関係を構築して，それを活用して，組織間学習を進められる組織的な能力を持つことが競争優位につながる。典型的には，トヨタ自動車が，協力会社と開発での連携関係を構築して，次世代製品の開発を分担しながら進めていることがあげられる（真鍋・延岡, 2002）。つまり企業が，組織間での学習とイノベーションを進める上で，それに有効なタイプの組織間ネットワークを構築し，使いこなせるかが焦点となる。

　さらに，ネットワークを運営するメンバー構成も，ネットワーク全体のパフォーマンスに影響を与えうる。Wincent et al. (2009) は，スウェーデンにおける 53 の小企業ネットワークのデータを分析し，ネットワーク運営のメンバー構成がすぐに代わる場合は新鮮な視点からプロジェクトを見直せるため，また構成メンバーが長く代わらない場合はメンバーが親密になり信頼が生まれるために，それぞれネットワークのイノベーション成果が高くなることを示している。一方，ネットワーク運営の構成メンバーが中程度に代わる場合には，イノベーションの成果は低くなる傾向にある（Wincent et al., 2009）。

---

[22]　たとえば，Fichter (2009), 本書第 2 部ショートケース「ナインシグマ・ジャパン：技術の仲介企業」を参照。

4 オープン化戦略を可能にする組織能力間の関係

　以上，オープン化戦略に必要な能力について，企業内部の知識・技術を管理する組織能力と，企業外部の知識・技術を管理する組織能力に分けて検討した。最後に，組織能力間の関係について議論しよう。結論を先取りすれば，それぞれの組織能力は，相互に影響を与え合っていると考えられる。

　企業内部の知識・技術を管理する能力の中心には，ビジネスモデルの構築能力があると考えられる。すでに述べたように，ビジネスモデルがあってはじめて，課題解決や価値実現が可能になり，知識や技術から収益を上げることができるためである。したがって，これらは，知財権の管理やアーキテクチャのデザインの前提となると考えられる。

　他方，企業外部の知識・技術を管理する能力の中では，とくに吸収能力が重要である。知識の吸収能力は，外部知識を評価する能力も含まれている。言うまでもなく，外部の知識を正しく評価できなければ，適切に，企業間ネットワークを構築したり，標準化を促進することは不可能であろう。

　このように，企業内部，および企業外部の知識や技術を管理する組織能力では，それぞれの能力において密接な関係性を持つ。さらに，企業内部の知識・技術を管理する組織能力と企業外部のそれの間においても，相互作用が存在すると考えられる（図 1 参照）。たとえば，企業が競争優位性を構築，維持して収益を上げ続けるためには，企業独自のビジネスモデルに合わせて，企業外部の知識や技術を評価し，必要なものを内部に取り込む必要がある[23]。

　それぞれの企業の背景によるリソースの違いがある以上，企業がこれらの能力をすべて備えている必要はない。だが，オープン化戦略を可能にする企業の組織能力は，相互に結び付いている。どのような企業であっても，オープン化戦略を策定し実行するためには，以上に見たような個々の組織能力をそれぞれ高めるだけでは不十分である。本章で見てきた組織能力間の関連性

---

[23]　本章で議論した企業内外の知識・技術を管理する 6 つの能力間それぞれにも，相互関係があると考えられるが，ここでは説明が煩雑になるため，すべてを取り上げて説明することはしない。

図1 オープン化を可能にする組織能力間の関係

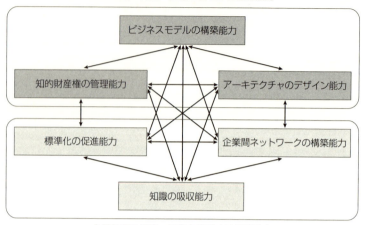

（出所）筆者作成。

を検討しつつ，試行錯誤を通じて能力を構築していく必要があると考えられる。

＊ 本章は，平成27年度文部科学省科学研究費補助金・基盤研究（B）（15H03376），挑戦的萌芽研究（15K13032），平成24〜26年度文部科学省科学研究費補助金・基盤研究（B）（24330117）（以上，安本），平成27年度文部科学省科学研究費補助金・基盤研究（A）（25245053），基盤研究（B）（15H03372），および基盤研究（C）（25380501）（以上，真鍋）の成果の一部によるものである。

参考文献

Acha, V. (2008), "Open by Design: The Role of Design in Open Innovation," Conference Paper in *Academy of Management Annual Meeting Proceedings*.

Adner, R. (2012), *The Wide Lens: What Successful Innovators See That Others Miss*, New York, NY: Portfolio/Penguin.

青島矢一・延岡健太郎（1997），「プロジェクト知識のマネジメント」『組織科学』第31巻1号，20–36頁。

Arora, A., F. Fosfura and A. Gambardella (2001), *Markets for Technology: The Economics of Innovation and Corporate Strategy*, Cambridge, MA: MIT Press.

Barney, J. B. (2002), *Gaining and Sustainig Competitive Advantage*, Second Edition, Upper Saddle River, New Jersey, NJ: Pearson Education.

Blind, K. and N. Thumm (2004), "Interrelation between Patenting and Standardization Strategies: Empirical Evidence and Policy Implications," *Research Policy, 33* (10), 1583–1598.

Boudreau, K. (2010), "Open Platform Strategies and Innovation: Granting Access vs. Devolving Control," *Management Science, 56* (10), 1849–1872.

Boudreau, K. and A. Hagiu (2009), "Platform Rules: Multi-sided Platforms as Regulators," in A. Gawer (ed.), *Platforms, Markets and Innovation*, cheltenham, UK; Northampton, MA: Edward Elgar Publishing, 163–191.

Brusoni, S. and A. Prencipe (2001), "Managing Knowledge in Loosely Coupled Networks: Exploring the Links between Product and Knowledge Dynamics," *Journal of Management Studies, 38* (7), 1019–1035.

Brusoni, S. and A. Prencipe (2006), "Making Design Rules: A Multidomain Perspective," *Organization Science, 17* (2), 179–189.

Burt, R. S. (2004), "Structural Holes and Good Ideas," *American Journal of Sociology, 110* (2), 349–399.

Chesbrough, H. W. (2003), *Open Innovation: The New Imperative for Creating and Profiting from Technology*, Boston, MA: Harvard Business School Press. (大前恵一朗訳『OPEN INNOVATION：ハーバード流イノベーション戦略のすべて』産業能率大学出版会，2004 年。)

Chesbrough, H. W. (2006), *Open Business Model: How to Thrive in The New Innovative Landscape*, Boston, MA: Harvard Business School Press.

Chesbrough, H. W. and M. M. Appleyard (2007), "Open Innovation and Strategy," *California Management Review, 50* (1), 57–76.

Christensen, J. F. (2006), "Wither Core Competency for the Large Corporation in an Open Innovation World?" in H. W. Chesbrough, W. Vanhaverbeke and J. West (eds.), *Open Innovation: Researching a New Paradigm*, Oxford, UK: Oxford University Press, 35–61.

Clark, K. B. and T. Fujimoto (1991), *Product Development Performance: Strategy, Organization, and Management in the World Auto Industry*, Boston, MA: Harvard Business School Press.

Cohen, W. M. and D.A. Levinthal (1990), "Absorptive Capacity: A New Perspective on Learning and Innovation," *Administrative Science Quarterly, 35* (1), 128–152.

Dittrich, K. and G. Duysters (2007), "Networking as a Means to Strategy Change: The Case of Open Innovation in Mobile Telephony," *Journal of Product Innovation Management, 24* (5), 510–521.

Dyer, W. J. and P. Kale (2007), "Relational Capabilities: Drivers and Implications," in C. E. Helfat et al. (eds.), *Dynamic Capabilities: Understanding Strategic Change in Organizations*, Malden, MA: Blackwell, 65–79.

Eisenmann, T. R. (2008), "Managing Proprietary and Shared Platforms," *California Management Review, 50* (4), 31–53.

Eisenmann, T. R., G. Parker and M. van Alstyne (2009), "Opening Platforms: How, When and Why?" in A. Gawer (ed.), *Platforms, Markets and Innovation*, Cheltenham, UK; Northampton, MA: Edward Elgar Publishing, 131–162.

Enkel, E., O. Gassmann and H. Chesbrough (2009), "Open R&D and Open Innovation: Exploring the Phenomenon," *R&D Management, 39* (4), 311–316.

Enkel, E. and O. Gassmann (2010), "Creative Imitation: Exploring the Case of Cross-Industry," *R&D Management, 40* (3), 256–270.

江藤学 (2008a),「コンセンサス標準とは」新宅純二郎・江藤学編『コンセンサス標準戦略：事業活用のすべて』日本経済新聞社，所収。

江藤学 (2008b),「コンセンサス標準における知的財産の役割」新宅純二郎・江藤学編『コンセンサス標準戦略：事業活用のすべて』日本経済新聞社，所収。

European Commission (2014), *Patents and Standards: A Modern Framework for IPR-based Standardization*, European Union.

Fichter, K. (2009), "Innovation Communities: the Role of Networks of Promotors in Open Innovation," *R&D Management, 39* (4), 357–371.

藤本隆宏・武石彰・青島矢一編 (2001),『ビジネス・アーキテクチャ：製品・組織・プロセスの戦略的設計』有斐閣。

Funk, J. L. (2002), *Global Competition between and within Standards: The Case of Mobile Phones*, New York, NY: Palgrave Macmillan.

Gambardella, A., P. Giuri and A. Luzzi (2007), "The Market for Patents in Europe," *Research Policy, 36* (8), 1163–1183.

Garud, R. and A. Kumaraswamy (1993), "Changing Competitive Dynamics in Network Industries: An Exploration of Sun Microsystems' Open Systems Strategy," *Strategic Management Journal, 14* (5), 351–369.

Gawer, A. (2009), "Platform Dynamics and Strategies: From Products to Services," in A. Gawer (ed.), *Platforms, Markets and Innovation*, Cheltenham, UK; Northampton, MA: Edward Elgar Publishing.

Gawer, A. and M. Cusumano (2002), *Platform Leadership: How Intel, Microsoft, and Cisco Drive Industry Innovation*, Boston, MA: Harvard Business School Press.

Gawer, A. and R. Henderson (2007), "Platform Owner Entry and Innovation in Complementary Markets: Evidence from Intel," *Journal of Economics and Management Strategy, 16* (1), 1–34.

Henderson, R. M. and K. B. Clark (1990), "Architectural Innovation: The Reconfiguration of Existing Product Technologies and the Failure of Established Firms," *Administrative Science Quarterly, 35* (1), 9–30.

Henderson, R. M. and I. M. Cockburn (1994), "Measuring Competence? Exploring Firm Effects in Pharmaceutical Research," *Strategic Management Journal*, *15* (S1), 63–84.

Hughes, B. and J. Wareham (2010), "Knowledge Arbitrage in Global Pharma: A Synthetic View of Absorptive Capacity and Open Innovation," *R&D Management*, *40* (3), 324–343.

Iansiti, M. (1998), *Technology Integration: Making Critical Choices in a Dynamic World*, Boston, MA: Harvard Business School Press.

Iansiti, M. and R. Levien (2004), *The Keystone Advantage: What The New Dynamics of Business Ecosystems Mean for Strategy, Innovation, and Sustainability*, Boston, MA: Harvard Business School Press.（杉本幸太郎訳『キーストーン戦略：イノベーションを持続させるビジネス・エコシステム』翔泳社，2007年。）

糸久正人（2016），「複雑性の増大とコンセンサス標準：標準化活動がもたらす競争優位」『研究 技術 計画』第 31 巻 1 号，22–30 頁。

Jacobides, M. G., T. Knudsen and M. Augier (2006), "Benefiting from Innovation: Value Creation, Value Appropriation and the Role of Industry Architectures," *Research Policy*, *35* (8), 1200–1221.

Lane, P. J. and M. Lubatkin (1998), "Relative Absorptive Capacity and Interorganizational Learning," *Strategic Management Journal*, *19* (5), 461–477.

Lane, P. J., J. Salk and M. Lyles (2001), "Absorptive Capacity, Learning, and Performance in International Joint Ventures," *Strategic Management Journal*, *22* (12), 1139–1161.

Leiponen, A. (2008), "Competing through Cooperation: The Organization of Standard Setting in Wireless Telecommunications," *Management Science*, *54* (11), 1904–1919.

真鍋誠司・延岡健太郎（2002），「ネットワーク信頼の構築：トヨタ自動車の組織間学習システム」『一橋ビジネスレビュー』第 50 巻 3 号，184–193 頁。

Maula, M., T. Keil and J. P. Salmenkaita (2006), "Open Innovation in Systemic Innovation Contexts," in H. W. Chesbrough, W. Vanhaverbeke and J. West (eds.), *Open Innovation: Researching a New Paradigm*, Oxford, UK: Oxford University Press.

Parker, G. and M. van Alstyne (2008), "Innovation, Openeness, and Platform Control," MIT Sloau Research Paper, No.4684–08.

Pisano, G. P. and D. J. Teece (2007), "How to Capture Value from Innovation: Shaping Intellectual Property and Industry Architecture," *California Management Review*, *50* (1), 278–296.

Prencipe, A., A. Davies and M. Hobday (2003), *The Business of Systems Integration*, Oxford, UK: Oxford University Press.

Rosenberg, N. (1990), "Why Do Firms Do Basic Research (With Their Own

Money）?" *Research Policy, 19* (2), 165–174.

清水洋・星野雄介（2012），「オープン・イノベーションのマネジメント：探索と知識マネジメント」『一橋ビジネスレビュー』第60巻2号，28–41頁。

Spithoven, A., B. Clarysse and M. Knockaert (2010), "Building Absorptive Capacity to Organise inbound Open Innovation in Traditional Industries," *Technovation, 31* (1), 10–21.

Staudenmayer, N., M. Tripsas and C. L. Tucci (2005), "Interfirm Modularity and Its Implications for Product Development," *Journal of Product Innovation Management, 22* (4), 303–321.

武石彰（2003），『分業と競争：競争優位のアウトソーシング・マネジメント』有斐閣。

武石彰（2012），「オープン・イノベーション：成功のメカニズムと課題」『一橋ビジネスレビュー』第60巻2号，16–26頁。

Teece, D. J., G. Pisano and A. Shuen (1997), "Dynamic Capabilities and Strategic Management," *Strategic Management Journal, 18* (7), 509–533.

Todorova, G. and B. Durisin (2007), "Absorptive Capacity: Valuing a Re-conceptualization," *Academy of Management Review, 32* (3), 774–786.

Tsai, W. (2001), "Knowledge Transfer in Intraorganizational Networks: Effects of Network Position and Absorptive Capacity on Business Unit Innovation and Performance," *Academy of Management Journal, 44* (5), 996–1004.

West, J. (2007), "The Economic Realities of Open Standards: Black, White and Many Shades of Gray," in S. Greenstein and V. Stango (eds.), *Standards and Public Policy*, Cambridge, UK: Cambridge University Press, 87–122.

Wincent, J., S. Anokhin and H. Boter (2009), "Network Board Continuity and Effectiveness of Open Innovation in Swedish Strategic Small-firm Networks," *R&D Management, 39* (1), 55–67.

安本雅典（2015），「欧州標準化戦略の核心は"実装で先んじる」『特集　激変する知財・標準化戦略：欧州の最新事例に日本企業の進路を学ぶ』日経 Tech-On 電子版（http://techon.nikkeibp.co.jp/article/FEATURE/20150225/405880/）。

安本雅典（2016），「複雑システムの標準化戦略のアプローチ：社会的課題解決に向けた課題と展望」『研究 技術 計画』第31巻1号，7–21頁。

Zahra, S. and G. George (2002), "Absorptive Capacity: A Review, Reconceptualization, and Extension," *Academy of Management Review, 27* (2), 185–203.

オープン化と複雑化するシステム[1]
収益化のための戦略の展望

安本雅典

1　複雑化するシステムと標準化

　さまざまな産業・分野で，システムの複雑化が進んでいる[2]。ここでは，システムの複雑化に対し，どのようにオープン化が進むのか，とくにオープン化を促す標準化に注目しながら展望してみることにする[3]。なお，標準化にはさまざまなタイプや捉え方があるが，ここでは広義に企業間にわたる共通の技術のルールや基準を想定して考えてみる。

　オープン・イノベーションの議論においても指摘されているように，大企業であっても，システムの高度化や複雑化に対して一社では対応しきれなくなってきている（Chesbrough, 2003）。こうした状況への対応として標準化が進められ，独立した企業間でオープンな分業が進められるようになってきている。複雑なシステムの開発や運用では，専門性を有する企業間で連携し，各企業で不足する部分を相互に補完することが必要になる。だが，必要な知識は企業間にわたって分散しており，それぞれの技術，サブシステム（製品・部品），そしてサービスは異なる企業が担っている。このため，それぞれの技術，サブシステム，およびサービスが一定の水準を充たし，相互に利用

1　本章の詳細は，安本（2016）参照。
2　たとえば，藤本（2013）参照。
3　標準化とその戦略的な意義については，本書第11章「標準化戦略」参照。ほかにも，たとえばEuropean Commission（2014）や新宅・江藤（2008）による整理を参照。オープン化と標準化の関係については，West（2007）の整理が参考になる。

可能（compatibility や interoperability）となるように，標準化を進めルール
や基準を定める必要が出てくる。アーキテクチャ（構成要素の統合ルール）や
関連する標準（インターフェース，性能基準など）を，複数企業が協調して非
競争領域として準備することで，複雑化したシステムにも効果的に対応する
ことが可能となってくる[4]。

　たとえば，自動車産業におけるソフトウェア開発の工数は急増しており，
その開発が大きな課題となってきた。これに対し，欧州（ドイツ）の車載シ
ステムの標準化の事例（AUTOSAR: AUTomotive Open System ARchitecture）
をはじめ，複数の企業がコンソーシアムを組んで標準化を進め，国際的な分
業を促すようになってきた[5]。同様の動きは，携帯電話の端末機器のソフト
ウェア（OS）など，他の産業・分野でも観察されている[6]。端末機器 OS で
支配的となっている OHA（Open Handset Alliance）による Android は，グ
ーグルの戦略の一環として捉えられることも多いが，こうした課題に対応す
ることで普及した代表例でもある。

　一方で，欧州を中心とした CoPS（Complex Products and Systems）の議論
では，社会インフラをはじめ，数多くの技術や製品を統合した複雑で大規模
なシステムの開発・生産や運用が取り上げられてきた。こうした議論では，
複雑なシステムとして航空機，移動体通信システム，電力システムなどが取
り上げられ，複数企業にわたる開発・運用の能力やマネジメントが検討され
てきた[7]。併せて，複数企業が協働して大規模なシステムを構築する必要が
あることから，標準化の重要性も指摘されてきた[8]。

　これらは産業・分野内における標準化を中心に取り上げているが，複数の
産業・分野にわたるような大規模で複雑なシステムの開発や運用についても，

---

[4]　以下に紹介する欧州やドイツの標準化では，標準は企業間で協調すべき非競争
　　領域であるのに対し，標準技術に基づく製品化，すなわち機器やサービスへの
　　「実装（implementation）」が競争領域であるとされている。

[5]　たとえば，本書第11章，徳田ほか（2011），糸久・安本（2011）参照。コンセ
　　ンサス標準（新宅・江藤，2008）の形成は，コンソーシアム（広義にはフォーラ
　　ムを含む）で複数企業が協調して進められることが多いが，後述の大規模なシス
　　テムでは公的なデジュリ標準や規制となるものも少なくない。

[6]　たとえば，丸川・安本（2010）参照。

[7]　たとえば，Hobday（1998），Prencipe et al.（2003）を参照。

[8]　Steinmueller（2003）参照。

オープン化を促す標準化が注目されてきている[9]。とくに，IoT（Internet of Things）に代表されるような，ICT（Infomation and Communication Technologies）を軸に，安全・安心や環境問題といった社会的課題を解決し持続可能性を維持するために，産業や分野を越えた大規模なシステムの開発・運用が注目されている。たとえば，エネルギー，マニュファクチュアリング（開発・製造・流通），モビリティ（交通），医療・ヘルスケアなどに関わる取組みがある。

　ドイツをはじめ，とくに欧州では，こうした産業・企業の枠を越えた研究開発と標準化の試みを連動させ積極的に進められてきている[10]。代表的なものとしては，ドイツを中心にスマート・マニュファクチュアリングの実現を目指す Industrie 4.0 や，アメリカの有力企業を中心に産業全般のスマート化を目指す IIC（Industrial Internet Consortium）があげられる。こうした取組みでは，産業間・企業間にわたる標準化によってオープン化を図ることは，複雑化への対応を可能にするのみならず，さまざまなプレーヤー間の協創によるイノベーションを促し，市場の創出・拡大を図るうえで不可欠とされている[11]。

---

[9]　実務的観点からの指摘としては，市川（2015），若井ほか（2011）参照。たとえば，EU における Horizon 2020 や関連する標準化政策が代表的である（安本，2015）。また，欧米企業や日本企業においても，こうした取組みは進んでいる。

[10]　欧州の関連政策については，本書第 12 章参照。EU における標準化ポリシーについては，たとえば，European Standards（COM/2011/311）参照。そのEU における政策的位置づけは，EU の成長戦略とも言える Europe 2020 における Innovation Union の取組みに関するドキュメント（http://ec.europa.eu/research/innovation-union/index_en.cfm?pg=keydocs）が参考になる。EU のR&D プログラムにおける Horizon 2020 では，R&D と市場を結ぶ懸け橋として標準化が明確に位置づけられている（Horizon 2020〔COM/2011/0809 final〕）。

[11]　欧州やドイツでは，標準化は企業間の協調に不可欠なツールであるだけでなく，技術の出口戦略として重要な位置視されている。欧州における標準化の中心であるドイツは，標準化機関（DIN や DKE）や業界団体（VDE, VDA など）が中心となって，産業システム（Industrie 4.0）をはじめ，スマートホーム／ビルディング，スマート・シティ，電気自動車，エネルギー，サービス，セキュリティなど，ドイツが重点を置く分野の Standardization Roadmap を公開している（https://www.vde.com/en/dke/std/Pages/StandardizationRoadmaps.aspx）。EU でも，定期的（毎年）に発表される標準化の指針（たとえば，COM/2014/500）に基づき，標準化機関（CEN や CENELEC）により，重要分野の標準化のロー

2 標準化の意義の変容

　標準化は，欧州やアメリカの企業にとどまらず，中国やインドなどの新興国の企業を含むグローバルな分業を促してきた面がある。標準化によって共通技術が普及すれば，国境を越え，企業間にわたる技術，サブシステム，およびサービスの供給，応用（アプリケーション），活用が可能になる。そうなれば，さまざまなプレーヤーによる協創とイノベーションが進み，市場の創出・拡大が促される。従来は，こうした市場の創出・拡大に注目して，標準化を各企業の戦略の一環として捉えることが少なくなかった。

　企業戦略では，まず，技術を自社内にクローズドにして専有することで，優位に立ち収益を確保できるという前提がある[12]。こうした前提に対して，どの程度まで技術の標準化や公開を進めて，オープン化を進めるかが課題とされてきた[13]。オープン化して専有を放棄すれば収益を失う可能性はあるが，一方で補完財のサプライヤーやユーザーを引き付けて，イノベーションを促し，市場を創出したり拡大することができるからである。

　ただし，オープン化を進めるだけでは収益を確保しにくい。そこで，オープン化した技術と結び付けることで（バンドルさせることで），自社独自の技術，サブシステム，およびサービスの売上を増やし，収益化を図ることが考えられてきた[14]。オープンにされた標準技術は無償もしくは低額なため，多くのサプライヤーやユーザーを引き付け，ビジネス・エコシステムを構築することができる。一方で，標準技術を活用する上で必要な技術，サブシステム，およびサービスを有償とすれば，そうしたビジネス・エコシステムに参加する数多くの企業から収益を得ることができる。こうした企業によるイ

　　ドマップが提示されている（http://www.cencenelec.eu/news/publications/Publications/CEN-CENELEC-WP2015_EN.pdf）。一方，IIC は標準化を推進する取組みではないが，標準化を企業間の協創に不可欠なものと位置づけている。IIC については "Introduction of the Industrial Internet Consortium"（Jan, 2016）などの資料が参考になる。

12　オープン化との関連では，Teece（1986）の理論が参考になる。

13　Henkel（2006），West（2003; 2007）参照。

14　本書第 10 章参照。

ノベーションが進んで市場が魅力を増せば，ビジネス・エコシステムはさらに拡大し，標準化を進めた企業は莫大な収益を獲得することが可能になる[15]。このような戦略の例としては，日本や欧州の企業も検討されているが，主として，インテルやアップルをはじめとした，ICT 分野の米国企業が取り上げられてきた。

　さらにビジネス・エコシステムや市場の創出・拡大を促すために，関連技術を無償とするケースも増えている。グーグルの Android をはじめ，インターネット関連の OSS（オープン・ソース・ソフトウェア）は，典型的な例である。このような戦略では，標準化は，ビジネス・エコシステムや市場を創出・拡大するためのものであり，直接，収益を生み出すことを期待されていない。だが，標準化を進めた企業は，関連技術の権利を保持しておくことで，オープン化された領域をコントロールし，技術の整合性や一貫性を保ちながら，自社に合わせた技術の開発・運用を行うことができるようになっている。そうすることで，事業を有利に展開し，関連するサブシステムやサービスで収益化を図ることができるのである（多くの OSS のようにコントロールはしても直接収益化に結び付けていないケースも存在する）[16]。以上のような戦略は，ある特定の企業によるプラットフォーム（リーダーシップ）戦略とほぼ同義と言えるかもしれない[17]。

　一方，システムの複雑化に対する標準化は，以上のような特定の企業による標準化とは狙いや取組みが異なっている面がある。まず，複雑化したシステムの標準化の狙いは，企業間で協調して構築した標準や，それに基づく技

---

[15]　こうして特定の企業を中心に構築されたビジネス・エコシステムでは，価値の多くはそうした企業に集中する傾向があるとされる（たとえば，アップルの事例）。

[16]　たとえば，Boudreau（2010），Gawer and Cusumano（2002），Parker and van Alstyne（2007）参照。

[17]　Gawer and Cusumano（2002）が代表的である。なお，厳密には，特定の企業によるこうした試みは，EU における標準化が想定しているオープン化とは言いがたく，特定企業のプラットフォームの周囲での「準オープン化」と考えるべきだろう。ただしアメリカのミクロ経済学や経営学における標準化に関する議論では，企業による標準化とプラットフォーム化は必ずしも明確に区別されていない。近年のプラットフォーム戦略の検討で重視されている，標準化に関する一連の議論の要点については，たとえば，Shapiro and Varian（1999）がわかりやすい。

術，サブシステム，およびサービスを相互利用できるようにすることで，1社当たりの開発・生産の負担を抑えようとするものである（糸久，2012）。さらに大規模な複雑化したシステムについては，標準化によって，複数の産業・分野の多様な企業間の協創によるイノベーション（および分業とスケールによるコストダウン）を促進し，社会的課題を解決することが意図されている。

　これらの複雑化したシステムのオープン化においては，標準は協調すべき領域である。協調領域を設けることで，企業間の協創を可能にし，複雑なシステムを実現できれば，そうしたシステムに関わる市場の創出・拡大とイノベーションを促すことが可能になる。標準化は，いわば協創を促し，市場を広げるために必須のインフラ整備の試みであると言える[18]。

　このような標準化では，多様な専門を持つ企業間が協調するコンソーシアムを通じて，多岐にわたるステークホルダー間の調整が試みられる中で，標準化が進められる（コンセンサス標準）。さらに，社会的課題に対応した社会インフラでは，政府や公的機関も関与し公的標準化が目指されることが多くなる。このため，公平で中立なことが求められ，特定の企業に有利な主張を通すことは容易ではない[19]。さらに，複数の産業・分野にわたる場合には，それらを横断して支配的な企業は存在しにくいため，特定の企業のみに有利なように標準化を進めることは困難である。したがって，大規模で複雑化したシステムについては，標準化を通じて技術をコントロールして，事業を自社に有利なように運ぶことは，直接的には困難である。

❸ オープン化の環境整備の対価と収益化

　では，標準化によってオープンな環境を構築することへの対価は，どう考えればよいのか。オープン化については，経済的対価が無償かどうかに注目

18　たとえば，IIC では約 30 兆ドルの市場機会を想定している。この値は標準化そのものの効果に関するものではないが，市場機会の形成には標準化が不可欠となっている。こうした予測数値は明記されていないものも多いが，同様の認識は，欧州（とくにドイツ）においても見られる。たとえば，注 11 の各資料を参照。

19　国際規格 6 原則（TBT 協定：G/TBT/1/Rev.10 Annexes to Part 1 B 項）の中で，とくに欧州では「公平性」「公開性」「透明性」が重視されている。市川（2015）も参照。

して，その程度や条件によっていくつかのケースが考えられることもある[20]。一方で，オープン化は，独立した企業間で技術や知識が取引されたり，技術や知識をめぐって協働や連携が進んだりするかどうかという観点からも捉えられてきた。

　この観点では，とくにライセンス収入やロイヤリティといった知財権に基づく収益が重視されてきた。オープン化に関する従来の多くの議論では，有償でなければ技術や知識を提供するインセンティブは乏しくなり，企業間の協働や連携は成り立ちにくいとされる。たとえば，オープン・イノベーションの議論では，オープン化が進められる上では，技術や知識への対価としてライセンス収入やロイヤリティが必須であることが強調されてきた。標準化についても，標準化への貢献に対し，どのように報いるべきなのか，またどのように対価を受け取るべきかについて検討がなされ，より実務的に知財戦略と結び付いた標準化戦略が提示されている[21]。たとえば，移動体通信に典型的なように，標準必須特許（SEP: Standard Essential Patent）を活用して，標準化への貢献に対する見返りとして知財収入を獲得することも可能になっている。さらに，こうした知財収入に加え，標準技術とバンドルされたサブシステムやサービスによる収益が期待されてきたのである。

　だが，大規模で複雑なシステムの標準化への関与や貢献は，製品やサービスの売上やライセンス収入／ロイヤリティを保障するとは限らない。標準化のプロセスでは，技術を持つ有力企業の意見が参考にされたり，そうした企業の技術が反映されることは少なくない。自社技術を用いることができれば，製品化を迅速に進めることができる可能性は高くなるから，標準化に関与することは戦略的に意義を持つはずである[22]。また，標準化動向と対応させながら関連知財の権利を確保することで，事業を効果的に守ることもできるだろう[23]。

---

[20]　たとえば，Dahlander and Gann (2010) 参照。

[21]　Bekkers et al. (2002), Blind and Thumm (2004), European Commission (2014) 参照。

[22]　たとえば，Leiponen (2008) 参照。

[23]　標準化は，技術を持つ企業が相互に補完し合うことを可能にするだけではない。技術を共有したり（パテント・プールなど），相互に権利を相殺する（クロスライセンスなど）ことと組み合わせれば，事業展開を容易にする。標準化と知

　一方で，大規模で複雑なシステムの標準化では，特定の企業の収益化が主な狙いではない。むしろ，産業・分野にわたる社会的課題の解決が目指され，そのための協創を促すビジネス・エコシステムや市場の形成・拡大が重視されている。こうした狙いに重点が置かれている以上，広く多様なプレーヤーが利用できるように，標準化された技術は無償もしくは低い料率で利用可能であることが望ましい。しかも，標準化を自社の技術，サブシステム，およびサービスと直接バンドルさせることは難しいため，事業で収益化に結び付けられる保障もない。こうした事情から，複雑化したシステムのためのオープン化では，標準化は経済的対価を保障しない可能性がある。

　では，標準化に関わる企業は，どのように収益化を考えればよいのだろうか。標準化に伴う収益化は，事業と知財の両面から考えることができる。まず，複雑化したシステムにおける標準化は，主として社会インフラのような大規模なシステムを対象としたものであることに注意する必要がある。こうしたシステムには，複数の重要なサブシステムやサービスが含まれており，またその上で応用分野のサブシステムやサービスが開発・運用されている。たとえば，通信システムであれば，基地局，ターミナル，端末などがあり，その上でさまざまなアプリケーションやサービスが開発・運用されている。都市交通システムなどの社会インフラであれば，さらに多様な設備・機器やサービスが活用されることになるだろう。システム全体から見れば局所的ではあるが，コンシューマ向けを含め，こうしたサブシステムやサービスについては，前述したように，標準と結び付いたプラットフォーム戦略（標準とバンドルされた事業や知財ライセンス）によって販売を促進し収益化を図ることができるかもしれない。

　一方，このような特定企業の戦略と直接結び付かない標準化では，異なった収益化の戦略が重要になってくると考えられる（図1）。ここで重要になるのが，標準技術の実装・製品化のノウハウの蓄積によって，先行したり独自のポジションを築いて優位を保つことである[24]。まず，新しい技術を組み合わせて実装するノウハウを蓄積していれば，サブシステムやサービスの開

　　　財との関係については，たとえば注21の文献の整理が参考になる。本書の第2部と第3部の補論も参照のこと。

　24　たとえば，Funk（2002），Garud and Kumaraswamy（1993）参照。

図 1　複雑化したシステムの標準化に伴う収益化の可能性

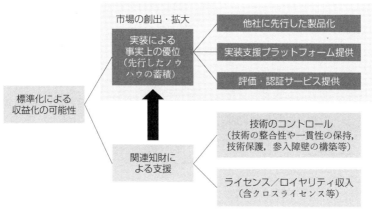

（出所）　安本（2016），図 4 より作成。

発で他社に先行することで収益化を図ることが可能となる。また，新興企業
でも標準技術を活用しやすくするためには，実装ツール，ソリューション，
エンジニアリング・サービス，評価・認証サービスなどの充実が不可欠であ
る。こうした実装支援プラットフォームの提供に事業機会を見出し，収益化
を図っているケースは少なくない[25]。

　たとえば，MTK（メディアテック）のような IC ソリューション・メーカ
ーは，移動体通信や OS の標準化を推進しているわけではないが，中国など
の新興メーカーに製品化のための実装ソリューションを提供することで成長
を遂げている。同様に，車載機器や産業システムの分野でも，安全，セキュ
リティ，環境適合といった課題にそった実装ソリューションを提供するさま
ざまな企業が活躍している。また，エネルギーや交通などの社会インフラに
ついては，より大規模なシステムのソリューションが提供され始めている。
標準化に関連して，知財権による技術のコントロール（事業の保護や参入障壁
の構築など）[26] やライセンス／ロイヤリティを考慮する必要はあるだろう。だ

25　たとえば，丸川・安本（2010），安本・糸久（2014）参照。
26　こうした標準化では，個々の技術を見る限り，技術のコントロールは難しい
　　はずである。だが，相互に依存し合っている重要な技術の複合的なセット（アー
　　キテクチャ知識）を確保することができれば，実質的に技術をコントロールし，
　　事業を保護したり，参入障壁を築くことが可能である。詳細は，たとえば，Shiu
　　and Yasumoto（2015）参照。

が，以上のように，事業そのものによる収益化の戦略があらためて重要となってくる可能性がある。

　大規模で複雑なシステムの標準化への関与や貢献は，特定の企業を中心としたプラットフォーム戦略の場合とは異なっている。こうした標準化では，オープン領域をコントロールし事業を有利に展開することは難しい。このため，標準化に関与し貢献することは別の意味を持ってくる。標準化への関与や貢献は，関連する技術や知識を他社に先んじて吸収・活用して，事業で先行したり，見込みのある事業を迅速に展開する上で，重要になってくるのである。大規模な複雑化したシステムの場合には，標準化によって戦略的にポジションと仕組みを築けば収益化が保障されるわけではない。むしろ，標準化から事業化（実装による製品化）への時間的な展開をいかにうまく進めることができるかが，収益化の鍵となる。これは，そうした展開を可能にする，ある種のものづくりの能力と戦略（経験的なノウハウを含む実装の能力や戦略）が改めて問われることを意味している。このように，大規模で複雑化したシステムのオープン化では，標準化に基づく収益化の戦略が従来とは異なってくる可能性がある。

＊　本補論は，JSPS 科学研究費・基盤研究（B）（24330117，15H03376）および挑戦的萌芽研究（15K13032）の助成による成果の一部である。

参考文献

Bekkers, R., G. Duysters and B. Verspagen (2002), "Intellectual Property Rights, Strategic Technology Agreements and Market Structure: The Case of GSM," *Research Policy, 31* (7), 1141–1161.

Blind, K. and N. Thumm (2004), "Interrelation between Patenting and Standardization Strategies: Empirical Evidence and Policy Implications," *Research Policy, 33* (10), 1583–1598.

Boudreau, K. (2010), "Open Platform Strategies and Innovation: Granting Access vs. Devolving Control," *Management Science, 56* (10), 1849–1872.

Chesbrough, H. W. (2003), *Open Innovation: The New Imperative for Creating and Profiting from Technology*, Boston, MA: Harvard Business School Press.（大前恵一朗訳『OPEN INNOVATION：ハーバード流イノベーション戦略のすべて』産業能率大学出版部，2004 年。）

Dahlander, L. and D. M. Gann (2010), "How Open is Innovation?" *Research Poli-*

cy, 39（6），699–709.

DIN and DKE（eds.）（2009），*The German Standardization Strategy: An Update*（http://www.iso.org/sites/PEG/docs/PEG%20Documents/08_DNS_2010e_akt.pdf）.

European Commission（2014），*Patents and Standards: A Modern Framework for IPR-Based Standardization*, Ref. Area 917720.

藤本隆宏編（2013），『「人工物」複雑化の時代：設計立国日本の産業競争力』有斐閣。

Funk, J. L.（2002），*Global Competition between and within Standards: The Case of Mobile Phones*, New York, NY: Palgrave Macmillan.

Garud, R. and A. Kumaraswamy（1993），"Changing Competitive Dynamics in Network Industries: An Exploration of Sun Microsystems' Open Systems Strategy," *Strategic Management Journal, 14*（5），351–369.

Gawer, A. and M. A. Cusumano（2002），*Platform Leadership: How Intel, Microsoft, and Cisco Drive Industry Innovation*, Boston, MA: Harvard Business School Press.（小林敏男監訳『プラットフォーム・リーダーシップ：イノベーションを導く新しい経営戦略』有斐閣，2005年。）

Henkel, J.（2006），"Selective Revealing in Open Innovation Process: The Case of Embedded Linux," *Research Policy, 35*（7），953–969.

Hobday, M.（1998），"Product Complexity, Innovation and Industrial Organization," *Research Policy, 26*（6），689–710.

市川芳明（2015），「協創プラットフォームを創る：国際標準化の新たなアプローチ」『日立評論』第97巻4号，45–50頁。

糸久正人（2012），「標準化に対するユーザーとサプライヤーのコンセンサス：コンフリクトを克服した互恵性の達成」『研究 技術 計画』第27巻1/2号，463–476。

糸久正人・安本雅典（2011），「コンセンサス標準に対する各企業のポジショニングと知識量の関係：自動車産業におけるAUTOSARの事例から」東京大学ものづくり経営研究センター Discussion Paper, No. 372。

Leiponen A. E.（2008），"Competing through Cooperation: The Organization of Standard Setting in Wireless Telecommunications," *Management Science, 54*（11），1904–1919.

丸川知雄・安本雅典編（2010），『携帯電話産業進化のプロセス：日本はなぜ孤立したのか』有斐閣。

小川紘一（2014），『オープン＆クローズ戦略：日本企業再興の条件』翔泳社。

Parker, G. and M. van Alstyne（2007），"Innovation, Openness, and Platform Control," MIT Sloau School Working Paper, No. 4684–08.

Prencipe, A., A. Davies and M. Hobday（2003），*The Business of Systems Integration*, Oxford, UK: Oxford University Press.

Shapiro, C. and H. R. Varian（1999），*Information Rules: A Strategic Guide to the Network Economy*, Boston, MA: Harvard Business School Press.

新宅純二郎・江藤学編（2008），『コンセンサス標準：事業活用のすべて』日本経済新聞社。

Shiu, J. M. and M. Yasumoto (2015), "Investigating Firms' Knowledge Management under Standardization: The Analysis of Technology Specification-Declared Essential Patent Networks on Telecommunication Industry," MMRC Discussion Paper Series, 465 (http://merc.e.u-tokyo.ac.jp/mmrc/dp/pdf/MMRC 465_2015.pdf).

Steinmueller, W. E. (2003), "The Role of Technical Standards in Coordinating the Division of Labour in Complex System Industries," in A. Prencipe, A. Davies and M. Hobday (eds.), *The Business of Systems Integration*, Oxford, UK: Oxford University Press.

Teece, D. J. (1986), "Profiting from Technological Innovation: Implications for Integration, Collaboration, Licensing and Public Policy," *Research Policy, 15* (6), 285–305.

徳田昭雄・立本博文・小川紘一編著（2011），『オープン・イノベーション・システム：欧州における自動車組込みシステムの開発と標準化』晃洋書房。

安本雅典（2016），「複雑システムの標準化戦略のアプローチ：社会的課題解決に向けた課題と展望」『研究 技術 計画』第31巻1号，7–21頁。

安本雅典（2015），「欧州標準化戦略の核心は"実装で先んじる"」特集　激変する知財・標準化戦略，日経テクノロジー・オンライン，2015年3月13日（http://techon.nikkeibp.co.jp/article/FEATURE/20150225/405880/?rt=nocnt）。

安本雅典・糸久正人（2014），「標準化にともなう企業推移と技術普及：車載エレクトロニクスに関する実装知識の担い手の役割」『技術マネジメント研究』13, 3–19。

若井博雄編（2011），『広がるインフラビジネス：国際標準化で巨大市場に挑む！』日本規格協会。

West, J. (2003), "How Open is Open Enough? Melding Proprietary and Open Source Platform Strategies," *Research Policy, 32* (7), 1259–1285.

West, J. (2007), "The Economic Realities of Open Standards: Black, White, and Many Shades of Gray," in S. Greenstein and V. Stango (eds.), *Standards and Public Policy*, Cambridge, UK: Cambridge University Press, 87–122.

ショートケース

大阪ガスのオープン化戦略

真鍋誠司

大阪ガスは，オープン・イノベーションを導入した先駆的な日本企業としてよく知られている。同社がオープン・イノベーションを開始した2009年以降，2014年までの6年間で企業外部に354件のニーズを公開し，約3500件の提案があった。そのうち約1400件を社内に公開して，約157件の技術を導入するに至っている（松本, 2015）。

1　オープン・イノベーションの推進組織

2008年頃，電力会社および電気機器メーカーは，いわゆるIHクッキングヒーターやエコキュートに象徴される「オール電化」事業を協力して進めていた。このエネルギー業界における競合の急激な台頭に対抗するため，大阪ガスは，従来の実用化まで時間のかかる「ガス機器メーカーとクローズドな関係の中で研究開発を進めていく」方法を改めることになった。「内製よりはスピーディで，M&Aよりは投資リスクが低い」オープン・イノベーションへと転換が図られたのである（星野, 2015）。また，大阪ガスのオープン・イノベーションでは，業界内にとどまらず，他の業界や大学・ベンチャー・中小企業等の異分野を含めたイノベーションを狙っている（松本, 2014）。

大阪ガスは，2008年9月にオープン・イノベーションを技術開発戦略として採用することを決定した。さらに大阪ガス・グループでは，2009年3月に長期経営ビジョン・中期経営計画の中で，「オープン・イノベーションによる迅速で効率的な技術開発」を表明した。これにより，全社的にオープン・イノベーションに取り組んでいくことが内外に示されたのである。

翌年の2010年4月には，松本毅氏を室長とするオープン・イノベーション室が技術戦略部に設けられた（川合, 2012；星野, 2015）[1]。オープン・イノベーション室は，社内やグループ内におけるオープン・イノベーションのコンセプトや意義の認知度を上げるとともに，グループ内の技術開発部門が求めるニーズに対応する外部技術や提携相手の探索を行う。

2　オープン・イノベーションの実践

大阪ガスでは，オープン・イノベーションの目的として，①技術開発のスピードアップ，②製品の性能アップ，③技術開発投資効率のアップ，の3つをあげている（星野, 2015；松本, 2014）。製品ライフサイクルの短縮化が進んでいるため，技術

---

[1]　松本毅氏が中心となって，大阪ガスにおけるオープン・イノベーションの仕組みが作られた。松本氏の取組みについては，川合（2012）および川合（2015）を参照されたい。

開発のスピードを上げる必要がある。また，グローバルな競争環境が激化しつつあり，製品の性能のレベルを上げなければ，グローバル競争に勝てない。さらに，世界同時不況から投資資源を抑制する必要があるので，コストを削減し，技術開発投資の効率性も高めなければならない。以上の目的を達成するため，オープン・イノベーション室は大阪ガスグループとグループ外組織の技術や知識をつなげて新たな価値を創造する役割を担っている。

　まず社内では，オープン・イノベーションの認知度を上げるために，オープン・イノベーション室のメンバーが幹部クラスの会議に参加して成果・計画の説明をしたり，各研究所の若手研究者を集めて講演を行っている[2]。また，技術に課題を抱えている研究者や部門は，「技術探索依頼書」に必要事項を記入して，オープン・イノベーション室に必要技術の探索を依頼することができる。

　次にオープン・イノベーション室は，プレ調査として，依頼のあった技術の調査や評価を行う。国内では知財情報を活用し，海外については，技術調査会社を利用する。その後，探索方針を立案し，要望のあった技術について社外を探索していく。大阪ガスでは，オープン・イノベーション・プラットフォームと呼んでいる企業外部のネットワークを，以下の6つに分けてそれぞれ別のアプローチをとっている。大手・中堅企業（140社）に対しては，個別アライアンス会議を開催する。中小企業には，地方行政，商工会議所，中小企業整備機構，経済産業省と連携したビジネスマッチング（技術マッチング会）を行う。ベンチャー企業については，ベンチャーキャピタルや銀行とのアライアンス会議を実施する。大学とは，約80大学の産学官連携コーディネーターとのアライアンス会議を開催している。公的研究機関では，産業技術総合研究所やJAXAとアライアンス会議を持つ。海外の企業に対しては，技術仲介企業のネットワークを活用して技術の探索を行っている。

3　オープン・イノベーションの事例と実績

　大阪ガスが定めたオープン・イノベーションの3つの目的それぞれに対して，具体的な効果を認めることができる。

　第1に，技術開発のスピードアップでは，次世代家庭用燃料電池の開発事例をあげることができる。大阪ガスの持つコージェネレーション技術（排熱利用給湯暖房ユニット開発およびスタック耐久性加速評価），京セラのファインセラミック技術（家庭用燃料電池セルスタック開発）を用いて共同研究を進めていた。そこに新たにトヨタ自動車とアイシン精機のシステム化技術（家庭用燃料電池モジュール・発電ユニット開発）を取り入れたところ，6カ月で約20%のコンパクト化の目途が立ち実用化が加速した。その後，約2年で商品化することに成功した。この成果として，2012年4月に世界最高発電効率のエネファームtype Sの販売を開始している。

　第2に，製品の性能レベルアップでは，ガス式初スチームオーブンの開発が当

2　このようなオープン・イノベーションの認知度をあげるための活動は，キャラバンと呼ばれている（星野，2015）。

てはまる。従来は，蒸気発生用ヒーターのガス化が困難で，機器全体の 54％ の電気消費量をヒーターが占めていた。大阪ガスの燃焼技術と，直本工業の過熱水蒸気厨房機器技術を持ち寄った共同開発でガス化に成功し，電気消費量 54％ の削減とランニングコスト約 30％ の節約を達成することができた。この成果は，2013 年 4 月には，業界初のガス卓上型過熱蒸気オーブンの発売というかたちで結実した。

　第 3 に，技術開発投資効率アップでは，水素製造装置の熱交換器開発において効果が見られた。社内開発では，10％ 程度のコストダウン・コンパクト化が限界であると考えられていた。外部のコンパクトな高性能熱交換器を採用することによって，約 60％ のコストダウンと約 70 のコンパクト化を達成した。こうして，2013 年には安い製造コスト，世界最小クラスの省スペース性，自動運転・遠隔監視による無人運転を特徴とする水素製造装置「HYSERVE」の商品化に成功し，新規水素ステーションへの導入が図られている。

　上記以外にも，多くのオープン・イノベーションの実績がある。たとえば 2014年度では，技術開発部門から 68 件の技術探索依頼があり，オープン・イノベーション室によって大学・企業・公的研究機関・ベンチャー・海外企業等にそれらのニーズが公開された結果，466 件の技術提案を受けた。オープン・イノベーション室は，そのうち 272 件を技術開発部門にフィードバックし，具体的な活用の決定に至ったものは 17 件（活用検討中 57 件）あった（松本，2015）。すなわち，技術探索依頼のあった全ニーズのうち 25％ が具体的な活用を達成し，検討中のものを含めれば 84％ のニーズが技術課題の解決に向かっている。

4　大阪ガスのオープン化戦略

　以上のように，大阪ガスはオープン・イノベーションを推進する専門組織を持ち，オープン・イノベーションを常に実行する仕組みを構築している。不足している技術が明らかになってから，場当たり的にオープン・イノベーションを実施するわけではない。

　ただし，これまでのオープン・イノベーション活動では，社外のネットワークを活用した技術を導入するインバウンド戦略が中心であった。今後は，大阪ガスの保有技術を発信し，ビジネス化していくことを明らかにしている（松本，2014）。これは，アウトバウンド戦略に他ならない（第 1 章参照）。また，有望事業領域に最適な異分野ワークショップの場づくりも計画している。この場に，大阪ガスの研究者や技術者を派遣し，異分野との議論を行っていく。異分野のワークショップにおいて，製品・事業のコンセプトやビジネスモデルを練り上げて，共同事業化を狙う（松本，2014）。また，海外のネットワークも，これまで以上に活用していくという。大阪ガスでは，海外ネットワークと異分野連携によって，社外技術の導入と社内技術の外部化を行い，新規テーマ創出から事業化までのプロセスの各所でイノベーションを起こす新しい方法を「グローバル・オープン・イノベーション」と呼んでいる。大阪ガスは，国内で培ってきたネットワークやノウハウを基礎にして，グローバル

なカップルド型オープン・イノベーションに本格的に取り組み始めていると解釈できるだろう。

参考文献

川合一央（2012），「社内企業家と技術市場の内部化：大阪ガスにおけるオープン・イノベーションの事例から」『一橋ビジネスレビュー』第60巻2号，56-71頁。

川合一央（2015），「大阪ガス：組織を変革する」米倉誠一郎・清水洋編『オープン・イノベーションのマネジメント：高い経営成果を生む仕組みづくり』有斐閣。

星野達也（2015），『オープン・イノベーションの教科書：社外の技術でビジネスをつくる実践ステップ』ダイヤモンド社。

松本毅（2014），「オープン・イノベーションがもたらす新たな事業創造：大阪ガスグループの実践事例」組織学会2014年度8月定例会「オープン・イノベーションの実践と課題」発表資料。

松本毅（2015），「オープン・イノベーションで切り拓く新事業創造：大阪ガスグループが取り組む価値創造型オープン・イノベーション」経済産業省　産業構造審議会　産業技術環境分科会研究開発・イノベーション小委員会（第2回）有識者講演資料。

第**2**部

オープン化戦略を支えるマネジメント

第4章　市場情報のマネジメント

第5章　技術情報のマネジメント

第6章　オープン・イノベーションと内部組織・戦略策定

第7章　企業間ネットワークのマネジメント

第8章　エコシステムのマネジメント

　補論　技術の公開とマネジメント

　ショートケース　ナインシグマ・ジャパン：技術の仲介企業

第**4**章

市場情報のマネジメント
価値共創分析マトリクスの提案

川上智子

はじめに

　本章では，オープン化戦略における市場情報のマネジメントのあり方について，産学官の対話型イノベーションの事例を分析し，マーケティング論の観点からオープン化戦略を捉える枠組みとしての価値共創分析マトリクスを提案する。

　もともと市場情報は，顧客や競合相手，規制や環境等の一般環境，組織の外部にある対象を扱うものである。その意味では元来，オープンでない市場情報のマネジメントは存在しない。本章は，この点を前提とした上で，2000年代以降のインターネットをはじめとするICT[1]の急速な発展により，市場情報の獲得・共有・利用のあり方が大きく変容している側面に焦点を当てる。その変化とは，多種多量化と柔軟性の二点に要約できる。

　今やマーケティング・リサーチ（市場調査）で収集可能な情報はビッグデータ[2]としてインターネット上に溢れている。このように，イノベーションのプロセスのさまざまな段階において多種多量なデータを扱えるようになっ

1　Information and Communication Technologies（情報通信技術）の略。

2　たとえば，ソーシャルメディアデータ（Facebook や Twitter 上の書き込み），マルチメディアデータ（ウェブ配信サイトで提供される映像等），ウェブサイトデータ（オンラインショップやブログ等の情報），カスタマーデータ（CRM システム上の会員情報等），ログデータ（ウェブサーバー上のアクセスログ等），オペレーションデータ（POS データや取引明細データ等），センサーデータ（GPS，IC カード，RFID 等で検知される位置や履歴等の情報）などがある（総務省，2012）。

たことが，ICT の発展がもたらした市場情報のマネジメントにおける変化の第一の側面である。

　第二の柔軟性とは，スイッチングとメンテナンスの容易性である。序章にあるとおり，本書におけるオープン化戦略とは，新たな価値を創造・獲得するための戦略的な意図を有し，特定の相手との長期継続性を前提とせず，特定時点で経済合理性の最も高い相手に切り替え，柔軟に連携することを意味している。ICT の発達は，こうしたスイッチングの可能性を高め，切り替え可能な量，範囲，頻度，スピードを飛躍的に向上させた。

　同時に，たとえ組織の外部にいる存在であっても，いったんデータ上で結び付けば，容易に長期的関係を維持できるようになった。すなわち，ICT の発達によって，オープン化とクローズ化との間の戦略的な選択や移行も容易に行えるようになったのである。

　近い将来，IoT (Internet of Things) の時代が到来し (daCosta, 2013; Semmelhack, 2013)，スタンドアロンのデバイスがソーシャルマシンと化して相互につながるようになれば，市場で行き交う情報はますます多種多量化する。たとえば，腕時計はウェアラブル端末に代替され，測定可能な健康機器という新たな価値を付与される。測定された健康状態のデータから必要な食事のレシピが推奨され，冷蔵庫の在庫データとリンクされ，不足品目がネット上で注文・購入されるといった一連のアクションが，製品カテゴリーを越えて相互に連動して進むといったことも夢ではなくなる。

　ただし，いかに市場情報が多種多量化しようとも，それを意思決定に利用するのは組織であり，人である。超組織的な社会的関係のマネジメントが求められるオープン化戦略の下では，指示命令系統による管理が通用しない。そこで本章では，組織を越えた顧客や企業間の関係を主な関心対象としてきたマーケティング論の観点から，市場情報のオープン化の問題を論じていくことにする。

1　企業と消費者との関係の変化

1.1　刺激反応型から共創型への変遷

まずはじめに，B2C[3] の関係に焦点を当て，企業と消費者との関係がどの

表 1　企業と消費者との関係の変化

	① 刺激反応型	② 交換型	③ 関係型	④ 協働型
中心的主体	企業	消費者	両者（対等）	両者（一体）
消費者の立場	反応者	取引者	対話者	協働者
主な管理手段	プロモーション	4P	CRM	CEM
消費者の参画意欲	なし	弱い	中程度	非常に強い
交流頻度	非常に低い	低い	中程度	非常に高い

（注）　CRM: Customer Relationship Management（顧客関係管理）
　　　　CEM: Customer Engagement Management（顧客エンゲージメント管理）
（出所）　嶋口・石井（1995），8 頁，Kotler et al.（2010），および Noble et al.（2014）を参考
　　　に筆者作成。

ように変化してきたかを整理する。表 1 にあるとおり，企業と消費者との関係は，①の刺激反応型から始まった。企業は参画意欲のない消費者をコントロールするために，プロモーション等の技法を使って刺激を与え，購買に導いていた。次に②の交換型の時代には，消費者は取引相手となり，企業はマーケティングの 4P[4] で働きかけた。さらに③の関係型の時代には，企業と消費者は対等な対話者となり，顧客関係管理（CRM）が重要な位置づけを占めるようになった。

　そして近年，ICT の発達とともに，企業と消費者との関係は，④の協働型へと変容した。今や企業は消費者一人ひとりではなく，ネットワークされた集団を相手にしている（Kotler et al., 2010, p. 10）。ブログや SNS 等のソーシャル・メディア[5] の発達で，消費者自身が製品の企画・開発に積極的に関与できるようになった。図 1 が共創による知識統合のプロセスを図示したものである（Malhotra and Majchrzak, 2014）。まず消費者がアイディアを投稿し，共有する。次に，他者の投稿内容にコメントし合う強調の段階を経て，複数の投稿内容を結び付けて解決策を創出する結合段階に至る。

　こうした消費者と企業によるイノベーションの共創は，クラウドソーシング，ユーザー・イノベーション，イノベーション・チャレンジ，アイディア

3　Business to Consumers の略。
4　J. マッカーシーが提唱し，P. コトラーがテキストで普及させたマーケティング・マネジメントの 4 要素。Product（製品），Price（価格），Promotion（販売促進），Place（流通）から構成される。
5　Facebook, Twitter, LINE 等。

図 1　クラウドソーシングにおける知識統合モデル

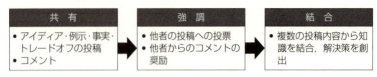

（出所）　Malhotra and Majchrzak（2014）.

コンテスト等のさまざまな名称で呼ばれている（Füller et al., 2011; 小川, 2013 ほか）。一般大衆から問題解決のアイディアを募ること自体は 18 世紀初頭から存在したが（Afuah and Tucci, 2012），ICT の発達によって，クラウド（群衆）のイノベーションへの参加は飛躍的に進んだ。海外の事例としては，2000 年にシカゴで設立された Threadless T-Shirt をはじめ（Cooper and Edgett, 2008; Parent et al., 2011），GE，レゴ，スワロフスキー等がこうしたクラウドソーシングの実践例として知られている（Malhotra and Majchrzak, 2014）。日本では，2000 年にサービスを開始したエレファントデザインの CUUSOO システムがよく知られている。

　ただし，こうした共創から競争優位性の高い成果が得られるかに関しては，否定的な見方で合意されつつある（Malhotra and Majchrzak, 2014; Noble et al., 2014）。その一方で，たとえば Nishikawa et al. (2013) では，ユーザー主導で開発された製品の方が，社内デザイナー中心の製品より生存率が高いことが実証されている。このように現時点では有効性に関する議論が混在することから，今後の展開としては，単にクラウド共創型イノベーションの有効性を問うにとどまらず，Malhotra and Majchrzak (2014) のように，競争優位につながる共創の要件を特定する方向での研究蓄積が求められている。

1.2　製品購入後の使用を通じた共創

　企業と消費者との共創のもう一つの側面は，購入後の使用を通じた共創である。伝統的なサービス・マーケティング研究では，顧客がサービスのプロセスに関与することを共同生産と称する（小野ほか，2014）。その共同生産の概念が，モノとサービスを区別しないサービス・ドミナント・ロジック（S-D ロジック）の提唱以来，企業と消費者がともに価値を創り出す，共創という新たな概念へと拡張されたのである（Vargo and Lusch, 2004; 小野ほか, 2014）。

　ただし，あらゆる人があらゆる製品カテゴリーにおいて，あらゆる企業と共創しうると考えるのは非現実的である。小野ほか（2014）が共創志向性という概念で，戦略的選択の可能性を示唆したように，製品の使用段階における共創の実現は，消費者の個人差，製品カテゴリーや企業の違いによって変わってくる。とは言うものの，ICT の発達により，個人や企業や製品カテゴリーを問わず，使用段階での共創の実現水準そのものが確実に上昇しているのは事実である。

　コミュニケーション・ツールとしての ICT は，開発段階におけるクラウドソーシング型の関与だけでなく，より気楽で簡便なやり方で，購入後に製品の使用体験やブランドへの愛着を投稿し，共有することを容易にした。消費者自身が発信しなくとも，将来的に IoT でデバイスから継続的に情報を獲得できれば，製品の使用状況は可視化され，企業と消費者の新たな共創機会が生まれる。よく知られたコマツの KOMTRAX の事例は，まさにその代表例と言える [6]。

　コミュニケーション・ツールとしての ICT が情報のシェアを容易にしただけでなく，デジタル化やモジュール化の進展によって，ハードウェアとソフトウェアが分離された製品が増えたことも，使用段階の共創を促進している。なぜなら，製品の購入後に消費者自身が使用価値を創造できる可能性そのものも飛躍的に増大したためである。たとえば，消費者はスマートフォンの購入後もさまざまなアプリを追加し，自分好みの端末にカスタマイズし続けることができる。従来，ゴールであった製品の購入が，新たな価値共創のスタートとなっている。こうした現象に関して，マーケティング分野では，製品の購入時点ではなく，使用段階により焦点を当てた研究が増えつつある（Kawakami et al., 2013; Shih and Venkatesh, 2004）。

2　共創型イノベーションにおける市場情報のマネジメント

2.1　市場志向の実現と市場情報
前節で確認したとおり，オープン化時代におけるイノベーションは，ICT

---

[6]　コマツが開発し，2001 年に標準装備化を始めた建設機械を遠隔で確認するための情報管理システム。

の発達によって加速し，開発段階から使用段階までの多段階にわたり，企業
と消費者が一体的に関わる共創型へと移行してきた。本節では，このような
共創型イノベーションへの移行に伴い，市場情報のマネジメントがどのよう
に変化するかを考察する。

　市場情報のマネジメントは，戦略志向性の一つとしての市場志向の実現に
関わるため，1990年代以降，マーケティング分野で盛んに研究が行われて
きた[7]。市場志向とは「現在と未来の顧客や外部要因についての市場情報の
生成と組織全体への普及」を目指すものである。その実現には，組織内にお
ける部門横断的関係を効果的にマネジメントすることが求められる[8]。

　クローズドなイノベーションにおける市場情報のマネジメントは，外部か
ら市場情報を入手し，部門間で共有し，意思決定に利用することを目的とし，
行為主体も企業単体であった。しかし，オープン化した共創型イノベーショ
ンには複数の主体が関わるため（Chesbrough, 2003; 2006），市場志向の定義も，
組織内から組織を越えた関係へと拡張されなければならなくなる。

　さらに，マーケティングの先行研究では，市場情報の利用とイノベーショ
ンの成果との関係は環境や戦略等によって異なるという，条件依存的な関係
も明らかになってきた[9]。具体的には，市場情報の利用は，製品改良のよう
な漸進的なイノベーション（incremental innovation）では有効だが，画期的
で革新的なイノベーション（radical innovation）では効果が低い傾向にある
（川上，2005）。このことから，企業と消費者との共創型イノベーションのあ
り方には，双方の共創志向性だけでなく，環境や革新性といった条件の違い
も影響する可能性が高い（川上，2005; 小野ほか，2014）。

　以下では，市場情報のマネジメントを情報の入手・共有・利用の3段階で
捉え（Moorman, 1995; 川上，2005），各段階の課題に言及する。それぞれ，①
入手段階におけるデータの多種多量化，②共有段階におけるインターフェー
スの複雑化，そして，③利用段階における判断基準の変化という三つの課題

7　Kohli and Jaworski（1990）と Narver and Slater（1990）の2本の論文が市
　場志向の定義を論じ，構成概念が明示された。その後，MAKKOR と呼ばれる
　測定尺度が提示されている（Kohli et al., 1993）。

8　Jaworski and Kohli（1993），川上（2005），Kohli et al.（1993），Narver and
　Slater（1990）ほか。

9　Atuahene-Gima（1995），Han et al.（1998），川上（2005）。

表 2　日米におけるオープン・イノベーション・ツールの利用状況

	日本　(N＝220)			米国　(N＝197)		
	発見 段階	開発 段階	市場化 段階	発見 段階	開発 段階	市場化 段階
オープン・イノベーション 専用ツール（例：InnoCentive）	1.72	1.76	1.73	2.18	2.24	2.22
ブログ	1.53	1.46	1.69	1.89	1.78	2.12
Twitter	1.43	1.36	1.58	1.66	1.62	1.93
ソーシャル・ネットワーキング・ツール （例：Google＋，Facebook）	—	—	—	2.07	1.83	2.24

（注）　1)　日本の調査は，2011 年 1〜6 月，従業員 500 人以上の 1100 社を対象に実施。N＝
　　　　　220。分析単位は事業部。数字は利用頻度について「まったく使わない」を 1，「どち
　　　　　らとも言えない」を 3，「非常によく使う」を 5 とするリッカート 5 点尺度で測定し
　　　　　た平均値。
　　　　2)　米国の調査は 2012 年に IT ベンダー PTC 社のクライアントのマネジャーに実施。
　　　　3)　日本の調査ではソーシャル・ネットワーキング・ツールについては質問していな
　　　　　い。Facebook の普及率は 2011 年の時点では 9% であったこともその理由の一つで
　　　　　ある。
（出所）　日本：Kawakami et al. (2011, 2015)，米国：Marion et al. (2012)。

がある。

2.2　情報入手段階におけるデータの多種多量化

　マーケティング分野において，市場情報の利用に関する研究は，1980 年
代にリサーチ会社が行った市場調査を社内で活用する際の促進・阻害要因の
検討から始まった（Deshpande and Zaltman, 1982; 川上，2005 ほか）。現代の日
本においても，多くの企業で，社外のリサーチ会社を利用した市場調査の委
託が行われている。ICT の発達によってデータの多種多量化が進むと，デー
タハンドリングにも専門技能が求められる。そのため，市場調査の委託先も
変わり，組織内でも情報システム部門との連携がより強く求められるように
なる。

　オープン化戦略を促す ICT ツールには，オープン・イノベーション専用
のツールもあれば，ソーシャル・メディアのような汎用ツールもある。表 2
は，イノベーションにおける ICT ツールについて，日本と米国における利
用状況を調査した結果である。これらの調査では，イノベーションの発見・
開発・市場化の各段階におけるオープン・イノベーション専用ツール，ブロ
グ，Twitter，ソーシャル・ネットワーキング・ツール等の利用状況を確認

図2　アイディア創出に利用されている手法とその有効性

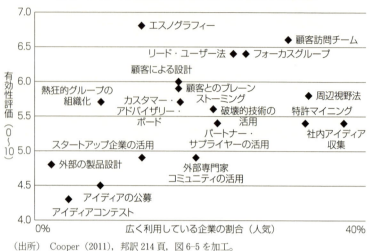

（出所）Cooper（2011），邦訳214頁，図6-5を加工。

している。

　日米の調査時期は，日本の方が1年早く[10]，日本は企業の事業部を単位としたランダム・サンプリングの調査であるのに対し，米国調査はITベンダーのクライアントであるマネジャーを対象としている。よって単純な比較はできないが，留保条件を付けた傾向として，日米ともイノベーションの全段階でICTツールの利用度が5段階評価の3.0に達していない。

　次に，図2はイノベーションのアイディア創出段階で利用されている手法と有効性をまとめたものである（Cooper, 2011, 訳書214頁）。この図からわかるとおり，外部の製品設計，アイディアコンテスト，アイディアの公募といったオープン化のための手法の利用度や有効性は低い。その理由の一つとして，外部者の有望なアイディアや設計を組織の中で利用するプロセスが十分に成熟していない可能性が指摘できる。技術的な発明を市場における経済成果（価値）の形で実現するには，組織内で一連のプロセスを正しくマネジメントしなければならない（Trías de Bes and Kotler, 2011; 訳書18頁）。そこで次に，市場情報の共有・利用段階におけるマネジメント上の課題を検討する。

10　日本が2011年，米国が2012年。

表 3　参加のオープン性と知的財産権の専有性によるオープン化戦略の類型

		参加のオープン性	
		クローズド	オープン
知的財産権の専有性	権利化	専有型	取引型
	公知	共有型	公開型

（出所）　Dahlander and Gann (2010), 川上 (2010) を参考に作成。

2.3　情報共有段階におけるインターフェースの複雑化

　市場情報の利用に関する先行研究では，情報を獲得した後の組織内の共有と最終的な利用の重要性が指摘されている（Moorman, 1995）。オープン化戦略をとる企業では，完全な垂直統合型と水平連携型を両極として，組織の枠を越えて多様な主体が関わるため，市場情報の共有や利用はより複雑になる。とりわけ組織間の協働においては，組織内では生じなかった知的財産権の問題が戦略上の重要課題となる。

　表 3 は，オープン化戦略の類型を参加のオープン性と知的財産権の専有性という 2 次元で整理したものである（川上，2010）。議論をシンプルに進めるために，ここでは共創型イノベーションにおけるインバウンド型のオープン化戦略に対象を限定する[11]。組織間の協働においては，知的財産権を取得することに伴う情報流出を好まず，出願そのものを行わずに秘匿するケースもあるが，ここではそうしたケースは対象としない。なお，ここでの知的財産権は，技術的な基本特許というよりは，商品に適用する際の応用特許やビジネスモデル特許，実用新案，意匠・商標等，消費者が発案する内容とより関連が深いものを想定している。

　表 3 に示したとおり，オープン化戦略には，①専有型，②共有型，③取引型，④公開型の 4 類型が存在しうる。参加のオープン性はクローズド／オープンの次元，知的財産権の専有性は権利化／公知の次元で概念化した。クローズド／オープンの違いは，情報が公開されているか否かの違いである。ウィキペディアや空想生活のように一般に公開されている場合はオープンであるが，P&G のコネクト＆デヴェロップのように，募集はオープンでも一般

　11　オープン化戦略には外から内へ向かうインバウンド型と内から外へ向かうアウトバウンド型があるが，ここでは前者のみを対象としている。

には情報公開されていない場合はクローズドとなる。

　権利化は，個別あるいは共同出願によって知的財産権を取得し，法的な保障によって成立するものである (Chesbrough, 2006)。一方，公知の場合は，情報や知識は権利化されずに公共財的に扱われるため，知的財産権による経済的なレント（利益）は生じない。オープン・ソース・ソフトウェア開発のように，情報や知識の共有が社会的報酬を誘因として行われる場合がこれに当たる (von Hippel and von Krogh, 2003)。一部のクローズドなコミュニティで行われる場合が共有型であり，誰でも参加可能な形でオープンに行われるのが公開型である。

　組織の境界を越えるオープン化戦略の下では，イノベーションに関与する個人や集団の思考世界の違いも大きくなる（川上，2005）。企業は，組織内の部門間関係に加え，組織を越えた社会的関係のマネジメントにも相応の投資を行わなければならない。指示命令系統を前提としない関係であるために，種々の契約や機会主義的行動のモニタリングにも追加的なコストが発生する (Fleming and Waguespack, 2007)。加えて，共有される情報は，ICT 上で伝達可能な形式知だけでなく，現場の状況や文脈に埋め込まれた暗黙知も含まれる。思考世界の異なるメンバーが合意に至るには，コンセンサスのプロセスを納得性の高いものにする努力が不可欠である (Dougherty, 1992; 石井，1993)。たとえば，強力なリーダーシップの下で進める，メンバー間で透明性の高い判断基準のルールを事前に策定しておくなど，論理と感情の両面に配慮したマネジメントが工夫されなければならない (Cooper, 2011; 川上，2005)。

2.4　情報利用段階における判断基準の変化

　最後に，市場情報の利用段階はトライアスロンで言えば長距離走に当たり，最終的な勝敗を決めると言われている (Ottum and Moore, 1997)。市場情報を入手し，組織内や組織間でうまく共有できても，結局のところ利用されなければ成果は得られない。以下では，オープン化戦略における市場情報の利用とそれに基づく意思決定のあり方について，三つの論点を提示する。

　第一に，意思決定の判断基準が変わる可能性がある。たとえば入手した顧客のニーズと自社のコア・コンピタンス [12] が合致しない場合，従来の判断基準ではプロジェクトが中止される可能性が高かった。しかし，オープン化

戦略をとる組織であれば，内製にこだわらず，委託や買収といった選択肢を検討できる（Cooper, 2011）。市場情報をオープンに探索すればするほど，自社の資源や能力と合致したニーズが見つかりやすくなる半面，副産物として，適合度の低いニーズが入手できる可能性も高まる。こうした変化に応じて，意思決定の判断基準も見直す必要が出てくる。

　第二に，オープン化戦略の下では，複数の主体が共同で意思決定を行うことになる。企業間で協働する場合には，コア・コンピタンスや戦略が企業ごとに異なるため，意思決定の方向性に関する調整が必要となる（Cooper, 2011, pp. 193-194）。加えて，消費者との共創型イノベーションの場合には，企業間のみならず，企業と消費者との間，消費者間でも調整が必要である。そうした種々の調整を経て，最終的な意思決定を行う必要があることに留意しなければならない。

　第三に，自社で利用価値が低いと判断した市場情報を，他の組織に販売したり，公開したりする可能性についても検討すべきである。これは，市場情報の内から外へのアウトバウンドのオープン化である。技術情報のオープン化には特許制度が機能しているが，市場情報の場合は，希少性の高い未活用情報を外部に流通させる仕組みが整っていない。そのため，自社で調査した市場情報が不要となった場合，そのまま死蔵される。同じく不確実性が高い活動でも，技術情報を探索するための研究開発費（試験研究費）に多額の予算が充てられるのは，製品化の有無にかかわらず，特許によって技術を権利化できるためかもしれない。

　一方，市場情報の場合は埋没コストが大きく，個別プロジェクトと直接リンクしない間接費的な要素もあることから，費用対効果の測定が難しい。そのため，とりわけ不況時には予算を削減されやすい傾向がある。未活用の市場情報をアウトバウンドで活用するオープン化戦略の実現には，個別企業の努力の範囲を越えた法令や制度の整備が必要となる。特許制度に相当する仕組みが構築できれば，社会全体としての未活用の情報や知識の偏在が解消され，より多くのイノベーションの創出が促される可能性がある。ただし，情

12　企業の中核となる能力。顧客に対する価値（利益）の提供，競合に対する競争力，企業力の拡張可能性の三点がコア・コンピタンスか否かを判断する条件である。

表4　ステージゲート・モデルとオープン・ステージゲート・モデルの比較

	ステージゲート・モデル	オープン・ステージゲート・モデル
評価基準	クローズド	クローズドとオープンの両方
ノウハウと技術の入手	その都度，評価して入手	体系的に評価
ノウハウと技術の提供	市場への提供のみ	市場からの入手と提供を十分に評価
ビジネスモデルとコア能力	新製品開発プロジェクトとの適合が重要	ビジネスモデルとコア能力を定常的に評価

（出所）　Grönlund et al. (2010).

報や知識の偏在こそが個別企業の経済的レント（利益）の源泉であることから，自社にとって未活用であるか否かの判断は慎重に行わなければならない。

❸　価値共創分析マトリクスの提案と事例分析

❸.1　共創型イノベーションのための価値共創分析マトリクス

　前節までの議論では，共創型イノベーションと市場情報のマネジメントに関する論点を提示してきた。それらを受け，本節では，新たに共創型イノベーションの価値共創分析マトリクスを提案し，そのモデルに基づく事例分析を行う。

　イノベーションのモデルとしては，Cooper のステージゲート・モデルのようなリニア・モデル[13]がよく知られている（Cooper, 2011）。さらに近年，オープン・イノベーションを従来型のモデルに融合させたオープン・ステージゲート・モデルも提唱されている。表4がこの二つの要点を比較したものである。また，価値の共創に関する研究では，ポーター流の価値連鎖をベルトコンベアのようだと批判し，補完し合う複数主体間の相互作用をホリスティックに記述する価値星座というモデルが提案されている（Normann and Ramírez, 1993; 小野ほか，2014 ほか）。

　本章では，これらの先行研究を融合し，共創型イノベーションに必要なタスクと多様な主体の相互作用を記述するための価値共創分析マトリクスを新たに提案する。表5に示したとおり，価値共創分析マトリクスでは，イノベーションの実現に必要な各段階のタスク，それらに関与する複数の主体，お

13　イノベーションを複数のタスクを時間的に順次行う連続的な段階や活動と捉えるモデル（川上，2005）。

表 5　共創型イノベーションのための価値共創分析マトリクス

段階	発見						開発	商業化	
主体	市場情報探索	協働者選択評価	シーズ提供	アイディア共創	試作共創	コンセプト共創	量産試作	量産販売	価値共創
消費者				○	○	○			○
メーカー	●	●	●	●	●	●	●	●	●
サプライヤー	○		○	○	○	○	○	○	
大　学	○		○	○	○	○			
流通企業				○	○	○			
その他主体 ⋮									

（注）　○は主に関与する主体，●は主要責任を負う主体を意味する。
　　　　段階や主体の種類は事例に応じて可変である。

よび主要責任を負う主体を一覧できるようになっている。イノベーションの段階は発見・開発・商業化の 3 段階とした（Kawakami et al., 2015）。

　価値共創分析マトリクスの主な特徴は次の三点で要約できる。第一に，共創型イノベーションでは発見段階における共創が多いため，発見段階が相対的に長く，開発段階が短くなる。第二に，アイディア共創の後，試作の共創がコンセプト共創と同時並行で進んでいく。これは，試作品を早くつくるラピッドプロトタイピングと言われる手法の一種である。第三に，市場化段階には価値の共創が追加されている。メーカー視点のイノベーションでは，この段階は製品ライフサイクル管理であるが，共創型イノベーションのモデルでは，この段階でも価値が創出され続けると考える。

　表 5 には，メーカーが一貫して責任を負うモデルを仮に例示した。次に，この価値共創分析マトリクスを用いて，筆者自身が実践的に関与している関西大学の産学官連携の対話型イノベーション Kandai モデルの事例を分析する。

３.２　事例分析：関西大学における産学官連携の対話型イノベーション

　関西大学では，2006 年より関西大学ビジネスプラン・コンペティション（KUBIC：キュービック）という全国規模のアイディアコンテストを商学部が主催する形で実施してきた。このアイディアコンテストは，単なる商品やサービスのアイディアにとどまらず，ビジネスモデルを含んだ事業企画書を募集するものである。協賛金を拠出した企業が提示したテーマに関するプラン

を募集し，大学の所在する吹田市や近畿経済産業局が後援する産学官連携のイベントとして定着してきた。募集期間は毎年4〜7月の約4カ月間であり，9月下旬〜10月初旬に決勝大会が行われる。2014年度には全国の高校生や大学生を中心に，計約1600件の応募があった。

　このKUBICに連動する形で，関西大学商学部では，2年次秋学期の演習でビジネスプランを教育するプログラムを2007年に新設した。コレス（CORES）と称するこのプログラムには，毎年10人以上の教員と150〜200人の学生が参加している。2009年には公益財団法人大阪市都市型産業振興センターのロボット・ラボラトリー（当時）と授業協力に関する包括提携を行い，そのうちの3クラスがロボット技術を対象とした事業企画を行ってきた[14]。

　さらに2013年には，この技術融合型コレスをさらに発展させ，シーズの提供先を学内の理工系学部に依頼し，対話型イノベーションのKandaiモデルと名づけた。これは，商学部と理工系学部との学内連携により，大学における研究段階のシーズの事業化を図るものである。大学発ベンチャーの技術移転モデルを共創型イノベーションに転換する試みでもある。2013年度と2014年度は，いずれも化学生命工学部の河原秀久教授が開発した不凍タンパク質・接着タンパク質という応用研究段階のシーズをもとに，商学部の2年次生がビジネスプランを作成した。

　2014年度のプログラムは，次のように行われた。まず10月初旬に河原教授が商学部の2年次生3クラスにシーズの説明を行い，商学部の教員の指導の下，1ゼミが3〜4チームに分かれて，アイディア創出を行った。そのアイディアとコンセプト案に基づき，メーカーが手作りの試作を行い，計11のアイディアに対してそれぞれ100サンプルを試作した。試作を依頼するメーカーは，商品化を狙う業者もあれば，試作専業メーカーもある。業者の選定は，技術に詳しい河原教授と関西大学の事務サポート部門（研究推進部・社会連携部）が行った。

　試作されたサンプルは，11月30日と12月17日に一般公開型の対話型ワ

14　コレス（CORES）はCore Skill Programの略称であり，ビジネスプランの作成を通じて，アクション，シンキング，チームワークという三つの社会人基礎力を養うことを目的としている。関西大学における取組みは川上（2014）に詳述されている。

表 6 Kandai モデルの価値共創分析マトリクス

段階＼主体	発見					開発	商業化		
	市場情報探索	協働者選択評価	シーズ提供	アイディア共創	試作共創	コンセプト共創	量産試作	量産販売	価値共創
消費者（商学部学生）	●			●	●	●			
消費者（一般）						○			●
メーカー（試作・応用）				●	●	○			
メーカー（開発・量産）						○	●	●	●
サプライヤー（エキス製造）	○		○		○	○	●	●	
大学（化学生命工学部）	○	●	●	○	○	●	○		○
大学（スタッフ部門）		○		○	○	○			
業界専門家（大学教授）	○								
流通企業						○		●	
官公庁（大阪市）						○			
食品メーカー						○			
病院関係者						○			
その他									

（注）○は主に関与する主体，●は主要責任を負う主体を意味する。
段階や主体の種類は事例に応じて可変である。

ークショップを行い，一般の消費者や食品メーカー，介護食に関心のある病院関係者ほか，幅広い参加者に試食してもらう。そこで得たフィードバックをもとに，再度，試作・コンセプトの共創を進めていく。この公開型ワークショップは，実際に商品化を行いたいメーカーのリクルート機能も有している。発見段階に関しては約 3 カ月間で完了し，有望なコンセプトのみが開発・量産化に進んでいく。

　表 6 が 2014 年度に実施した内容を価値共創分析マトリクスで記述したものである。表 5 のメーカー主体のオープン化と比較すると，参加主体の種類と数，関与と主要責任の状況が大きく異なることがわかる。このように，オープン化の状況を視覚的に捉えることができる点が価値共創分析マトリクスの利点である。

3.3　事例分析に基づく発見事項

　Kandaiモデルは，試作品を公開する対話型ワークショップの開催を通じて，大学が市場情報を集約するハブとして機能しうることを示唆している。このモデルは，従来の技術移転型モデルとはまったく異なり，大学におけるシーズの研究段階からマーケティングを明示的に取り入れた共創型のイノベーションである。

　本章でも紹介したとおり，先行研究で強調されている共創型イノベーションはICT上で展開されることが多いのに対し，Kandaiモデルは，あえてICTを部分的にしか使用していない。もちろん，ICTは進捗管理のためのガントチャートの共有やメールでの情報交換に必須である。しかし共創のワークショップは，あえて対面型で実施している。なぜなら，業者が試作したサンプルを多数の参加者が試食し，意見を交換するリアルな体験の共有が必要だからである。これが可能なのは，短期間で試作できる食品という製品カテゴリーの特徴によるところも大きい。

　試作段階までと量産試作・量産段階のメーカーを分離した点も，Kandaiモデルの独自な点である。量産・販売可能なメーカーを対面型ワークショップで募集することによって，市場は飛躍的に拡大しうる。ただし，本章でも議論した知的財産権の問題は残っている。

　Kandaiモデルでは，河原教授が技術的な基本特許を押さえている。しかし，大学と業者が共創して発案したネーミングやパッケージの形状，ビジネスモデル等に関して，実用新案や商標・意匠，ビジネスモデル特許などをいかに取得していくかは今後の課題である。当初から商品化を目指す業者が試作すれば，その企業との共同出願の形が可能であるが，大学の限られた資金ではすべてをカバーできない。他方で，量産化から関わる企業にとって，知的財産権による競争優位が確立できなければ，商品を引き受けるリスクは大きい。公開ワークショップの開催時点で，公知となる情報も多いことから，市場情報に関わる知的財産権の問題を解決する具体的な方策が求められている。

おわりに

　本章では，オープン化戦略の下での市場情報のマネジメントについて，マ

ーケティング分野の先行研究を参照しつつ，概念的な整理を行った。さらに，共創型イノベーションの価値共創分析マトリクスを提示し，産学官連携の事例分析を行った。その分析を通じて，超組織的な関係の中で，市場情報を集約するハブとしての大学の機能が生まれつつあることを指摘した。

　共創型イノベーションの時代に移行しつつある昨今，イノベーションのリニア・モデルおよび市場情報のマネジメントに関する理論にも大幅な修正が必要である。今後，いっそう市場情報のオープン化戦略に関する定性的・定量的な分析が進み，本章で指摘した種々の課題に関する，より精緻な議論が展開されることを期待したい。

　＊　本章は，文部科学省基盤研究A（課題番号22243033），同挑戦的萌芽研究B（課題番号21653032）および同省私立大学戦略的研究基盤形成支援事業（S0901044）の助成を受けている。

参考文献

Afuah, A. and C. L. Tucci (2012), "Crowdsourcing as a Solution to Distant Search," *Academy of Management Review*, *37* (3), 355–375.

Atuahene-Gima, K. (1995), "An Exploratory Analysis of the Impact of Market Orientation on New Product Performance," *Journal of Product Innovation Management*, *12* (4), 275–293.

Chesbrough, H. W. (2003), *Open Innovation: The New Imperative for Creating and Profiting from Technology*, Boston, MA: Harvard Business School Press.（大前恵一朗訳『OPEN INNOVATION：ハーバード流イノベーション戦略のすべて』産業能率大学出版会，2004年。）

Chesbrough. H. W. (2006), *Open Business Models: How to Thrive in the New Innovation Landscape*, Boston, MA: Harvard Business School Press.

Cooper, R. G. (2011), *Winning at New Products: Creating Value Through Innovation*, 4th ed., New York, NY: Basic Books.（浪江一公訳『ステージゲート法：製造業のためのイノベーション・マネジメント』英治出版，2012年。）

Cooper, R. G. and S. J. Edgett (2008), "Ideation for Product Innovation: What Are the Best Methods?" *Visions*, *32* (1), 12–17.

daCosta, F. (2013), *Rethinking the Internet of Things: A Scalable Approach to Connecting Everything*, New York, NY: Springer Science+Business Media.

Dahlander, L. and D. M. Gann (2010), "How Open is Innovation?" *Research Policy*, *39* (6), 699–709.

Deshpande, R. and G. Zaltman (1982), "Factors Affecting the Use of Market Research Information: A Path Analysis," *Journal of Marketing Research, 19* (1), 14-31.

Dougherty, D. (1992), "Interpretive Barriers to Successful Product Innovation in Large Firms," *Organization Science, 3* (2), 179-202.

Fleming, L. and D. M. Waguespack (2007), "Brokerage, Boundary Spanning, and Leadership in Open Innovation Communities," *Organization Science, 18* (2), 165-180.

Füller, J., K. Hutter and R. Faullant (2011), "Why Co-Creation Experience Matters? Creative Experience and Its Impact on the Quantity and Quality of Creative Contributions," *R&D Management, 41* (3), 259-273.

Grönlund, J., D. R. Sjödin and J. Frishammar (2010), "Open Innovation and the Stage-Gate Process: A Revised Model for New Product Development," *California Management Review, 52* (3), 106-131.

Han, J. K., K. Namwoon and R. K. Srivastava (1998), "Market Orientation and Organizational Performance: Is Innovation a Missing Link?" *Journal of Marketing, 62* (4), 30-45.

石井淳蔵 (1993),『マーケティングの神話』日本経済新聞社。

Jaworski, B. J. and A. K. Kohli (1993), "Market-Orientation: Antecedents and Consequences," *Journal of Marketing, 57* (3), 53-70.

川上智子 (2005),『顧客志向の新製品開発：マーケティングと技術のインタフェイス』有斐閣。

川上智子 (2010),「オープン・イノベーションと市場情報のマネジメント」『研究 技術 計画』第25巻1号, 47-54頁。

川上智子 (2013),「非顧客戦略による市場ドライブ型市場志向の実現：ブルー・オーシャン, マーケティング, そしてイノベーション」『マーケティングジャーナル』第33巻2号, 5-18頁。

川上智子 (2014),「社会人基礎力を培い, 新しい価値を創造するビジネス教育」岩崎千晶編著『大学生の学びを育む学習環境のデザイン：新しいパラダイムが拓くアクティブ・ラーニングへの挑戦』関西大学出版部。

Kawakami, T., S. Durmuşoğlu and G. Barczak (2011), "Am Empirical Examination of Factors Influencing IT Usage for New Product Development in Japanese Firms," Proceedings of EIASM International Product Development Management Conference in Delft.

Kawakami, T., G. Barczak and S. Durmuşoğlu (2015), "Information Technology Tools in New Product Development: The Impact of Complementary Resources," *Journal of Product Innovation Management, 32* (4), 622-635.

Kawakami, T., K. Kishiya and M. E. Parry (2013), "Personal Word-of-Mouth, Virtual Word-of-Mouth, and Innovation Use," *Journal of Product Innovation Management, 30* (1), 17-30.

Kohli, A. K. and B. J. Jaworski (1990), "Market Orientation: The Construct, Research Propositions, and Managerial Implications," *Journal of Marketing, 54* (2), 1–18.

Kohli, A. K., B. J. Jaworski and A. Kumar (1993), "MARKOR: A Measure of Market Orientation," *Journal of Marketing Research, 30* (4), 467–477.

Kotler, P., H. Kartajaya and I. Setiawan (2010), *Marketing 3.0: From Products to Customers to the Human Spirit*, Hoboken, NJ: John Wiley & Sons.

Malhotra, A. and A. Majchrzak (2014), "Managing Crowds in Innovation Challenges," *California Management Review, 56* (4), 103–123.

Marion, T., G. Barczak and E. J. Hultink (2012), "The Influence of Open Innovation IT Tools on the Phases of NPD," presented at the Research Seminar, Northeastern University, October 24, 2012.

Moorman, C. (1995), "Organizational Market Information Processes: Cultural Antecedents and New Product Outcomes," *Journal of Marketing Research, 32* (3), 318–335.

Narver, J. C. and S. F. Slater (1990), "The Effect of a Market Orientation on Business Profitability," *Journal of Marketing, 54* (4), 20–35.

Nishikawa, H., M. Schreier and S. Ogawa (2013), "User-Generated Versus Designer-Generated Products: A Performance Assessment at MUJI," *International Journal of Research in Marketing, 30* (2), 160–167.

Noble, C. H., S. Durmuşoğlu and A. Griffin (2014), *Open Innovation: New Product Development Essentials from the PDMA*, Hoboken, NJ: John Wiley & Sons.

Normann, R. and R. Ramírez (1993), "From Value Chain to Value Constellation: Designing Interactive Strategy," *Harvard Business Review, 71* (4), 65–77.

小川進 (2013),『ユーザーイノベーション：消費者から始まるものづくりの未来』東洋経済新報社。

小野譲司・阿久津聡・藤川佳則・芳賀麻誉美 (2014),「共創志向性：事後創発される価値の原動力」『マーケティングジャーナル』第 33 巻 3 号, 5–31 頁。

Ottum, B. D. and W. L. Moore (1997), "The Role of Market Information in New Product Success/ Failure," *Journal of Product Innovation Management, 14* (4), 258–273.

Parent, M., K. Plangger and A. Bal (2011), "The New WTP: Willingness to Participate," *Business Horizons, 54* (3), 219–229.

Semmelhack, P. (2013), *Social Machines: How to Develop Connected Products That Change Customers' Lives*, Hoboken, NJ: John Wiley and Sons（小林啓倫訳『ソーシャルマシン：M2M から IoT へつながりが生む新ビジネス』KADOKAWA/ アスキー・メディアワークス, 2014 年。）

Shih, C.-F. and A. Venkatesh (2004), "Beyond Adoption: Development and Application of a Use-Diffusion Model," *Journal of Marketing, 68*（1），59-72.

嶋口充輝・石井淳蔵（1995），『新版・現代マーケティング』有斐閣。

総務省（2012），『ビッグデータの活用に関するアドホックグループの検討状況』。

Trías de Bes, F. and P. Kotler（2011），*Winning at Innovation: The A-to-F Model*, New York, NY: Palgrave Macmillan.（櫻井祐子訳『コトラーのイノベーション・マーケティング』翔泳社，2011 年。）

Vargo, S. L. and R. F. Lusch（2004），"Evolving to a New Dominant Logic for Marketing," *Journal of Marketing, 68*（1），1-17.

von Hippel, E. and G. von Krogh（2003），"Open Source Software and the 'Private-Collective' Innovation Model: Issues for Organization Science," *Organization Science, 14*（2），209-223.

第**5**章

技術情報のマネジメント

貴志奈央子

はじめに

　本章では，組織がオープン化戦略を展開した場合，どのようなベネフィットを得るのか。また，どのような課題に直面するのか。この点について，研究開発のマネジメントに焦点を当てて，既存研究の知見を整理するとともに，特許データを用いた分析の結果に基づき，組織にとって最適な戦略について示唆を導出する。

　オープン化戦略の展開によって，組織は，次のようなベネフィットを得る。まず，自社で活用されていない技術を外部の組織に供給し，収益源とすることができる。つまり，研究開発を経て蓄積されたものの，利用されていない技術シーズから収益を得ることができるようになる。そして，製品の供給に当たって必要な技術が組織内部に存在しない場合，外部の組織の技術を活用することができる。つまり，自社製品にとって重要性の低い技術は，外部組織からの供給に依存することが可能となる。この結果，周辺技術の開発に対する投資額を削減できるため，研究開発は効率化していくというのが，オープン化戦略の有効性を支持する論理である。現代の組織は，アウトプットの創出にかかる時間の短縮とコストの削減に対する強いプレッシャーに直面している。つまり，直近の問題をいかに迅速に，かつ効率的に解決するかが，競争優位性を左右する課題となっている。このような現代組織にとって，オープン化戦略によって研究開発を効率化させることは，組織のオペレーションを加速させる一つの解決策となりうる。

　これに対し，オープン化戦略の実行に伴って発生するコストに焦点を当て

る場合，その有効性には懸念も生じる。外部組織の技術的な知識を活用するためには，どの組織にどのような知識が存在するのかを認識していなければならないためである。つまり，必要な技術を外部組織からの供給に依存する場合，その技術を保有している組織を探し出してこなければならない。組織において，目標達成に必要な知識を探す行動は，「探索」と呼ばれており，通常，探索の実行に当たっては，時間的コストや人的コストが発生する。したがって，外部技術を使用することは，単純に研究開発の効率化にはつながらない可能性がある。

　一方，探索が組織の研究開発に与える影響については，経営学分野の既存研究において，概ね次のような関係が指摘されている。まず，組織の「探索行動」については，主として「探索の範囲」に焦点を当てた議論が行われてきた。この議論では，探索の範囲が広い場合と狭い場合，それぞれが組織の研究開発にどのような影響を与えるのかが明らかにされてきた。探索範囲が拡大すると，さまざまな知識を発見できる可能性が高まり，組織内部に多様な知識が流入する。その結果，組織メンバーが新たな知識に触れたり，既存知識の新たな活用方法を見出したりすることによって，イノベーションが達成される確率は高まる。これに対し，探索の範囲が狭まると，組織内部の既存知識が深化することになり，特定分野の技術力は高まる可能性がある。オープン化戦略の展開において，組織は探索範囲をどのように設定していくべきなのだろうか。

　本章では，組織が「外部組織の知識を探索する行動」に着目し，既存研究によって明らかにされたその有効性と弊害を整理することで，オープン化戦略における「技術情報のマネジメント」について示唆を導出する。また，半導体業界における米国特許データを用いながら，組織が研究開発において外部組織の知識を探索することの有効性と弊害を実証的にも示していく。そして，オープン化戦略を追求する場合でも，単純に研究開発の効率化が進むわけではなく，組織は内部の研究開発を強化しておく必要があることを指摘する。これは，組織内部にある程度の関連知識が存在しなければ，外部組織の保有する技術の価値を理解できないし，そもそもどの組織に必要とする技術が存在するのかを見極めることができなくなってしまうからである。

1 研究開発における「探索」とは

　経営学において「探索」という概念が使用される場合，多くの研究では，March and Simon（1958）や Cyert and March（1963）の提示した意思決定プロセスで行われる「探索」を論拠とし，「探索とは，ある問題の解決策になりうる代替案を発見すること」と定義してきた。

　一方，論拠となってきた March and Simon（1958）や Cyert and March（1963）による研究は，最適な組織のマネジメントについて示唆を抽出することではなく，限定合理性という条件の下で，個別企業の行動を明らかにするという目的のために行われている。それまでの伝統的な経済学のモデルには，限定合理性に基づく個別企業の行動が組み込まれていなかったため，こうした目的を達成することで，現実の経済に対してより説明力のあるモデルが構築されるようになると考えたためである。

　サイモンら以前の経済学における意思決定プロセスは，完全情報という条件の下で意思決定を行う，合理的な経済人を前提としていた。これに対し，サイモンらは，不完全な情報の下で，個別の企業が行う意思決定プロセスのモデルを作り上げてきたのである。彼らの研究の目的は，個別企業の意思決定が経済に与える影響をモデルに組み込み，現実の経済現象をより正確に説明することにあった。このような目的の下で明らかにされた，問題認識，代替案の探索，そして，解決策の決定に至る意思決定プロセスのモデルは，その後の経営学の研究において，さまざまな問題解決プロセスに関する議論の土台となってきた。

　本章の焦点である研究開発の議論においても，既存研究では，サイモンらの研究を論拠として，問題解決プロセスを定義してきた。したがって，意思決定の目的が「イノベーションの創出」となった場合でも，「探索」は，「問題解決策の代替案の発見を目的とする」と定義されてきた。それでは，研究開発のケースでは，具体的にどのような探索のパターンが考えられるのだろうか。たとえば，新しい製品を開発するに当たって，開発担当者が，製品の機能を向上させるために必要な技術が存在していないかどうかを組織内外で探索する。あるいは，基礎研究に従事する研究者が，まったく新しい技術を

確立するために，開発の参考になりそうな関連技術を探索するといったパターンが考えられる。ES細胞やiPS細胞に続く多能性幹細胞の作成を目指す研究に従事している学者は，日々，関連する論文から活用できそうな知識を探索していることだろう。

　このように，基本的な探索の定義は，問題解決プロセスの目的がイノベーションの創出であったとしても，他の場合でも，既存研究において大きな変化はない。ただし，イノベーションの創出を目的とした場合，「製品の統合性」と「探索」行動の適合性が，組織の競争優位性に影響を与えることは明らかにされている。「製品の統合性」は，Ulrich（1995）によって概念化された「製品アーキテクチャ」によって決定する。製品アーキテクチャは，製品の機能を構成要素と関連づけるスキーマと定義され，製品機能の特定，製品機能と構成要素との間の対応関係，構成要素間のインターフェースの特性という三つの点によって定義される。そして，製品機能と構成要素間の対応関係が複雑で，それぞれの構成要素ごとに独立して研究開発を進めることが難しい場合，製品に高い統合性が求められると判断する。製品に高い統合性が求められると，ある構成要素の研究開発を進めるに当たって，他の構成要素への影響を考慮しなければならない。これは，「探索」行動に次のような影響を与える。つまり，「製品の統合性」が高いほど，「探索」に制約がかかることになる。したがって，求められる「製品の統合性」が低ければ，構成要素ごとに独立して自由に「探索」を進めることができるため，より多様な代替案を発見する可能性が高まるのである。

❷ 探索の範囲

　こうして定義された「探索」の議論において，既存研究の一つの焦点となってきたのが，「探索の範囲」である。とくに既存研究では，探索の範囲を限定する組織的な要因について明らかにしていくことが，分析の主要な課題とされてきた。その範囲を限定することができれば，探索プロセスは効率化していく。しかし，探索によって発見される代替案のバラエティは低下するため，組織に入ってくる知識も限定されていくことになる。したがって，長期的に見ると，組織内部に蓄積されていく知識は同質化していくことになり，

外部環境の変化に対応するためのイノベーションが達成されにくくなってしまうというのが，既存研究の論旨である。

　まず，探索範囲を合理的に限定するための要因の一つとして，既存研究において最も頻繁に言及されてきたのが，過去の経験に基づく組織学習である。経験に基づく学習が進むと関連した情報を要領よく獲得することが可能となり，関連性の低い情報の実験的な収集が抑制される傾向は強まる（March, 1991）。つまり，組織学習が進むことによって，限定的な範囲において，探索が行われる傾向は強まる。その結果，探索を通じて組織に蓄積される知識は，同質化していくことになる。内部の知識が同質化していくと，新規性の高い技術を生み出すことが困難になるため，組織は，環境の変化に対応する能力を低下させていくという問題を抱えることになる（Levinthal and March, 1993）。

　たとえば，Benner and Tushman（2002）は，プロセス・マネジメントに関する分析に基づき，組織学習と探索の関係について，上記の論理を補完している。効率性を重視するプロセス・マネジメントを新製品開発プロセスに適用している組織では，組織ルーチンに関するインクリメンタルな学習が推進され，探索範囲が狭まることになる。この場合，プロセスの効率性は高まる。しかし，蓄積された知識は，外部からの関連した技術能力の吸収を助長する機能も持つ。したがって，探索の範囲が限定され，類似した知識ばかりが組織に蓄積されるようになると，新たな知識を学習する機会は消失していくことになる。

　また，探索の範囲に関して経営学の後続の研究に強い影響を与えた論文として，「探索（exploration）」と「活用（exploitation）」という分類を提示したマーチの研究があげられる（March, 1991）。「探索」とは，既存技術から見て遠い距離にある分野にまで範囲を広げて代替案の発見に努めるケースである。「探索」が行われると，新規性の高い情報が組織に取り込まれることになる。これに対し，「活用」とは，既存技術と関連性の高い分野に範囲を限定して代替案を発見しようとするケースである。「活用」が進められると，既存技術の知識が深化していく。組織内部の既存技術と関連性の高い分野で代替案を発見することが目的となることから，ローカルサーチとも呼ばれる。したがって，マーチの言う「探索」とは範囲を拡大した探索，「活用」とは範囲

を限定した探索を意味していることになる。

　マーチの提示した「探索と活用」の分類は，後続の研究に二つの潮流を生み出した。一つは，タスク環境と最適な探索行動の適合性に焦点を当てた研究の潮流である。たとえば，製品を供給している業界の変化の速度と，探索範囲の関係について検証が行われた研究では，変化のスピードが速い場合，探索範囲を限定して組織行動を加速すべきであると指摘されている。

　そして，もう一つの研究の潮流では，最適な探索行動として「活用」を正当化する組織的要因を明らかにしている。組織には，元来，「活用」を合理的と考える傾向がある。Fleming and Sorenson（2001）は，この点について，既存研究の成果を認知的・組織的・技術的という三つの要因に整理している。認知的とは，探索の方向性を見出すにあたって，個人の認識には限界があることを意味し，組織的とは，組織内部の関連知識の存在が，探索の方向性に制約を与えていることを意味する（Cohen and Levinthal, 1990; March, 1991; March and Simon, 1958）。そして，技術的とは，イノベーションに前提技術が必要とされる場合，過去の開発の軌跡によって探索の方向性が決定されていくことを意味している（Nelson and Winter, 1982; Stuart and Podolny, 1996）。さらに，既存技術に関連した知識の深化は，通常，合理的と判断されてしまうため，ますます探索の範囲は限定されていくことになる。

　それでは，どのような仕組みを導入すれば，組織において探索範囲が限定されていく現象を打開することができるのだろうか。

　Miles and Snow（1978, p. 8）によると，組織において「限定された探索（limited search）」が常態化すると，効率的に製品を生産することには長けているが，新製品開発などの新しいモノを生み出すことに関する能力は，低下していく可能性がある。限定合理性しか持ちえないマネジメントによって意思決定が行われる組織では，不確実性を低下させるために，複雑な問題を意思決定者の管理できる単位にまで細分化する。その結果，マネジメントは，細分化された責任の範囲において代替案を発見するようになる。また，組織は，意識的に焦点を絞ったメカニズム（deliberately focused mechanism）であり，限定されたことをこなすための機能が備えられている。その結果，何らかの予防策を打たなければ，異なる領域に関連して発生したショックに対処する能力は低い傾向にある。

　Miles and Snow（1978）は，こうした問題を克服するために，「拡大した探索（expanded search）」の必要性を指摘した。探索の範囲を拡大させるためには，組織のオペレーションと環境特性の適合性について，現在のパターン以外の有効性や効率性を認識する機会や，代替的な市場戦略，組織構造，管理のプロセスを学習するための場が必要となる。また，探索範囲の拡大を推進する具体的な方法として，外部のコンサルタントから異なる観点を学習する，外部取締役を採用する，ベンチャー・キャピタルから情報を収集するといった方法があげられている。

　以上で取り上げた既存研究では，探索範囲の拡大によって，組織に新しい情報が流入すること，そして，探索の範囲を限定すると，組織活動は効率化されるが，長期的に見て外部環境の変化に対し脆弱となることが共通の見解とされている。

　オープン化戦略を展開するためには，外部組織の保有している技術や，外部組織がどのような技術に対し需要を持っているのかを把握しなければならない。したがって，研究開発のマネジメントにおいて，どの程度のコストをかけて探索の範囲を拡大し，外部組織による技術の需給に関する情報を収集していくかが意思決定の対象となる。また，探索範囲を限定することが正当化されやすい組織において，その範囲の拡大が推進される仕組みを用意する必要があることになる。

❸　オープン化戦略の追求において現代組織の抱える課題

　情報技術の発達とグローバル競争の激化を受けて，外部環境の変化の速度は増すばかりである。こうした状況下にあって，現代組織は，問題解決プロセスにおいて，探索範囲の拡大とオペレーションの加速というトレードオフに直面することになる。

　外部組織による技術の需給を把握するために幅広く情報収集が行われると，さまざまな技術に関する知識が組織に蓄積される。また，必要な時に必要な技術を迅速に獲得できる確率は高まり，環境の変化に対する戦略の柔軟性も増すことになる。ただし，その分探索コストは高まり，特定の問題に経営資源を集中できなくなることで，問題解決プロセスのスピードは落ちるだろう。

　一方，探索の範囲を限定すると，探索コストは低下し，特定の問題の解決に経営資源を集中的に投下することで問題解決プロセスのスピードを加速できる可能性は高い。結果として，直面している問題に素早く対応することが可能となる。

　探索コストをかけて業界の情報を幅広く収集しておくことと，直近の問題の解決プロセスを加速することのトレードオフに対し，どのような比重を置くのが最適かは，供給する製品のタイプや競合企業の動向など，さまざまな要因に依存している。たとえば，再生医療業界で事業を展開する企業のように，技術進歩が非常に速い製品を扱っているのであれば，将来的な不確実性を吸収するために組織の柔軟性を高めておく必要がある。したがって，探索コストをかけてでも外部組織の保有する技術について，精通しておかなければならない。

　たとえば，再生医療業界の場合，1998年にhES細胞（human embryonic stem cells：ヒト胚性幹細胞）が樹立された後，2007年にhiPS細胞（human induced pluripotent stem cells：ヒト人工多能性幹細胞）の樹立方法が発見され，今後も新たな多能性幹細胞が樹立されたり，幹細胞以外のツールを用いてヒトの神経や血管が生成されたりする方法が市場において主流となる可能性も高い。したがって，iPS細胞に関連した製品の供給が現時点の主要な目標であっても，大学や研究機関でどのような研究開発プロジェクトが進行しているのか，自社製品の供給に活用できる技術を保有している外部組織は存在するのかといった情報を把握しておく必要がある。

　クローズドな戦略において，不確実性を吸収するための研究開発のマネジメントを検討した場合，組織は，内部に蓄積される技術シーズをいかに多様化させていくのかという課題に直面することになる。これに対し，オープン化戦略において，同様の検討を行った場合，外部組織の保有する技術も含めて，活用可能な技術シーズを多様化させればよいことになる。このため，自社だけで多様な技術を確保しておく場合とは異なり，研究開発の資源をコアな技術により多く配分することができるという意味で，研究開発は効率化すると考えられる。しかし，上述したような探索コストを考慮すると，オープン化戦略による研究開発の効率化が，それほど単純なプロセスではないことがわかる。

　さらに，Cohen and Levinthal（1990）によって提示された「吸収能力」という概念を用いると，組織が直面する長期的な課題も明らかになってくる。組織が新しい知識を獲得する場合，関連する知識が組織内部に存在することによって，その吸収は促進されることになる。つまり，「吸収能力」とは，ある新しい知識に関連する知識が，どの程度組織内部に保有されているのかを意味する。したがって，「吸収能力を向上させる」とは，多様な知識を組織内部に蓄積しておくことによって，新たな知識が組織に吸収される可能性をさらに高めていくことになる。すなわち，探索コストを費やして，さまざまな知識にアクセスしておくことによって，組織内部に蓄積される知識を多様化し，吸収される知識の多様化をさらに推進していくという好循環が生まれる。これに対し，問題解決プロセスの加速を重視していると，多様な知識が組織に蓄積される可能性は低く，長期的に見た場合，組織内部の知識は同質化していくことになる。

　しかし，外部環境の不確実性が高い場合，不安定な市場の要求が変化してしまう前に，新しい製品を供給するという戦略もある。こうした場合，問題解決に必要な組織の活動を加速する必要がある。その際，組織に流入する知識量が増加していくと，情報処理に時間を要することになり，問題解決のスピードは落ちてしまう。したがって，探索範囲を限定し，外部組織の保有する知識へのアクセスを可能な限り効率化する必要がある。

　次節では，こうした探索の範囲と問題解決プロセスの速度の関係について，特許データを用いて実証的に検証を行い，その分析結果から，オープン化戦略を推進する組織への示唆を導出する。

❹ 半導体業界のケース

　本章では，オープン化戦略における研究開発のマネジメントについて，組織の探索行動に焦点を当てて，既存研究の議論を整理してきた。そして，オープン化戦略は，単純に研究開発の効率化を意味するわけではなく，探索コストとオペレーションのスピードを考慮して展開する必要があること，ただし，外部の組織がどのような知識を保有しているのかを把握するための研究開発投資は，長期的に見ると，組織内部の知識の多様化に貢献する可能性が

あることが明らかとなった。

　本節では，こうした既存研究の知見の中でも，「探索の範囲」と「研究開発プロセスのスピード」の関係について定量的に検証する。検証にあたっては，日米韓の半導体デバイスメーカーを対象とし，米国の特許データを用いて分析した。そして，分析の結果，次の二点が明らかとなった。一点めは，研究開発において探索の範囲を拡大することは，創出されるイノベーションの価値を高めていたこと，そして，二点めは，探索の範囲を拡大することが，研究開発のリードタイムを長期化させていたことである。

　実証分析から得たこれらの結果に基づくと，オープン化戦略の展開に当たって，次のような示唆を導出することができる。まず，外部組織の保有している知識にアクセスする機会が増すことで，技術開発力が高まる可能性があること。ただし，研究開発プロセスのスピードの低下が，探索コストとして発生していることである。

4.1　1990 年代における半導体業界の特性

　分析対象とする 1990 年代における半導体業界の特性として，Brown and Linden (2009) は，技術・経済・競争環境という三つの点について次のように整理している。技術的には，ムーアの法則[1]の達成に限界が見え始めた時期であり，デバイスの処理能力の向上に対する競争に飽和感が出始めた。経済的には，製造設備の高度化が進み，新規設備投資額が極端に上昇してきた。また，業界の競争構造における特性として，韓国メーカーがメモリの供給において，そして，台湾のファウンダリーが生産機能の供給において台頭してきた。つまり，1980 年代までの処理能力向上を目指した製品の供給と，学習曲線の降下という競争を展開していた日米デバイスメーカーにとって，1990 年代は，新たな競争優位性の源泉を模索する時期となっていた。

4.2　探索範囲の拡大と研究開発の速度

　上述した既存研究の知見に基づき，本節では，次の二つの仮説を設定した。一つめは，「研究開発における探索範囲を広くとるほど，業界において重

1　半導体の集積度が 1 年半ごとに倍増するという法則。

要性の高いイノベーションが創出される」という仮説である。イノベーションが達成されるプロセスは経路依存的であり，開発担当者がそのプロセスにおいてどのような知識にアクセスできるかによって，成果は異なる。探索の範囲を拡大することで，開発担当者が活用できる知識は多様化する。また，長期的な観点に立つと，研究開発プロジェクトにおいて外部の組織が保有している知識にアクセスすることが奨励されている組織では，多様な知識が蓄積されていくことになる。こうした能力の高い組織では，開発担当者が探索範囲を拡大することで，さらに多様な知識にアクセスできるという好循環が生まれる。その結果，新たな問題解決方法が発見されたり，既存の問題解決方法がより洗練されたりする可能性は高まるため，業界における技術的な進歩に貢献する重要性の高いイノベーションが創出されると考えられる。

　仮説 1：研究開発における探索範囲を広くとるほど，業界において重要性
　　　　の高いイノベーションが創出される。

　二つめは，「研究開発における探索範囲を広くとるほど，開発のスピードは低下する」という仮説である。組織において使用可能な資源には限りがあるため，探索範囲の拡大に資源が費やされると，問題解決プロセスを前進させるために使用できる資源には制約がかかることになる。たとえば，探索の範囲を広げて多様な知識にアクセスすると，その分情報処理に時間がかかり，問題解決の前進に十分な人的資源を割くことは困難となる。その結果，開発のスピードは低下してしまうことになる。

　仮説 2：研究開発における探索範囲を広くとるほど，開発のスピードは低
　　　　下する。

4.3　分析と結果

　こうした二つの仮説に対し，米国特許データを用いて定量的な検証を行う。データとしては，Jaffe and Trajtenberg（2002）においてCD-R で提供されている USPTO（United States Patents and Trades Organization）の特許データを用いる[2]。サンプル期間を1990～99 年とし，同期間に発行され，

　2　CD-R に所収されているデータは，1999 年で打ち切りとなっていたため，2000
　　～02 年のデータについては，ホール（B. H. Hall）によって URL（http://emlab.
　　berkeley.edu/users/bhhall/bhdata.html）に公開されていたデータを使用した。

USPTO の指定したプライマリークラス 257・326・438・505 に分類された
特許を分析対象とする。サンプルとしては，半導体デバイスを供給する米
国・韓国・日本のトップメーカーに着目する。米国企業についてはアドバン
スト・マイクロ・デバイス，インテル，マイクロン・テクノロジー，テキサ
ス・インスツルメンツ，韓国企業についてはサムスン電子，日本企業につい
ては富士通，日立，三菱電機，日本電気，東芝をサンプルとして取り上げる。
サンプルとして取り上げた 10 社による売上高の合計は，1990 年代を通じて
世界市場で見た半導体売上げの 5 割以上を占めている [3]。したがって，半導
体業界の概況を鑑みてサンプル企業の動向に基づいて議論を進めることは，
意味を持つと考えられる。

　次に，分析の概要と分析結果を示す。まず，分析単位は特許となる。また，
変数は次のように構築していく。従属変数について見ると，仮説 1 の検証に
当たっては，「イノベーションが，業界においてどの程度重要性を持つか」
という変数を「特許 1 件当たりの他社からの被引用数」によって代理変数と
する。他社からの被引用数が多いほど，業界において重要性の高い特許であ
ると見なす。そして，仮説 2 の検証に当たっては，「研究開発のスピード」
という変数を「引用している他社の特許との特許発行日の日数差」によって
代理変数とする。発行日の差が小さいほど，研究開発プロセスのスピードが
速いことになる。ここで，それぞれの代理変数において自社の特許との関係
が除かれているのは，自社の特許の場合，すでに関連技術が組織内部に存在
している可能性が高いためである。つまり，引用されていても重要性が高い
からではなかったり，発行日の差が小さくても，開発プロセスが速いことを
意味しない可能性が高いからである。

　そして，独立変数については，「研究開発における探索の範囲」を「引用
している他社の特許の数」によって代理変数とする。他社の特許をより多く
引用しているほど，研究開発における探索の範囲は広いと捉える。「他社と
の引用関係が，探索範囲の拡大」を示しているという論理は，「他社の特許
の引用は，組織の境界を越えて知識の探索が行われた結果である」と指摘す

---

[3]　世界市場における半導体の総売上高については，次の文献を参照した。社団法
人電子情報技術産業協会（2003），326 頁。

る Benner and Tushman（2002）を論拠としている。

　さらに，コントロール変数として，「1990 年 1 月 1 日から特許が発行された日までの日数」と「企業別の半導体事業に関する年間売上高」を投入する。前者については，特許の発行された年度が早いと，データが打ち切りとなる 2002 年までの期間が長くなり，被引用数は伸びることになる。こうした発行時期の影響をコントロールするために，特許の発行後経過日数を 1990 年 1 月 1 日が起点となるようにカウントして投入する。その結果，発行日のデータが得られない特許は，日数差を算出することができないためデータから除外された。そして，企業別の半導体事業に関する年間売上高は，組織の規模をコントロールしていくために使用する。組織の規模が大きい場合，「研究開発への投資額も高まり，開発スピードが速まる」というバイアスを導く可能性があるためとなる。分析方法としては，重回帰分析を用いる。

　そして，表 1 に示されているのが，重回帰分析の結果である。モデル 1 ～ 3 については，データ数が 1 万 877 と多く，決定係数は非常に低い値となっているが，回帰モデルの有意性を示す F 値は，いずれも 1％ 水準で有意となっている。また，独立変数の VIF（Variance Inflation Factor）は，いずれの場合も 1.00～1.12 の値を示していることから，多重共線性の問題はないと見ることができる [4]。

　モデル 1 には，仮説 1 の検証を目的として従属変数を「他社からの被引用数」とした分析の結果が示されている。モデル 1 における独立変数は，1％ 水準で有意となっている。このうち，他社の特許の引用数がプラスの係数で有意となっていることから，仮説 1 は支持されたと言える。一方，モデル 2・3 には，仮説 2 の検証を目的として，「引用している他社の特許との特許発行日の日数差」を従属変数とした分析の結果が示されている。従属変数である研究開発のスピードは，発行日の日数差が短い場合に「速い」と解釈する。つまり，引用する他社の特許の数が増加していくことに伴い，発行日の日数差が長くなるというプラスの影響が見られる場合，仮説 2 は支持されたことになる。引用している他社の特許の数が，モデル 2・3 においてともにプラスの係数を示していることから，仮説 2 は支持されたと言える。

4　VIF の値が 5 以上の場合，多重共線性が懸念される。

表 1　要約統計量と分析結果

（1）　要約統計量

変　　数	平均値	標準偏差	(1)	(2)	(3)	(4)
(1)　他社からの被引用数 　　　（特許1件当たり）	8.89	12.11	—			
(2)　引用している特許との 　　　発行日の日数差	2150.58	1233.78	−0.085*	—		
(3)　他社の特許を引用した 　　　回数（特許1件当たり）	5.77	5.33	0.057*	0.157*	—	
(4)　1990年1月1日から 　　　発行日までの日数	2352.82	1071.45	0.032*	0.002	−0.024	—
(5)　企業別の半導体事業に 　　　関する年間売上高 　　　（100万ドル）	5597.50	3594.65	−0.129*	0.035*	−0.060*	−0.042

　*　$p < 0.01$

（2）　分析結果

独立変数	従属変数		
	(1) 他社からの被引用数	(2) 発行日の日数差	
	モデル1	モデル2	モデル3
(3)　他社の特許を引用した回数（特許1件当たり）	0.13*	34.78*	34.74*
(4)　1990年1月1日から発行日までの日数	0.00*	0.01	
(5)　企業別の半導体事業に関する年間売上高	−0.00*	0.02*	0.02*
定数項	9.84*	1846.76*	1866.50*
N	10877	10877	10877
決定係数	0.020	0.024	0.024
F値	73.16*	87.76*	131.37*

　*　$p < 0.01$

　一方，「企業別の半導体事業に関する年間売上高」の係数は，二つの従属変数に対して異なる符号を示している。まず，従属変数が他社からの被引用数であるモデル1ではマイナスの値を示しているため，売上高が高い企業の特許は，他社からの被引用数が少ないと解釈できる。また，表1に示されている相関係数から，企業別の半導体事業の売上高と他社の特許を引用した回数はマイナスの値を示している。したがって，組織の規模が拡大するにつれ，外部から多様な知識を取り入れる傾向が弱まり，その結果として，業界で重視されるほどのイノベーションが創出される可能性も低下していると推察される。これに対し発行日の日数差を従属変数とするモデル2・3において，「企業別の半導体事業に関する年間売上高」はプラスの値を示しているため，売上高の高い企業は，発行日の間隔が長いことになる。したがって，組織の規模が大きいほど，研究開発のスピードは遅いと考えられる。

⑤ オープン化戦略の追求と研究開発の強化

　以上の分析結果を踏まえ，オープン化戦略を追求した場合，組織内部の研究開発は効率化しうるのかという点についてまとめていく。

　オープン化戦略を追求し，必要な時に外部組織の知識を活用できるのであれば，組織内部の研究開発への投資を効率的に配分することは可能なのだろうか。つまり，組織にとってコアとなる技術に対し，研究開発の投資を集中させ，重要性の低い周辺技術については外部組織の知識を活用する。そして，組織内部で活用されていない技術は，外部組織に活用の機会を見出してもらい，収益の源泉とする。こうした効率的な研究開発の実行を目指すことは，組織にとっての一つの指針となるだろう。しかし，こうした効率的な研究開発は，本当に可能なのだろうか。

　まず，既存研究において指摘された「吸収能力」の概念が示すように，そもそも開発において必要な技術をどの組織が保有しているのかを把握するには，関連する知識が組織内部に存在していなければ判断できない。そこで，組織に多様な知識が蓄積されるように，研究開発においては組織メンバーを外部組織の知識にアクセスするよう促進しなければならない。半導体業界における特許の分析結果から指摘できるように，こうして多様な知識にアクセスさせることは，業界において重要なイノベーションを創出することに貢献している可能性があり，意義も認められる。ただし，外部組織の知識を幅広く探索している組織では，研究開発のスピードが低下している。

　これは，オープン化戦略を追求する組織に次のような示唆を与える。研究開発において重点的な投資が行われていない分野については，外部組織の知識を活用するという場合，どの組織が必要な技術を有しているのかを探索する必要がある。探索の範囲を拡大すれば，より適合性の高い技術を発見できる確率は高まるが，探索には時間がかかる。その結果，研究開発プロジェクトにおいて，コア技術は組織内部の技術シーズを活用し，周辺技術は外部組織の技術シーズを活用するという場合，探索に時間をかけるほど，望ましい技術シーズを獲得できる確率は高まるが，プロジェクトのリードタイムは長くなり，その分開発コストが増していく。

　つまり，オープン化戦略の追求は，単純に研究開発部門の効率的なマネジメントへとつながるわけではない。オープン化戦略からベネフィットを得るための方向性として，基礎的な研究において，幅広い知識を蓄積できるようプロジェクトの選択を行うこと，研究開発担当者には，外部組織の知識へのアクセスを促し，組織に多様な知識が流入し，蓄積される環境を整えること，そして，これらの取組みを通じて，業界の技術知識の所在に精通した研究開発担当者を育成することが必要になると考えられる。

参考文献

Benner, M. J. and M. L. Tushman (2002), "Process Management and Technological Innovation: A Longitudinal Study of the Photography and Paint Industries," *Administrative Science Quarterly, 47* (4), 676–706.

Brown, C. and G. Linden (2009), *Chips and Change: How Crisis Reshapes the Semiconductor Industry*, Cambridge, MA: MIT Press.

Cohen, W. M. and D. A. Levinthal (1990), "Absorptive Capacity: A New Perspective on Learning and Innovation," *Administrative Science Quarterly, 35* (1), 128–152.

Cyert, R. M. and J. G. March (1963), *A Behavioral Theory of the Firm*, Englewood Cliffs, NJ: Prentice Hall. (松田武彦・井上恒夫訳『企業の行動理論』ダイヤモンド社，1967年。)

Fleming, L. and O. Sorenson (2001), "Technology as a Complex Adaptive System: Evidence from Patent Data," *Research Policy, 30* (7), 1019–1039.

Jaffe, A. B. and M. Trajtenberg (2002), *Patents, Citations and Innovations: A Window on the Knowledge Economy*, Cambridge, MA: MIT Press.

Levinthal, A. D. and J. G. March (1993), "The Myopia of Learning," *Strategic Management Journal, 14* (S2), 95–112.

March, J. G. (1991), "Exploration and Exploitation in Organizational Learning," *Organization Science, 2* (1), 71–87.

March, J. G. and H. A. Simon (1958), *Organizations*, New York, NY: John Wiley and Sons. (土屋守章訳『オーガニゼーションズ』ダイヤモンド社，1977年。)

Miles, R. E. and C. C. Snow (1978), *Organizational Strategy, Structure, and Process*, New York, NY: McGraw-Hill. (土屋守章・内野崇・中野工訳『戦略型経営：戦略選択の実践シナリオ』ダイヤモンド社，1983年。)

Nelson, R. R. and S. G. Winter (1982), *An Evolutionary Theory of Economic Change*, Cambridge, MA: Harvard University Press. (角南篤・田中辰雄・後藤晃訳『経済変動の進化理論』慶応義塾大学出版会，2007年。)

社団法人電子情報技術産業協会編 (2003)，『ICガイドブック：時代の先端を拓く半

導体産業・技術の全貌』日経 BP 企画。

Stuart, T. E. and J. M. Podolny (1996), "Local Search and the Evolution of Technological Capabilities," *Strategic Management Journal*, *17* (S1), 21–38.

Ulrich, K. T. (1995), "The Role of Product Architecture in the Manufacturing Firm," *Research Policy*, *24* (3), 419–440.

第**6**章

オープン・イノベーションと内部組織・戦略策定
日本企業が技術を獲得・提供するための能力の探求

椙山泰生

はじめに

　本章は，オープン・イノベーションに焦点を当てた上で，とくに日本企業によく見られる文脈，すなわち多角化した自律性の高い事業部制組織の下で，このオープン・イノベーションを活用する際の企業内部の組織的メカニズムについて探求する。この点について考察し，組織内統合の全社的なメカニズムや対話型戦略策定プロセス，あるいは策定された戦略の明確性が，オープン・イノベーションを促進するという関係を指摘する。

1　本章の目的とオープン・イノベーションの定義

　クローズドな開発体制に対置して，オープンな開発へのパラダイム・シフトを説く Chesbrough（2003）の問題提起以降，オープン・イノベーションに対する産業界，学会の注目が集まるようになっている。冒頭で述べたように，本章は，このオープン・イノベーションに焦点を当てた上で，とくに日本企業によく見られる文脈，すなわち多角化した自律性の高い事業部制組織の下で，このオープン・イノベーションを活用する際の企業内部の組織的メカニズムについて探求するのが目的である。

　日本企業では研究開発のオープンなパラダイムへのシフトがあまりうまくいっていないとの認識が広がっている。これまでのところ，日本企業では内部の研究開発が重視され，オープン・イノベーションの必要性は認識されているものの，外部資源の活用が進んでいないのが現状であろう。それゆえ，

そもそもオープン・イノベーションを日本企業が志向すること自体が，間違った発想だという議論も当然出てくることになる。

　もっとも，日本企業の研究開発において外部資源をうまく活用している例がないわけではない。これまで，アッセンブリ製品を中心とする日本企業の高い新製品開発能力の特徴として，開発ステージのオーバーラップや機能横断的なチーム的組織編制と並んで，サプライヤーの開発能力の利用があげられてきており，外部資源を活用した製品開発は，むしろ日本企業が得意としてきたと言ってよいほどである（Clark and Fujimoto, 1991; 武石，2003）。しかし他方で，エレクトロニクス，ソフトウェア産業やバイオ産業においては，研究開発における国際競争力の低さ，開発スピードの遅さが指摘され，その有力な原因の一つとして，外部資源の活用の不十分さがあげられてきた。

　このような状況を考えると，単に日本企業はオープン化を不得手としているといった表層的な議論から一歩踏み込んで，現代の日本企業の組織としての特徴と，イノベーションのオープン化との関係を，丁寧に解きほぐしていく必要があるように思われる。イノベーションにおける外部資源の活用という観点から見たときに，どのような日本企業に特有の問題があるのか。垂直統合的組織のサブシステムとしての開発システムから，オープンなイノベーションへ移行するための組織上，マネジメント上の問題点は何か。これらの，相互に関連し合ったイノベーションに関する多面的な問題群に取り組み，企業の戦略や組織とオープンなイノベーションとの関係を説明する論理を蓄積していかなければならないだろう。

　そこで，本章ではその試金石として，日本企業の研究開発におけるオープン・イノベーションの活用に伴う組織上の問題の明確化と，その実施を促進するメカニズムについての議論を，とくに企業の内部組織の問題に焦点を当てて進める。近年の日本企業の特徴を，創発戦略をベースとした広範囲の多角化にあると考えた上で，多角化した企業の内部組織とオープン・イノベーションとの関係について，理論仮説を構築する。

　具体的な内容に入る前に，本書の中核的概念であるオープン・イノベーションについて，この章における定義を明確にしておこう。この概念の提唱者であるチェスブロウは，その著書において，「企業内部と外部のアイディアを有機的に結合させ，価値を創造することを言う」と定義しているが（Ches-

brough, 2003），この定義だけに従うと，内部と外部のアイディアが結合され
て価値が創造されればオープン・イノベーションと呼んでもよいことになり，
非常に広い範囲の活動がオープン・イノベーションに含まれてしまうことに
なる。たとえば，自動車産業の系列化された関係において，自動車メーカー
が部品メーカーに部品の詳細設計を委託しているケースも，製品というシス
テムの目で見れば内部のアイディアと外部のアイディアが結合されているこ
とになる。このような定義では，本書で分析対象とするような技術や知的財
産の企業間・組織間の移動を伴うような現象の，最も豊かな部分を十分議論
できない可能性がある。もう少し抽象度を下げた実際的な定義が必要であろ
う。

　そこで，ここでは，本書のここまでの議論にそって，Chesbrough (2003)
の定義に企業の境界を越えた技術の移動を加えて，オープン・イノベーショ
ンを，「技術もしくは知的財産の企業の境界を越えた移動，およびそれによ
る企業内部と外部のアイディアを結合させ，価値を創造すること」と定義す
る。そして，技術を提供するアウトバウンド型のオープン・イノベーション
と，インバウンド型のオープン・イノベーションの2種類について，それぞ
れ内部組織の設計や戦略策定のあり方が与える影響について議論していく。

2　既存の議論と日本企業という文脈

2.1　オープン・イノベーションと内部組織に関する先行研究

　理論仮説の検討に入る前に，オープン・イノベーションと内部組織との関
係についての先行研究について検討し，これまで議論されてきたことと，こ
こで明らかにすべきことを明確にしておきたい。

　オープン・イノベーションに関する先行研究は，本書の他の章で検討され
ているように，主に企業間の関係や，技術の移転・活用そのものに焦点を当
てたものが多い。これらの議論の焦点は，主として企業間関係や企業外部の
関係の構造にあり，企業の内部組織の設計に関する議論には焦点があまり当
たってこなかった。

　外部の知識は組織内部の知識と調整されてはじめて価値創造に寄与するの
であり，オープン・イノベーションを推進するためには企業内部の統合能力

が必要になるという指摘はこれまでもされてきている（Chesbrough and Appleyard, 2007; 清水，2015）。だが，組織設計やインセンティブの設計に関しては，外部との境界連結を担う専門部署の設置や，NIH（Not Invented Here）症候群を克服するためのインセンティブのあり方に焦点が当たっており，全社的な組織設計のあり方や戦略構築のあり方といった企業の全社レベルでの組織や戦略の問題が，オープン・イノベーションとどのような関係にあるのかについては，あまり議論されてこなかった。既存研究は，内部組織に目を向けていたとしても，結局は外部との関係に関する組織の問題に焦点が当たっていたと言える。

　直接オープン・イノベーションを扱っていない関連研究でも，近年のいくつかの研究において，外部知識の探索・導入と，組織内部の社会的ネットワークの関係に注目するようになっている。Grigoriou and Rothaermel（2017）は，社会的ネットワークの観点から，外部からの知識導入と内部組織の関係について議論した数少ない研究である。外部から知識を導入したとしても，それを組織の内部で他の知識と再結合することにコストがかかるため，組織内部での既存の個人間ネットワークが構築されていないと，導入された知識を用いた新しい知識創出もうまく進まない。Grigoriou and Rothaermel（2017）は，この論点について議論し，医薬品産業の特許における共同発明者のネットワークのデータを用いて実証している。また，Paruchuri and Awate（2017）でも，同様に組織内部の社会的ネットワークが，組織外部の探索行動に影響を与えるとしている。組織内部のネットワーク・リーチの大きさやネットワーク構造における位置取りが，外部知識の探索の広さや深さに影響を与えるというのが，この研究の主張であり，この仮説は，同様に半導体産業の特許における共同発明者のネットワークのデータを用いて実証されている。

　組織が過去に学習した成果は組織内のネットワーク上に散在しており，組織内部でそれを保持し，他のメンバーがそれにアクセスし取り出す組織的なメカニズムがイノベーションには必要である（Hargadon and Sutton, 1997）。だが，そのような組織内移転には，組織内部の適切な社会的ネットワークが必要であり（Hansen, 1999），組織内で蓄積された知識に十分アクセスできなければ，組織外との協働作業もうまく進まないのである。ただし，社会的ネ

ットワーク理論を援用した議論は本研究に示唆を与えるものではあるが，個人間のどちらかといえば非公式の関係に焦点を当てており，組織設計や戦略プロセスを問題にしている本章とは問題意識が異なっている。

このほか，ビジネス・エコシステムの維持と発展における中核的企業の役割についての研究がなされており，オープン・イノベーションを管理するためのいくつかの視点が提供されている[1]。これらの研究では，中核企業が自社で専有する技術だけでなく，エコシステムに関わる企業に提供する技術を開発し，組織内の調整によって専有と無償提供とのバランスをうまく管理することが強調されている。ただし，中核的企業によるエコシステム全体の調整の構造やプロセスが焦点となっており，技術の導入や提供そのものに焦点が当たっているわけではない。

サプライヤー＝メーカー間の，製品開発に関する協業関係についての研究が日本を中心に実施されており[2]，これらの研究からもオープン・イノベーションの議論の示唆を得ることはできる。たとえば武石（2003）では，組み立てメーカーの組織内部の調整が，効果的なサプライヤー・マネジメントの鍵となっていることを示している。しかしながら，これらの研究が対象としているのは製品開発という比較的安定的・長期的な関係において，相対的に新規性の低い活動に関する議論であり，企業にとって新規性の高い技術の移転を伴うオープン・イノベーションの文脈に無条件で適用できるわけではない。

以上，先行研究およびここでの論点に関連した研究を整理してきたが，本章の課題に対して参考になる研究はいくつか存在するものの，その問題意識に対して直接取り組んだ研究は見当たらないのが現状であろう。

2.2　議論の文脈としての多角化した日本企業

このように，既存研究では，技術の導入や提供を主導する企業の内部組織について検討してきたことはあまりなかった。しかしながら，実際にオープン・イノベーションを遂行する企業の多くは多角化した事業を営む企業であ

1　Gawer and Cusumano (2002), Iansiti and Levien (2004), Adner and Kapoor (2010), Adner (2012).
2　浅沼（1997），藤本（1997），武石（2003）。

り，企業の内部組織や戦略策定のあり方が少なからず影響を与えるのは否めない。そこで，オープン・イノベーションに関連した理論仮説を構築するに当たり，議論の文脈である日本企業の特徴について，ごく簡潔ではあるが検討しておこう。

　日本企業のイノベーションに関わる一つの特徴としてあげられるのが，創発的な関連多角化であろう。近年の戦略論では，戦略を策定と実行が同時に起こる内部進化的なプロセスとして扱うのが一般的になってきており，実現された戦略は，意図された戦略と，創発戦略の合成物だと理解される（Mintzberg and Waters, 1985）。戦略の策定と実行は同時並行的に生じ，戦略変化はプロセス全体に埋め込まれているものだという考え方である。そして，日本企業の戦略変化については，創発的なプロセスによって関連事業に進出するかたちで実現されてきたという見方が一般的である。

　日本企業はその事業リスクから企業の生存可能性を切り離すことを狙って，新規事業の創造に尽力してきた。その新規事業の創造の基盤となったのが，長期雇用の下で発達する人的ネットワークであった。比較的自律性を与えられたミドルマネージャーの手によって，トップや現場の間，あるいは複数の事業領域を横断して濃密なコミュニケーションが実現し，その結果として効果的な新製品や新事業の創造が実施されてきた（Nonaka, 1994）。

　このような結果，日本の大企業の多くは社内に多くの事業を抱えることになり，このことが実際に企業の生存という観点から見て，非常に高いパフォーマンスの実現に貢献してきた（清水，2001）。また，日本の多角化企業は，米国企業に比べると同一分野でフルライン戦略をとる傾向が強く，事業範囲が広いことも多い（新宅，1994; 軽部，1997）。さらに，エレクトロニクス企業に典型的に見られた傾向であるが，デバイスを内製したり，ソリューション部門を内部に持つなどのかたちで，企業内に，垂直的な上下関係，下請け関係ができてしまっていることも多くなっている。つまり，創発的な多角化による，内部成長による広範な事業構成というのが，日本企業の特徴として定着していったのである。

　だが，日本企業が得意としていた創発的なイノベーションが，常に高い業績の実現につながっていくわけではなかった。創発的なイノベーションは，時としてコントロールを超えた複雑性を企業内部に抱え込むことにつながる

ため，企業としてのシナジーの実現が困難になるからである。多角化のパターンと業績との関係について，加護野（2004）は，バブル期以降の好業績の多角化企業は強いコア事業を持っていることを示し，多角化している日本企業が，自律的・創発的にコア事業を持たない多角化によって範囲の経済を実現することが困難になってきていることを示している。つまり，範囲が広がりすぎた多角化企業では，内部での調整が機能不全を起こしてしまう可能性を指摘しているのである。

こうした傾向について，沼上ほか（2007）は，日本企業の強みの源泉として，企業内で発達した横のネットワークを基盤としたミドルマネジメントによる自由闊達な活動が可能であったことを指摘しつつ，そうした強みが，近年の日本企業では組織の「重さ」として，弱みへと転化していることを指摘している。内向きの合意形成に過度の資源が割かれることで，環境の変化に適切に対応する活動や，新しい構想を実行に移すための活動が，阻害されてしまっているのである。

以上の日本企業のイノベーションと多角化について，やや乱暴に戯画化して整理すると，自律性を付与されたミドルによる創発的イノベーションをもとにした多角化によって成長を実現してきたが，それによって近年は過度の内向きの合意形成重視とその複雑性の過剰による問題を抱えているということになる。この様式化された理解を基礎としつつ，以下ではオープン・イノベーションに関する仮説を構築していくことにしよう[3]。

---

3 なお，理論仮説を展開するための情報収集を目的として，オープン・イノベーションの現場での論理を探求するために，探索的調査を実施した。2007年から2010年にかけて筆者が実施した聞き取り調査をもとに，オープン・イノベーションの活用の成否に関係している要因と，そのメカニズムを明らかにしていった。聞き取り調査は，研究開発部門の責任者，オープン・イノベーションのための専門の役割を与えられた担当者，実際のオープン・イノベーションによる研究開発プロジェクトのリーダーやメンバーなど，7社30人に対して実施した。探索的な事例の詳細をここで述べることは紙面の都合上難しいため，別の機会に発表することにさせていただく。本章では調査から得られた洞察をもとに，理論仮説を構築・提示していくことにしたい。

❸ 内部組織の影響：事業部の自律性と事業部間調整

❸.1　多角化とオープン・イノベーション

　技術を導入して活用するためには，まずその技術を企業内部で開発しないという決定がなされる必要がある。同様に，技術が外部に提供されるためには，その技術を企業の内部で使わないという意思決定がされる必要がある。このことが多角化した企業という文脈においてどのような問題をもたらすのかについて，以下で考えていくことにする。まず，多角化とアウトバウンド型のオープン・イノベーションの問題から検討を始める。

　社内の研究所などで開発された技術は，通常は企業の内部で活用されることを目的として開発される。もちろん，研究所で開発された技術は，当初特定の事業部から開発を要請されたものばかりではないが，少なくとも社内で活用しないと当初から考えられる技術に投資されることはない。ということは，当初社内で活用を想定していた技術が，何らかのかたちで社内では使うことができないという結論が出されてはじめて，外部への提供が可能となる。そして，技術を外部に提供するということが自社の成長や競争優位の確保を阻害すると考えられる場合も，技術が提供されることはない。

　企業内の研究所で研究された技術の応用が可能な事業部が多数ある場合も多い。その場合，一つの技術について，ある事業部で応用できなくても，別の事業部で応用可能な場合があるため，結果として外部に技術提供されにくくなる。とくに関連多角化の場合，一つの技術について，よく似た用途の事業を複数抱えている可能性が高いため，技術の応用可能性がさらに広がることになり，結果として技術が外部に提供される可能性が小さくなる。

　さらに言えば，事業部が多くあるということは，使うかどうかわからない技術を提供することに対する拒否権を有する主体が多くあることを意味している。事業部が「その技術を応用した製品を開発する可能性がある」という場合，どの程度の確率でその技術が使われるのかは，定かではないことが多い。だが，その技術が応用される可能性について最もよく理解できているのは事業部自体であり，本社側からは評価が困難である。特許を社内で活用する事業の候補が一つあれば社内で使用されるため，その一つの事業部がライ

センスを拒否すれば，それだけで社外に技術が提供されないままになってしまうのである。

　このような条件の下では，事業部側に，実際に技術を使用する可能性が低くてもそれを使うと表明するインセンティブが存在することにも留意が必要である。研究所の費用は通常本社費で賄われており，事業部の直接のコストではない。このため，研究所の技術は，事業の観点から見ると無償で入手できるため，フリーライダーの問題も発生する。無償であれば，使わない可能性が高い技術でも，「使う」といっておいた方が事業部にとっての利益になるということである。このため，使う可能性が少しでもあるのであれば，「使うからライセンスはしないでほしい」と表明することになりやすいのである。

　さらに，事業部門の数が同じであれば，事業部門の意思決定権限が分散している場合，言い換えれば，事業部により高い自律性が与えられている場合，技術を外部に提供することに対して反対する事業部門が増える可能性がある。

　一般的な議論としては，多角化した企業では，事業部制の形態をとり，事業レベルで自律的な意思決定を実施することが推奨されている。機会主義の可能性を削減するという観点からも（Williamson, 1985），事業や製品の特徴に関する情報の非対称性の観点からも（Jensen and Meckling, 1992），本社に意思決定を集約することには問題があり，これらの問題に対処するために，企業は事業部制という意思決定を分権化した組織的なメカニズムを発達させてきた。

　しかし他方で，事業部の自律性は，多角化企業の本来的な優位性の源泉である，事業間のシナジーの実現を阻害するという側面もある。ノウハウの取引に関する市場の不完全性と取引コストの存在は，企業が事業ユニットを横断して境界を広げる理由として支持されてきた（Teece, 1982）。それゆえ，多角化した企業においてコア・コンピタンスを活用するためには，「事業部の圧政」を克服するためのある種の集権化した計画が必要だとされてきた（Prahalad and Hamel, 1990）。

　事業部門は，通常本社の経営企画などのスタッフ部門に比べて，どのような技術が必要かという情報について，より豊かな情報を持っている。顧客や事業の文脈に関する経験を蓄積していることで，どのような技術を用いた製

品が顧客を満足させ，競合企業に対して優位性を確保することにつながるのかについて，より深く理解しているのである。このため，分権化によって事業部の自律性が高くなればなるほど，自部門の豊かな情報に基づいて特許をライセンスすることについて事業部門がより強い拒否権を持つことになる。

　以上の議論から，以下の相互に関連した二つの仮説が導かれる。

　仮説 1a：企業の多角化の程度が高いほど，技術は外部へ提供されにくい。

　仮説 1b：事業部制を採用している企業では，分権化の程度が高いほど，技術は外部へ提供されにくい。

❸.❷　企業内の部門間調整とオープン・イノベーション

　多角化している場合，技術提供するかどうかは，企業内調整の程度によっても異なってくる。前述のように，本社研究開発部門で開発された技術の外部への提供の決定には，事業部門との調整が必要であり，事業部の数が多くなるほど，外部への提供は抑制される。ただし，部門間で技術情報を共有する仕組みがあれば，この調整コストは減少し，外部提供が促される。

　多角化した企業の事業部門は，それぞれ大きく異なった環境に直面しており，その環境に適合するために，その目的や組織構造を分化させている。このため，部門間の調整を図るためには，Lawrence and Lorsch（1967）が主張するように，分化した部門間を結び付ける強力な統合メカニズムが必要になっている状態だと考えられる。

　Galbraith（1973）は，分化の程度に合わせた統合メカニズムのリストを提供している。それによれば，分化の程度が高い場合は，公式のタスクフォースの設置や，部門横断的な統合組織の設置が適合的だとされている。企業内で，技術に対するニーズを共有する際や，外部に技術をライセンスする合意を形成する際にも，連絡会議の設置や，タスクフォースの設置といった，公式の統合メカニズムの存在によって，事業部門間で知識の共有や利害調整が進む可能性が高い。

　統合組織を設置することで，部門間のコミュニケーションのパターンは変化すると考えられる。情報交換がルーティン化されるほか，誰がどのような

情報を持っているのかについての特定化が可能になり，必要なときに必要な部門間コミュニケーションをとることができるようになる可能性が向上すると考えられる。

　効率的な調整を実現するために必要となるコミュニケーションの程度は，実際にはコミュニケーションによって交換・共有される知識や情報の属性の状態によって変化する。たとえば，情報や知識を移転するコミュニケーション・メディアの充実度（richness）を，その属性による粘着性に応じて変えることで，組織としての効率は向上する。情報や知識が複雑な場合や，多義的で暗黙の前提を含んでいる場合，より充実度の高いメディア，すなわち対面コミュニケーションでなければ，それは移転できないからである（Daft and Lengel, 1986）。つまり，対面コミュニケーションを促進するような公式の統合メカニズムが存在すればするほど，多義的な情報について解釈を統合していくような，より難易度の高い部門間統合も実現可能になる。

仮説 2a：企業内の部門間調整を目的とした公式の統合メカニズムが存在すれば，技術は外部に提供されやすい。

　技術提供の場合と同様に，企業内の部門間統合の公式メカニズムがあることによって，技術導入も促進される。だが，その論理構成は少々異なっている。

　技術提供の場合に重要になるのは，分権化した事業部門に，技術提供に対する拒否権を行使させないことである。その意味では，部門間の調整よりも，むしろ権限関係の方が重要になる。これに対し，技術導入の場合に問題になるのは，企業が接触している外部との関係から収集される技術に関する情報である。

　企業における外部との接触は常に局所的である。ある部門が必要としている技術の所有者についての情報を最もよく理解しているのは，自部門とは限らない。情報を持っているのが別の部門である場合，外部との接触が局所的であるため，その情報が部門間で共有されない限り，技術導入に必要なニーズと技術のマッチングは発見されないかもしれない。外部との接触に関する情報が共有されることで，さまざまな部門で接触のある外部の技術と，別の

事業部門のニーズとのマッチングが実現しやすくなるため，必要な技術が導入されやすくなる。

以上の議論から次の仮説が導かれる。

仮説 2b：企業の内部での部門間統合の程度が高ければ，外部の技術は導入されやすい。

一方，企業内での知識の探索と移転のメカニズムという意味では，公式のメカニズムよりも，非公式のメカニズムが強調されることも多い。非公式組織の重要性を主張した一連の古典的研究などでは，公式の構造よりも非公式のコミュニケーションの方が組織のパフォーマンスに影響を与えるとしている。また，研究開発部門のパフォーマンスの研究においても，Allen（1977）に代表されるような，研究開発部門のコミュニケーションに焦点を当てた，構造よりも実態としてのコミュニケーションの重要性を重視する研究も，強い影響力を持ってきた[4]。これらの研究では，技術のゲートキーパーと呼ばれる特定の個人が外部情報を集中的に取り入れ，それを組織内に普及させるような役割を果たしていることを示している。

その意味では，情報や知識の移転とコミュニケーションのあり方について既存研究の多くが着目しているのは，コミュニケーションの頻度と情報の移転や共有の程度との関係である。たとえば，知識・情報の移転可能性（粘着性）に関する von Hippel（1994）の研究では，知識の受け手側と送り手側との間でのコミュニケーション頻度の影響が強調されている。受け手側が欲しいタイミングに送り手側から情報を引き出すことができなければ，情報の移転は円滑に進まないからである（von Hippel, 1994）。

コミュニケーションの蓄積によって形成される社会的な関係の強弱も，知識移転の可能性を変化させる。Granovetter（1985）の経済行為の社会的埋め込み（embeddedness）理論の流れを受け，自発的貢献，互恵性，信頼によって特徴づけられる関係が粘着的知識の移転を促進する傾向がいくつかの研究で示されている。たとえば Uzzi（1997）は，ファッションスタイルに関する

4　Allen（1977），Tushman and Katz（1980），Katz and Tushman（1981）.

粘着性の高い知識が，アパレル業界のデザイナーと請負加工業者との間の信頼をベースとする埋め込み型の紐帯（embedded tie）を通して交換されていることを示している。

　さらに，Hansen（1999）は，企業内の知識移転と企業内のネットワークとの関係を調査し，知識の探索（search）と弱い部門間ネットワークが適合的であり，知識の移転（transfer）と強い部門間ネットワークが適合的であることを示している。組織が過去に学習した成果は組織内のネットワーク上に散在しており，組織内部でそれを保持し，他のメンバーがそれにアクセスし取り出すには，適切な内部の社会的ネットワークが必要になる。

　組織内部で蓄積された知識にアクセスすることで，組織内部での知識の活用が可能になり，組織外からの知識の移転がうまく進む。事業部門で新しい技術をどのように使うべきかが明確になっていれば，導入すべき技術の選択も明確になり，かつその使い方に合わせた開発活動にかかるコストも小さくなる。一方，組織内の非公式コミュニケーションが進めば，事業部が実際に技術を使用する必要があるのかどうかについて理解が共有されることになる。その結果，技術を使用するかどうかについての不確実性が高い場合に，「その技術を事業部で使う可能性がある」と表明して技術の外部提供に拒否権を発動する可能性も小さくすることができる。つまり，インバウンド型，アウトバウンド型の双方において，非公式な社会的ネットワークの充実が，オープン・イノベーションを促進することになる。

　仮説 3a：企業内の社会的ネットワークを通したコミュニケーションの頻度が高ければ，技術は外部提供されやすい。

　仮説 3b：企業内の社会的ネットワークを通したコミュニケーションの頻度が高ければ，外部の技術は導入されやすい。

　前述のように，Galbraith（1973）は，企業内の公式統合メカニズムのリストを提供しているが，事業部門間で知識の共有や利害調整を進める方法の一つとしてあげられているのが，計画である。計画には組織内の活動に関する調整機能があることが知られている。ただし，当時の計画に関する認識はサ

イバネティック・モデルを典型とした機械的な組織観に立脚しており，そこでの計画の目的は，意思決定を行動から切り離して選択肢を固定することで多様性を縮減させることとされていた。

このような機械的な計画の機能に対する見方から，従来，計画や公式のマネジメント・コントロール・システム（以下，MCS と呼ぶ）はイノベーションに負の効果をもたらすと考えられてきたが，近年のマネジメント・コントロールに関する研究は，イノベーションにおけるこの負の効果を疑問視している。予算や計画の役割は，行動を型にはめるものではなく，組織メンバーがコミュニケーションを行う上で基礎となる認知モデルを提供したり，目的を共有し議論を行うための場面を整えたりするものとされるようになっているのである。Abernethy and Brownell（1997）は，対話，学習，アイディア創造の道具としての予算の利用について考察している。参加型予算に関する実証研究も，不確実性下のシステムとして MCS を理解すべきだという見方を示している（Shields and Shields, 1998）。

技術に関する組織内の対話を促進する「計画」に相当するのが，企業内の技術戦略である。多角化した企業内の技術戦略の策定のためには，長期的な市場動向の予測を含む各事業部の長期的な成長戦略に関する計画と，その戦略の実行に必要となる技術の見極め，科学・技術開発の動向に関する見通しなどについての対話や，学習を通じた事業部の境界を越えた知識の共有が進むことになる。トップダウン式の戦略の策定だけではこのような効果はもたらされないが，対話と知識共有に十分な時間とコストをかければ，戦略策定にはイノベーションを推進する効果があると考えられる。

戦略策定を進める過程において事業部で蓄積された知識にアクセスすることで，組織内部での知識の活用が可能になり，組織外からの知識の移転がうまく進むことになる。戦略策定のプロセスにおいて事業部門で新しい技術をどのように使うべきかが明確になっていれば，導入すべき技術の選択も明確になり，かつその使い方に合わせた開発活動にかかるコストも小さくなる。同様に，戦略策定の段階で十分な対話が進めば，他の方法による部門間統合のケース同様，事業部が実際に技術を使用する必要があるのかどうかについて理解が共有されることになる。その結果，技術の外部提供に拒否権を発動する可能性を小さくすることができる。

このように，十分な時間とコストをかけた戦略の策定によって，部門間の調整が進むことで，前述のようなコミュニケーションによる部門間統合と同様の効果が実現することになり，その結果オープン・イノベーションが，インバウンド型，アウトバウンド型の双方において促進されると考えられる。

仮説 4a：企業の技術戦略が対話を通じて策定されていれば，技術は外部提供されやすい。

仮説 4b：企業の技術戦略が対話を通じて策定されていれば，外部の技術は導入されやすい。

❹ 戦略の影響：事業領域とコア技術

続いて，企業の戦略のあり方がオープン・イノベーションの実施にどのような影響を与えるのかについて考察したい。前節では，戦略策定プロセスの持つ組織統合の機能に着目したが，以下では戦略の内容そのものが持つ効果について検討する。

4.1　事業領域の明確化の影響

多角化した企業がオープン・イノベーションを管理していく際に重要になるのが，事業と技術のマッチングの可否の判断に関わる問題である。マッチングができるかどうかの判断をうまく進めるためには，事業側の要因としては，事業の境界がどのくらい明確化されているか，技術側の要因としては，その応用可能性がどの程度確定的であり，どの程度広いのかが問題となる。

一般に事業の境界は一定ではなく，顧客の変化や用いられる技術などによって，段階的に変化することも多い。新しい製品が供給されることで顧客や技術の範囲が変わり，ひいては事業の定義が変化していくこともある。多くの場合は事業機会とそれに用いられる技術がそれぞれ別個に決まるわけではない。さまざまな主体の間の相互作用によってイノベーションが進むというモデルが，技術とイノベーションの管理に関わる研究者のイノベーションの実態についてのおおまかな合意であろう（沼上，1999）。つまり，事業部の事

業の範囲は，顧客の変化や技術の発展などとの相互作用によって変化していく可能性があるのである。

　事業の境界の変化は，企業が全社戦略を策定し，事業部間の調整を進める上で，大きな問題をもたらす。事業の境界が変動する場合，常に事業間で境界の変動について調整し，複数の事業の狭間に生じる事業機会を誰が担当するのかについて，恒常的に調整しなければならないからである。

　とくに技術を提供するかどうか意思決定する場合，この事業の境界が明確かどうかは少なからず影響をもたらすはずである。仮説1で述べた事業部の技術の外部提供や導入についての「拒否権」が，事業の範囲の変化を念頭において発動される可能性が出てくるからである。そして，境界が変化する範囲が広ければ広いほど，より広範に技術の導入や提供に対する拒否を表明することになる。さらに，事業の境界近辺の技術については，自社がコントロールしていた方がよい可能性もあるため，境界があいまいな場合は，より多くの技術を抱え込むことになる可能性がある。

　とくに，創発的な多角化を容認・推進している企業においては，事業領域について本社やトップが明確な線引きをしにくい。事業部やミドルのレベルで，自発的に事業を展開するため，事業機会の発見においては有効かもしれないが，それによって技術が死蔵される可能性も高くなってしまうのである。

　仮説5：企業の事業の境界が明確であるほど，技術は外部へ提供されやすい。

4.2　必要な技術の特定化と技術導入

　技術の導入が進むためには，欲しい技術が内部で特定化されていなければならない。探索の焦点が十分に絞られていなければ，探索した結果の候補となる技術が，本当に自社のニーズに適合しているのかどうかについて，導入する企業側が正確には理解できないからである。その結果，必要でない技術の導入を検討しても，結局役立てることができなかったり，逆に必要な技術を見逃してしまうことになり，結果として技術導入を実現する可能性が低くなってしまうのである。

　この議論の傍証となるのが，企業が欲しい技術のリストを公開していたと

しても，必要な技術がみつかることはほとんどないという様式化された事実であろう（Chesbrough, 2006）。企業がノンコンフィデンシャルのかたちで公開できる範囲は限られている。というのは，もし詳細に必要な技術を公開してしまうと，それによって企業の事業戦略が他社に知られてしまうからである。このため，どういう背景で探しているのか，どのようなクライテリアで探しているのかを，明確かつ正確に公開することができないことが多い。その帰結として，公開リストだけで企業の技術に対するニーズと提供される技術とのマッチングがうまく成立することは，ほとんどないのである。

　さらに，TLO（Technology Licensing Organization）や企業間の技術取引を促進する機関や企業が果たすべき役割の一つに，企業側ではっきりしていない技術に対するニーズ，リクエストを明確にするというものがあることも，この議論の傍証となっている。コネクト＆デヴェロップ戦略で社外の技術を活用して成長を実現してきたことで知られている2000年代以後のP&Gでも，事業部門からのリクエストがあまり具体的でないことが多く，それをクリアにすることが，技術導入を促進する役割を担う担当者の重要な役割の一つとされていた（Sakkab, 2002）。このことは，必要な技術を特定化することが，技術導入の実現にとって重要だということを示している。

　　仮説6：企業で必要とされる技術の特定化の程度が高ければ，外部の技術は導入されやすい。

4.3　技術の応用範囲と技術提供

　技術が今後応用できる範囲によって，現在持つ技術をどこまで外部に提供するかが決まってくる。この境界は，実際に明確かどうかに加えて，経営判断として明確化しているかどうかも重要になるであろう。特許の使用範囲を十分特定できない場合，社内で自社の事業で将来活用できるかもしれないと考えることから，特許をライセンスアウトすることに対して反対する事業部門が増えることになる。技術の応用範囲を戦略的に明確にすることで，技術の外部提供のしやすさは変化する。

　技術によっては，その応用範囲の幅が広いものと狭いものがある。応用範囲が狭い場合であれば，たとえ企業内に多くの事業を抱えていたとしても，

事業部門が外部提供するかどうかに介入してくることはないであろう。だが，応用目的の範囲が広い場合，多くの事業部が外部に提供してよいかどうかの判断に関わってくる可能性がある。つまり，応用目的が広い方が，技術の外部提供が困難になるということである。

　加えて，技術の応用範囲が広いということは，その技術が当該企業にとっての中核的な技術である可能性が高いということになる。このため，全社戦略のレベルで見ても，技術を外部に提供すべきではないという結論になる可能性が高くなると考えられる。

　仮説 7：技術の応用範囲が広ければ広いほど，その技術は外部に提供され
　　　　にくい。

4.4　コア技術の特定と技術導入

　これらの個別の技術の特性に加えて，当該技術の企業の全社戦略上の位置づけも重要である。当該技術をコア技術として自社として保持したいかどうかによって，技術の Make or Buy の判断が変わると考えられる。そして，技術導入を進めるためには，このコア技術の範囲をどれだけ特定化しているかが重要になると考えられる。以下では，この関係について，少し掘り下げて検討してみよう。

　Barney（1991）や Peteraf（1993）に代表されるような資源ベースの戦略論では，企業の持続的競争有意の源泉として，経営資源の模倣困難性をあげている。そして，経営資源の模倣困難性の源泉として，Dierickx and Cool（1989）では，資産のマス効率性，たとえば，R&D ではある程度の量的蓄積があって，はじめてブレークスルーも起こりやすくなるといったようなクリティカル・マスが存在していることや，相互連結性，すなわち資産蓄積を増やす際の困難さはその資産の蓄積レベルだけではなく他の資産の蓄積レベルにも依存していること，そして因果関係のあいまい性の三つをあげている。

　これらの模倣困難性の源泉として最も重視されるのが，企業が長い期間かけて蓄積してきた中核的な技術，すなわち「コア技術」であろう。コア技術と呼ばれる技術は，上記の Dierickx and Cool（1989）があげた，三つの模倣困難性の条件を満たしており，他社が用意に模倣できるものではない。そし

て，このコア技術の蓄積にとって重要なのは，企業の長期的で戦略的な意図である（Prahalad and Hamel, 1990）。企業が将来を描き，その将来図に向けて資源を投入して技術開発していくことで，企業のコア技術は蓄積されるのである。

このため，技術を導入するか否かの意思決定において戦略上重要になるのが，その技術は，企業が長期間かけて蓄積しようと考えている技術なのかどうかである。企業の戦略的意図としてコア技術だと考えている分野であれば，たとえ外部に導入可能な技術が存在していたとしても，それを簡単に導入したりすべきではないだろう。当該技術を外部から導入した方が，短期的に成果を出すためであれば有効かもしれない。だが，長期的に見ると，ここで技術を外部から導入したことで，技術蓄積が進まなくなり，自社独自の模倣困難な技術を持つことによる競争優位性を追求できなくなってしまうかもしれない。

ただし，コア技術の範囲をあいまいにしていると，どの技術も自社開発すべきだという，誤った方向に進む可能性もある。とくに，自社で開発したもの以外は使用しないという，いわゆる NIH 症候群に陥ると（Katz and Allen, 1982），インバウンド・オープン・イノベーションの実行は阻害されてしまうのである。そこで，うまく技術導入を実施するためには，コア技術を特定化し，将来蓄積すべき技術を明確にしていることが必要になってくる。

　仮説 8：何が企業のコア技術かが特定されていればいるほど，外部の技術
　　　は導入されやすい。

おわりに

本章では，日本企業のオープン・イノベーションに伴う組織上の問題の明確化と，その実施を促進するメカニズムの解明を，とくに企業の内部組織の問題に焦点を当てて進めてきた。日本企業の特徴を，創発戦略をベースとした広範囲の多角化にあると考えた上で，多角化した企業の内部組織とオープン・イノベーションとの関係について，理論仮説を構築してきた。そこでの仮説について概括すると，オープン・イノベーションの成否は，企業の全社的な組織設計や戦略策定プロセスのあり方との関係で定まるということにな

る。

　これまでの研究では，オープン・イノベーションにおける組織内の統合や組織のあり方に焦点が当てられたことはあったものの，全社的な組織設計のあり方や戦略構築のあり方といった企業の全社レベルでの組織や戦略の問題が，オープン・イノベーションとどのような関係にあるのかについては，あまり議論されてこなかった。本章では，この点に焦点を当て，多角化が進んだ企業において，組織内統合の全社的なメカニズムや対話型戦略策定プロセス，あるいは策定された戦略の明確性が，オープン・イノベーションを促進するという関係を指摘した。ここでの議論によって，そもそもオープン・イノベーションを日本企業が志向すること自体が，間違った発想だという議論を超克し，組織設計や戦略策定のロジックの問題として再定義することができたのではないかと考える。これが，本章の実践面での貢献である。

　最後に，本章の考察内容は，少し対象を広げて適用可能であることを指摘しておきたい。本章の問題は，実は単にオープン・イノベーションの問題というわけではなく，日本企業のイノベーション全体の問題なのかもしれない。オープンなイノベーションが苦手な企業は，実は内部でのイノベーションも苦手なのではないだろうか。ここでの仮説のいくつかは，外部からの技術導入や外部への技術提供だけでなく，多角化した企業内の技術の活用という文脈についても適用可能である。そう考えると，近年の日本企業のイノベーションにおいては，オープン・イノベーション，クローズド・イノベーションにかかわらず，適切な内部組織の設計と戦略策定プロセスの確立が必要であることには変わりはないように思われる。むしろ，オープン・イノベーションは，クローズド・イノベーションとまったく別の課題なのではなく，クローズド・イノベーションの実行に必要な組織能力の延長線上に外部との関係の構築を重ねたものと考えてよいのかもしれない。

参考文献

Abernethy, M. A. and P. Brownell (1997), "Management Control Systems in Research and Development Organizations: The Role of Accounting, Behavior and Personnel Controls," *Accounting, Organizations and Society, 22* (3–4), 233–248.

Adner, R. (2012), *The Wide Lens: A New Strategy for Innovation*, New York, NY: Penguin Group.（清水勝彦監訳『ワイドレンズ：イノベーションを成功に導

〈エコシステム戦略』東洋経済新報社，2013 年。)

Adner, R. and R. Kapoor (2010), "Value Creation in Innovation Ecosystems: How the Structure of Technological Interdependence Affects Firm Performance in New Technology Generations," *Strategic Management Journal, 31* (3), 306–333.

Allen, T. J. (1977), *Managing the Flow of Technology: Technology Transfer and the Dissemination of Technological Information within the R&D Organization*, Cambridge, MA: MIT Press.

浅沼萬里 (1997),『日本の企業組織 革新的適応のメカニズム：長期取引関係の構造と機能』東洋経済新報社。

Barney, J. (1991), "Firm Resources and Sustained Competitive Advantage," *Journal of Management, 17* (1), 99–120.

Chesbrough, H. W. (2003), *Open Innovation: The New Imperative for Creating and Profiting from Technology*, Boston, MA: Harvard Business School Press. (大前恵一朗訳『OPEN INNOVATION：ハーバード流イノベーション戦略のすべて』産業能率大学出版会，2004 年。)

Chesbrough, H. W. (2006), *Open Business Models: How to Thrive in the New Innovation Landscape*, Boston, MA: Harvard Business School Press. (諏訪暁彦解説・栗原潔訳『オープンビジネスモデル：知財競争時代のイノベーション』翔泳社，2007 年。)

Chesbrough, H. W. and M. M. Appleyard (2007), "Open Innovation and Strategy," *California Management Review, 50* (1), 57–76.

Clark, K. B. and T. Fujimoto (1991), *Product Development Performance: Strategy, Organization, and Management in the World Auto Industry*, Boston, MA: Harvard Business School Press.

Daft, R. L. and R. H. Lengel (1986), "Organizational Information Requirements, Media Richness and Structural Design," *Management Science, 32* (5), 554–571.

Dierickx, I. and K. Cool (1989), "Asset Stock Accumulation and Sustainability of Competitive Advantage," *Management Science, 35* (12), 1504–1511.

藤本隆宏 (1997),『生産システムの進化論：トヨタ自動車にみる組織能力と創発プロセス』有斐閣。

Galbraith, J. R. (1973), *Designing Complex Organizations*, Boston, MA: Addison-Wesley Longman Publishing.

Gawer, A. and M. A. Cusumano (2002), *Platform Leadership: How Intel, Microsoft, and Cisco Drive Industry Innovation*, Boston, MA: Harvard Business School Press. (小林敏男監訳『プラットフォーム・リーダーシップ：イノベーションを導く新しい経営戦略』有斐閣，2005 年。)

Granovetter, M. (1985), "Economic Action and Social Structure: The Problem of Embeddedness," *American Journal of Sociology, 91* (3), 481–510.

Grigoriou, K. and F. T. Rothaermel (2017), "Organizing for Knowledge Generation: Internal Knowledge Networks and the Contingent Effect of External Knowledge Sourcing," *Strategic Management Journal, 38* (2), 395–414.

Hansen, M. T. (1999), "The Search-Transfer Problem: The Role of Weak Ties in Sharing Knowledge Across Organization Subunits," *Administrative Science Quarterly, 44* (1), 82–111.

Hargadon, A. and R. I. Sutton (1997), "Technology Brokering and Innovation in a Product Development Firm," *Administrative Science Quarterly, 42* (4), 716–749.

Iansiti, M. and R. Levien (2004), *The Keystone Advantage: What the New Dynamics of Business Ecosystems Mean for Strategy, Innovation, and Sustainability*, Boston, MA: Harvard Business School Press.（杉本幸太郎訳『キーストーン戦略：イノベーションを持続させるビジネス・エコシステム』翔泳社，2007年。）

Jensen, M. C. and W. H. Meckling (1992), "Specific and General Knowledge and Organizational Structure," in L. Werin and H. Wijkander (eds.), *Contract Economics*, Oxford, UK: Blackwell, 251–274.

加護野忠男 (2004)，「コア事業をもつ多角化戦略」『組織科学』第37巻3号，4–10頁。

軽部大 (1997)，「日米半導体産業における制度と企業戦略：資源投入の2極分化の可能性について」『組織科学』第31巻1号，85–98頁。

Katz, R. and T. J. Allen (1982), "Investigating the Not Invented Here (NIH) Syndrome: A Look at the Performance, Tenure, and Communication Patterns of 50 R&D Project Groups," *R&D Management, 12* (1), 7–20.

Katz, R. and M. L. Tushman (1981), "An Investigation into the Managerial Roles and Career Paths of Gatekeepers and Project Supervisors in a Major R&D Facility," *R&D Management, 11* (3), 103–110.

Lawrence, P. R. and J. W. Lorsch (1967), *Organization and Environment: Managing Differentiation and Integration*, Boston, MA: Harvard University Press.

Mintzberg, H. and J. A. Waters (1985), "Of Strategies, Deliberate and Emergent," *Strategic Management Journal, 6* (3), 257–272.

Nonaka, I. (1994), "A Dynamic Theory of Organizational Knowledge Creation," *Organization Science, 5* (1), 14–37.

沼上幹 (1999)，『液晶ディスプレイの技術革新史：行為連鎖システムとしての技術』白桃書房。

沼上幹・加藤俊彦・田中一弘・島本実・軽部大 (2007)，『組織の〈重さ〉：日本的企業組織の再点検』日本経済新聞出版社。

Paruchuri, S. and S. Awate (2017), "Organizational Knowledge Networks and Local Search: The Role of Intra-Organizational Inventor Networks," *Strategic*

Management Journal, 38 (3), 657–675.

Peteraf, M. A. (1993), "The Cornerstones of Competitive Advantage: A Resource-Based View," *Strategic Management Journal, 14* (3), 179–191.

Prahalad, C. K. and G. Hamel (1990), "The Core Competence of the Corporation," *Harvard Business Review, 68* (3), 79–91.

Sakkab, N. Y. (2002), "Connect & Develop Complements Research & Develop at P&G," *Research-Technology Management, 45* (2), 38–45.

Shields, J. F. and M. D. Shields (1998), "Antecedents of Participative Budgeting," *Accounting, Organizations and Society, 23* (1), 49–76.

清水洋（2015），「異なる知識をどのようにすり合わせるのか？」米倉誠一郎・清水洋編『オープン・イノベーションのマネジメント：高い経営成果を生む仕組みづくり』有斐閣，111–138頁。

清水剛（2001），『合併行動と企業の寿命：企業行動への新しいアプローチ』有斐閣。

新宅純二郎（1994），『日本企業の競争戦略：成熟産業の技術転換と企業行動』有斐閣。

武石彰（2003），『分業と競争：競争優位のアウトソーシング・マネジメント』有斐閣。

Teece, D. J. (1982), "Towards an Economic Theory of the Multiproduct Firm," *Journal of Economic Behavior and Organization, 3* (1), 39–63.

Tushman, M. L. and R. Katz (1980), "External Communication and Project Performance: An Investigation into the Role of Gatekeepers," *Management Science, 26* (11), 1071–1085.

Uzzi, B. (1997), "Social Structure and Competition in Interfirm Networks: The Paradox of Embeddedness," *Administrative Science Quarterly, 42* (1), 35–67.

von Hippel, E. (1994), "'Sticky Information' and the Locus of Problem Solving: Implications for Innovation," *Management Science, 40* (4), 429–439.

Williamson, O. E. (1985), *The Economic Intstitutions of Capitalism: Firms, Markets, Relational Contracting*, New York, NY: Free Press.

第**7**章

企業間ネットワークのマネジメント

若林直樹

はじめに

　企業が，他の企業とのオープン・イノベーションを展開するためには，単にオープンなネットワークを持てばよいのだろうか。オープン・イノベーションとは，オープンなビジネスの経営環境すなわちエコシステムにおいて，企業が従来の取引関係や協力関係を超えて，幅広く，企業や，政府機関，大学そして顧客との関係を展開して，市場ニーズ，技術シーズ等の知識や情報をやりとりするだけではなく，広く共同での技術の研究や事業の開発で協働を行うものとされる（Chesbrough, 2003）。だが，企業間関係にはより多様なものがあり，その成果も異なる。企業は，他の複数の企業や組織と取引や協力，提携などの関係を通じて，経営資源を実際に手に入れたり，知識や情報を得たり，共同でビジネスを行ったり，イノベーションを起こしたりしている。「組織間ネットワーク」という視点は，企業が，他の企業や政府機関や大学，非営利組織等の組織と取り結ぶ関係の全体の構造とメカニズムを見通すことを可能にする。ことに，「企業間ネットワーク」は，企業間だけの組織間ネットワークである。そして企業は，他の企業や組織から知識や情報を得て，イノベーションを進める場合には，経営学者ジェームズ・マーチが指摘したような少なくとも二つのタイプの学習課題である知識の「探索」と「活用」があり，異なる学習メカニズムを要求される。そして両者では，有効なネットワークの形態が異なる。「探索」では，幅広く形式知を集めるものが有効だが，「活用」では暗黙知を狭く深く共有するものが有効である。オープン・イノベーションを考える際にも，企業の学習課題に応じたネット

ワーク・デザインが求められる。

　ここでは，企業をめぐる組織間での知識学習を促進するネットワークにおける関係の内容，働き，発達のメカニズム，そしてそのマネジメントについて理解したい。こうした狙いの下，本章を次のように展開する。まず第一に，企業間ネットワークを含む組織間ネットワークとは何か，そしてイノベーションを促進する学習メカニズムの特徴について説明する。第二に，組織間ネットワークにおける知識の移転や創造に関わる学習のメカニズムを促進する主要な要因について紹介する。最後に，オープン・イノベーションを促進する企業間や組織間のネットワークをどう構築するかについてマネジメントのあり方を検討する。

1　組織間ネットワークの働きとメカニズム

1.1　組織間ネットワークとは何か

　組織間ネットワークとはどのようなものであるかについてまず説明したい。組織間ネットワークとは，複数の企業，政府機関，大学，非営利組織などの組織が，取引や協力，連携，情報交流を行っている関係の全体構造を指す（若林，2009，第3章）。組織間ネットワークは，組織の上の次元であり，複数の組織からなる。その上の次元にある，複数のネットワークから構成される場は，組織間フィールドと言われる。組織間ネットワークをつなぐ役割を持つ企業や個人を「境界連結担当者」と呼んでその役割を重視している。

　このネットワークにおいて，他の組織と持っている関係の具体的な内容は，企業を中心に考えると，次のようなものがある。まず，①経済的な取引関係（商品やサービスの売買），②取引以外でのヒト，モノ，カネなどのハードな経営資源を交換する関係，③知識や情報，ノウハウを交流・創造するコミュニケーション関係，④パワー関係，などがある。とくに，新たな技術や製品，サービスを作り出す上では，市場ニーズや技術シーズ，具体的な開発に関わる情報や知識の交流や共同創造が重視される[1]。

1　ただし，この場合のネットワークは，分析概念であるので，関係があるものを指し，理念としての関係の対等性，水平性の意味はとくに持たない形で使っている。

図 1　組織間ネットワーク

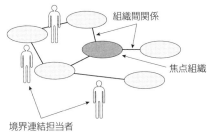

　企業を中心とした組織間ネットワークの具体的な存在形態としては，活動目的を強く共有するものとそうでないものとに二つに大別される。その具体的な形態を見てみよう（若林，2009，第 4 章）。

（1）　活動目的を強く共有するネットワーク

　①企業グループ：大手企業を中心として資本関係や支配従属関係にある子会社や関連会社などの複数の企業から構成されるものである。たとえば，パナソニックを中核としたパナソニックグループがそうである。

　②系列：大手の中核企業とその事業活動と何らかの直接・間接の取引関係を持つ協力企業や下請企業から構成されるものである。形態的には，生産系列や販売系列がある。たとえば，自動車産業が典型であり，1970 年代にはトヨタ自動車産業は，生産面で，6 段階にわたる関係を持ち，3 万余社の協力・下請企業との直接・間接の取引を行っていた。

　③戦略的提携：複数の企業が，共通の経営目標のために，事業活動での中長期的で比較的対等な協力を行う同盟関係を持っている場合である。たとえば，世界の大手航空会社 28 社による「スターアライアンス」があり，年間 7 億 3000 万人の乗客を運んだ（2013 年）[2]。

　④官民協働（public private partnership）：公共サービスの供給に対して，政府・地方自治体が一部の民営化を行い，企業や非営利組織などと提携を結ぶ場合である。たとえば，佐賀県武雄市において，市立図書館の運営を民間企業カルチュア・コンビニエンス・クラブが受託して，カフェとレンタルビデオ等の新サービスを盛り込みながら展開している。

　2　http://www.staralliance.com/（2013 年 8 月参照）。

(2) 活動目的の共有が弱いネットワーク

①産業クラスター：ある地域に集積している特定産業に属する，大手企業，中小企業やベンチャー企業の間には，よく生産や販売，開発などの面でネットワークが形成される。だが目的の共有は弱い。たとえば，シリコンバレーなどの IT 産業のクラスターがある。

②市場での取引ネットワーク：ある製品やサービスの市場において実際に形成されている取引ネットワークである。たとえば，世界の原油取引の多くを占める石油メジャーは，実際の世界の原油市場取引ネットワークのかなりの部分を占める。

③産業エコシステム（生態系）：特定の製品，サービスや技術の開発，生産，販売に関わる複数の産業の企業が創り出す自生的な企業間のネットワークである。②と違い研究開発面での非経済的なつながりを含んで考える。たとえば，電気自動車向けの二次電池開発には，自動車産業だけではなく，電機産業からも数多くの企業が関わる。

1.2 ネットワークの経済的な働きとガバナンス

複数の企業組織からなる組織間ネットワークは，なぜ，単独の企業よりも効果的な事業活動が行えるのだろうか。このメリットについて，オランダの経営学者ノートブームは，①経済性の高さ，②競争能力の高さ，③市場の中での有利な競争位置の獲得，そして，④競争戦略上の有利さがあるとしている（Nooteboom, 2004）。第一に，複数の企業の間で，生産や販売の分業のネットワークを緊密に組むことができれば，一つの企業よりも高い規模の経済性が実現できる。とくに，ネットワーク外部性で指摘されるように，そのネットワークに加入する企業の数が一定以上に増えると，規模の経済性の効果が段違いに増してくる（依田, 2001）。また，複数の企業の異なる経営資源を共有することで，使える経営資源の範囲が広がることによるメリットを示す，範囲の経済性も実現できる。第二に，複数の企業が互いに不足する能力や技術をうまく補完し合えば，一つの企業よりも高い競争能力を持つことができる。第三に，複数の企業で事業連合を組むと，市場の中で有利なポジションを手に入れることができる。先ほどのスターアライアンスの場合には，参加企業が，全世界的な航空路線網を使えるので，1 社単独に比べて顧客のニー

ズに幅広く応えられる。第四に，複数の企業が組んで，他の企業の参入を阻止することも可能になる。たとえば，光磁気ディスクのブルーレイディスクに関して技術標準を決める競争において，ライバルのソニーとパナソニックが組むことで，いち早く新製品市場を立ち上げた。

　だが，他方で，デメリットも存在する。まず，実際は，組織間ネットワークに参加できる企業は，実力があるものに限られる傾向がある。次に，ネットワークは解消が多いのも現実である。第三に，外部の企業に競争能力を依存する場合には，競争力の内部蓄積につながらないという難点も存在する。また第四に，しばしば，きちんと相手の行動を監視していないと，一方的に自社の技術・資源を搾取されることになることもある。第五に，第四にも関連するが，関係トラブルが多く，しばしば提携関係を持ちながら裁判を起こす事例も増えている。

　組織間ネットワークの内部の調整メカニズムすなわちガバナンスも，独特の難しさを持っている。これは，統一された最終決定主体を持たず，異なる企業の間で自律的な意思決定を行うので，その結果がバラバラになりやすい。そして，提携契約が典型であるが，企業間の中長期的な事業活動での協力関係を，経済的な取引契約として見ると，1 回ごとに取引が終了するスポット契約と異なり，「関係的契約」という独特のメカニズムという特徴を持つ。すなわち，明確に事前に文書化された契約書で，取引の条件を明記することができないので，取引ごとに，問題がある場合には，事後的に調整する関係を定めた契約となる。こうした場合には，それぞれの企業の担当者の間での事後的な調整の仕組みが求められる。そこで，組織間ネットワークのガバナンスにおいては，ネットワーク内部に共有された資源，価値，規範，制度を用いて，それぞれの企業の担当者同士が取引や協力を事後的に調整するメカニズムが働くこととなる。そこで，組織間ネットワークに参加する企業は，まずこうしたネットワーク共有の資源等を共有することが求められる。そして，これらを保有し，事後調整でも共有した規範や価値に基づいて行動するという他の企業からの信頼感を得る必要がある。そして，ネットワーク内部での他社からの評判情報は大きな意味を持つ。

1.3　学習とイノベーション

　それでは組織間ネットワークは，イノベーション，とくにオープン・イノベーションに対してどのように働くのだろうか。これを考える際には，組織間でのコミュニケーションのネットワークにおいて，ある企業が他の企業や組織の知識や経験を共有し，それを活用したイノベーション活動を展開できるようにするために，まず他の企業との間での知識や情報，ノウハウについての交流が行われているかが焦点となる。ある組織が，他の組織との間で，新たな知識，情報の交流を進めて，それらに基づいて新たな活動を行えるようになることが組織間学習である（Ingram, 2002, p. 642）。つまり，①ネットワークがこうした組織間学習に効果的であるのか，②企業がその成果を取り込む能力を持つのか，③企業がこうしたネットワークを構築，活用する組織能力を持っているのか，が焦点となる。そのためにはまず第一に，企業間におけるネットワークが，知識や情報，ノウハウの交流を促進する特性を持っていることである。このように，企業間で，知識や情報，ノウハウの交流を担うネットワークは「知識移転ネットワーク」と呼ばれて，現在その広がりと仕組みに大きな関心が寄せられている。こうした企業間において，知識，情報，ノウハウの交流や移転を行う経路は，それぞれの企業においてこうした交流や移転の窓口になる担当者間の人的ネットワークである。このようなネットワークが十分に構築され，十分に活発な交流をしているかが重要である。

　第二に，いわゆる企業の吸収能力もこうした知識移転の活性化には重要な条件となる。企業が組織として，ある技術や事業に関する知識を受け入れる能力をきちんと持っているかは，それをもとにイノベーションを進める上では，前提的な条件となる（Cohen and Levinthal, 1990）。そして第三に，企業が，他の企業や組織との間で関係を構築して，それを活用して，組織間学習を進められる組織的な能力を持つことも重要な条件となる。ダイヤーとケールは，企業が，組織間ネットワークにおいて，他の企業との関係を構築，活用できる組織能力を持っていることが重要であると指摘した（Dyer and Kale, 2007）。典型的には，トヨタ自動車が，協力会社と開発での連携関係を構築して，次世代製品の開発を分担しながら進めていることがあげられる。

　つまり企業組織が，組織間での学習とイノベーションを進める上で，それ

に有効なタイプのネットワークを構築し，使いこなせるかが焦点となる。

1.4　組織ネットワーク理論の視角

　組織間のネットワークが，企業組織の間での学習を進め，イノベーション
を促進するかを検討する視点として，近年のネットワーク理論の発達を受け
て，組織のネットワーク理論もしくは社会関係資本論が発達してきている
（中野，2011, 第9章；若林，2009, 第8章）。この理論的視点は，組織間のネット
ワークの持つ全体像とメカニズムを明らかにしつつある。南カリフォルニア
大学のアドラーとクォンは，組織の持つ人的なネットワークが，企業にとっ
て重要な見えざる経営資源を保有していると指摘して，組織的な社会関係資
本と呼んだ（Adler and Kwon, 2002）。もともと，社会関係資本論は，政治学
者パットナムや社会学者コールマンの議論をもとに発達し，企業組織の議論
に導入されてきた。そして，組織のネットワークが持つ経営効果に対しての
研究が進むようになってきた。そして，社会的ネットワーク理論のグラノベ
ッターやバートらの議論を受けつつ，ネットワークの関係特性や構造特性が，
どのような経営効果をもたらすかについての研究が進められてきた。とくに，
組織間ネットワークを通じて，ある企業が，組織間学習を促進して，他の企
業や組織からの知識や経験の移転を進めるメカニズムの研究が進められてき
ている。そして，一定の関係や構造の特性を持つ組織間ネットワークは，知
識移転を進め，組織間学習を促進し，イノベーションを促進する効果を持つ
ことが明らかにされてきた。

2　知識移転の促進と社会関係資本

2.1　知識の移転しやすさ

　企業がイノベーションを展開しやすくなる条件は，組織間学習が活発に進
む組織間ネットワークを，協力する企業や政府機関，大学などと共有するこ
とである。そこで，そうした組織間ネットワークの特性はどのようなもので
あるのか，ネットワークの構造，関係とパフォーマンスの関連について組織
ネットワーク理論もしくは社会関係資本論が明らかにしてきたことを見てい
こう。

　まず，組織間ネットワークにおいて組織間学習が活発に進んでいる理想状態として，組織の学習理論からは，「実践共同体 (Community of Practice)」として概念化されている。実践共同体とは，経営コンサルタントのウェンガーが提唱した考え方で，ビジネスの上で，共通の事業活動を改善，改革するために，共通の関心，能力，熱意を共有するビジネス・パースンたちが，部門や組織の壁を越えてネットワークを構築して，知識や情報を交流させながら，学習を進めるグループである (Wenger et al., 2002)。たとえば，トヨタ自動車と主力協力企業で構成する協力企業組織「協豊会」における，トヨタ自動車と協力企業の関係者による複数の技術開発を目的にした勉強会はその典型である。いくつもの技術開発テーマにそって，勉強会が立ち上げられて，そこでは，企業の壁を越えて，関係者が集まり，情報共有だけではなく，技術開発への取組みも行われることがある。

　むろん情報通信ネットワークやソーシャル・ネットワーク・サービスの発展で，オンライン上で，研究開発上のネットワークを企業間で形成することは難しくはなくなってきている。ただ，企業間での，認知，経営実践，社会的背景の違いによる距離感は，まだまだネットワーク作りに大きな支障を与えている。企業の間で，実践共同体を作るには，協力するメンバー同士のネットワークを作り，コミュニケーションの頻度を高めるとともに，その質を高めていく必要がある。その際にオランダ・ユトレヒト大学の経済地理学者ボシュマは，たとえ同じ地域の中に立地する企業でもその間のネットワークを作り出すには，関係者の心理的な距離，組織活動の類似性，社会文化的な近さが条件であると指摘する (Boschma, 2005)。つまりある企業が交流する他の企業との間で，同じ地域に居たとしても相互の違いを理解しながら，「心理的な」距離感を狭めていくことが，実は大きな課題である。こうした認知，経営実践，社会文化の面での距離が近いと感じられる企業同士は，コミュニケーションの頻度や質が高まるだけではなく，企業活動の文脈に関わる暗黙知や，それに対する解釈を共有，共同創造をしやすくなる。

2.2　求める知識により異なるネットワークのタイプ

　イノベーションを進める上では，暗黙知水準までを含めてより深く理解して，できるだけ広い範囲から異質な知識と情報を獲得してから，新たな結合

を行うと，従来にはないラディカルなものが生まれやすいとされている。したがって，イノベーションを進める組織間学習を促進する組織間ネットワークでは，こうした知識獲得の広さと深さにどのように対応するかが焦点となる。では，知識の広さと深さに応じてどのように学習課題は違うのだろうか。

　まず，知識を探す活動の広さである。経営学者ジェームス・マーチの指摘によれば，知識を探す活動には二つのタイプがあり，そのネットワークの使い方も異なっている（Rowley et al., 2000）。その二つのタイプは，知識の探索（exprolation）と活用（exploitation）である。知識の探索は，未知の知識について幅広く探し求めるので，あまり関係の強くない企業や組織も含めてできるだけ幅広い範囲で行う方が効果的とされる。それに対して，実際の企業活動での知識の活用の場合には，複数の組織が，ある知識を共有して実際の事業活動の改革を実行するのであり，その際に綿密な実施手順の策定と緊密な調整が必要となるので，それらの間には強いつながりが求められる。

　次に，知識の深さである。組織が共有している知識は，組織の共有する記憶として理解されている。コーエンとバクダヤンによれば，組織の共有している記憶は，①「手続的記憶」と，②「陳述的記憶」の二つの種類がある（Cohen and Bacdayan, 1994）。手続的記憶とは，暗黙知に近い。組織のメンバーがある活動を行う状況に対して非常に慣れており，その活動に用いる技能や組織ルーチンを保有している状態である。手続的記憶は，ある具体的な状況と特定された技能や組織ルーチンの関連づけがされている知識の状態である。一般化がされていないので，他の状況では使いづらく，学習に時間と費用がかかる。いわゆるローカルな会社が，その地域の顧客に合わせて特別に作り出したノウハウである。手続的記憶の場合には，より強いつながりを持って，ある状況についての幅広く深い知識を伝えられる関係が望ましい。それに対して，陳述的記憶は，形式知に近く移転しやすい。これは，理論化，抽象化された知識である。陳述的記憶は，一般化されているので，他の状況でも応用しやすく，学習の時間も費用も少ない。たとえば，ファースト・フード店のマニュアルがそうである。ただし，現在のイノベーション競争では，できるだけ深い水準の知識である手続的記憶を獲得する方が，他社よりもラディカルな革新を起こしやすいとされる。こうした陳述的記憶の場合には，それほど深い知識の伝達は求められないので，弱いつながりでよいとされる。

2.3 ネットワークの提供する関係資源

　企業間で知識移転を促進するネットワークは，どのような特徴を持つべきなのだろうか。まず，組織間ネットワークが，そこに入っている企業の関係者に提供する一般的な条件についてまず触れたい。ネットワークに入っている企業とそうでない企業とを対比すると，前者では，ネットワークでの日常的な交流を通じて，あるビジネスに対する，①コミュニケーションの文脈の共有と，②信頼関係の形成が進みやすい。コミュニケーションの文脈としては，あるビジネスに対する文化，価値観，マナーや規範，エピソードや神話の共有が進みやすい。そのために，知識や情報も伝わりやすくなる。たとえば，まったく関係のない企業の成功を，新聞やインターネットでの紹介で知っても，すぐには信じられない。だが普段から交流のある企業の成功ストーリーだと，それをすぐに理解し，模倣もしやすくなる。そして，企業相互の信頼関係が強まりやすい。普段の企業間での交流を通じて，企業相互の能力に対しての評価が共有され，問題解決への対応ぶりも理解され，相互の将来の協力関係についての共通理解も発達する。これは，企業相互のビジネス上ので信頼関係を発展させる。こうした文脈の共有と信頼の発達は，ネットワークへの「埋め込み」効果と一般に言われる。

2.4 知識移転を促進しやすいネットワークの質と形態

　企業の間で，実際に関係者により構築されているコミュニケーション・ネットワークの関係のあり方の違いが，知識移転に大きな違いをもたらす。ネットワークを構成する要素であり，二つの企業の実際のつながりをネットワーク論では「紐帯」という。移転される知識のタイプに応じて，求められる紐帯の関係特性も異なる。代表的なモデルとして，暗黙知（手続的記憶）の共有に強い「強い紐帯の強み」と形式知（陳述的記憶）の獲得に強い「弱い紐帯の強み」とがあるとされる。これについて，具体的に述べていきたい。

(1)　「強い紐帯の強み」

　これは，狭い範囲での濃密に直接に結合しているネットワークの方が，手続的記憶すなわち暗黙知を，深く共有しやすいという特性である（Krackhardt, 1992）。まず，二つの企業の関係の質の強さである。コミュニケーションの頻度が多いことや，その内容が多方面に広がり深いこと，そして何重

にもその関係を持っていることである。つまり，企業の間で，頻繁に接触しており，そこでの交換内容が一つに限定されず広がりを持っている。そして，関係する企業の間に，いくつもの次元でつながりができていることである。たとえば，購買部門＝営業部門だけではなく，技術開発部門のつながり，生産開発部門のつながり，広報部門のつながり，地域の産業団体でのつながりなど，多次元的にわたるつながりを持っていることである。次に，ネットワーク関係の全体構造の特徴であるが，ネットワーク分析では，ネットワークの持つ「凝集性が高い」状態がよいとされている。つまり，ある企業を取り巻く他の企業のネットワークが，①全体的に高い密度を持ち，②多くの企業が直接に互いに結合し合っている状況である。ネットワーク分析では，前者は密度指標で計測し，後者は直接結合の程度で測る。直接結合の程度は，直接結合する企業同士の作るグループである「クリーク」を分析する[3]。また，そこにおいてネットワークの中心にいる企業は，情報が集まるので有利であるとされる。ただ，強い紐帯の場合には，相手会社数は多くできない。また，中心的な企業も同質的な情報を集めやすいので，従来の認知を強化するタイプの学習になりやすい。

(2)　「弱い紐帯の強み」

　弱い紐帯とは，二つの企業の間の関係はさほど強くなく，ある企業を中心としたネットワーク構造を見てもつながりが比較的まばらである状態である。こうしたネットワークは，全体として見ると，多くの企業と間接的につながっている関係を持つと陳述的記憶（形式知）が伝わりやすいとされる（Burt, 2004）。まず，この場合の二社関係では，関係者間のつながりも少なくその頻度も高くない。そのために，暗黙知を移転するには，コミュニケーションの頻度も深さも弱いとされる。ただ，弱い紐帯を含めたある企業のネットワークが，間接的に幅広くつながっている場合には，情報が入ってくる範囲は非常に広くなると同時に，普段の交流相手とは異なるタイプの異質な情報も入ってきやすくなるので，他社よりもラディカルなイノベーションがやりや

　3　クリークとは，全行為者が直接結合しているグループを指す。直接結合の強さを計量する手法として，クリーク所属だけでなく，一つの企業が，クリークすなわち，濃密な交流をするグループにいくつ所属するかの「クリーク共有数」を測る（Borgatti et al., 2013, ch.11）。

図 2　構造的空隙のイメージ

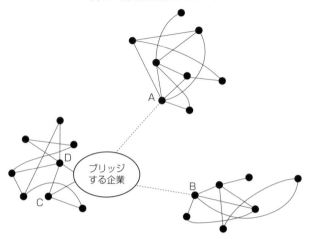

（出所）　Burt（1992），邦訳 21 頁，図表 1-6 を筆者修正。

すくなる。言い換えれば，元の情報が違うので発想が違ってくる。そして，ある企業が，弱い紐帯で幅広くつながるネットワークにおいて，つながりのない数多くの企業のグループをつないでいる（ブリッジしている）存在であるならば，幅広く異質な情報を集めやすいので，イノベーションの旗手になりやすいと考えられている。こうした企業が，ネットワーク上において，ブリッジ的な紐帯を数多く持ち，複数のグループをつないでいることについての構造指標として，「構造的空隙（strucutural holes）」（図2）もしくは「媒介中心性」がよく使われる。ただ，弱い紐帯は暗黙知が移転しづらいので，系列のような緊密な分業関係を実行する場合には向いていない。

2.5　組織間学習を促進するネットワーク・マネジメント

　知識の幅広い探索と，緊密な分業のための暗黙知の活用という異なる学習課題では，求められるネットワークも異なっている。学習課題に応じて，ネットワークを構築することがキーとなる。企業間のネットワークの構築や再編は，外からの変革の取組みや，内部のネットワーク独自の発達要因で起きるので，ネットワークのマネジメントは，そうした要因に注意すべきである。まず，いわゆる産官学連携の推進や異業種交流会のようなネットワーク政策によって，企業間や組織間のつながりは作られる。また，過去のネットワー

ク構造は，ある程度将来のネットワークのあり方に影響を与える。まったくつながりのないところに新たなものは作りにくい。

　そして，強い紐帯の強みと弱い紐帯の強みの両方を持つ複合的なネットワークを構築している企業は，研究開発とその事業化に強さを発揮する。いわゆる知識の探索と活用の双方に強い両利きの会社である。スタンフォード大学のパウエルらの研究では，成功しているバイオクラスターでは，大学を通じた幅広い知識探索と，事業化に向けたビジネス上のつながりを持つベンチャー企業が多い地域が成功していることを指摘している (Powell et al., 2012)。

2.6　産業クラスターにおける働きとマネジメント

　産業クラスターでは，企業や大学，政府機関などの組織間での知識移転ネットワークのあり方が，地域におけるオープンなイノベーションに影響を及ぼす。これを例にとって組織間ネットワークのあり方とそのマネジメントを考えたい。産業クラスターとは，特定の技術や産業領域の企業が集積し，その地域の大学や研究機関，政府機関と連携しながらイノベーションを行っている産業集積地域のことである。具体例としては，米国のシリコンバレーにおける IT 企業の集積とスタンフォード大学などとの産学連携がある。近年，産業クラスターでは，地域的なイノベーション能力の競争が起きているとされている。その推進要因としての企業だけではなく，大学，研究機関，政府機関などとの連携が重視される。

　オープンなイノベーションが進む地域では，研究開発に関わる産官学にまたがる組織間での知識移転ネットワークが幅広く発達し，情報や知識の交換が幅広く高水準に進み，新たな発想や技術の結合や発展が起こりやすい。エツコウィッツの「トリプルヘリックス空間」論は，この代表的な考え方である (Etzkowitz, 2008)。地域の知識移転ネットワークを発展させる要因は，ハードな地域の立地条件だけではなく，①産官学連携政策，そして，②クラスター開発組織や地域リーダーたちのネットワークのソフト面，も重視される。

　近年，世界的に，シリコンバレーの成功に学びながら，地域の産官学連携を推進する政策がとられ，日本でも 2000 年代にその政策推進が展開した。第一に，大学における技術移転機関の開設と支援により，大学研究者が研究成果について契約や特許を通じて，民間企業と事業化しやすい仕組みが整備

図 3　関西バイオクラスター共同特許ネットワークでの産学連携進展

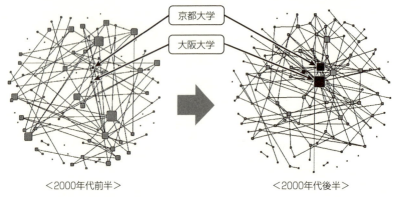

<2000年代前半>　　　　　　　　　　<2000年代後半>

（出所）　筆者の 2000 年代関西バイオクラスター共同特許ネットワーク構造解析より。

された。第二に，国立大学法人化による国立大学の部分的民営化政策の展開を受けて，大学が企業等との共同研究をしやすくなった。第三に，政府系研究資金ファンドは，産学での共同特許出願を積極的に評価するようになった。

　こうした具体例として，2000 年代にクラスター開発が推進された「関西バイオクラスター」を例にあげよう（若林, 2013）。関西バイオクラスターは，バイオテクノロジー領域，ことに製薬や医療機械，再生医療などを主領域として，神戸医療産業都市や大阪彩都などを中心に経済産業省などの関西バイオクラスター開発政策を受けて展開した。産官学連携政策により，地域における共同特許開発ネットワークにおいては，従来の企業中心のものから，大阪大学，京都大学，産業技術研究所（関西）などの研究機関が特許申請を急増させて，それらを中心にした産学連携ネットワークへと変化した（図3）。その中心としてのクラスター開発組織は，NPO 法人近畿バイオインダストリー振興会議であり，産官学連携セミナー，ビジネス・マッチング，各種会議などを展開して産官学連携を推進している。

　だが，他方で，共同特許開発にはいくつかの問題もある。企業は有望な特許の申請を単独で行い，評価の低いものを共同で行う。たしかに，大学中心の共同特許申請は増えたが，特許登録率（申請 5 年以内）は約 7% と，製薬分野の日本平均 34.2%（2005 年度 WIPO 調べ）に比べて非常に低い。特許は少なくとも登録されないと市場価値が出づらいので，申請された特許の多くの経済価値はまだ低いと言える（若林, 2013）。また，研究大学と大手企業の

連携が多く，ベンチャー企業連携が少なく新興産業を活性化する力が弱い。

❸　企業間ネットワークのマネジメント

　オープン・イノベーションを活性化する上で，従来の系列的な協力関係を超えて，オープンな企業間でのネットワークのあり方が現在問われており，企業がそれをどうマネジメントするかが課題となっている。ここでは，企業が他の企業や組織から学習する際に，その学習課題に探索型と活用型があり，それぞれに適した企業間の知識移転のネットワークがふさわしいことを説明した。探索型には，技術や能力での信頼をおける企業から幅広く異質な知識を集めるために，弱い紐帯の強みを活かした方がよい。活用型には，誠実な実行や共同問題解決を行う意欲に対する信頼ができる企業と分業を推進するために，実用性の高い深い知識を共有する強い紐帯の強みが適している。これらの学習課題の違いを意識しながら，リーダー企業は，企業間での実践共同体という学習共同体のための企業間ネットワークのデザインを検討する必要がある。その際，オープン・イノベーションの学習リーダーとなる企業が，変革についての明確なビジョンとイニシアティブを示すことが肝要である。

参考文献

Adler, P. S. and S.-W. Kwon (2002), "Social Capital: Prospects for a New Concept," *Academy of Management Review, 27* (1) 17–40.

Borgatti, S. P., M. G. Everett and J. C. Johnson (2013), *Analyzing Social Networks*, London, UK: Sage.

Boschma, R. A. (2005), "Proximity and Innovation: A Critical Assessment," *Regional Studies, 39* (1), 61–74.

Burt, R. S. (1992), *Structural Holes: The Social Structure of Competition*, Cambridge, MA: Harvard University Press.（安田雪訳『競争の社会的構造：構造的空隙の理論』新曜社，2006 年。）

Burt, R. S. (2004), "Structural Holes and Good Ideas," *American Journal of Sociology, 110* (2), 349–399.

Chesbrough, H. W. (2003), *Open Innovation: The New Imperative for Creating and Profiting from Technology*, Boston, MA: Harvard Business School Press.（大前恵一朗訳『OPEN INNOVATION：ハーバード流イノベーション戦略のすべて』産業能率大学出版会，2004 年。）

Cohen, W. M. and D. A. Levinthal (1990), "Absorptive Capacity: A New Perspective on Learning and Innovation," *Administrative Science Quarterly, 35* (1), 128–152.

Cohen, M. D. and P. Bacdayan (1994), "Organizational Routines are Stored as Procedural Memory: Evidence from a Laboratory Study," *Organization Science, 5* (4), 554–568.

Dyer, W. J. and P. Kale (2007), "Relational Capabilities: Drivers and Implications," in C. E. Helfat et al. (eds.), *Dynamic Capabilities : Understanding Strategic Change in Organizations*, Malden, MA: Blackwell, 65–79.

Etzkowitz, H. (2008), *The Triple Helix : University-Industry-Government Innovation in Action*, New York, NY: Routledge.

依田高典 (2001),『ネットワーク・エコノミクス』日本評論社。

Ingram, P. (2002), "Interorganizational learning," in J. A. C. Baum (ed.), *The Blackwell Companion to Organizations*, Oxford, UK: Blackwell, 642–663.

Krackhardt, D. (1992), "The Strength of Strong Ties: The Importance of Philos in Organizations," in N. Nohria and R. G. Eccles (eds.), *Networks and Organizations: Structure, Form, and Action*, Boston, MA: Harvard Business School Press, 216–239.

中野勉 (2011),『ソーシャル・ネットワークと組織のダイナミクス：共感のマネジメント』有斐閣。

Nooteboom, B. (2004), *Inter-firm Collaboration, Learning and Networks: An Integrated Approach*, London, UK: Routledge.

Powell, W. W., K. A. Packalen and K. B. Whittington (2012), "Organizational and Institutional Genesis: The Emergence of High-Tech Clusters in the Life Sciences," in J. F. Padgett and W. W. Powell (eds.), *The Emergence of Organizations and Markets*, Princeton, NJ: Princeton University Press, 434–465.

Rowley, T., D. Behrens and D. Krackhardt (2000), "Redundant Governance Structures: An Analysis of Structural and Relational Embeddedness in the Steel and Semiconductor Industries," *Strategic Management Journal, 21* (3), 369–386.

若林直樹 (2009),『ネットワーク組織：社会ネットワーク論からの新たな組織像』有斐閣。

若林直樹 (2013),「2000年代における関西バイオクラスターに於ける共同特許ネットワークの構造と効果：組織間ネットワーク分析による構造分析」『京都大学経済論叢』第186巻2号, 23–41頁。

Wenger, E., R. McDermott and W. M. Snyder (2002), *Cultivating Communities of Practice: A Guide to Managing Knowledge*, Boston, MA: Harvard Business School Press. (野村恭彦監修・櫻井祐子訳『コミュニティ・オブ・プラクティス：ナレッジ社会の新たな知識形態の実践』翔泳社, 2002年。)

第**8**章

エコシステムのマネジメント
ニッチ企業の共有を通じたセミオープンなエコシステム

井上達彦

永山晋・井上達彦

はじめに

　近年，「いかにして強力なビジネス・エコシステムを築くか」というエコシステム構築競争が活発になっている。たとえば，アップルは，iPhone やiTunes Store といったプラットフォームを提供し，レコード会社や映画配給会社，アプリケーション開発業者など，さまざまなプレイヤーを自社のプラットフォームへ引き入れ，強大なビジネス・エコシステムを形成することで，自社の競争優位を築こうとしている。

　一方，スマートフォンビジネスにおいてアップルと競合関係にあるグーグルは，Android という携帯情報端末専用の OS をソニーやサムスンなどに提供し，各自がカスタマイズできるようにしている。また，アップルと同様に，グーグルも Android OS で利用できるアプリケーションの開発業者を多数引き込んでおり，グーグル独自のビジネス・エコシステムを築いている。

　これは，かつて加護野（1993）が，ビジネスシステム間の競争として位置づけた形態の一つである。当時の予見どおり，競争の軸は，製品間競争や個別企業間の競争から，価値を創造・提供するシステム間の競争に移行してきているのだ。

　アップルやグーグルに限らず，近年目覚ましい成長を見せている企業は，しばしば，自らが提供しているプラットフォーム製品を補う，「補完的生産者」の価値創造活動を支援し，彼らを引き付けるための取引ルールを設計している。そうすることで，自らと補完的生産者とで運命共同体のような関係を築き，個別企業では実現できない価値を提供することができる。

　しかし，強力なビジネス・エコシステムを築くのは，決して容易なことで
はない。価値創造の要となる補完的生産者をオープンな体制で引き入れ，多
様な製品やサービスが自社のプラットフォームで利用できるようになったと
しても，参加者がきちんと収益を上げることができなければ，そのエコシス
テムはやがて立ち行かなくなる。その一方で，収益獲得を意識するあまり，
補完的生産者をよりクローズドな体制で厳選しすぎても，多様な製品や革新
的なサービスが提供されなければ，ユーザーはすぐに去ってしまう。

　本章では，このようなオープンとクローズドのトレードオフに注目し，エ
コシステムを構築していくためのマネジメントのポイントについて検討する。
井上らが行ったゲームビジネスの実証研究から得られた知見をもとに，エコ
システムの中核となるプラットフォーム企業がとるべき行動について，それ
を取り巻くニッチ企業の戦略と照らし合わせて複眼的に考察していく（井上
ほか，2011）。

1　ビジネス・エコシステムの基本概要

1.1　ビジネス・エコシステムとは

　ビジネス・エコシステムの「エコシステム」[1]とは，生物学に由来する概
念である。ビジネスにおける多種多様な企業と企業間の相互依存関係を，生
態系の共存共栄の様相[2]になぞらえたものである。

　1　ビジネス・エコシステムと類似した概念枠組みはいくつかあげられる。ブラン
　　デンバーガーらが提唱したバリューネット（Brandenburgar and Nalebuff,
　　1996），クリステンセンが提唱したバリューネットワーク（Christensen, 1997），
　　そして，加護野らが提唱したビジネスシステムである（加護野，1993; 1999; 加
　　護野・井上，2004）。いずれの概念枠組みも，エコシステムと同様に，企業間ネ
　　ットワークにおける価値の創造と獲得（もしくは分配）に着目するものであるが，
　　強調する点がそれぞれ異なる。バリューネットは，ゲーム論的な視点から自社と
　　他社（競合，供給業者，顧客，補完的生産者）の相互作用を捉え，そのゲームを
　　支えるルールに着目する。バリューネットワークは，製品やサービスを提供する
　　ための階層的な企業間ネットワークと，そのネットワークで共有される価値観に
　　着目する。ビジネスシステムは，ルールや価値観にも着目しつつ，収益の上げ方
　　といったビジネスモデルの側面にも重点を置く。なお，これらの概念枠組みとの
　　比較を含め，ビジネス・エコシステムの学術的な位置づけについては，井上ほか
　　(2011)，椙山・高尾（2011）を参照されたい。

　生物界のエコシステムでは，多様な種が存在し，異なる種同士の相互依存関係がうまく実現することでエコシステムが持続，繁栄する。その結果として，個別の種も存続しやすくなる。一方，特定の種が自然資源を過度に搾取するようではエコシステムが破壊されかねない。

　こうした生物界の共存共栄のシステムのように，ビジネス・エコシステムにおいても生態系内の価値の創造と獲得が問題になる。具体的には，(1)エコシステムにおける各企業の役割と企業間の相互依存関係，(2)単独企業の繁栄ではなく競合も含めたエコシステム全体の繁栄に着目する，という特徴がある。

(1)　企業の役割と相互依存関係

　まず，企業の役割と相互依存関係は，さまざまな定義が可能であるが，企業の役割を大きく次の二つのタイプに分けることができる[3]。

　一つは他企業が価値を創造，獲得するためのインフラを提供する「プラットフォーム企業」（以下，PF 企業）である。総数は少ないものの，多くの企業とネットワークを持ち，エコシステムに対して大きな影響力を持つ存在である。

　もう一つは，直接価値を創造する「ニッチ企業」である。ここでのニッチ企業とは，PF 企業のインフラを利用しながら価値を創造する企業を意味する。競争戦略論における市場の隙間を意味するニッチではない。個別のニッチ企業がエコシステムに与える影響は限られるものの，総数と多様性，価値創造の面でエコシステムの大部分を占める存在である（Iansiti and Levien,

---

　2　もちろん，厳密には，生物の生態系における種間の相互作用はより複雑である。たとえば，こうした相互作用には，捕食関係だけでなく，競争関係，寄生関係，共生関係がある（日本生態学会編（2012）『生態学入門　第 2 版』東京化学同人）。

　3　本章のビジネス・エコシステムでは，プラットフォーム・リーダーや競合，補完的生産者など，価値の創造と獲得に直結したプレイヤーのみを扱っているが，ほかにも，ケニーは，エコシステムの範囲を地域的に捉えている（Kenny, 2000）。具体的には，第一経済と第二経済に分けて企業の役割の相互依存関係を捉え，第一経済として直接価値を創造するメーカーなどの企業群，第二経済としてその地域のベンチャーキャピタルや法律事務所など，価値の創造を支援する企業群に分けている。第二経済の支援によって第一経済が価値を創造し，獲得した収益が第二経済にも分配されるような循環によって，地域のエコシステムが成り立つとしている。

2004)。

　後に本章で扱うゲームビジネスで言えば，PF企業は，ゲームソフトを起動させるためのハードならびにソフトの開発ツールを提供する任天堂のような企業であり，ニッチ企業はゲームソフトを提供するソフトメーカーと言える。

(2)　競合も含めたエコシステム全体の繁栄

　次に，エコシステム全体の繁栄に注目するためには，まず直接的につながっているPF企業とニッチ企業の共生関係に着目すべきである。さらに，時に互いに価値を奪い合う「競合との共生関係」もエコシステム繁栄にとって不可欠となるため，競争相手にまで視野を広げる必要がある。

　生物界のエコシステムでは，捕食される側にとって，捕食する側は天敵であると同時に，間接的には共生関係にもある。生物界では，ライオンといった食物連鎖のトップ層から，バクテリアなどの下位層にかけて，捕食関係の階層の個体数がピラミッド型になることでエコシステムがうまく成り立つ（浅枝隆編著『図説 生態系の環境』朝倉書房，2011）。そのため，ピラミッドの上位層が中位層の数を調整しなければ，下位層の個体数が激減することになり，エコシステムは崩れてしまう。つまり，各階層の種の保存にとって，天敵である上位層の存在がある程度不可欠となる。

　このような天敵との間接的な共生関係はビジネスにおいても生じうる。たとえば，ゲームビジネスにおいて，任天堂とソニー・コンピュータエンタテイメントといったPF企業は，互いに競合関係にある。しかし，ソフトメーカーであるニッチ企業の中には，双方のPF企業と取引することで効率的に資源を多重利用し，うまく生存できているニッチ企業もあるだろう。このような場合，自社のプラットフォームを使って利益をもたらすニッチ企業の生存が，競合のPF企業の存在に支えられているということになる。

　つまり，自社の取引しているニッチ企業が持つネットワークまで含めると，競合との共生関係が生じている可能性があることがわかる。これは天敵同士でも間接的に一定の共生関係を持つ生物界のエコシステムと類似する。

　こうした競合と間接的な共生関係を見つけるためにも，エコシステムの枠組みでは，PF企業だけでなくニッチ企業の視点にも立った「複眼的視点」が必要となる。PF企業とニッチ企業の双方の視点に立つことによって，自

社を中心とした直接的な取引ネットワークのみならず，パートナーのパートナーといった間接的なネットワークの影響まで含めて考えるのである。

1.2 エコシステムの健全性指標

エコシステムの視点に立った際のゴールは，自社単独の繁栄ではなく，エコシステム全体の繁栄にある。直接取引を行う企業間ネットワークだけでなく，競合との共生関係にも着目し，エコシステム全体の繁栄を図る。その結果として，PF 企業自身も繁栄するという発想である。

では，何をもってして「繁栄したエコシステム」と見なすことができるのだろうか。ハーバード大学のイアンシティ教授らは，エコシステムの繁栄の程度を「健全性」として指標化し，これを「生産性（productivity）」「ニッチ創出（niche creation）」「堅牢性（robustness）」の三つの要素からなるとしている。

これらの概念は生物学に由来するため，多少わかりにくいだろう。経営の世界の言葉に置き換えると，効率性，革新性，安定性と言い表すことができる。

生産性（効率性）は，ニッチ企業が自社の投下資本に対してどれだけ価値を生み出すことができているかを意味し，投下資本利益率などで測定することができる。いわば各ニッチ企業のインプット（資源）からアウトプット（経済的価値）への変換効率である。

ニッチ創出（革新性）は，エコシステム内のニッチ企業がプラットフォームを活用してどれだけ革新的な製品・サービスを生んでいるか，もしくはどれだけエコシステム内で新たなニッチ企業を生むことができているかを意味する。このニッチ創出は，エコシステム内のニッチ企業の総数や，新たに生まれた（エコシステムに参加した）ニッチ企業の数，製品・サービスの総数や多様性で測定できる。

そして，堅牢性（安定性）は，経済的ショックや法制度の変化，技術変化や競合他社からの攻撃に対して，エコシステムの耐性がどれだけあるかを示すものである。これらの要因によって変化が訪れるたびに，ニッチ企業が大量に死滅してしまったり，生産性が大幅にぶれたりするようでは堅牢なエコシステムとは言えない。堅牢性は，ニッチ企業の生存率や取引構造の持続性，

表1　エコシステムの健全性

	生産性（効率性）	ニッチ創出（革新性）	堅牢性（安定性）
指標の説明	インプット（資源）からアウトプット（経済的価値）への変換効率	革新的な製品やサービスの創出の程度，新たなニッチ企業の生成度合い	法制度や技術進化，顧客ニーズの変化や競合他社といった影響への耐性
測定方法の例	・投下資本利益率 ・投下資本利益率の時系列変化	・革新的な製品やサービスの多様性，総数 ・ニッチ企業の多様性，ニッチ企業の総数	・ニッチ企業の生存率 ・構造の持続性（生産性の安定性など） ・ユーザーの持続性

（出所）　Iansiti and Levien（2004）より著者らが作成。

生産性の安定性，ユーザーの持続性などで測定できる。

以上の各指標と，測定方法の具体例を示したものが表1である。

1.3　オープンかクローズドかのトレードオフ

生産性，ニッチ創出，堅牢性のいずれかが欠けても健全なエコシステムとは言えない。難しいのは，生産性，ニッチ創出，堅牢性のすべてを同時に高めることである。生産性を追求しようとするとニッチ創出が難しくなったり，堅牢性を高めようとすると生産性を一定の水準で妥協しなければならなくなるなど，トレードオフの関係になりやすい。

ハーバード大学のアイゼンマン教授によれば，エコシステムの価値の創造と獲得のトレードオフに，プラットフォームのオープン／クローズドの選択が深く関わるという。

ここでのオープン／クローズドとは，PF企業とニッチ企業の間の「取引の占有性」の意味で用いる。クローズドであるほど，PF企業が特定ニッチ企業の取引を占有し，他のPF企業との取引を許容しない。ゲームビジネスの場合だと，ゲームタイトルの発売を自社のプラットフォームのみに限定すればクローズドと言える。逆に，自社のプラットフォームで発売しているゲームを競合プラットフォームにも展開することを許容する場合はオープンだと言える。

プラットフォームをオープンにすると，自由にニッチ企業が参入でき，自律的にニッチ企業が活動できるため，製品やサービス多様性を促す。そのた

め，プラットフォームのオープン化はニッチ創出を高める戦略だと言える。

　しかし，プラットフォームをオープン化した結果築かれるエコシステムでは，品質管理や課金の難しさから価値獲得が難しい。価値獲得の難しさは，ニッチ企業の生産性が低くなることを意味する。あるプラットフォームに参入しても価値獲得が困難な場合，今後の価値創造に必要なニッチ企業を引き入れる誘因に欠けてしまう。オープン化によって一時的にニッチ創出が確保できても，生産性が低ければ，やがてエコシステムは崩壊してしまうだろう。

　オープンとは対照的に，クローズドなプラットフォームは，厳選したニッチ企業を囲い込み，ニッチ企業が生み出す製品の品質管理を積極的に行う方針をとる。過度なオープン化は，一定の品質に満たない製品の濫造を促すが，クローズドにすることでこれを未然に防ぐことができる。そのため，プラットフォームをクローズドにすることは，ニッチ企業の生産性を高める戦略だと言える。

　しかし，プラットフォームをクローズドにした結果築かれるエコシステムでは，生産性を高めやすい反面，オープンと比較して，ニッチ企業の多様性や自由な活動が損なわれる。その結果，多様な製品，革新的な製品の輩出といった価値創造の面がおろそかになってしまい，ニッチ創出が低下しかねない。クローズドによって生産性が高まり，一時的にニッチ企業が生存しやすくなるかもしれないが，その代償としてニッチ創出が低下してしまうと，ユーザーのニーズに応えることができなくなる。これでは，オープンなエコシステムと同様に，クローズドなエコシステムもやがては崩壊してしまう可能性がある。

　このように，オープンとクローズドでは価値創造（ニッチ創出）と価値獲得（生産性）においてトレードオフが生じやすいが，とくに，プラットフォーム・ビジネスではこのトレードオフが大きな障害となる。なぜなら，プラットフォーム・ビジネスではネットワーク外部性が強く働くからである。ネットワーク外部性[4]とは，ユーザーや補完的生産者が増大するほどプラット

　4　ネットワーク外部性（またはネットワーク効果）とは，ネットワークへの参加者が増大するほど，各自の便益が向上あるいは低下することである。向上する場合は正のネットワーク外部性，低下する場合は負のネットワーク外部性という。アイゼンマンらによれば，プラットフォーム・ビジネスでは，需要側と供給側に

フォームの魅力が増大する性質のことである。逆に言えば，いったんユーザーが離れてしまうと，補完的生産者もプラットフォームに参加する誘因がなくなってしまい，ユーザーがさらに離れるという悪循環に拍車がかかる。そのため，プラットフォーム・ビジネスでは，価値創造と獲得の程度が与えるエコシステムへの影響が甚大となる。

　よって，安易にオープン，もしくはクローズドの方針を決定してしまうと，生産性やニッチ創出など，エコシステムの健全性の一部が欠如してしまい，そこから一気にエコシステムが崩壊する恐れがある。

❷　エコシステムのマネジメント

❷.❶　プラットフォーム企業の視点：自社の担当範囲と他社との関係性

　優れた PF 企業とは，プラットフォーム製品の開発，ニッチ企業の活動支援，取引関係の設計などを通じて，エコシステムにおける価値の創造と分配をうまく行える企業である[5]。

　ゲームビジネスで言えば，PF 企業である任天堂，ソニー・コンピュータエンタテインメントは，プラットフォーム製品を開発し，ソフトメーカーの活動を支援するため，ゲームの開発ツールを提供している。さらに，ゲームソフトが速やかに販売され，値崩れしないよう，流通先の開拓や価格交渉も行う。

　このように PF 企業は，ゲームソフトの開発など，直接的な価値創造活動をニッチ企業に任せ，活動の支援に徹することが大切であるかのように見える。PF 企業自身が直接的な価値創造活動を行うとニッチ企業に対する価値

おいて二側面のネットワーク外部性が働くという（Eisenmann et al., 2006）。需要側，もしくは供給側内で生じるネットワーク外部性とともに，需要側と供給側の相互作用によるネットワーク外部性が生じることを意味する。なぜなら，需要側である利用者が増大するほど利用者の便益が増大するだけでなく，供給側のサービス提供者がネットワークに参画する誘因が高まる。さらに，サービス提供者が増大するとともに，利用者の便益が高まる，というサイクルが起こるからである。

5　プラットフォーム・リーダーの戦略は，ガワー＝クスマノが詳しい（Gawer and Cusumano, 2002）。

の分配が十分行えないからである。

　しかし，ユーザーを十分に引き込めていないエコシステムの立ち上げ時では，価値創造の活動をニッチ企業にすべて任せることは逆に危険を伴う。そもそも一定のユーザーがいなければ，ニッチ企業は価値を獲得できない。そのような場合，PF企業自身もあえて直接的な価値創造活動を行い，ユーザーベースを拡大する必要があるかもしれない。これは，ニッチ企業の活動にどの程度関与するかという「自社の担当範囲」のマネジメントである。

　また，PF企業は，どのニッチ企業と取引を行い，どの程度取引を占有化するかというオープン／クローズドの方針を決定しなければならない。先に述べたように，オープンとクローズドの選択には，価値の創造と獲得という点でトレードオフがある。PF企業は，このトレードオフを回避するよう，ニッチ企業との関係性を築く必要がある。これは，ニッチ企業とのネットワークをどのように設計するかという「他社との関係性」のマネジメントである。

　以下では，エコシステムのマネジメントにおいて鍵となる，自社の担当範囲と他者との関係性の観点[6]から，PF企業の戦略について説明する。

（1）　自社の担当範囲

　PF企業は，自社の担当範囲を，あくまでニッチ企業の活動支援にとどめるか，それとも担当範囲を広げてニッチ企業のように直接的な価値創造を行うかという判断をする必要がある。

　たとえば，アップルはiPhoneやiTunes Storeといったプラットフォームを提供しているものの，音楽コンテンツや映画コンテンツの創造はレコード会社や映画配給会社に任せており，アップル自身は行っていない。一方，ゲームビジネスで言えば，任天堂やソニー・コンピュータエンタテインメントは，プラットフォームの提供だけでなく，ソフトメーカーとしても活動している。

　一般的に，PF企業は，直接的な価値創造を行うことにおいてニッチ企業よりも有利な立場にある。自社でプラットフォームを有するがゆえに獲得した収益の一部を他社に払う必要がないし，プラットフォームの技術的な特性

　6　自社の担当範囲と他社との関係性という視点は，もともとビジネスシステム研究の知見に由来するものである（加護野，1993; 1999; 加護野・井上，2004）。

を熟知しているからである。

　そのため，PF企業はニッチ企業の活動にも関与することで収益を獲得しやすくなるが，あまりにPF企業が他のニッチ企業の活動を侵食しすぎると，ニッチ企業の役割が損なわれてしまう。そうなると，ニッチ企業がエコシステムに参加する誘因が低下してしまいかねない。

　ただし，PF企業がニッチ企業の活動に過剰に関与することが問題となるのは，多数のニッチ企業が集まりエコシステムがある程度活性化した状態の場合である。逆に，エコシステムの立ち上げ初期は，ニッチ企業の数も限られており，ニッチ企業はどのような製品やサービスを提供すべきか不透明な状態にある。このような状況下では，PF企業自らが積極的に製品やサービスを投入してニッチ企業としての活動を担うことで，他のニッチ企業に対して活動の方向性を示すことができる。加えて，PF企業の活躍によってユーザーが多数集まり，そのエコシステムで大きなリターンが得られることがわかれば，新たなニッチ企業も参加しやすくなる。

　したがって，PF企業は，自社のエコシステムの立ち上がりに応じて，自社の担当範囲を調整することが望ましい。エコシステムの立ち上げ初期は，ニッチ企業の活動に積極的に関与し，エコシステムの成長に応じて，徐々に関与度を低下させていけばよいのである。

　(2)　他社との関係性

　PF企業は，価値の創造と獲得を促すために，ニッチ企業とどのような関係を築くかを決める必要がある。価値獲得を追求するのであれば，クローズドな関係を構築することが望ましい一方，価値創造を追求するのであれば，オープンな関係を構築する方がよい。

　しかし，先に述べたとおり，オープン／クローズドの選択は，エコシステムの崩壊のきっかけとなる価値創造と獲得のトレードオフを生じさせることになる。このトレードオフを解消しうるのが，オープンとクローズドの中間にある，「セミオープンなエコシステム」である。

　セミオープンなエコシステムとは，すべてのニッチ企業を自社のプラットフォームに囲い込むのではなく，競合のPF企業と「一部」のニッチ企業を共有するようなエコシステムである。ニッチ企業は自身の生存や利益の追求のため，必ずしも特定のPF企業のみと取引を行うわけではないため，プラ

ットフォームの作り方によっては，競合とニッチ企業を共有することが起こりうる。

　たとえば，ゲームビジネスでは，ヒットしたシリーズタイトルや，キャラクターなどの資源を保有しているニッチ企業は複数のPF企業と取引しやすい。これらの資源は，ゲームハードごとにゲームソフトの開発環境が異なっていても多重利用しやすいからである。こうした資源を持つニッチ企業が存在することで，PF企業は互いに同じニッチ企業を共有することになる。

　もちろん，どちらか一方のPF企業が完全にニッチ企業を囲い込んでいる場合は，セミオープンなエコシステムは実現しない。逆に，どちらかのPF企業が過度にオープンな関係を志向した場合も，ほとんどのニッチ企業が複数のPF企業と取引できるようになるため，セミオープンとはならない。ニッチ企業にとって，複数のPF企業と取引するための負荷が適度にかかる場合に，セミオープンなエコシステムとなりうるのである。

　後に詳しく説明するが，セミオープンなエコシステムが，エコシステムの健全性を高める理由は，競合とのニッチ企業の共有によって，エコシステムの貢献の仕方が異なる複数のタイプのニッチ企業が生まれることにある。セミオープンでは，ニッチ企業が自社と競合関係にあるPF企業の双方と取引する際にはある程度負荷がかかることから，特定のPF企業とのみ取引するニッチ企業や，複数のPF企業と取引するニッチ企業など，多様なニッチ企業が生まれる。

　このセミオープンなエコシステムによって実現する健全性を理解するためには，いったん，ニッチ企業の立場に立ち，ニッチ企業にとって望ましい取引行動や，その結果生まれるエコシステムへの貢献の仕方の違いを理解しなくてはならない。

　そのため，以下では，ニッチ企業の取引行動の視点から分類できる，タイプ別の特徴を説明していこう。

2.2　ニッチ企業の視点：四つの戦略タイプ

　ニッチ企業にとっては，どのPF企業と取引を行い，各自とどの程度強い取引関係を結ぶのかということが戦略的意思決定として重要になる。PF企業の振る舞い次第で，ニッチ企業の命運が左右されるからである。

図 1　ニッチ企業の取引戦略のディシジョン・ツリー

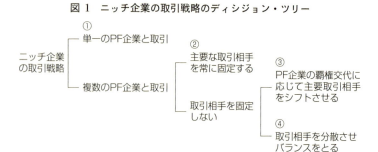

　PF 企業との取引に関わって，ニッチ企業の取りうる戦略はいくつかある。
　まず，第一の選択は，単一の PF 企業と取引をするか，複数の PF 企業と取引をするかである。第二に，複数の PF 企業と取引するにしても，主要な取引先を固定させるか，固定させないかという選択がある。そして，第三に，主要取引先を固定させない戦略でも，勝ち馬に乗るべくより強い PF 企業に資源を集中させるか，あるいは分散させ，複数の PF 企業との関係のバランスをとるか，という選択がある。

　これらのニッチ企業の取引戦略をディシジョン・ツリーとして示したものが図 1 である。

　図 1 からも示されるとおり，取引戦略の選択によってニッチ企業は四つのタイプに分けることができる。①単一の PF 企業とだけ関係を持つニッチ企業，②複数の PF 企業と取引しつつも，主要な取引相手を常に固定化するニッチ企業，③ PF 企業の覇権交代に応じて主要な取引相手をシフトさせるニッチ企業，④取引相手を分散させバランスをとるニッチ企業である。

　これら四つの取引戦略ごとに，得られる経済性やリスクの取り方が異なる。
　まず，①単一の PF 企業とだけ関係を持つニッチ企業は，複数の異なる PF 企業に対応した体制を築く必要がないため，特定のプラットフォームに最適化することができる。このような最適化に加えて，取引ネットワークの辺境に位置し，活動の自律性を確保することで，これまでにない革新的な製品開発が行うことができる。

　とくに，複数のプラットフォームに参加するだけの資源を有していない新規参入者にとって，この戦略が合理的となる場合が多い。資源が豊富ではないからこそ，安定的な売上げを見込める製品作りを行うよりは，革新的な製

品を出す方が収益を得られる可能性が高くなるからである。この取引戦略を
とるタイプを「新規挑戦型」と呼ぼう。

　しかし，新規挑戦型は，単一のプラットフォームに自社の能力や資源を最
適化できる反面，資源の多重利用はできない上，取引先の PF 企業が衰退す
るリスクに対応できないというデメリットもある。対照的に，残りの 3 タイ
プのように複数の PF 企業と取引を持つと，それぞれ収益を高める経済性を
得ることができる。

　複数の PF 企業と取引するニッチ企業の中でも，②主要な取引相手を常に
固定化するニッチ企業は，PF 企業との信頼関係の構築がしやすく，繰り返
し取引を行うことで開発コストや取引に関わる交渉・調整コストを低下させ
ることができる。このタイプを「安定関係構築型」と呼ぼう。安定関係構築
型は，たとえ PF 企業の覇権交代が生じたとしても，特定の PF 企業との取
引に最適化しているがゆえに，同じ PF 企業と取引依存度を常に高く保つ。
そのため，固定化した PF 企業の影響をまともに受けやすく，PF 企業の市
場シェアに応じて，パフォーマンスが上下してしまうニッチ企業でもある。

　こうした PF 企業の衰退リスクを回避できるのが，主要な取引先を固定化
しない残りの二つのニッチ企業である。なかでも，③ PF 企業の覇権交代に
応じて主要な取引相手をシフトさせるニッチ企業は，常に，顧客基盤が最も
大きな「勝ち馬」PF 企業と取引することで，ネットワーク外部性の恩恵を
存分に得られるニッチ企業である。特定の PF 企業と依存度を高め，資源を
集中させることから，大きな収益を獲得する可能性はありつつも，製品が顧
客に受け入れられなかった場合には，その分大きな損失を被る可能性がある。
こうした高リスク高リターンの戦略をとるタイプを「戦略機会追求型」と呼
ぼう。

　対して，低リスクで相応のリターンを得られるのが，④取引相手を分散さ
せバランスをとるニッチ企業である。このニッチ企業は複数の PF 企業との
取引依存度を短い時間感覚で小刻みに調整しながら，資源の多重利用を行う
ことで，範囲の経済[7] を得ることができる。しかし，リスクも低い反面，資

---

[7]　範囲の経済とは，「さまざまな商品やサービスを，複数の異なる企業で生産し
　た時の総費用と比較して，単一企業で生産する時の総費用の減少」（Besanko et
　al., 2000, 邦訳，80 頁）と定義される。つまり，商品やサービスの種類が増大し

源を最大限に多重利用するがゆえに一つひとつの製品から大きな収益を生み出しにくい。このタイプを「開発資産活用型」と呼ぶこととする。

2.3　ニッチ企業同士の補完性によるトレードオフの解消

　これら四つのニッチ企業の特徴を踏まえると，ニッチ企業のタイプによってエコシステムへの貢献の仕方が異なることがわかる。

　新規挑戦型は，革新的な製品・サービスを創出しやすいことから，エコシステムにおけるニッチ創出に貢献する一方で，複数の PF 企業と取引することで得られる経済性がないため，生産性はあまり期待できない。対して，安定関係構築型は，特定の PF 企業と継続的に取引することで取引コスト[8]を削減し，その PF 企業に安定的に価値を届けてくれる。戦略機会追求型は，自社の資源をふんだんに使い，覇権を握っている PF 企業に大きなリターンをもたらしてくれる。開発資産活用型は，戦略機会追求型のように一つの製品からは大きな収益は期待できないものの，複数の PF 企業に対して安定的に価値を届けることができる。

　つまり，PF 企業にとっては，生産性，ニッチ創出，堅牢性のすべてに貢献できる強力なニッチ企業を育てる発想よりは，むしろ複数のタイプのニッチ企業を育成する発想が大事となるのである。ニッチ企業のそれぞれの役割が「補完し合う」ことによって，エコシステムの健全性に結実するからである。

　そして，四つのタイプのニッチ企業をバランスよく育てるためには，複数の PF 企業が存在し，互いにニッチ企業を共有したセミオープンなエコシステムが必要となる。

　セミオープンなエコシステムでは，新規挑戦型が，既存の枠を越えた製品やサービスの輩出によって価値創造を担い，残りの3タイプのニッチ企業が価値獲得を担うというような役割分担が可能となる。この役割分担によって，

た場合に，既存顧客への異なる製品の販売や資源の多重利用などによってコストが削減できることをいう。

8　取引コストとは，取引を行う上で生じる諸々のコストである（Williamson, 1981）。具体的には，取引相手の探索コストや交渉コスト，相手がきちんと契約どおりの取引を履行するための監視コストなどである。

表 2　ニッチ企業のタイプ別の特徴とエコシステムへの貢献

ニッチ企業タイプ	1.新規挑戦型	2.安定関係構築型	3.戦略機会追求型	4.開発資産活用型
PF企業との取引関係	単一のPF企業としか取引をしない	特定のPF企業と常に相対的に高い取引依存度を保つ	常に覇権を握っているPF企業と高い取引依存度を持つ	複数のハブ企業とのバランスを保つため，取引依存度を小刻みに調整する
戦略と経済性	ネットワークの辺境に位置することで活動の自律性を高め，革新性の高い製品・サービスを創出する	強い依存関係を形成することで取引コストを削減する	最も強大なPF企業と結び付くことでネットワーク外部性の恩恵を得る	蓄積した資源を多重利用することで範囲の経済を得る
エコシステムへの貢献	ニッチ創出に貢献	堅牢性に貢献（PF企業の覇権が交代しない場合）	生産性に貢献	生産性・堅牢性に貢献

（出所）井上ほか（2011）をもとに著者らが作成。

オープンとクローズドのトレードオフを解消しうるのである。

　以上の四つのタイプのニッチ企業の特徴，ならびにエコシステムの貢献の仕方を整理したものが表2である。

❸　日本のゲームビジネスのエコシステム

❸.1　日本のゲームビジネスの概要

　ここまで論じた，PF企業の自社の担当範囲と他社との関係性，ならびに各ニッチ企業の取引戦略とエコシステムへの貢献の仕方の違いを，井上ほか（2011）が実施した日本のゲームビジネスの定量データから具体的に示していこう。

　本章で用いるデータは，2000年から2008年までの9年間の任天堂とソニー・コンピュータエンタテインメント（以下，SCE）と両者を取り巻くソフトメーカーからなるエコシステムのデータである[9]。

　近年のゲームビジネスでは，スマートフォンを用いたゲームも普及し，より複雑なエコシステムが形成されているが，本章では，エコシステムのマネ

---

[9]　マイクロソフトのXboxは2008年の次点で市場シェアが2%に過ぎなかったため，調査対象から除外した。

図 2 2008 年におけるゲーム産業のエコシステム

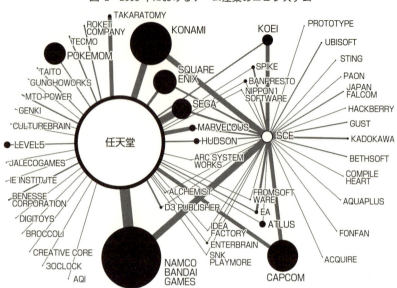

(注) 線の太さ：ソフト提供数，円の大きさ：売上高
(出所) 井上ほか（2011）。

ジメントのポイントをより純化して捉えるため，競合する二つの PF 企業と，
各 PF 企業を取り巻くニッチ企業からなるエコシステムに焦点を合わせた。

　簡単に調査データならびにエコシステムのデータについて説明しておこう。
データは主に，株式会社メディアクリエイトが発行する『テレビゲーム産業
白書』のソフト売上本数上位 500 ランキングから得た。このランキングから
企業ごとに各年度のデータを集計し，PF 企業，ニッチ企業，ならびにエコ
システムのデータを構築した。

　データ集計期間に登場するニッチ企業の総数は 144 社で，各年では平均
52 社が確認された。各企業は，9 年間登場すれば 9 の観測数が得られる。結
果，全期間の観測数が合計 469 のサンプルが得られた。これらのニッチ企業
は，年間平均で 5.5 タイトルを発売しており，1 タイトル当たり 4.3 億円の
売上げを上げている。エコシステム全体で言えば，年間平均 1900 億円相当
の価値を生み出している（ランキングから作成したデータであるため，全体の金額
を完全に網羅しているわけではない）。

　こうしたゲームビジネスのエコシステムを直観的にイメージできるよう，

PF企業である任天堂とSCE，両者を取り巻くニッチ企業の取引ネットワークのデータをもとに作図したものが図2である（2008年度データ）。

　黒い太線で囲んでいるのがPF企業で，黒円はニッチ企業を示している。円の大きさはソフトの売上げの大きさを示しており，線の太さはPF企業に対するソフト提供数であるため，PFとニッチ企業の相互の関係の強さを示している。両端に位置する黒円は，任天堂のみ，もしくはSCEのみにソフトを提供したニッチ企業であり，中央に位置する黒円は，両PF企業にソフトを提供しているニッチ企業である。

　エコシステムにおいて大きな価値をもたらしている企業は黒円の大きさからわかる。そのため，この図から，PF企業の振る舞いとして，任天堂はSCEよりもニッチ企業の活動範囲にかなり関与していることがわかる。また，ニッチ企業については，両端に位置しているニッチ企業よりも，双方のPF企業と取引を行っているニッチ企業の方が，売上規模が大きく，エコシステムにより大きな価値をもたらしていることがわかる。

　続いて以下では，PF企業としての任天堂とSCEの振る舞い，ソフトメーカーであるニッチ企業の振る舞いについて，それぞれ見ていくことにする。

3.2　プラットフォーム企業の振る舞い

　先述したとおり，エコシステムをマネジメントする上で，PF企業は，自社の担当範囲と他社との関係性をうまく構築しなければならない。

　自社の担当範囲について言えば，PF企業は，エコシステムの成長に応じて，ニッチ企業の活動への関与度をマネジメントする必要がある。エコシステムの立ち上げ初期は，ニッチ企業の活動に積極的に関与することで，ニッチ企業に価値創造の手本を見せつつ，エコシステムの基盤を形成し，エコシステムの成長に応じて，徐々に関与度を低下させていく。

　では実際に，任天堂ならびにSCEは，自社の担当範囲をどのように変化させているだろうか。

　次の図3は，2004年に任天堂が発売したニンテンドーDS（以下，DS）と，同じく2004年にSCEが発売したPSP（プレイステーション・ポータブル）のエコシステムのデータから作成したものである。DSとPSPは，発売年が同じであり，どちらも持ち運び可能なハードであるため，PF企業の振る舞

図3　プラットフォーム企業のエコシステムへの関与度

（出所）　井上ほか（2011）。

いを比較する上で格好の対象である。

　図の実線は，PF企業のニッチ企業の活動への関与度を示している。関与度は，DSならびにPSPに対して発売されたソフトの総本数のうち，PF企業が発売したソフトの本数の割合で測定している。また，図の破線は，エコシステムの規模を示しており，DS，PSP用のソフトの総売上げで測定している。

　この図からも示されるとおり，両PF企業は，エコシステムの成長に応じて関与度を低下させていることがわかる。任天堂の方がより明確にその傾向が読み取れる[10]。

　また，他社との関係性については，エコシステムのネットワークを示した図2を見てほしい。任天堂，SCEにのみ取引を行うニッチ企業と，両PF企業と取引を行うニッチ企業がそれぞれ適度に存在していることから，セミオープンなエコシステムが築かれていることがわかる。

　ただし，任天堂やSCEは，意図してセミオープンな関係を形成しているのではない。SCEのプレイステーションは，DVDプレイヤーを備え付けたり，グラフィックの処理能力を格段に引き上げたりと，任天堂とは異なる志

---

[10]　任天堂のDSとSCEのPSPについては，エコシステムの立ち上げが比較的うまくいったため，関与度を下げることができたが，うまく立ち上げられなかった場合は，ニッチ企業の数が増えないことを意味するため，PF企業は関与度を下げることができない。たとえば，DS発売以前のニンテンドーゲームキューブやNINTENDO64などのエコシステムは，うまく立ち上げることができず，任天堂自身が発売するソフトが大半を占め，結果的に関与度を下げられなかった。

向でハードを開発している。一方の任天堂も，教育教材やダイエットエクササイズなど，これまでのゲームとは一線を画した遊びを追求した DS や Wii などで，新たな顧客層にアプローチするハードを作っている。また，これらの PF 企業のハードでは，それぞれゲームの開発環境も異なる。

　こうした要因から，ニッチ企業が二つの PF 企業と取引するためにはある程度コストがかかるため，一部のニッチ企業が共有されるというセミオープンなエコシステムが築かれているのである。

３.３　取引依存度によるニッチ企業の分類

　続いて，ニッチ企業のタイプ別のパフォーマンスについても確認するため，先に示したニッチ企業の取引戦略の類型にそって，新規挑戦型，安定関係構築型，戦略機会追求型，開発資産活用型に分類してみよう。

　ゲームビジネスにおいてニッチ企業の取引戦略を読み取るには，2000 年から 2008 年という期間で一度だけ PF 企業の覇権が交代していることがポイントである。任天堂の DS，Wii などのプラットフォーム形成が奏功し，2007 年に市場シェアが逆転したため任天堂が覇権を握った。ここから，期間内に一度だけ生じた覇権交代に応じて，ニッチ企業が取引依存度を逆転させたかどうかによってニッチ企業のタイプ分類が可能となる。なお，ここでの取引依存度は，あるニッチ企業が 1 年間で 10 本ソフトを発売し，任天堂に 6 本，SCE に 4 本発売すれば，任天堂への依存度は 60%，SCE へは 40% と測定している。

　分類方法としては，まず，単一の PF 企業とのみ取引するニッチ企業は新規挑戦型となる。複数の PF 企業と取引を行いつつも，特定の PF 企業との取引依存度を常に高く保ち，覇権交代が生じても依存度をシフトさせないニッチ企業は，安定関係構築型として分類できる。一方，覇権交代に伴い，一方の PF 企業から他方の PF 企業へ取引依存度を一度のみシフトさせたニッチ企業は，戦略機会追求型として分類できる。そして，二度以上取引依存度をシフトさせているニッチ企業は，取引依存度を小刻みに調整する開発資産活用型として分類できる。

　以上の手続きから，新規挑戦型は 109 社，安定関係構築型は 17 社，戦略機会追求型は 11 社，開発資産活用型は 7 社あることが確認できた。そのう

図4　各ニッチ企業の取引依存度の時系列変化

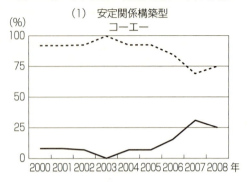

(1)　安定関係構築型
コーエー

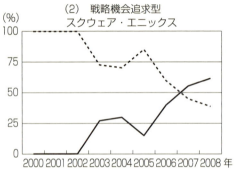

(2)　戦略機会追求型
スクウェア・エニックス

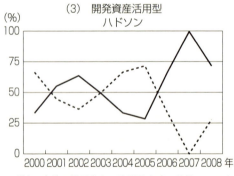

(3)　開発資産活用型
ハドソン

（注）　実線：任天堂との取引依存度，破線：SCE と
の取引依存度
（出所）　井上ほか（2011）より著者らが作成。

ち三つのタイプの代表企業を抽出した依存度の変化パターンを示したのが図
4である。

　安定関係構築型の代表企業であるコーエーは，常に一社の PF 企業との取

引依存度が高いことがわかる。戦略機会追求型であるスクウェア・エニックスは，SCE から任天堂へ覇権交代が起ころうとする 2007 年前後から大きく取引依存度を変化させている。そして，開発資産活用型のハドソンは，PF の覇権交代以前から依存度をこまめに変化させている様子が見て取れる。

3.4 ニッチ企業のパフォーマンスと補完性

それでは，各タイプのニッチ企業は，エコシステムにおいてどのような貢献をしているのだろうか。これを，エコシステムの健全性を構成する生産性，ニッチ創出，堅牢性から見ていこう。

健全性の測定方法について説明しておくと，ニッチ企業の生産性は，平均投資回収率によって示している。発売したソフトの開発費[11]でそのソフトの売上げを除して，企業ごとに集計し，各年度の平均値を算出した。

堅牢性は，生産性の安定性によって示している。9 年間のうち最も高かった年の投資回収率を，最も低かった年の投資回収率で割り，その逆数をとることで算出している。逆数をとることで，生産性が大きくぶれるほど値が低くなるため，数値が高いほど生産性が安定している（堅牢である）というふうに読み取ることができる。

ニッチ創出は，ニッチ企業が既存のゲームジャンルの枠にとらわれない製品を生み出している程度を示している。既存のジャンルに分類できないものは，ETC（エトセトラ）として表示されているため，各企業の ETC に分類されたゲームソフトの数を測定した。

これらの算出方法をもとに，ニッチ企業のタイプ別に，生産性，ニッチ創出，堅牢性の平均値の結果を示し，グループごとに統計的に差があるかどうかを検定した結果が表3である。なお，この表では，エコシステムの健全性に対してどのニッチ企業のタイプが相対的に貢献しているかをわかりやすく示すため，四つのタイプの中で最も高い値を示すニッチ企業のタイプには「高」，最も低い値を示したニッチ企業には「低」，高と低の間の2タイプには「中」と記している。

---

11 ソフトごとの開発費に関するデータは存在しないため，『CESA ゲーム白書』（コンピュータエンターテインメント協会）に掲載される毎年のゲームハードごとの平均開発費を用いている。

表 3　各ニッチ企業のパフォーマンスの特徴

	新規挑戦型 (N: 220)	安定関係 構築型 (N: 113)	戦略機会 追求型 (N: 83)	開発資産 活用型 (N: 53)	F 値
生産性	低 (8.42)	中 (10.44)	高 (16.38)	中 (11.37)	3.59**
ニッチ創出	高 (0.13)	低 (0.02)	中 (0.05)	中 (0.08)	5.58***
堅牢性	高 (0.38)	中 (0.22)	低 (0.19)	中 (0.28)	22.27***

(注)　( ) は平均値。グループ間の平均値の差の有意水準： $*p < 0.10$ $**p < 0.05$
　　　　$***p < 0.01$
　　　　N は観測数。
(出所)　井上ほか (2011) より著者らが作成。

表 3 に示されているとおり，生産性については，戦略機会追求型が最も高く，新規挑戦型は最も低い。複数の PF 企業と取引を行っているニッチ企業は，取引コストの低下，範囲の経済やネットワーク外部性など，それぞれ生産性を高める戦略を持っているが，こうした戦略をとっていない新規挑戦型は他のタイプよりも生産性が低くなる。

しかし，既存のゲームジャンルの枠におさまらない製品の輩出を示すニッチ創出においては，新規挑戦型が最も高い。新規挑戦型はネットワークの辺境に位置することで，自律性を保ち，エコシステムのニッチ創出に貢献するのである。

売上げの安定性で測定した堅牢性については，数値だけ見ると新規挑戦型が最も高い。ただし，新規挑戦型は他のニッチ企業のタイプよりも生産性がいくぶん低いため，生産性が低い中で安定しているとも言える。そのため，他の三つのタイプの中で比較すると，開発資産活用型が最も堅牢性が高く，戦略機会追求型が最も低いことがわかる。なお，安定関係構築型の堅牢性が低くなっているのは，PF 企業の覇権が入れ替わったことによる影響だと考えられる。

これらのゲームビジネスのデータから，エコシステムの健全性は，ニッチ企業のタイプによって異なることがわかる。生産性は戦略機会追求型，ニッチ創出は新規挑戦型，堅牢性には開発資産活用型がそれぞれ貢献するのである。

また，ここで示したデータからは，安定関係構築型の役割が明確に見出せないかもしれないが，このニッチ企業は，PF 企業の覇権が交代したとしても危機に瀕した側の PF 企業と取引を継続させることに大きな役割がある。

安定関係構築型がいることで，危機に瀕した PF 企業にある程度高い生産性を提供することができる。そのため，このニッチ企業の存在によって，覇権を奪われた PF 企業が再浮上する機会を得られる可能性が高まると考えられる。

　このように，ゲームビジネスは，役割の異なる四つのニッチ企業のタイプが存在することで，補完的にエコシステム全体の健全性が確保できていることがわかる。そして，これら複数のタイプのニッチ企業が生まれるのは，競合する PF 企業が存在し，両 PF 企業がニッチ企業を共有することによって，セミオープンなエコシステムが築かれているからである。

おわりに

　本章では，エコシステムの基本的な概要を説明した上で，日本のゲームビジネスのデータを通じて，エコシステムの PF 企業の振る舞い，ニッチ企業の振る舞いとともに，ニッチ企業の共有を通じたセミオープンなエコシステムがもたらす健全性について説明した。

　最後に，本章で提示したエコシステムのマネジメントのポイントを整理しておこう。

(1)　エコシステムのマネジメントは，PF 企業，ニッチ企業の両者の立場に立つ複眼的視点が必要となる

(2)　PF 企業のエコシステムのマネジメントは，自社の担当範囲と他社との関係性を築くことにある

(3)　自社の担当範囲は，エコシステムの立ち上げ初期は積極的にニッチ企業の活動に関与し，エコシステムの成長に応じて徐々にニッチ企業に活動を引き渡すことが望まれる

(4)　他社との関係性では，ニッチ企業とのオープン／クローズドの関係だけでなく，競合する PF 企業とニッチ企業を共有することで可能となるセミオープンな関係を築くことができる

(5)　ニッチ企業は，PF 企業との取引戦略のパターンから，新規挑戦型，安定関係構築型，戦略機会追求型，開発資産活用型という四つのタイプが存在し，各タイプでエコシステムへの貢献の仕方が異なる

(6)　PF 企業は，競合とのニッチ企業共有を通じたセミオープンなエコシ

　ステムによって，四つのタイプのニッチ企業に取り囲まれる。四つのタイプが生産性，ニッチ創出，堅牢性を補完し合うことで，健全なエコシステムを形成できる

　ここまでの議論から，本章で提示したセミオープンなエコシステムは，アイゼンマンが指摘するオープンなエコシステムとクローズドなエコシステムのトレードオフに対処できる戦略として捉えられるかもしれない。

　ただ，ここで指摘しなければならないことは，セミオープンなエコシステムは，任天堂，SCE の両者が意識して行っているとは限らないということである。両 PF 企業がそれぞれクローズドなエコシステムを発展させ，ニッチ企業が成長していく中で，結果的にニッチ企業の共有が起こったと考えられる。

　はじめから PF 企業同士で共謀して，ニッチ企業を共有するつもりでエコシステムを構築すれば，新規挑戦型が失われてしまう可能性があることは注意した方がよいだろう。ゲームビジネスでは，任天堂と SCE が，互いに新たな顧客層を獲得することを目指してエコシステムの差別化を図ったがゆえに，セミオープンなエコシステムが実現できていたとも言える。

　ニッチ企業側からしても最初から複数の PF 企業と取引を行うことを目指すのではなく，革新的な製品やサービスを生み出すことに主眼を置かなければ，もともと資源のある他のニッチ企業に負けてしまうため，頭角を現す機会が減ってしまう。それだけでなく，各ニッチ企業がみな同じ取引行動をとってしまうと，エコシステムの多様性が失われるため，結果的にどのニッチ企業も生存しにくくなる可能性もある。

　逆説的ではあるが，セミオープンなエコシステムによる競合との共生関係は，PF 企業，ニッチ企業が，各自の資源や能力を活かした健全な競争において成り立つのかもしれない。

参考文献

Besanko, D., D. Dranove and M. Shanley (2000), *Economics of Strategy*, 2nd ed., New York, NY: John Wiley.（奥村昭博・大林厚臣監訳『戦略の経済学』ダイヤモンド社，2002年。）

Brandenburger, A. M. and B. J. Nalebuff (1996), *Co-opetition*, New York, NY: Doubleday.（嶋津祐一・東田啓作訳『コーペティション経営：ゲーム論がビジネ

スを変える』日本経済新聞社，1997 年。)

Christensen, C. M. (1997), *The Innovator's Dilemma: When New Technologies Cause Great Firms to Fail*, Boston, MA: Harvard Business School Press. (玉田俊平太監修・伊豆原弓訳『イノベーションのジレンマ：技術革新が巨大企業を滅ぼすとき』増補改訂版，翔泳社，2001 年。)

Eisenmann, T. R. (2008), "Managing Proprietary and Shared Platforms," *California Management Review, 50* (4), 31–53.

Eisenmann, T. R., G. Parker and M. W. van alstyne (2006), "Strategies for Two-Sided Markets," *Harvard Business Review, 84* (10), 92–101. (松本直子訳「ツー・サイド・プラットフォーム戦略：『市場の二面性』のダイナミズムを生かす」『DIAMOND ハーバード・ビジネス・レビュー』第 32 巻 6 号，68–81 頁。)

Gawer, A. and M. A. Cusumano (2002), *Platform Leadership: How Intel, Microsoft, and Cisco Drive Industry Innovation*, Boston, MA: Harvard Business School Press. (小林敏男監訳『プラットフォーム・リーダーシップ：イノベーションを導く新しい経営戦略』有斐閣，2005 年。)

Iansiti, M. and R. Levien (2004), *The Keystone Advantage: What the New Dynamics of Business Ecosystems Mean for Strategy, Innovation, and Sustainability*, Boston, MA: Harvard Business School Press. (杉本幸太郎訳『キーストーン戦略：イノベーションを持続させるビジネス・エコシステム』翔泳社，2007 年。)

井上達彦・真木圭亮・永山晋 (2011)，「ビジネス・エコシステムにおけるニッチの行動とハブ企業の戦略：家庭用ゲーム業界における複眼的分析」『組織科学』第 44 巻 4 号，67–82 頁。

加護野忠男 (1993)，「新しいビジネス・システムの設計思想」『ビジネス・インサイト』第 1 巻 3 号，44–56 頁。

加護野忠男 (1999)，『「競争優位」のシステム：事業戦略の静かな革命』PHP 研究所。

加護野忠雄・井上達彦 (2004)，『事業システム戦略：事業の仕組みと競争優位』有斐閣。

Kenney, M. (ed.) (2000), *Understanding Silicon Valley: The Anatomy of an Entrepreneurial Region*, Stanford, CA: Stanford University Press. (加藤敏春監訳・小林一紀訳『シリコンバレーは死んだか』日本経済評論社，2002 年。)

椙山泰生・高尾義明 (2011)，「エコシステムの境界とそのダイナミズム」『組織科学』第 45 巻 1 号，4–16 頁。

Williamson, O. E. (1981), "The Economics of Organization: The Transaction Cost Approach," *American Journal of Sociology, 87* (3), 548–577.

補　論

技術の公開とマネジメント

安本雅典

1 技術・知識のマネジメントのポリシー

　従来，企業は自らの技術や知識を専有して事業で用いることで，優位を築くことができると考えられてきた（Teece, 1986）。技術・知識の秘匿（非公開）や特許の自己実施によって，技術や知識を専有していれば，それらによって差別化を図ることができる。だが，技術や知識のマネジメントのポリシーは大きく変化してきている（Pisano, 2006)[1]。技術や知識を提供することで，企業は，ライセンス収入を得たり，市場を拡大しながらさまざまな企業によるイノベーションを自社の事業に活かすことができるようになっている。こうした変化が進むことで，オープンな環境が形成されている（本書第2章参照）。

　その中で，大別して二つのポリシーが提示されてきている。一つは，特許などの知的財産権（以下，知財権）に基づき，技術のライセンスによって収益を確保する必要があるとする考え方である。知財権に基づく収益が保障されていなければ，技術以外に収益源を持たない企業（とくに中小の技術系ベンチャー企業）は自社技術を提供しようとはしないだろう（Chesbrough, 2003; Simcoe, 2006)[2]。無条件に技術を公開すれば，技術開発に見合った報酬は期

1　たとえば，米山ほか（2016）は，オープン・イノベーションを実現するための知財マネジメントの議論を整理している。

2　オープン・イノベーションの議論では，当初は専有性の高い知財権とそれによるライセンス料を前提としていたが，その後，ライセンス料を伴わない技術の公開や共有がイノベーションを促す可能性についても検討している（Chesbrough et al., 2014）。なお，無償公開される場合では，複数の収益源をかかえる統合型

待できない。しかも，競合も同様の技術を用いることが可能になるため，事業を守ることも難しくなってしまう。実際，特許化の狙いとしては，模倣や訴訟リスクの回避をはじめ，技術や事業の保護に関わるものがあげられることが多くなっている（Blind and Thumm, 2004）[3]。

　もう一つは，技術の公開や共有を進めることによって，多様な企業によるイノベーション（製品・サービスや価値）の実現を促すことを重視する考え方である。技術の無償提供が進めば，企業間にわたる技術の移転や活用のコストが低下する。このため，企業間にわたる協創が進んだり，多様な企業が参加して，広くイノベーションが促進される可能性がある。こうして開放された技術が広く活用されれば，市場の拡大にも結び付く。

　こうした考え方は，ICT（Information and Communication Technologies）分野における多様な企業によるコンソーシアムを通じた標準化（コンセンサス標準）や OSS（オープン・ソース・ソフトウェア）のコミュニティの発達をはじめ，技術の公開や共有が進んでいる実情を反映している [4]。たとえば，インターネットの技術や Linux をはじめとする OSS は，一定の条件の下で，派生ソフトも含め配布が自由であり，また無償（RF: Royalty Free）であることが増えている。さらに，どのようなユーザーや分野にも開かれており，そのソースコードの公開と改変が認められている。また，特許化され知財権は確保されてはいるものの，開発主体の企業が無償で知財を開放するケースも出てきている。たとえば，水素自動車や電気自動車に関する技術の一部については，特許の開放が進められている。こうした特許については，開発主体の企業が権利を行使する余地が残されているものの，さまざまな企業が活用

企業によるものが大部分であるとされる（Chesbrough and Appleyard, 2007）。統合型企業は，技術を無償提供して普及させることで，一方でそうした技術を用いた自社製品やサービスの売上げから収益を上げることができるからである。

3　これは欧州の場合であるが，日本においても同様である。標準必須特許（SEP）についても，ライセンス収入を特許化の主な目的とはしなくなってきている（江藤，2016）。ただし，医薬分野は状況が異なる。

4　関連するさまざまなトピックについての学術研究も増えている。たとえば，Eisenmann（2008），Eisenmann et al.（2008），Greenstein（2009），Rysman and Simcoe（2008），Simcoe（2012），von Hippel and von Krogh（2003），West（2003），West and Dedrick（2001）参照。こうした標準化については，本書第2章，第11章，第3部補論参照。

することができる。

　以上の2つのポリシーは，従来の技術を専有するポリシーとは対極的ではあるが，これらを調和させた戦略が提示されてきた。たとえば，収益に結び付く独自（proprietary）領域は公開しない一方で，それ以外の領域を公開して普及を図る「選択的開示（selective revealing）」（Henkel, 2006）の観点が提示されている。同様の観点は，ほかにもオープン性を検討する研究の中で提示されている（Dahlander and Gann, 2010; West, 2003）。一方で，プラットフォーム・リーダー戦略（Gawer and Cusumano, 2002）をはじめ，技術の公開によって事業を効果的に展開する戦略が，より具体的に検討されている。こうした戦略においても，独自領域は公開しないことが想定されている[5]。

　たとえば，アップルやインテルのようなプラットフォーム企業は，基本的な技術（システムのアーキテクチャ構成や接続インターフェースの標準など）を公開し無償提供している。そうすることで，関連する製品・部材やアプリケーションを提供する多様な企業の参加と，それらの企業によるイノベーションが進めば，プラットフォームの魅力は増す。結果として，これらの企業の提供する製品・部材やサービスの市場の拡大が期待できる。公開された技術が，プラットフォーム企業独自の製品やサービスと関連づけられている（バンドリングされている）限り，プラットフォーム企業は製品の販売やサービス事業の展開を通じて収益に結び付けることができる[6]。

❷ 技術のコントロールの可能性

　以上の戦略は，技術の公開の程度[7]とともに，技術（およびそれらを統合す

---

[5]　こうした戦略に関しては，事例によるより詳細な実証研究が進められている（たとえば，Gawer and Henderson, 2007; 立本，2017）。これらの論点の多くは，デファクト標準に関連する研究成果（たとえば，淺羽，1995; 2004; 山田，1993; 1997）と共通している。オープン-クローズ戦略（小川，2014）も，こうした戦略の一種であると考えられる。関連する議論としては，本書第10章参照。

[6]　以上のメカニズムについては，Nalebuff（2004）参照。より詳細な実証的検討については，たとえば注8の文献参照。なお，一度こうしたプラットフォームを使用すれば，関連する知識や設計資産が蓄積されることになる。こうした投資により，他のプラットフォームに乗り換えることは難しくなるため，補完財企業や顧客は囲い込まれる（ロックインされる）ことにもなる（Arthur, 1989）。

図 1 技術のコントロールの可能性とオープン性

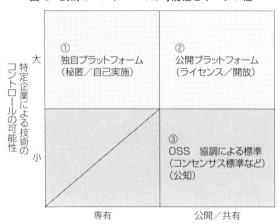

る知識）をコントロールすることの重要性を示唆している（図1）[8]。コントロールとは，システムの構成要素のセットの設計を行い，技術のアップグレード，洗練，互換性のペースを定める能力である（Arıkan and Schilling, 2011; Morris and Ferguson, 1993）。技術を公開していても，そのコントロールが可能となっていれば，メンテナンスやバージョンの管理を行うことで，技術の一貫性や整合性を保ちながら，自社技術の普及を促すことができる。同時に，関連する自社事業を有利に進めて収益化を図ることや，不正な模倣品や海賊版などの望ましくない技術使用を防いだり，他の企業の参入やその時期をコントロールして，事業を守ることも可能になる[9]。こうした特定の企業によってコントロールがなされている場合は，「スポンサー付き」（sponsored）の

---

7 Gawer and Cusumano（2002）の示唆に加え，たとえば Henkel（2006），Henkel et al.（2014），West（2003; 2007）などの，より詳細な実証的検討がなされている。

8 プラットフォームに関わる技術のコントロールの重要性が示唆されているだけでなく（Gawer and Cusumano, 2002; Gawer and Henderson, 2007），さらにコントロールの程度やその影響についての理論的検討や実証研究も進んでいる（たとえば，Boudreau, 2010; Baldwin and Woodard, 2009; Eisenmann, 2008; Parker and van Alstyne, 2010; Schilling, 2009; West, 2003）。

9 他企業による技術へのアクセスの条件についての検討事例としては，Boudreau（2010）や West and Dedrick（2001）の ICT 産業に関する実証研究が参考になる。

プラットフォーム（David and Greenstein, 1990; Stango, 2004）と見なすことができる。

　さらに，技術のコントロールがなされている場合も，技術が，①専有され独占的に供給されているか，②公開／共有されているかによって，分けて考えることができる 10。たとえば，パソコンにおけるマイクロソフトによる独自プラットフォームと，スマートフォンにおける Android（グーグルおよび OHA: Open Handset Alliance）による公開プラットフォームの違いが考えられる（Pon et al., 2014）。

　まず，①では，技術の秘匿や自己実施を考えることができる。これに該当する独自プラットフォームの場合，その技術は特定の企業によって独占的に供給される（たとえば，従来の Windows）。①については，外部に供給されても，有償であることが少なくない。これに対し，②一定の条件下で，技術がライセンスもしくは開放される場合を考えることができる。特定の企業によるものであっても，公開プラットフォームは，無償公開されていることが多く，ユーザーや顧客などに技術の活用や改変を認めている（たとえば，Android）。このようなプラットフォームは，OSS と同様，共有されているプラットフォーム（Eisenmann, 2008）の一種と考えることができる。

　ここで注意すべきなのは，技術の公開が進む中では，技術の専有／公開（共有）の程度・領域設定や有償／無償の区別以上に，コントロールが可能であるかどうかが競争上重要となってくるということである。技術を公開し共有するとしても，それらについての権利（たとえば知財権）を保持していれば，技術をコントロールすることが可能である（Baldwin and Woodard, 2009; West and Dedrick, 2001）。また，コントロールの程度・方法によっては，補完財企業の参加や補完財企業によるイノベーションの頻度に影響を与えることもできる（たとえば，Boudreau, 2010; Schilling, 2009）。

---

10 専有されている独自プラットフォームと公開プラットフォームの違いについては，たとえば，Eisenmann（2008）や West and Dedrick（2001）参照。これらを含む多くの研究では，図1の右側の両セル（②と③）の両方を公開／共有プラットフォームとして捉えているが，ここではコントロールの大小によって区別し，より限定的な意味で公開プラットフォームという用語を用いている。また，パテント・プールやクロス・ライセンスについては，セル間の中間に位置づけられると考えられるが，単純化のため省略している。

　では，図 1 ③のように，技術を公開して公知とする場合や，コンセンサス
標準や OSS では，コントロールはできないのだろうか[11]。これらの場合に
は，特定企業による権利が認められていないか，権利があっても恣意的に運
用することはできないから，一見コントロールは困難なように見える。だが，
無条件に技術を提供するだけでは，企業は技術を開発し公開するインセンテ
ィブを持続し難い（個々の技術に関しては，公知とすることで他企業による特許化
を防ぐという防御的な意義は持ちうる）。このような場合に，どのように技術を
マネジメントし，コントロールに結び付けることができるのかについては，
別途，考えてみる必要があるだろう（第 3 部補論参照）。

　＊　本補論は，JSPS 科学研究費・基盤研究（B）（24330117, 15H03376）および挑戦的萌芽研究
　　（15K13032）の助成による成果の一部である。

参考文献

Arıkan, A. T. and M. A. Schilling (2011), "Structure and Governance in Indus-
　trial Districts: Implications for Competitive Advantage," *Journal of Manage-
　ment Studies*, *48* (4), 772–803.

Arthur, W. B. (1989), "Competing Technologies, Increasing Returns, and Lock-
　In by Historical Events," *Economic Journal*, *99* (394), 116–131.

淺羽茂（1995），『競争と協力の戦略：業界標準をめぐる企業行動』有斐閣。

淺羽茂（2004），『経営戦略の経済学』日本評論社。

Baldwin, C. Y. and C. J. Woodard (2009), "The Architecture of Platforms: A
　Unified View," in A. Gawer (ed.), *Platforms, Markets and Innovation*, Chel-
　tenham, UK: Edward Elgar, 19–44.

Bekkers, R., G. Duysters and B. Verspagen (2002), "Intellectual Property
　Rights, Strategic Technology Agreements and Market Structure: The Case of
　GSM," *Research Policy*, *31* (7), 1141–1161.

Blind, K. and N. Thumm (2004), "Interrelation between Patenting and Stan-
　dardisation Strategies: Empirical Evidence and Policy Implications," *Research
　Policy*, *33* (10), 1583–1598.

Boudreau, K. J. (2010), "Open Platform Strategies and Innovation: Granting
　Access vs. Devolving Control," *Management Science*, *56* (10), 1849–1872.

Brandenburger, A. M. and B. J. Nalebuff (1996), *Co-Opetition*, New York, NY:

11　こうしたオープン性とコントロールとの複雑な関係の要点については，たと
　　えば，Simcoe（2006）参照。

Doubleday.（嶋津祐一・東田啓作訳『コーペティション経営：ゲーム論がビジネスを変える』日本経済新聞社，1997年。）

Chesbrough, H. W. (2003), *Open Innovation: The New Imperative for Creating and Profiting from Technology*," Boston, MA: Harvard Business School Press.（大前恵一朗訳『OPEN INNOVATION：ハーバード流イノベーション戦略のすべて』産業能率大学出版部，2004年。）

Chesbrough, H. W. and M. M. Appleyard (2007), "Open Innovation and Strategy," *California Management Review, 50* (1), 57-76.

Chesbrough, H. W., W. Vanhaverbeke and J. West (eds.) (2014), *New Frontiers in Open Innovation*, Oxford, UK: Oxford University Press.

Dahlander, L. and D. M. Gann (2010), "How Open is Innovation?" *Research Policy, 39* (6), 699-709.

David, P. A. and S. Greenstein (1990), "The Economics of Compatibility Standards: An Introduction to Recent Research," *Economics of Innovation and New Technology, 1* (1-2), 3-41.

Eisenmann, T. R. (2008), "Managing Proprietary and Shared Platforms," *California Management Review, 50* (4), 31-53.

Eisenmann, T. R., G. Parker and M. W. van Alstyne (2008), "Opening Platforms: How, When and Why?" Harvard Business School Working Paper, 09-030.

江藤学 (2016),「ライセンス収入から特許無力化戦略へ：標準必須特許ビジネスの変化」『一橋ビジネスレビュー』第63巻4号，92-106頁。

Gawer, A. and M. A. Cusumano (2002), *Platform Leadership: How Intel, Microsoft, and Cisco Drive Industry Innovation*, Boston, MA: Harvard Business School Press.（小林敏男監訳『プラットフォーム・リーダーシップ：イノベーションを導く新しい経営戦略』有斐閣，2005年。）

Gawer, A. and R. Henderson (2007), "Platform Owner Entry and Innovation in Complementary Markets: Evidence from Intel," *Journal of Economics & Management Strategy, 16* (1), 1-34.

Greenstein, S. (2009), "Open Platform Development and the Commercial Internet," in A. Gawer (ed.), *Platforms, Markets and Innovation*, Cheltenham, UK: Edward Elgar Publishing, 219-250.

Henkel, J. (2006), "Selective Revealing in Open Innovation Processes: The Case of Embedded Linux," *Research Policy, 35* (7), 953-969.

Henkel, J., S. Schöberl and O. Alexy (2014), "The Emergence of Openness: How and Why Firms Adopt Selective Revealing in Open Innovation," *Research Policy, 43* (5), 879-890.

Morris, C. R. and C. H. Ferguson (1993), "How Architecture Wins Technology Wars," *Harvard Business Review, 71* (2), 86-96.

Nalebuff, B. J. (2004), "Bundling as an Entry Barrier," *The Quarterly Journal of Economics*, *119* (1), 159–187.

小川紘一（2014），『オープン＆クローズ戦略：日本企業再興の条件』翔泳社。

Parker, G. G. and M. W. van Alstyne (2010), "Innovation, Openness and Platform Control," in ACM (ed.), *Proceedings of the 11th ACM Conference on Electronic Commerce*, 95–96.

Pisano, G. P. (2006), "Profiting from Innovation and the Intellectual Property Revolution," *Research Policy*, *35* (8), 1122–1130.

Pon, B., T. Seppälä and M. Kenney (2014), "Android and the Demise of Operating System-Based Power: Firm Strategy and Platform Control in the Post-PC World," *Telecommunications Policy*, *38* (11), 979–991.

Rysman, M. and T. S. Simcoe (2008), "Patents and the Performance of Voluntary Standard-Setting Organizations," *Management Science*, *54* (11), 1920–1934.

Schilling, M. A. (2009), "Protecting or Diffusing a Technology Platform: Tradeoffs in Appropriability, Network Externalities, and Architectural Control," in A. Gawer (ed.), *Platforms, Markets and Innovation*, Cheltenham, UK: Edward Elgar Publishing, 192–218.

Simcoe, T. S. (2006), "Open Standards and Intellectual Property Rights," in H. W. Chesbrough, W. Vanhaverbeke and J. West (eds.), *Open Innovation: Researching a New Paradigm*, Oxford, UK: Oxford University Press. （PRTM 監修，長尾高弘訳『オープンイノベーション：組織を越えたネットワークが成長を加速する』英治出版，2008 年。）

Simcoe, T. S. (2012), "Standard Setting Committees: Consensus Governance for Shared Technology Platforms," *American Economic Review*, *102* (1), 305–336.

Stango, V. (2004), "The Economics of Standards Wars," *Review of Network Economics*, *3* (1), 1–19.

立本博文（2017），『プラットフォーム企業のグローバル戦略：オープン標準の戦略的活用とビジネス・エコシステム』有斐閣。

Teece, D. J. (1986), "Profiting from Technological Innovation: Implications for Integration, Collaboration, Licensing, and Public-Policy," *Research Policy*, *15* (6), 285–305.

von Hippel, E. and G. von Krogh (2003), "Open Source Software and the 'Private-Collective' Innovation Model: Issues for Organization Science," *Organization Science*, *14* (2), 209–223.

West, J. (2003), "How Open is Open Enough?: Melding Proprietary and Open Source Platform Strategies," *Research Policy*, *32* (7), 1259–1285.

West, J. (2007), "The Economic Realities of Open Standards: Black, White and Many Shades of Gray," in S. Greenstein and V. Stango (eds.), *Standards and*

Public Policy, Cambridge, UK: Cambridge University Press, 87–122.

West, J. and J. Dedrick (2001), "Proprietary vs. Open Standards in the Network Era: An Examination of the Linux Phenomenon," *Proceedings of the 34th Annual Hawaii International Conference on System Sciences*, IEEE.

山田英夫 (1993),『競争優位の「規格」戦略：エレクトロニクス分野における規格の興亡』ダイヤモンド社。

山田英夫 (1997),『デファクト・スタンダード：市場を制覇する規格戦略』日本経済新聞社。

米山茂美・渡部俊也・山内勇 (2016),「オープン・イノベーションと知財マネジメント」『一橋ビジネスレビュー』第63巻4号, 6–21頁。

ショートケース

> ## ナインシグマ・ジャパン：技術の仲介企業
> 真鍋誠司

1 ナインシグマ社の概要

オープン・イノベーションを実行しようとしても，自社に適した相手を探索することは容易ではない。ナインシグマは，企業の社外技術導入を支援するために，2000年に米国オハイオ州クリーブランドで設立された企業である。ナインシグマ社の考えるオープン・イノベーションには，サプライヤー，子会社，グループ会社，近隣の大学といった既存のネットワークだけでは解決できない，スピードが要求される技術的課題について，オープンかつグローバルに広く技術を求めるところにその特徴がある。ナインシグマは，インターネットを使って独自に構築した優秀な人材のネットワークから，依頼企業の要望を叶える相手を探し出す。つまり，自社に不足している技術の導入や，問題の解決を図る企業は，ナインシグマを通じて世界中から適任者にアクセスすることができる。これは，「あなたの会社の優秀な研究者が取り組んでいる問題の解決法は，すでに世界のどこかで聡明な研究者が発見している可能性が非常に高い」という考え方に企業の発想を転換させるものと言えよう (Taylor and LaBarre, 2006)。

2 ナインシグマ・ジャパンのビジネス

ナインシグマ・ジャパンは，米国のナインシグマ社の日本法人であり，2006年に設立された。その目的は，顧客開拓および業務遂行を担当し，米国のナインシグマのビジネスを，日本・アジア地域へ展開することである。米国のナインシグマのサービスをベースにしつつ，日本国内の企業のニーズに応えるため，事業成長や研究開発の意思決定においてオープン・イノベーションを活用すべき領域の見極めの支援から，技術対象テーマの選定，協業先の絞り込みのためのコミュニケーションまで，包括して顧客を支援するサービスを構築している。ここでは，ナインシグマ・ジャパンのビジネスの仕組みについて見てみよう。

① 企業からナインシグマ・ジャパンへの依頼

まず，大手企業が自社では解決できない技術的課題があると，ナインシグマ・ジャパンにその課題について依頼する（図中①）。最初に，依頼企業とナインシグマ・ジャパンの間で秘密保持契約（NDA）を結び，ナインシグマ・ジャパンから依頼企業に対して，以下の四つの質問をする。第一に依頼企業の困っている技術について，第二にその技術の用途，第三に最も重要だと思われるスペック（三つ程度），第四に関心のない技術やこれまで試してうまくいかなかったアプローチである。その回答をもとに，ナインシグマ・ジャパンは依頼企業にヒアリングし，課題を具体的にしていく。

② ナインシグマ・ジャパンによる課題のレビュー

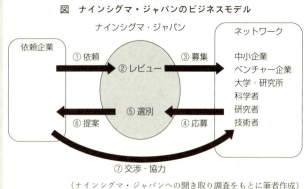

図　ナインシグマ・ジャパンのビジネスモデル

（ナインシグマ・ジャパンへの聞き取り調査をもとに筆者作成）

　しかし，その依頼すべてをいきなり世界に向けて募集するのではなく，ナインシグマ・ジャパンは，提出された課題について精査（レビュー）する（図中②）。このレビュープログラムにおいて，依頼企業の抱えている課題について，企業外部に解決の見込みがあるのかどうかを見極めるのである。さらにナインシグマ・ジャパンは，2週間程かけてレビュー済みの課題について3〜5頁程度のレポートを有償で作成し，オープン・イノベーションが成功する可能性を5段階で評価する。
　③　課題解決策の募集
　ナインシグマの持つ世界中の優れた中小企業やベンチャー企業・大学・研究所，さらには科学者・研究者・技術者個人にインターネットを通じて案件が送られて，解決案が募集される（図中③）。依頼があってから，1カ月後には募集できるようにしている。また，この段階では，依頼企業名は伏せられている。募集先のネットワークには，世界で約200万人の研究者が登録されている。技術課題に応じて，ナインシグマが候補者平均約1万人を特定し，解決策を募る。
　④　提案者による応募
　候補者のうち，課題を解決できる技術を持つものは，応募することになる（図中④）。ナインシグマ・ジャパンでは，募集から1カ月以内に提案が集まる状態を理想としている。
　⑤　ナインシグマ・ジャパンによる提案の第三者評価
　依頼企業とともに，ナインシグマ・ジャパンは，第三者の立場で，集まった解決案や提案者の問題解決能力を評価する（図中⑤）。
　⑥　依頼企業による今後の対応の決定
　依頼企業の担当者とナインシグマ・ジャパンが一つひとつの提案について，直接議論をし，直接の交渉に進む先，追加の質問による不明点の確認をする先，不採用とする先を決定する。ナインシグマ・ジャパンでは，1週間から遅くても1カ月以内には，提案者に検討結果を伝えることにしている（図中⑥）。
　⑦　依頼企業と提案者の交渉・協力

　課題解決に応募した者と直接交渉に入り，協力が始まる（図中⑦）。

　なお，①〜⑥まで課題1件ごとに規定料金を，依頼企業はナインシグマ・ジャパンに支払う。⑦はオプションで，支援期間によって金額が異なる。

　この仕組みによって，材料加工技術を求める国内大手化学メーカーと東海地区の中小企業（社員数30人強）の提携や，スピーカー技術の導入を図ったグローバルな家電メーカーと東海地区のベンチャー企業（社員数5人以下）の提携といった成功事例が生まれている。

　日本国内では，アサヒビール，アステラス製薬，オムロン，コニカミノルタ，小松製作所，サントリー，住友電気工業，第一三共，帝人，デンソー，東芝，NEC，三菱マテリアル等，約100社の企業がナインシグマ・ジャパンに依頼している。また，海外の依頼企業は，3M，ダウ，デュポン，グラクソスミスクライン，ジョンソンコントロールズ，クラフト，フィリップス，P&G，シーメンス，ゼロックス等の200社以上である。

　現在，ナインシグマ・ジャパンは，電気機器，食品，機械，材料，自動車，製薬等，ほぼすべての業界で支援をしている。

3　ナインシグマ・ジャパンの考える日本企業のオープン・イノベーション

　ナインシグマ・ジャパンの代表取締役社長である諏訪暁彦氏は，日本企業のオープン・イノベーションについて，以下のように語っている。

　「オープン・イノベーションは新事業コンセプトの技術的な FS（実現性評価）から，基礎研究の共同研究先の特定，技術課題解決，製品の品質向上・コスト削減まで多様な目的で活用できます。日本企業に目指してほしい姿としては，事業の成長・強化において，オープン・イノベーションをどのように役立てたいのかの，社長や事業担当の役員から現場の開発者まで，しっかりと共通認識を持った上で，実践すべきテーマを選ぶことです。そこまでしっかり進めることができると，テーマも重要で担当者のモチベーションも高く周りからもサポートが得やすいので，自ずと成功確率が高まります。国内では，味の素は，社長から現場の担当者まで，そういう方向に大きく進化している会社の一つではないかと見ております。」　　　　　　　　　　　　　　　（筆者による聞き取り調査，2012年2月26日）

　諏訪氏によれば，日本企業はオープン・イノベーションに取り組んでいてもスピード感がなく，時間が経ってしまううちに技術が陳腐化する傾向が強い。この課題に対しては，組織全体でオープン・イノベーションの活用目的をしっかり合意することによって解決できるという。

参考文献

Taylor, W. C. and P. LaBarre (2006), *Mavericks at Work: Why the Most Original Minds in Business Win*, New York, NY: HarperCollins.（小川敏子訳『マーベリック・カンパニー：常識の壁を打ち破る超優良企業』日本経済新聞社，2007年。）

第**3**部

オープン化戦略のバリエーション

第9章　アライアンス戦略

第10章　プラットフォームビジネス

第11章　標準化戦略

　補論　コンセンサス標準と知識のコントロール

　ショートケース　オープン化戦略を促す組織とネットワーク：

　　　　　　　　　　欧州における EV 標準化のためのコンソーシアム

第**9**章

アライアンス戦略
パートナーの戦略的活用による人材育成と相互学習の進化

加藤みどり

はじめに

　変化が激しく，複雑化する競争環境においては，社内の経営資源だけでビジネス・技術を構築するのは実質的に不可能であり，オープン・イノベーションの重要性はますます増している。オープン・イノベーション，具体的には，研究開発（R&D）のアライアンスにより，高度にシステム化された技術やビジネスを短期間で構築することが可能になる。1社で担うよりビジネス規模は大きくなり，市場が立ち上がらないリスクや投資の負担は軽減される。

　日本におけるオープン・イノベーションは，1990年代から徐々に広がりを見せていたが，ブーム的現象と化したのは，2000年代前半ではないだろうか。新興国の台頭による競争の激化に加え，1999年の日本版バイドール法の成立，2003年の経済産業省による技術経営推進政策，2004年の国立大学の法人化に伴う産学連携政策の強化，およびチェスブロウの『OPEN IN-NOVATION』の出版などが，大きな影響を与えたと考えられる。

　一方，競争優位の源泉は模倣困難性の確立であるという事実は簡単には変わらない。ビジネスモデルも同様だが，とくに技術の専有可能性を損ね，さらには長期的に人材育成や知の創造・蓄積に悪影響を及ぼすという構造的なトレードオフを，研究開発のアライアンスは内包している。本章では，当初の試行錯誤状態から多様な経験を蓄積してきた企業のケーススタディを中心に，研究開発のアライアンスにおける問題点とその対応策を探っていく。

　具体的には，課題が多い大学，パートナーとして重要度が増しているグループ企業1，サプライヤー，顧客企業とのアライアンスを取り上げ，その概

表1　研究開発アライアンスの分類

	1. 系列	系列企業内での R&D の分業
コンソーシアム	2. 基盤技術開発型	SEMATECH や超 LSI 研究組合，MIRAI などに代表される，ある産業の基盤となる技術を共同開発し，産業の促進を目的とする研究組合。通常，政府や大学が関与する。
	3. 規格制定型	ある規格を標準にしようと，複数の企業が集まって技術開発を行う。市場での規格競争は通常非常に激しく消耗的なため，最近ではそれを避ける目的で行われることが多い。リーダー格の数社以外は，保険的に参加する企業も多い。
（個別）共同研究	4. 委託型	特定の研究・開発テーマについて社外に委託を行う（やりとりはあるが，主従が明確）。
	5. 協働型	技術補完型：得意な技術を持ち寄った複数の企業が，比較的明確に技術的分担を決め共同研究を行う場合が多い。かつてはハードウェアとソフトウェアなど異なった分野の企業や技術の組み合わせが多かったが，類似技術分野や，市場で競合する企業同士の組み合わせも増えている。 協調型：技術補完型に比べ，部品や基盤技術など比較的上流から共同開発を行う。市場で競合する同業他社同士の水平方向，あるいはサプライヤー - 顧客企業の垂直方向の両方がある。必要に応じ経営資源を共用したり，互いの業務プロセスを学習するので，企業の境界があいまいになる。 インフラ技術開発型：2 の小規模，企業中心版である。以前は，環境などの非競争分野での協働が主だったが，新事業のための基盤技術開発など，市場で競合する企業の上流からの協働も増加している。
	6. 技術公開型	一定の範囲に基礎的技術を公開し，主に周辺の技術を外部企業に開発してもらいながら，そのビジネスに必要な技術群を構成していく。技術公開が有償の場合はパートナーは限定されるが，無償の場合は限定される場合（何らかの契約あり）と限定されない場合がある。技術成果についての公開は通常は求められない。
	7. オープン・ソース型	社外の不特定多数からなるオープンソースコミュニティと共同開発を行う。この場合，テーマは企業側から提供されるが，コミュニティの各メンバーが開発に参加するかどうかは個人の意志に任される。

（出所）　加藤（2005）に加筆修正。

要や要因を明らかにする。さらに，その実践の際に問題提起が多い，意図せざる技術流出，技術力の低下，人材育成，知的資源の構築とそれらへの対応についても論考する。

　なお，研究開発アライアンスは表1のように分類可能であり，本章の事例はこの表の 4，5 が中心である。グループ企業とのアライアンスは形態上 1

　1　本章が指すグループ企業には，連結決算対象である子会社，関連会社はもちろんのこと，持ち分法の適用外だが業務提携を行っている企業なども含まれる。

に類似するが，相違点についても議論する。

　本章では，社外の技術を利用した研究開発活動全般を，両組織の約束や合意に基づく関係，すなわちアライアンスとして扱い，契約の有無，提携の種類（資本関係の有無など），対象組織間の主従関係，情報のやり取りの方向性や割合（たとえば，業務委託か共同開発かなど）などは，必要性がない限りとくに区別しない。

⬛1　研究開発アライアンスの現状

1.1　概　　況

　本章では，①総務省統計局による科学技術研究調査，②日本経済新聞社による研究開発活動に関する調査[2]，③筆者による予備調査[3] の三つの調査をもとに，企業の研究開発およびアライアンスの経年の傾向を分析する。

　図 1 は，科学技術研究調査（1997〜2013 年）によって製造業に分類された企業の，売上高研究開発費比率，および自己負担研究費における社外研究費の比率の推移を示したものである。

　この間，売上高研究開発費比率は微増している。絶対額では 2013 年度は1997 年度の約 1.9 倍，平均成長率は 5.4％ であり，日本企業は研究開発投資にますます熱心である。毎年実施されている「民間企業の研究活動に関する調査」によると，研究開発費が前年を上回るのは，リーマンショックの影響を受けた 2009 年度を除けば，16 年間上昇の一途である。一方，全研究費の

2　調査対象企業数は毎年異なり，「主要企業」と表現され，明確な定義は公開されていない。2015 年の調査対象企業は 513 社で，有効回答数は 328 社である。研究開発費上位 200 社はほぼ東証一部上場の大企業である。よって，対象企業は，調査①よりは調査③に近い。

3　21 社（食品・化学 10 社，エレクトロニクス 8 社，輸送機器 1 社，情報通信 2社，うち東証一部上場企業 15 社）のマネジャークラスの技術者 25 人を対象に，2010 年 5〜7 月，および 2012 年 6〜8 月に調査票調査を実施した。サンプル数が少なく統計的有意差は担保されず，以降の議論も，あくまで仮説構築を目的とすることを明記する。回答者の 3 分の 2 は各自の責任範囲の研究開発アライアンスの実態を把握しているものの，全社の実態の認識率は 3 分の 1 程度としている。したがって，回答内容は回答者が知りうる案件に限定されている。このうち，エレクトロニクス系企業 2 社，化学系企業 2 社の 4 人から詳細な，16 人から簡単な聞取り調査も行った。

図1　製造業の売上高研究開発費比率・社外研究費比率

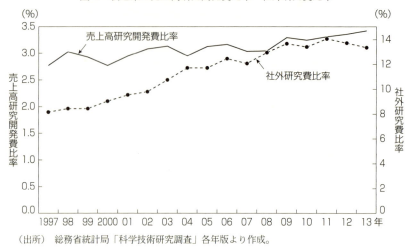

（出所）　総務省統計局「科学技術研究調査」各年版より作成。

うち社外研究費が占める比率は，1999〜2004年の間に成長が著しく，2009年まではほぼ増加の一途であったが，それ以降はほぼ横ばいである。

　表2は，企業の社外研究費の内訳を産官学の支払先別に示したものである。観察期間中，3者の比率に大きな変化はない。

　社外研究費の内容を，もう少し詳しく考察しよう。予備調査の全回答企業は，表2のすべてのタイプの相手と複数のアライアンスを組んでいる。さらに，彼らのほぼすべてが，他企業と共同研究・開発を行う際に，開発までの費用は自己負担し，生産設備の建設など多額の費用が発生する段階になって初めて資金のやりとりが生じると回答した[4]。一般に研究開発費は生産に近づくにつれ指数関数的に増えること，日本の企業会計において量産試作費は研究開発費ではなく製造原価とするのが原則であること，さらに共同研究・開発は途中で打ち切られるものも相当数あることなどを考え併せると，実際の研究開発のアライアンス実施率は，社外研究費比率からの推測値よりかなり高いはずである。

　以上より，量的データ，とくに研究開発費からは研究開発アライアンスの変化の傾向はある程度はわかるものの，実態を正確に把握するのは困難との

4　大学や公的研究機関と企業とのアライアンスは基礎研究段階のものがほとんどで，基礎研究以降の進展がなくとも費用発生率は100％であった。

表 2　社外研究費の支払先別内訳

(単位：%)

	2002	2003	2004	2005	2006	2007	2008	2009	2010	2011	2012	2013
企業	83.8	81.5	85.6	82.8	83.4	84.0	84.7	85.5	86.3	86.6	85.3	84.9
非営利団体／公的研究機関	8.2	9.0	6.7	8.6	8.3	8.9	7.7	7.0	6.2	5.9	7.1	7.0
大学	8.0	9.5	7.7	8.6	8.3	7.2	7.6	7.6	7.4	7.5	7.6	8.1

（出所）　総務省統計局「科学技術研究調査」各年版より作成。

表 3　相手先別共同研究開発プロジェクトの実施率

(単位：%)

	大学・公的研究機関	同業他社	サプライヤー	顧客企業
2005〜2007年度	64.7 (1003)	24.9 (945)	26.9 (939)	32.4 (942)
2006〜2010年度	55.9	21.0	39.1	49.3

（注）　2005〜2007 年度のかっこ内は n 数。2006〜2010 年度の n 数はすべて 1016。
（出所）　科学技術政策研究所（2009; 2011）より作成。

示唆が得られる。

1.2　パートナーの使い分け戦略

　本節では，「民間企業の研究活動に関する調査報告」（文部科学省，2005-2008；科学技術政策研究所，2009-2013），および予備調査の比較から，企業の研究開発アライアンス戦略の最近の傾向を明らかにする。

　(1)　民間企業の研究活動に関する調査報告

　表3は，主力製品・サービス分野において，2005〜2007年度，および2006〜2010年度に実施された共同研究開発の相手組織別実施率である。2005〜2007年度の括弧内は回答数であり，2006〜2010年度は四つの相手先すべてに回答した1016社が集計の対象となっている。サンプル数はほぼ同じだが，回答企業の顔ぶれや企業規模別の内訳が異なっており，また，経済環境の変化の影響も大きく，表3から経時変化を読む際には慎重を期すべきである。しかし，同業他社よりはサプライヤー・顧客企業との協働を重視する傾向は確かであろう。

　表4は2012年度の実態をさらに詳しく問うた結果である。全般的に企業規模が大きいほどどの相手ともパートナーシップを組む比率が高まるが，顧客企業だけは企業規模にほぼ関係なくアライアンス率は高く，顧客企業重視

表 4　2012 年度相手先別共同研究開発プロジェクトの実施率

(単位：％)

資本金	n（社）	顧客企業	サプライヤー	競合企業	コンソーシアム	業界団体	研究開発サービス	民間研究所	外部コンサル・ベンチャー	起業家・	大学	公的研究機関
1 億円以上 10 億円未満	313	39.6	27.2	4.8	7.7	15.3	0.6	8.3	1.9	49.5	28.4
10 億円以上 100 億円未満	316	43.4	34.2	7.3	13.9	16.8	1.6	12.3	3.5	62.3	27.5
100 億円以上	218	43.6	47.2	18.3	37.2	21.1	3.7	30.7	11.5	85.8	53.3
合計	847	42.0	34.9	9.2	17.6	17.4	1.8	15.6	5.0	63.6	34.2

（出所）　科学技術・学術政策研究所（2013）。

の傾向が見出せる。

　なお，予備調査においては，すべての回答企業が大学，公的研究機関，サプライヤー，顧客企業，グループ企業との共同研究・開発を実施していた。さらに，少なくとも半数程度の回答者が，「今や外部なしでは研究開発は進まない。近年共同研究・開発の件数・比率は大幅に増え，社内のあらゆる部門でアライアンスが行われ，すべてを把握するのは不可能」と指摘しており，彼らが把握している範囲でも表 4 の資本金 100 億円以上企業の実施率よりはるかに高い[5]。

　表 5 は，社外に支払う研究開発費の相手先別比率を示している。表 4 と比較して，実施率が非常に高い大学・公的研究機関への費用比率が極端に低いのは，生産を伴わない基礎的研究にとどまっているからだろう。一方でグループ企業への支払額が大きい理由として，①グループ企業とのアライアンス実施率が高い，②生産などより下流の分野での協力が多い，の 2 点があげられる。①に関して科学技術政策研究所（2012）は実施率をあげていないが，予備調査ではほぼすべての回答者がグループ企業を重要なアライアンスパートナーとしており，実際には①②双方の理由によるものと推定される。

　5　「民間企業の研究活動に関する調査報告」と予備調査の違いは，サンプル数（n数）と企業規模の偏りである。たとえば回答企業は，資本金 1 億円以上 10 億円未満 477 社，10 億円以上 100 億円未満 426 社，100 億円以上 251 社である。「民間企業の研究活動に関する調査報告」では，資本金が大きいほど共同研究・開発の実施比率が高まる傾向が見出されており，回答がほぼ大企業だった予備調査との乖離の一部には，企業規模の差が反映されていよう。

表 5　2012 年度外部支出研究開発費の相手先別構成比

(単位：%)

資本金	n（社）	国内						海外					
		大学・公的研究機関	資本関係がある企業	資本関係がない企業	その他	国内計		大学・公的研究機関	資本関係がある企業	資本関係がない企業	その他	海外計	
1 億円以上 10 億円未満	198	9.4	7.8	53.2	6.5	77.0		1.4	12.7	8.9	0.1	23.0	
10 億円以上 100 億円未満	220	6.1	38.9	38.9	3.3	87.2		0.4	8.3	4.0	0.0	12.8	
100 億円以上	169	1.6	36.4	27.8	6.8	72.7		0.3	25.6	1.4	0.1	27.3	
合計	587	2.1	35.5	29.4	6.6	73.6		0.3	24.1	1.8	0.1	26.4	

（出所）　科学技術・学術政策研究所（2013）。

表 6　企業向け社外研究開発費に占める資本関係あり企業への投資比率

(単位：%)

	2010	2011	2012	2013
1 億円以上 10 億円未満	14.7	12.8	13.9	11.4
10 億円以上 100 億円未満	33.7	50.0	32.6	33.8
100 億円以上	40.8	56.7	58.8	63.7
合計	40.0	54.7	54.9	58.5

（出所）　科学技術政策研究所（2010～12）；科学技術・学術政策研究所（2013）より作成。

　表 6 は，企業を対象とした社外向け研究開発費のうち，資本関係がある企業への投資比率を示したものである。対象期間においては，とくに規模が大きい企業のグループ企業への投資比率は増加傾向にあり，グループ企業は社外投資先の約半分を占める重要なパートナーと言える。なお，表 6 において資本規模が大きいほどグループ企業への投資比率が高くなる傾向は，親会社である可能性が高いからであろう。

(2)　フェーズ別社外パートナーの重要度（予備調査）

　予備調査において研究，創造的開発，ルーチン的開発，生産の四つのフェーズに分けて社外のパートナー[6]の重要度を聞いたところ，表 7 のような結

　6　選択肢としてのパートナーは，大学，公的研究機関，グループ企業，同業他社，供給業者，顧客企業，その他企業，試験機関など中立的民間組織，受託・派遣企業の九つであり，研究開発フェーズ別にこれらパートナーがどの程度重要か，5

表 7　研究開発フェーズ別社外パートナーの重要度

研究開発フェーズ	1位	2位	3位
研究	大学	公的研究機関／グループ企業	
創造的開発	グループ企業／顧客企業		サプライヤー
ルーチン的開発	グループ企業／サプライヤー		顧客企業
生産	サプライヤー	グループ企業	顧客企業

果が得られた[7]。

　研究開発のフェーズによって評価の差が大きかったのは，大学および公的研究機関である。研究フェーズでは最重要パートナーとして受けとめられており，創造的開発・生産フェーズではほとんど重視されない。一方，グループ企業，サプライヤー，顧客企業は，フェーズにかかわらず存在感が大きい。同業他社は一部の企業が重視しているのみで，その他のパートナーに関しては，協働実績はあっても重要とはほぼ認識されていなかった。

　(3)　パートナー重要度の変化（予備調査）

　予備調査において，直近の3〜5年間で，社外パートナーの重要性がどのように変化したかを，研究フェーズ別に聞いた。

　研究フェーズでは，もともと重視されていた大学の重要性がより高まったとする回答が半数以上だった。また，公的研究機関の重要性もかなり高まっており，今や両者を巻き込まない基礎研究は実質的に不可能だろう。一方，全設問を通して最近重要性が減じているとの回答が最も多かったのは，基礎研究フェーズにおける大学・公的研究機関であった。2.1項で後述するが，聞き取り調査からも，一部の企業は大学との関係を見直していることが確認された。さらに，グループ企業，サプライヤー，顧客企業との協働も重要性が増しているとの回答者が3分の1以上あり，とくに顧客企業と基礎研究から協働を重視する企業が増えている。

　創造的開発フェーズにおいて存在感を増しているのは，グループ企業およびサプライヤーである。とくにサプライヤーとの協働は，約半数が重要性が高まったと回答している。一方，顧客企業の重要性が増したとした回答は全体の3分の1程度であった。これは，サプライヤーをより重視しているとい

<hr>

段階で回答を求めた。

7　順位は期待値の算出方法に準じる。ただし，四捨五入して小数点以下第1位が同じものは，同位と表示した。

うよりは，顧客企業とは協働体制を構築済みであり，これまで相対的に関係
が浅かったサプライヤーとも今後は深く協力すべきという意図の表れと考え
られる。

　ルーチン的開発フェーズにおいては，パートナーとしての重要性が向上し
ているのはサプライヤーのみで，他はほとんど変化がなかった。ルーチンワ
ークは一般にアウトソーシングが比較的容易であり，すでに相当協働が進ん
でいたはずである。サプライヤーとの最近のアライアンスの一例として，
2.3項に示すように，部品・原材料を製品に組み込んだ上での試験がセット
メーカからサプライヤーに移転するなど，下流の企業の業務を上流の企業が
取り込むものがあげられる。

　生産フェーズでは，グループ企業，およびサプライヤーがより重要になっ
たとの回答は，それぞれ全体の3分の2程度に上った。両者とも，重要度が
低下したとの回答はゼロであった。顧客企業に比べサプライヤーの地位の変
化は大きいが，これも創造的開発フェーズと同様の理由ではないだろうか。
EMSなど製造請負業者の重要性は，やや上昇した程度である。他のフェー
ズに比べ，生産については，すべてのパートナーについてその重要性が減少
したとの回答が最も少なく，生産におけるアライアンスは必須の状況である。

　以上より，企業は研究開発の内容や目的に応じて，アライアンスのパート
ナーを使い分けている傾向が見出せる。

　総じて重要度が増していると考えられているパートナーは，グループ企業，
サプライヤー，顧客企業である。従来は生産・開発が中心であったグループ
企業や顧客企業との協働を基礎研究でも強化したり，顧客企業に比べてやや
関係が薄かったサプライヤーとの協力を深めるなど，より多くのフェーズで
より多様なパートナーとの最適なアライアンスを目指す傾向が明確である。
グループ企業重視の理由として，これまでのアライアンスの経験から，新規
性が高い知の創出と情報流出の危険性を秤にかけた上での判断という回答が
多かった。

　最後に，製造請負など外部との機会主義的アライアンス[8]より，特定のパ

　8　その時々で最も条件のよい（多くの場合は価格が安い）相手と組むこと。
　　Womack et al.(1990)は，米国ゼネラルモーターズが新車ごとに部品の入札を繰
　　り返しパートナーを決める様子を，日本の「系列」と比較しながら記載している。

ートナーと長期的な関係を構築しようという回答もあった。一度は短期的な関係を構築した経験を通じ，情報漏洩リスクを学習した上での回帰現象だという。ただし，この傾向はグループ企業重視ほどは強くなく，一部の回答者にとどまった。

　このように予備調査から，グループ企業，および，サプライヤーあるいは顧客企業をパートナーとするアライアンスに対する関心が非常に高く，実績，課題とも大きいことが明らかになった。したがって本章では，この3者および予備調査において最もコメントが多かった大学を戦略的パートナーとして検討する。

❷　アライアンスパートナーの戦略的活用

❷.1　大学（基礎研究フェーズ）

　表7に示したとおり，基礎・基盤研究において，企業が主要なパートナーと考えているのは大学および公的研究機関であり，これらを対象にした代表的なアライアンスの形態として，①特定の教員をパートナーに，②大学全体や学部と包括提携，③企業がテーマにそった研究を公募し研究資金を提供，④寄付講座など大学に拠点を設置，などがあげられる。①，②に比べ，③，④は企業に大きな主導権がある。

　その他の基礎研究パートナーとしては，M&Aで獲得した企業の研究所，ベンチャー企業などがあげられる。数年前，海外のライバル企業を買収したA社は，若干名の研究員を交換し合っている。当初は研究交流そのものにウェイトを置いていたが，同業とはいえ互いの得意分野が異なるため，重点研究テーマにそった人選を行うなど，次第に戦略的運用へと移行している。また，最近やはり海外のライバル企業を買収したB社も，当初は長期出張程度の人材交流を行い，やや時間をかけて融合を進めていく予定だという。

　有力ベンチャー発掘のために，国内はもとより海外に拠点を構え，専任担当を置いている企業も少なくない。

(1)　大学との共同研究における課題

　企業と大学・学部単位での包括提携は比較的最近のものだが，特定の大学教員との共同研究は従来から行われていることもあり，多くの企業が目的に

応じてパートナーや研究形態などを巧みに使い分けている様子がうかがえる。ここでは，予備調査によって示された，共同研究上の注意点や課題を取り上げる。回答は，①不実施補償や成果の帰属など，権利関係，②同一の大学教員に同業他社がアプローチすることによる情報漏洩への懸念，③費用対効果やスピード感[9]など，商業的技術開発への感覚の違いなどに集中した。

　①の権利に関する問題は，パートナーが大学でなくとも大きな課題とした回答者は非常に多い。しかし，③とも関係するが，大学特有の問題として，たとえば不実施補償に対する認識の差がある。ある企業は，「私企業としてのめないような特許契約を大学から要求され，社内がならば共同研究しなくていいという論調になった時期があった」という[10]。「その後大学も国の機関も不実施補償などを緩めに設定するようになったので，契約しやすくなった」そうである。対企業と比較し，契約の煩雑さをあげる意見も多い。

　②については，共同研究を行う教員や大学には，当然のことながらライバル企業もアプローチするため，パートナーの選定や研究内容には細心の注意を払っている。もちろん，守秘義務を盛り込んだ共同研究契約は締結するが，専門家同士であれば何気ない一言から研究内容を推測しうる。たとえば，ライバル企業も同じ教授と共同研究している場合は，研究内容を限定しライバル企業との棲み分けを考える。あるいは，特定の企業と密接な関係にある大学教授とは，共同研究を行わない選択もとられていた。

　多くの場合，企業側がある程度特定の商品や事業を想定して大学との共同研究を行うが，まったく新しい分野を開拓しようとするケースも増えていた。

(2)　企業が主体となったアカデミアとの研究開発アライアンス

　大学や公的研究機関の研究者を対象に，提示したテーマで公募を行い，選

---

[9]　「研究開発活動に関する調査」（日本経済新聞）によれば，大学や公的研究機関とのアライアンスに関する問題点は，「迅速な成果を期待できない」「契約を結ぶのが煩雑」「特許など知的財産の取り扱いが不明確」の三点に毎年集中している。ただし，産学連携が盛んになり始めた2004年は，知財権の取扱いを問題視する意見が最も多かったが，徐々に低下傾向にあり，代わりにスピードへの問題意識が高まっている。

[10]　伊藤・宇野（2005）が類似の事例を紹介している。同記事によれば強硬策は教員ではなく大学側の意向であった。その後，大学側が対応を変え，共同研究数が増加したそうだが，時期は異なるものの顛末は聞取り調査内容と一致し，同様の事態があちこちで起きていたと示唆される。

ばれた研究者には一定期間，一定額の研究費が支給される。トヨタ，ヤマハ発動機，旭硝子，アステラス製薬などが実施しているが，その内容は多岐にわたる。企業がスポンサーとなるため，研究内容や成果配分などで主導権を持つことができる。

　たとえば，味の素は3ARP（Ajinomoto Amino Acid Research Program）などを通じて，世界中のアミノ酸研究者を対象に，優れた研究に資金約200万ドルを提供していた[11]。Nature 誌や Science 誌での公募に対し，年平均150件の応募があり，7，8件が採用されている。興味深いのは，採択可否の審査を，味の素が行うのではなく世界の第一線のアミノ酸研究者に依頼している点である。これには，審査のレベル維持や公平性確保以外の目的もあると考えられる。3ARP の一次目的は，ファンド機能による有力新規研究・若手研究者の早期囲い込みであろうが，すでに評価された研究者を関与させることで，強固な基礎研究ネットワークを築き，世界中のアミノ酸に関する情報をいち早く収集，かつ集積しようとしていると考えられる。

　ロームのように，学際研究の場を企業主導で大学につくり，ライバル関係にない多分野の企業と大学が渾然一体となり，研究を進める例もある。包括提携という形で当初はテーマを絞らず，各社の技術をまずさらけだして徹底的なブレーンストーミングから次世代テーマ探索を始めている。

2.2　グループ企業

1　グループ企業活用の動機

　予備調査では，グループ企業重視の理由として「機密保持や権利関係を考えると，グループ外とのアライアンスは困難なものが多い」「グループ企業ならスムーズに協業を進めることが可能で，短期テーマも大きな問題なく取り扱える[12]」「主従の関係を超え，互いに力をつけ協力すべき」などが多く

11　2013年度からは公募研究の範囲をアミノ酸以外に広げた AIAP（Ajinomoto Innovation Alliance Program）として，より積極的なオープン・イノベーションの活用を図っている（味の素の HP，Ajinomoto Amino Acid Research Program，http://www.3arp.ajinomoto.com/，2015年8月5日アクセス）。

12　短期テーマを開始するたびに守秘義務契約を締結するのは手間がかかるためである。

聞かれた。アライアンス・パートナーはほぼグループ企業であることも珍しくはない。なかには、ライバル企業とアライアンスを組んでいたが、情報漏洩の懸念から、「いっそのこと同じ会社になった方がいいのでは」という理由にも後押しされて経営統合が進んだという例もあった。

　これらの声は、以下の三点に集約可能である。まず、ある程度の情報開示をしないと業務が進まないが、情報を社外に開示するほど情報漏洩時の競争優位の損失を免れない。多数の企業が強い意見を寄せたのは、アライアンスの経験を通じてそのリスクの大きさを再確認したからだろう。グループ企業であれば、研究開発の効率と情報漏洩リスクの低減を両立できる。

　二点めは、業務の説明に要する労力が少なくすむ点である。もともと技術の範囲も近く、2000年代にはBOMやCAD、会計基準などの統一もかなり進んだという背景もある。また、一般に社外のイノベーションの受け入れは組織文化の変革を伴う（Slowinski et al., 2009）が、グループ内であれば組織としての価値規範や認識、意味（Weick, 1979）なども親和性は高くなる。さらに、契約やマニュアルなどの形式知による交渉機会が相対的に少なかった日本企業は、暗黙知を形式知化する作業を比較的苦手とする。一点めの情報漏洩リスクと相まって、暗黙的コミュニケーションがとりやすいグループ企業は、非常にありがたい存在だろう。

　社外に技術開発を任せれば、自社の技術力が低下し、技術も蓄積されず、また人材も育ちにくいことは次節で議論するが、グループ企業はこの点でも非常に有益な存在である。頻繁な合同ミーティングなど、アウトソーシング先で生じた知を共有、あるいは自社に還流させる場をつくりやすく、また人事交流も比較的容易だからである。これが、三点めの理由である。

② グループ企業とのアライアンスの実際と課題：研究から生産まで

　グループ企業とのアライアンス形態は多岐にわたる。従来から生産やルーチン的開発のアライアンスが主だったが、最近は基礎研究や創造的開発のパートナーとして活用している企業も増えた。また、かつては親会社からの業務委託的色彩が強かったが、互いに知恵を出し合う「協働」へ関係が変化している。

　たとえば、親会社の技術者が一定期間グループ企業に常駐、あるいは出向

し，グループ企業の技術者と協力しながら新しい技術をつくり込んで行く，などの例が見られる。創造された新技術は親会社に持ち帰られ，技術統括部門などがまとめ役となり，解析・社内標準化を経て，他の製品や事業部に展開されるなど，知のグループ内共有も盛んである。

　しかし，アライアンスが深く進行するにつれ，課題も認識されるようになった。下記の事例は，複数企業へグループ企業の戦略的活用に関する聞取り調査を行い，共通点を抽出し，設計・試作業務を例に一般化したものである。

　(1)　事例1：開発におけるルーチンワーク的設計の委託

　A社は，新規性がさほど高くないため，ルーチンワークと認識していた製品の設計業務を，グループ会社B社にアウトソーシングした。グループ内でのアライアンスのため，情報漏洩の懸念は不要だったが，A社若手社員の技術力が低下するという想定外の事態が起こった。一方，設計業務を任されたB社では，図面だけでなく設計内容の完成度もA社のものより高く，洗練されるようになった。さらに，新たな技術やノウハウが生み出され，B社社員の技術力は著しく向上し，A社への逆指導も期待されるレベルになった。しかし，技術蓄積はB社にとって本務という位置づけではなかったため，創造された知識はどこにも蓄積されなかった。

　危機感を抱いたA社は一連の事実を解析し，「ルーチンワークとは今は社内では当然になっているが過去の創意工夫や知見の蓄積そのものであり，社外には一切存在しない，自社の競争優位を支えるもの，他社にとって非常に貴重な情報でありうる」との認識に至ったという。

　(2)　事例2：新製品開発における評価委託と若手育成

　C社の上司は，部下の若手設計者に，評価に社外のD社を使うことも含め，ある試作品の設計を命じた。ある日上司が試作品の設計の妥当性の説明を求めたところ，若手は答えられなかった[13]。妥当性を判断するには，計算方法や各種条件の設定などのインプット情報と，試作品の評価結果や解釈などのアウトプット情報の双方が必要だが，若手はマニュアルに従いCADで図面を描き，情報はほとんど添えず試作品をD社に渡しただけだった。結局，若手はD社から聞いたままの評価結果を報告し，インプット情報に

---

[13]　実験を派遣社員に任せている別の企業では，実験結果に異常値が見つかった際，答えられる正社員が一人もいなかったという。

関する不明点については，「マニュアルにある」「前の図面を応用した」など
と回答した。上司は，自分が若手の頃，社内試作部門の担当者と実物を手に
し，たとえば線 1 本の意味を話し合いながら設計図を作成していたことを思
い出した。

　(3)　事例 3：開発における比較的単純な業務のアウトソーシングとマネジ
　　　　メント能力育成

　かつて新人や若手が担当した仕事をアウトソーシングした E 社では，中
堅クラスが未熟な部下を管理・教育する機会がなくなり，マネジメント能力
が育成されなくなってしまった。一方，E 社のアウトソーシング先のマネジ
ャーは，従来より若手の相手をする機会が増えたためかマネジメント力は向
上し，業務効率にも改善が見られた。

　(4)　事例 4：コストを最優先した生産委託の代償

　F 社では，グループ企業の中なら，たとえば子会社より協力工場に生産委
託するケースが多い。人件費や減価償却費の配賦率が，本体との関連が薄く
なるほど小さく設定されているためである。しかし，こうした実態を知らな
い経営者層は，経営が悪化すると定石どおり関連性が低いグループ企業から
切り離していった。

　切り離された企業は，アウトソーシングされた業務を通じて培った技術を
武器に，生き残り策を講じた。当然のことながら，その技術が通用するのは
F 社の同業，すなわちライバル企業であった。かくして，グループ企業を通
じ，F 社の重要技術がライバル企業に流れてしまった。

　パートナーがまったくの外部であれば厳密な守秘義務契約を結ぶが，グル
ープ企業であったため，F 社はそこまでは徹底しなかった。後から考えれば，
ライバル企業からグループ企業に声をかけた可能性も否定できなかった。そ
の後，F 社は，グループ企業に十分な仕事を回し，長期的に適材適所の役割
分担ができるよう，グループ全体を視野に入れた技術戦略立案に取り組んで
いる。

　以上より，次節では，その中から意図せざる技術流出，技術力の低下，人
材育成に焦点を当て，原因と対応策について論じる。なお，これらの課題は，
パートナーがグループ企業以外でも十分に起こりうる [14]。

図 2　従来の系列

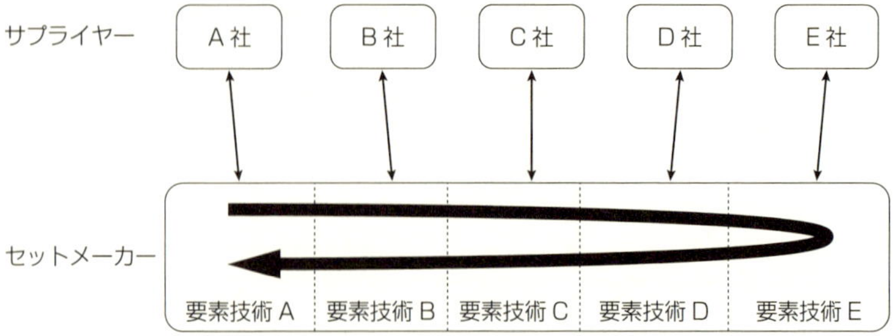

2.3　サプライヤー − 顧客企業

　サプライヤーにとって，顧客企業との共同用途開発は，販路を拡大するために不可欠な作業であり，またニーズを汲み取った部材・機器の提供は，ライバル企業との差別化の源泉ともなる。一方，特定顧客にカスタマイズした商品は，生産はもちろん，設計の手間も，汎用品のような規模の経済性が望めない。後述する「高生産性カスタマイズ」は，このトレードオフを解消したものである。

　従来の典型的なサプライヤー − 顧客企業との協働は，図 2 の自動車の系列に代表されるように，顧客企業（アセンブラ，セットメーカーなど）が主導権を持つ。狭い範囲ではサプライヤーと共同で研究の段階で生産しやすさを考慮するなど垂直統合もあるが，個々の要素技術の擦り合わせ，あるいは全体における研究 − 開発 − 生産の最適化はセットメーカーが行うのが一般的である。そのままでは，サプライヤー独自の発展や，顧客企業との力関係の改善は難しい。

　これら二つの課題に戦略的に対応している事例を紹介しよう。

(1)　事例：安川電機の御用聞き営業と「外専内標」

生産機器メーカー大手の安川電機がロボット事業へ参入したのは 1977 年

14　予備調査では，回答者の問題意識は，大学およびグループ企業とのアライアンスに集中した。対企業に限れば，その理由は，①グループ企業は身内との意識があり，技術流出などへの警戒心が相対的に薄く，成果の帰属や契約などの対応の厳しさにやや欠けていたこと，②①の理由で深く関わるほど，問題点がより大きくなること，③パートナーとしてグループ企業の比率が高かったため起きた問題もグループ企業由来のものが多かったこと，などがあげられる。アライアンスに関する問題そのものは，どのパートナーでも起こりうる。

図 3 顧客からの学習の蓄積と高生産性カスタマイズ

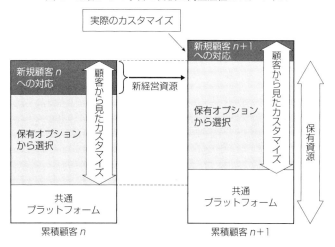

だが，当時の事業は赤字続きであった。しかし，「とにかく顧客のニーズに耳を傾けて形にする」御用聞き営業を徹底し，「用途最適」（財界研究所，2008）を掲げ，満たすカスタム品を提供し続けた。安川電機では，顧客から要望があれば，たとえ1台でも絶対につくることにしている（日経BP社，2009）。現在では，多様な顧客へ提案型営業を行っている（日経BP社，2008）。

安川電機は，1998年のホンダへのスポット溶接ロボット納入を契機に自動車メーカへの参入を果たした。その後順調に実績を伸ばし，現在ではほぼすべての自動車メーカで安川ロボットが使用されている。安川電機は顧客のニーズへ「用途最適」で対応し，学習した知識の蓄積を次の開発に活かすことを繰り返して，他の自動車メーカーからも高い評価を得るに至ったと考えられる。

さらに，安川電機は，「外専内標」を掲げ，用途最適品の低コスト生産に成功している。ロボットは，サーボモーターやインバータなどの要素部品，ハンドやアームなどのユニットから構成されている。要素部品，ユニットを可能な限り社内標準化し，図3のように顧客ニーズを満たすよう組み合わせ，新規のカスタム部分を追加し最適化することで，社内基準では大部分は標準品から構成されるが，顧客にとってはカスタマイズされたロボットが低コストで提供される。ここでの社内標準化とは，個人の知を組織知に変換し，競争優位を持つ経営資源として積み増すプロセスにほかならず，Mintzberg et al.（1998）がラーニング・スクールと名づけた一連の研究[15]（組織学習，創発的戦略形成，ケイパビリティ論など）により説明できる。

　安川電機にとって，製品開発フェーズにおいて新顧客からの要望に「用途最適」で対応することは，彼らの技術資源を積み増し，さらに多様なカスタム品を提供する原資となっている。加えて，新たなアーキテクチャ設計に示唆や自由度を与えている可能性もある。

　(2)　事例：アプライド マテリアルズのソリューションビジネス

　半導体の工程は，非常に細かく分かれている。かつて半導体産業では，半導体生産メーカーが製造装置も内製していた。機器は工程ごとに分かれているとはいえ，一企業内で設計から生産まで手がけるため，完成までに少しずつ擦り合わせを進め，最終的には全工程の機器間のインターフェースが最適化されていた。

　しかし，生産規模および生産者数が増加し，また半導体は微細化の一途をたどったため生産機器も高度化し，すべての機器を半導体メーカーが内製するのは困難になり，生産機器メーカーは独立し，さらに工程ごとに専業化していった。

　このような水平分業型産業において，半導体生産者が一気通貫で全工程を最適化するには，機器や原材料を工程ごとに調達し，自ら調整しなければならない。アプライド マテリアルズはもともと半導体製造装置メーカーであったが，半導体メーカーに機器を納入する際に，当該工程だけでなく，前後工程との調整作業も行うようになった。

　複数の顧客企業からの依頼に応じて機器とサービスの提供を積み重ね，やがて全工程をカバーできるようになった。また，各工程でどの機器を使うかは顧客に任されているため，自社製品の納入，調整の過程で，前後工程の調整上他社製品の性能だけでなく，自社品と他社品の調整を学ばざるをえなくなった。さらに，半導体の原理は共通だが，使用する用語や概念，設計思想などは企業ごとに差異が見られ，それらの咀嚼は提案型営業のきわめて重要な武器となることもわかってきた。

　このように徐々に対応可能な機器，および機器間のインターフェースを学

　15　代表的な研究として，それぞれ野中・竹内（1996），Mintzberg（1987），Leonard-Barton（1992），Hamel and Prahalad（1994）をあげる。

習し蓄積していったアプライド マテリアルズは，どの生産メーカーも持ち
えなくなった一気通貫の工程の擦り合わせノウハウを，ソリューションとし
て提供するようになった。半導体メーカーから見れば，同じ機器を購入する
なら調整サービスもついてくる方，単一の機器を調整するより，できるだけ
長い工程，可能なら全体を通じ最大のパフォーマンスを出すよう調整するサ
ービスを付随させる方を選びたくなるのも無理はない。

　かくしてアプライド マテリアルズは，世界最強の半導体製造装置メーカ
ーとなった。かつて生産メーカーにあった生産の擦り合わせ技術が，アプラ
イド マテリアルに移動したことになる。

　(3)　事例：村田製作所のマウンタ技術開発

　村田製作所は，コンデンサなど電子部品で世界一の地位を築いているが，
プリント基板などセット品は生産していない。にもかかわらず，画期的な積
層コンデンサを開発した同社は，1980 年にセットメーカーである松下電
器・東芝，マウンタ（電子部品を実装する製造装置）メーカーの富士機械製造
とともに，マウンタの共同開発を開始した（村田製作所 50 年史編纂委員会，
1995）。

　かねてからセットメーカーよりマウンタを開発して欲しいと要望が出され
ていたが，同社は部品に徹するという社長方針により断っていた。しかし，
小型化した新電子部品も新実装技術が開発されなければ大口販売につながら
ないと考えを変え，共同開発が発足した。そのもくろみどおり，新コンデン
サは圧倒的な強みで業界標準を獲得した。セットメーカーの立場に立てば，
自ら開発しなくてもコンデンサを購入すれば実装技術がついてくるため，村
田製を選ぶインセンティブは高い。

　村田製作所は当初はトップメーカーではなかったが，本来はセットメーカ
ー主体で行うはずの開発業務の一部を自社に取り込み，実装技術込みで電子
部品販売を続けた。そのうち，セットメーカーから次の商品に合うコンデン
サと実装技術を共同開発して欲しいという要望も多数入るようになった。大
口顧客のニーズを競合他社に先んじて入手，実用化することで，「村田＝世
界標準」という地位が固まっていった。

　非常に新規性が高い技術を実用化するには，技術が市場に出るまでの各プ
ロセスに携わる企業の協働が必要であることを示した一例である。

図 4　セットメーカーからサプライヤーへの知の移転

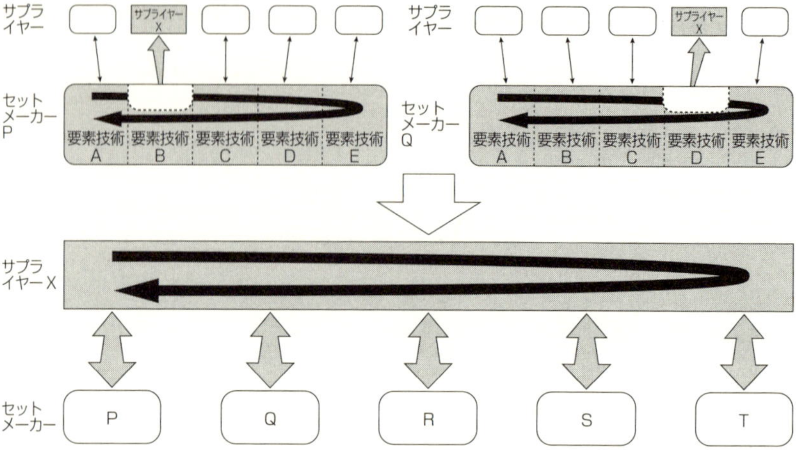

このように，サプライヤー−顧客企業間のアライアンスは，仮想的垂直統合と見なすことができる。アライアンスのかなり大きな部分を占めてきた技術補完型（加藤，2005）は，水平方向の協働が多く，技術開示部分は最小限にとどめられるのが一般的である。これに対し，垂直方向の協働は，企業の境界を一部越え互いの開発プロセスを把握する，バーチャルカンパニーの意味合いが大きい。

すべての垂直方向のアライアンスが，村田製作所のような協力体制を築けるとは限らない。競争力の低下を恐れ，顧客企業はサプライヤーに提供する情報を最小限に抑えたいのもまた事実である。それでも顧客企業にとって，提供部材・機器に関連する顧客企業の開発業務を，かゆいところに手が届くように肩代わりする，あるいは自社製品にカスタマイズした部材・機器を安価に提供するサプライヤーとの協働は魅力的である。また，垂直な関係にある企業同士は，市場で直接の競争相手となりづらいことも，関係強化を促進するのだろう。

これを競争優位の源泉にしている限り，サプライヤーは，顧客企業の領分に進出するなど顧客企業の不利益につながる行為は決して行わず，守秘義務は徹底的に守るだろう。自社にとって金の卵を産む鶏を殺すことになるからである。その意味では，顧客企業は，市場での競争力の低下を懸念する必要はない。

　しかし，自ら研究開発を手がけなければ，技術力は必ず衰退する。また，図4に示すように，顧客企業の知の一部（擦り合わせ技術のごく一部ではあるが）は確実にサプライヤーに移転している。しかも，先のグループ企業の例と異なり，サプライヤーには得た知を蓄積する大きな動機がある。エレクトロニクス業界を例にとれば，擦り合わせ技術を競争優位の源泉にして，かつて強かった組立型企業の収益性があまりふるわず，一方で電子部材メーカの収益性は非常に高いのは，こうした経緯をたどっていったからではないだろうか。もちろん，新たな競争優位の源泉が構築できれば，かつての強みが低減・移転しても問題はない。されども，アウトソーシングに頼らざるをえない状況において，知はかつてより容易に移転することを考えれば，どの企業も変化する競争優位の源泉を常に正しく認識する必要があろう。

❸　課題と対応策

3.1　意図せざる技術流出

　外部組織とのアライアンスの際，技術は必ず流出する。しかし，ある程度の情報開示がなければ協働の成果は得られない[16]。一方，技術や知識の中には，流出してもさほどダメージにならないものも多数ある。また，パートナーに提示しないと協働の妨げになる技術は，競争優位を保つ技術と必ずしも一致するわけではない。企業にとってどの技術を開示しどれを秘匿するかの判断は，個々のアライアンスの成否だけでなく，企業の長期的な競争力を左右するクリティカルなものである。

　企業にとって最も避けるべきは，意図せざる技術流出である。その主原因として，下記の二つがあげられる。

　一つめは，開発スタイルと技術の切り分け方の不整合によるものである。研究開発のアライアンスにおいて不要な技術漏洩を防ぐには，一部の業務や技術のモジュラー化が必須である。ここで，モジュラー化とは Baldwin and Clark（2000）が指すように，開発の初期段階でデザインルールにより，モジ

---

[16]　ある企業は，技術力が十分であっても，協働の範囲内での情報開示に非常に消極的なパートナーとは，契約を更改しない。「ブラックボックスにされると手も足も出ない」からだという。

ュラー内の仕様が決定され，モジュラー間の相互依存性は解消されている状態を指す。

　一方，日本企業が日常的に行っている擦り合わせ型開発においては，業務を進めながらモジュールの仕様やデザインルールを少しずつ決定していく。また，目標コストやスケジュールの範囲内であれば，性能を向上させる設計変更は歓迎されがち [17] で，開発が終わる頃，やっとモジュール化が完了することも珍しくない。

　モジュール間の相互依存性を解決しないまま社外に技術を提示するのはもちろんだが，仮にある程度適切な技術の切り分けを行っても擦り合わせ型開発スタイルのままアライアンスを組めば，社外に出す意図がなかった技術も流出する可能性が非常に高い。

　二つめの要因は，2.2項の事例1に示したように，競争優位を支える技術の誤認識である。社内で「コア技術」と位置づけられている技術の中には，かつての基幹技術であっても現在の収益源ではないものもある。さらに，○○技術と銘打っていない，ルーチンワークやノウハウに埋め込まれた競争優位は大きな落とし穴となる。これらは製品に直接搭載されるわけではないので，他社との競争に直接さらされたり，比較対象となる機会が少なく，競争力があると自覚しづらい。

　通常のアライアンスでは，成果や知的財産権の帰属に非常に気を使い，事前の契約などで厳密なコントロールを試みる。しかし，上記の2例は新規に創出され特許出願の対象となる技術ではなく，その背景となるような，企業独自の設計思想やメタ技術（独自技術を生み出す能力）などであり，短期的，あるいは当該製品・事業の利益を損なうものではないかもしれないが，長期的に競争優位が大きく損なわれる可能性がある。

　内製CADを使い続けてきた多くの日本企業は，コスト低減と開発スピード向上のため，ある時点で市販のCADに移行する決断に迫られた。内製CADは各社の独自技術・設計方針に基づいて設計されており，ノウハウや知が詰め込まれているという認識を多くの企業が持っていた。したがって，他企業と同じCADを使うことで技術の専有性が消失し，競争力が低下する

　17　米国製造業では，一つのプロジェクトの中での設計変更は悪とされる。もし，変更箇所が見つかれば，次の製品などに盛り込むのが通例である。

との懸念は非常に大きかったが，実際にはそうはならなかった。

　この事例からも，やはり競争優位を持つ技術を誤って認識していた様子がうかがえる。日本企業に適した独自CADを開発したトヨタケーラムの元社長新木氏によれば，「CADそのものよりも，CAD使用時のワークフロー（使い方や手順）に競争優位が存在する」。これは，CADに蓄積された個々の知識・データそのものより，一連の知を体系づける方法，あるいは知の使い方，すなわちメタ知識にこそ競争優位が存在するとの示唆だろう。

　これらの事例は，熟知しているつもりの自社の「コア技術」「競争優位」の正確な把握は，実は難しいことを示している。見極めには他社との客観的な比較が必要であるが，その企業にとっては当たり前の技術であるため，客観視する必要性をあまり感じない，あるいは「体得」しているため暗黙知の度合いが高く客観視しづらいためである。

　ある企業では，研究開発部門のトップが「もっと外部を使って開発の効率化を図れ」と指示するが，現場のマネジャーは「"そこはかとなく"怖くてできない」と考えている。どの技術をパートナーに開示していいのか，自信が持てないからである。研究開発のアライアンスには，まず自社の技術の棚卸しや正しい切り分け，社内での結果の公認と共有が前提となる。

　さらに，アライアンスのパートナーチェンジの際に起こる技術流出リスクもある。元パートナーの新たなアライアンス相手が同業者である可能性は非常に高く，技術の切り分けや契約形態などについても，ロードマップを想定するなど中長期的かつ戦略的対応が必要となる。

3.2　技術の切り分け方のメリット・デメリット

　前節で論じたように，研究開発アライアンスの際には，出す技術，出さない技術の切り分けが成否を分ける。現実的には，一連の業務の一部を切り出すか，あるいは一連の業務全体を対象にするかの選択を迫られることになる。一連の業務の範囲に明確な定義はないが，一般に製品の設計や試作，生産など，社内で一つの部門やチームが対応していた業務範囲が相当する。両者には，それぞれメリット，デメリットが存在する。

　(1)　一連の業務の一部を対象とする場合

　メリットは，技術が漏洩しても全体像の把握は難しく，致命的なリスクと

図5　技術が世に出て廃棄されるプロセス

はなりづらい点である。

　一方，アウトソーシングする組織においては業務の連続性が欠落し，全体像を考える，あるいは自らの担当の関連情報を知る機会を奪うことによって，一気通貫の技術開発が困難になるのは大きなデメリットである。人材育成面でも，俯瞰的に一連のプロセスを見る機会がなくなることで，とくに経験が少ない若手の成長に悪影響を与える。日本の製造業では，図5のような技術が世に出るまでの俯瞰的視野を持つ技術者を重視している（寺本・加藤，2008）。範囲の差はあるが，多くの技術者がそうした能力を備え，自律分散的に調整可能なため，モジュール型設計のように少数の設計者がデザインルールを先に準備する必要性は薄かった。しかし，図5のような技術間，部品間，機能間のつながりを理解する機会が減れば，「擦り合わせ型」ものづくりの能力はゆっくりだが確実に低下し，放っておけば致命的なものとなる可能性もある。

　第二のデメリットとして，業務が分断されることによる調整作業の負担の大きさがあげられる。

(2)　一連の業務単位を対象とする場合

　メリットの一つめは，社内でも限られた人だけが持っていた知識や，非言語に負うところが相対的に多かった業務を，アウトソーシング先に説明する際，伝播しやすい形への変換，すなわち暗黙知の形式知化作業が生じる。これにより，アウトソーシング先だけでなく社内にも情報が流通しやすくなる。また，知的資産にアクセスしやすくなるため，新たな知が創造される可能性も高まる。二つめは，やはり同じ過程で起こる，業務内容や手順の見直しによる整理や体系化である。

　これらの副次的メリットは(1)でも生じるが，対象となる範囲の大きさから，効果は(2)の方がかなり顕著である。技術が広範囲かつ複雑になり，全体像を

把握しにくくなっている現在，若手の育成にも有効なツールとなる。

その反面，技術漏洩した際のリスクは大きい。同様の理由で，自社内の知の欠落も大きくなる。実際にはその分アウトソーシング先に知が生成されるのだが，必ずしも蓄積されない[18]ため，知を回収する仕掛けが必要になる。人材育成の面では，若手が従来携わっていた下積み的・基礎的な業務がアウトソーシング先に移るため，若手は技術や業務の基本が身につきにくく，また中堅は管理対象がなくなりマネジメント能力が育ちづらくなる。知の蓄積や人材育成への対応については，次項以降で詳しく議論する。

❸.❸　技術力の低下と知の還流

先の事例1，2は，たとえ企業に良質な知の蓄積があろうとも，若手が作業を体験しなければ技術力は維持・継承できないことを示している。また，事例3から，マネジメント能力にも同様のことが言えるだろう。

日本企業ではOJTが人材育成の中心であり続けた，すなわち，業務イコール学習の機会であった。そのため，経験や暗黙知に頼らず能力を形成する教育ノウハウは，きわめて貧弱である。オープン・イノベーションが不可避であるならば，今後の育成には，学習の場が減じることを前提とした対策が必要となる。

さらに注意すべきは，意図的に対策を講じなければ，たとえグループ企業内であっても，外部で生まれた知が自社に還流されない点である。外部の知識を吸収するabsorptive capability（Lane and Lubatkin, 1998）や，補完的な投資（Leonard-Barton, 1992など）も必要であること，すなわち社外を利用しても安易に経営資源が節約できないことは，古くから指摘されている。これら自体の重要性は変わっていないが，それ以上の対策が要求されるということだろう。

共同研究・開発のように両者が主体的に関わるならまだしも，委託に近い形態では，委託先は新たな知を自身のために蓄積することはあっても，委託元への能動的なフィードバックは対価の対象外と考えるだろう。また，技術成果だけを受け取りがちだが，競争優位が知識創造プロセスのプロトコル，

---

[18]　多くのアウトソーシング先にとって，知の蓄積は第一義的な目的と位置づけられていないからである。

すなわちメタ知にあるのであれば，当該製品の開発など短期的な課題は解決するものの，とくに委託元において若手の技術力は育たず，いずれ技術は継承されなくなる。

　たとえば，コスト節減のため社外を利用するケースは多いが，パートナーは委託元よりさらにコストへの圧力が強いため，効率的な手法を考案しルーチン化するモチベーションは高い。しかし，委託元・先ともに，その創意工夫のプロセスにはあまり着目せず，コストダウンの結果のみを受け取りがちになる。しかし，モノだけでなく情報が双方向，さらにはグループ内に流れれば，新たな知の創造や効率化も促される。そのためには，受け取った技術成果の解釈と咀嚼を，自社およびパートナーの主要業務と明確に位置づける必要がある。

3.4　人材育成：OJTへの過剰適応をどう克服するか

　かつての若手技術者は，難易度や革新性が相対的に低い雑務や下働き的業務などにまず従事し，見て聞いて，手を動かして技術を身につけるという作業を行ってきた。一つの仕事の範囲は狭く容易な分，因果関係やなぜこうなったかの理由を考える機会はふんだんにあったのだろう。大きな成果をあげた技術者は，このような小さな課題から徐々に範囲が広がるよう仕事を与えられ，技術が市場に出るまでの多様な要素を結び付けつつ，一気通貫の立場から全プロセスを俯瞰している（寺本・加藤，2008）。日本企業においては，各部門で独立性の高いプロフェッショナルが役割分担の明確な業務を担当するというより，それぞれ持ち場や専門性はあるものの，業務全体を見渡しながら互いに調整し合う「擦り合わせ」がこれまでは優勢であり，従来の人材育成は時間がかかるものの業務の進め方と整合性が取れていた。

　しかし，アウトソーシングの多くは，創造性や難易度が高い業務に多くのリソースを割り当てるために，かつて若手が担当した業務を低コストの社外に任せるものである。訓練の機会もなく言わば丸腰の状態でいきなり創造的業務を任された若手からすれば，型やマニュアルをよりどころにする以外ないのだろう。共同研究・開発においても，細かく分担するほど全体を俯瞰しづらくなる。社外が相手では，その傾向に拍車がかかる。

　つまり，オープン・イノベーションにより業務の進め方が大きく変わった

にもかかわらず，人材育成が従来どおりなら，両者に齟齬が生じるのは当然である。現在の上司世代はかつての方法で育てられてきたため，それ以外の人材育成方法を知らない。上司世代だけではなく，OJTを長年洗練させ続けてきた日本企業全体が，オープン・イノベーションに適した人材育成のノウハウを持たないこと，かつてほぼ一体化していた業務の進め方と人材育成に齟齬が生じていることを認識すべきだろう。

　齟齬を改善する方法は二つ考えられる。一つは，育成の「場」（伊丹，2005）を無理にでもつくることである。自社に場をつくれないなら，アウトソーシング先に修行のごとく若手を放り込む手段もある。実際に，グループ企業へ若手から中堅クラスを異動・出向させている企業がある。もう一つは，技術，開発の方法論，人材育成のノウハウなどのそれまでの暗黙知の一部を形式知化し，ある段階まではそれを中心に教えることである。これまでの日本企業はOJTや暗黙知による人材育成がうまくいっていたため，形式知による教育ノウハウの開発にはさほど注力してこなかった。その分，「苦手」の克服効果は大きいはずである。記録形式・メディアの多様化で文字に頼らず技術を蓄積できるようになったことや，2007年問題[19]対応の際に培われたノウハウなどにより，形式知化の環境も能力も向上している。マニュアルに頼るためきめ細やかな対応は難しいが，多数をあるレベルまで促成栽培するには効率がいいはずである。

　実際には，これら二つの組み合わせが有効ではないだろうか。しかし，双方とも片手間ではなしえない。育成のための業務が増える分，他の業務を効率的に運用し，育成に経営資源を割り当てる必要がある。なお，小池（2005）は，OJTは「知的熟練＝問題と変化をこなす腕」を成長させるとしながらも，仕事の幅が広すぎると修得コストがかかりすぎるとも指摘している。オープン・イノベーションが進行するほど，従来のように関連性が高い業務を与えることは難しくなり，上司は業務の進め方と人材育成の整合性を今一度見直す必要がある。

19　団塊世代の大量退職に伴い，技術伝承が危ぶまれたこと。多くの企業が，ベテランのノウハウを多様な方法でデジタル化，データベース化した。

おわりに：パートナーによる課題と対策

本章で詳しく取り上げたパートナー別に課題と対策を振り返る。

大学がパートナーの場合，企業から見た課題は，①不実施補償や成果の帰属など，権利関係，②同一の大学教員に同業他社がアプローチすることによる情報漏洩への懸念，③費用対効果やスピード感，の三点に集中し続けている。しかし，やや長期的に見れば，課題は徐々に解消する方向にあるようである。企業も大学側に過度な期待を持たず，独自の基準でアライアンスを組む大学を選定したり，契約方法の改善を提案し，煩雑さを軽減するなどの措置をとっている。大学も企業の要求を理解し，教員が大学当局に働きかける例も見られる。

一方，スピードに関する不満は根強い[20]。さらに，研究開発活動に関する調査（日本経済新聞社，2015）によれば，「大学に共同で取り組みたい研究成果が少ない」とする回答が20％弱あった。海外の大学との連携を深めたいという回答も年々増加傾向にあり，大学側の態度によっては国内大学の選別が進み，さらに海外の大学とのアライアンスにおいて新たな課題が提起される可能性が高い。

次に，グループ企業がパートナーの場合である。情報漏洩リスクや権利関係のトラブルは少なく，多くの情報を共有しながら研究開発を進められるため，速いスピードで研究開発や生産が進み，成果も大きくなりやすい。研究開発フェーズやアライアンスの形態も必要に応じて多様にアレンジでき，またアライアンス先で生まれた知のグループ全体への還流も期待できる。一方，身内であるという安心感がリスク管理を甘くする可能性もあり，たとえばいったん情報漏洩が起きると，渡していた情報量が大きい分，損害も大きくなる。やや長期的なグループ経営の方針や技術のロードマップに鑑み，アライアンスを組むべきであろう。

最後に，顧客あるいはサプライヤー企業とのアライアンスである。とくにサプライサイドの企業が顧客企業とアライアンスを組む場合，学習効果は絶大なものがあり，顧客企業のニーズに細かく応えることで，多くの企業のニーズや技術の方向性を把握し，大きく成長した企業は少なくない。一方で，

20　大学側も改善を試みているものの，企業側のスピードアップへの需要がそれを上回っている部分が大きいのではないだろうか。

サプライヤーと顧客企業の力関係は，購入するという点で歴然としているとの指摘 [21] もあり，下請けに終わらない工夫は必須である。成功したサプライヤーは，カスタマイズの単なる積み重ねでは費用対効果が悪いため，顧客企業からの学習内容を自社の知的競争優位に昇華させ，顧客企業に提案できるような仕組みを築いている。顧客企業は，現在のポジションに安住しサプライヤーに業務を任せていると，競争優位がサプライサイドに移転しかねない点に注意が必要である。

　研究開発のアライアンスは，それまで擦り合わせ型の業務の進め方が身に染み付いている日本企業に，一部とはいえ根底からの変革を要求するものである。また，日本企業の人材育成が OJT 中心であり続けるなら，仕事の進め方と人材育成は渾然一体としており，人材育成も同様にイノベーションが必要であろう。

　＊　本章は，「コア技術を高める R&D アウトソーシング研究会」，および「顧客からの学習機会創出マネジメント研究会」における議論と調査に多くを負っている。あらためて，両研究会およびメンバーに紙面を借りて深く感謝の意を表したい。

参考文献

Ajinomoto, Ajinomoto Amino Acid Research Program（http://www.3arp.ajinomoto.com/ 2015 年 8 月 5 日アクセス）

新木廣海（2006），『日本コトづくり経営：トヨタで培った新シナリオ』日経 BP 社。

Baldwin, C. Y. and K. B. Clark（2000）, *Design Rules Vol. 1: The Power of Modularity*, Cambridge, MA: MIT Press.（安藤晴彦訳『デザイン・ルール：モジュール化パワー』東洋経済新報社，2004 年。）

Hamel G. and C. K. Prahalad（1994）, *Competing for the Future*, Boston, MA: Harvard Business School Press.（一條和生訳『コア・コンピタンス経営：大競争時代を勝ち抜く戦略』日本経済新聞社，1995 年。）

伊丹敬之（2005），『場の論理とマネジメント』東洋経済新報社。

伊藤大貴・宇野麻由子（2005），「東北大での反乱に見るボタンの掛け違い，産学連携知財で空回り」『日経エレクトロニクス』1 月 31 日号，98–104 頁。

科学技術・学術政策研究所（2013），「民間企業の研究活動に関する調査報告 2012」『NISTEP REPORT』第 155 号。

科学技術政策研究所（2009），「平成 20 年度民間企業の研究活動に関する調査報告」

21　予備調査において，ある部材メーカーのマネジャーは，感覚的に 1 対 10 くらいで顧客企業が強いと回答している。

『NISTEP REPORT』第 135 号。

科学技術政策研究所（2010），「平成 21 年度民間企業の研究活動に関する調査報告」
『NISTEP REPORT』第 143 号。

科学技術政策研究所（2011），「民間企業の研究活動に関する調査報告 2010」
『NISTEP REPORT』第 149 号。

科学技術政策研究所（2012），「民間企業の研究活動に関する調査報告 2011」
『NISTEP REPORT』第 152 号。

加藤みどり（2005），「研究開発のアライアンスとアウトソーシング」原陽一郎・安部
忠彦編『MOT イノベーションと技術経営』丸善，104–119 頁。

小池和男（2005），『仕事の経済学　第 3 版』東洋経済新報社。

Lane, P. J. and M. Lubatkin (1998), "Relative Absorptive Capacity and Interor-
ganizational Learning," *Strategic Management Journal*, *19* (5), 461–477.

Leonard-Barton, D. (1992), "Core Capabilities and Core Rigidities: A Paradox in
Managing New Product Development," *Strategic Management Journal*, *13*
(S1), 111–125.

Leonard-Barton, D. (1995), *Wellsprings of Knowledge: Building and Sustaining
the Sources of Innovation*, Boston, MA: Harvard Business School Press. (阿部
孝太郎・田畑暁生訳『知識の源泉：イノベーションの構築と持続』ダイヤモンド社，
2001 年。)

Mintzberg, H. (1987), "Crafting Strategy," *Harvard Business Review*, *65* (4), 66
–75. (広重隆樹訳「戦略クラフティング」『DIAMOND ハーバード・ビジネス・レ
ビュー』2003 年 1 月号。)

Mintzberg, H., J. Lampel and B. Ahlstrand (1998), *Strategy Safari: A Guided
Tour Through the Wilds of Strategic Management*, New York, NY: Free Press.
(齋藤嘉則監訳『戦略サファリ：戦略マネジメント・ガイドブック』東洋経済新報
社，1999 年。)

みずほ総合研究所（2007），「安川電機モートマンセンタ／モートマンステーション
『最先端ロボットのすべてがそろう』400 種類を生産する"ロボット村"」『フォー
レ』12 月号。

文部科学省（2005），「平成 16 年度民間企業の研究活動に関する調査報告」。

文部科学省（2006），「平成 17 年度民間企業の研究活動に関する調査報告」。

文部科学省（2007），「平成 18 年度民間企業の研究活動に関する調査報告」。

文部科学省（2008），「平成 19 年度民間企業の研究活動に関する調査報告」。

村田製作所 50 年史編纂委員会（1995），『不思議な石ころの半世紀：村田製作所 50 年
史』村田製作所，223–226 頁。

日本経済新聞社（2006），「勢い増す R & D 本社調査から(1)〜(10)」『日経産業新聞』7
月 28–8 月 10 日。

日本経済新聞社（2007），「増勢続く研究開発 本社調査から(1)〜(10)」『日経産業新聞』
7 月 27–8 月 9 日。

日本経済新聞社（2008），「世界を勝ち抜く研究投資　本社調査から(1)〜(10)」『日経産業新聞』7 月 29-8 月 8 日。

日本経済新聞社（2009），「逆風下の研究投資　本社調査から(1)〜(10)」『日経産業新聞』8 月 3-14 日。

日本経済新聞社（2010），「反転攻勢狙う研究投資　本社調査から(1)〜(7)」『日経産業新聞』8 月 2-11 日。

日本経済新聞社（2011），「R＆D 投資変化を読む　本社調査から(1)〜(10)」『日経産業新聞』8 月 16-31 日。

日本経済新聞社（2012），「R＆D 投資新領域を攻める　12 年度本社調査から(1)〜(10)」『日経産業新聞』8 月 14-27 日。

日本経済新聞社（2013），「成長支える R＆D 投資　13 年度本社調査から(1)〜(10)」『日経産業新聞』8 月 13-26 日。

日本経済新聞社（2014），「攻める R＆D 投資　14 年度本社調査から(1)〜(9)」『日経産業新聞』8 月 19-9 月 2 日。

日本経済新聞社（2015），「次代ひらく R＆D 投資　15 年度本社調査から(1)〜(9)」『日経産業新聞』8 月 11-24 日。

日経 BP 社（2008），「安川電機，徹底「ご用聞き」で頭角」『日経ビジネス』1 月 28 日号。

日経 BP 社（2009），「『100 年に 1 度』の危機も 3 つの強さがあれば飛躍へ」『日経情報ストラテジー』3 月号。

野中郁次郎・竹内弘高（梅本勝博訳）（1996），『知識創造企業』東洋経済新報社。

Slowinski, G., E. Hummel, A. Gupta and E. R. Gilmont (2009), "Effective Practices for Sourcing Innovation," *Research Technology Management*, 52 (1), 27-34.

総務省統計局「科学技術研究調査」各年版（http://www.stat.go.jp/data/kagaku/gaiyou/index.htm，2015 年 8 月 9 日アクセス）

寺本義也・加藤みどり（2008），『「育てる・見つける」優れた技術者』生産性出版。

Weick, K. E. (1979), *The Social Psychology of Organizing* (2nd ed.), Reading, MA: Addison-Wesley.（遠田雄志訳『組織化の社会心理学』第 2 版，文眞堂，1997 年。）

Womack, J. P., D. T. Jones and D. Roos (1990), *The Machine that Changed the World: The Story of Lean Production: Toyota's Secret Weapon in the Global Car Wars That is Now Revolutionizing World Industry*, New York, NY: Free Press.（沢田博訳『リーン生産方式が，世界の自動車産業をこう変える。：最強の日本車メーカーを欧米が追い越す日』経済界，1990 年。）

安川電機（2008），「ロボット市場における当社［㈱安川電機］の取り組み」『ロボット』（ロボット工業会）第 180 巻 1 月号，90-92 頁。

財界研究所（2008），「安川電機・利島康司の『人間とロボットの共生をこそ』」『財界』7 月 8 日号。

第10章

プラットフォームビジネス

立本博文・小川紘一・新宅純二郎

はじめに：オープン化の面から見た，プラットフォーム戦略の意義

「オープン化」を産業環境的な側面から見ると，「企業間での技術情報の共有が頻繁に行われるようになったこと」である。その最も典型的な例が，企業間で同一の技術仕様を共有する産業標準である。産業標準は，企業内標準（クローズ標準）と区別するために，企業間標準（オープン標準）と呼ばれる。このようなオープン標準は，オープン・イノベーションが繁茂する重要な基盤となっている。

オープン標準の形成法は，デファクト標準化，デジュリ標準化，コンセンサス標準化の三つが存在する。コンセンサス標準化は企業コンソーシアムを用いた標準化方法であり，欧米の 1980 年代の独禁法運用の緩和以降，活発に活用されている。三つの標準化のうち，最も新しい標準化方式である。

コンセンサス標準化は，当初，競争戦略とは無関係であると考えられていた。誰もが標準化プロセスに参加でき，その成果の標準規格を利用することができるからである。ところが，2000 年以降の研究では，このような見解に疑問が提示されている。むしろ，コンセンサス標準化は非常に戦略的なツールであるというのだ。実際，コンソーシアムによってオープン標準が形成されると，急激に成長し高収益を実現する企業がいることが，数々の研究から明らかになっている。これらの企業は独特の競争戦略を持っており，プラットフォーム戦略と呼ばれている[1]。

---

1 プラットフォーム戦略は既存研究では多義的な使われ方をしている。独特な戦略を持っているという指摘は共通しているものの，何が最も重要な特徴であるの

　本章では，オープン化戦略の典型的なビジネスモデルとして，コンセンサス標準化を利用したプラットフォーム戦略を説明する。

１ イノベーション研究とプラットフォーム企業

　「どのようなイノベーションが現在行われているのか」というイノベーションパターンの研究は，経営学のみならず，経済学や社会学の中でも中心的な問いであろう。シュンペーターがイノベーションという言葉をつくり出して以来（Schumpeter, 1912），多くの研究者がさまざまなイノベーションパターンについて明らかにしてきた[2]。経営学では，「ある特定のイノベーションがどのような産業進化をもたらすのか」「ある特定のイノベーション下では競争力の視点からどのようなマネジメントが有効であるのか」をテーマとしてきた。

　これらの研究は意識的・無意識的に限らず，ある産業環境（たとえば，彼らの研究対象である米国経済）を念頭に置いたモデルとなっている。では，これらの研究が直面していた米国の産業環境とはどのようなものだったのであろうか。端的に言えば，1980年代の米国産業界は「労働生産性の伸び悩み」という深刻な問題を抱えていたのである。

　米国は第二次世界大戦後，世界で最も高い労働生産性を誇っていた。ところが1980年代になると，新興国，とりわけ日本とドイツのキャッチアップが激しくなり，米国産業の労働生産性の伸び悩みが顕在化したのである。つまり米国には「もっとイノベーションが必要」だったのである。米国産業のイノベーション不足は1990年代初頭にピークを迎えていた。

　　　かについては研究ごとに異なる。本章ではプラットフォーム戦略のうち，多くの研究が特徴であると指摘しているオープン化に着目をして説明をしている。なお，この点についてビジネス・エコシステムなどと関連した近年の研究については立本（2011）を参照してほしい。また，オープン化すると，オープン標準に含まれる特許の戦略的活用が重要になる。このような標準必須特許（規格特許）の戦略的活用については立本（2014）を参照して欲しい。プラットフォーム戦略の包括的な議論としては，立本（2017）や根来（2017）を参照のこと。

2　Kline and Rosenberg（1986），Abernathy and Utterback（1978），Henderson and Clark（1990）.

その後1990年代後半になるにつれて，再び米国の労働生産性は上昇を始め，諸外国のキャッチアップを凌ぐようになってきた。この原動力となっていたのが，産官学ネットワーク構築の助成策や，企業の外部資源の活用を促進する政策であった（宮田，2001，4-5頁）。

このような新しい産業環境を背景としたイノベーションの研究としては，企業間関係から新しいイノベーションプロセスを考察した研究（Langlois and Robertson, 1992）や，さらにはそもそもなぜそのような分業が起きるのかという考察（Chesbrough and Teece, 1996），アーキテクチャ概念から同様の現象を分析した研究（Baldwin and Clark, 2000）などがある。企業内部のイノベーションプロセスに焦点を当て，外部資源を活用しながら効率のよいイノベーションを模索するオープンイノベーション研究（Chesbrough, 2003）も，そのような研究の流れの一つと考えることができる。

このような新しい産業環境は，ビジネス・エコシステムと呼ばれる従来とは異なる産業構造を生み出すことが指摘されている（Iansiti and Levien, 2004）。たとえばビジネス・エコシステムには，キーストーン企業と呼ばれる，非常にユニークな企業が存在する。エコシステムが自然界の生態系のアナロジーに由来するように，キーストーンとは生物学の研究に由来している。キーストーン種は，存在量は少ないにもかかわらず，その種がいなくなると生態系が大きく変わってしまうような種のことである。

キーストーン種という概念を初めて提出したのはPaine（1966）である。Paineは海辺の生物の研究を行う過程で，次のような非常に面白い発見をした。ある区画からある種のヒトデを取り除くと，広い範囲にわたって大量の他の種が絶滅してしまったのである。彼は，このような種のことをキーストーン種と呼び，生物多様性や自然保護のためにキーストーン種の理解の重要性を主張した。その後の研究で，このようなキーストーン種が発生しやすいメカニズムとして，直接的な食物連鎖以外に，双利的な共生関係が大きな要因であることが指摘されている（Mills et al., 1993）。

本章で紹介しているオープン化戦略は産業に共通のオープン標準を生み出し，直接的な取引関係にない企業間で，双利的な関係を頻繁に発生させる。このため，オープン化は，キーストーン企業を発生させやすくするものと考えられる。なお，一般的な研究文脈では，キーストーン企業はプラットフォ

ーム企業とほぼ同じものである。

　本章では，新しい産業環境が 1990 年代に成立したことを紹介し，オープ
ン化の流れとプラットフォームビジネスの関係を明らかにしながら，プラッ
トフォームビジネスが導く産業進化や競争力構築のメカニズム，さらには国
際分業について説明する。

❷ 新しい産業環境の出現

　特定のイノベーションパターンが頻繁に観察される時，その背後には，あ
る特定の産業環境が存在する（Lundvall, 1992; Nelson, 1987）。現在につながっ
ている新しいイノベーションパターンの基盤となっている産業環境を考察す
ると，1980 年代の欧米の産業政策の変化にまで遡ることができる。

　1980 年代以前，欧米の産業政策はリニアイノベーションを前提としてい
た。このイノベーションモデルでは，大企業の企業研究所（中央研究所）で
要素技術が開発されると，事業部で製品開発が行われ，市場へ新製品が導入
される。技術開発から製品導入までが順次的段階で行われると考えていた。
リニアイノベーションを当然と考える傾向は，第二次世界大戦後の米国で最
も強く見られた（Bush, 1945）。

　同時期の欧州の産業政策も，基本的にはリニアイノベーションを前提とし
ていた。「欧州企業は米国企業に比べて規模が小さく大量生産に代表される
ような規模の経済を享受することができていない」，さらに「中央研究所・
事業部・大規模生産工場といったフルセット垂直統合型の大企業が米国企業
並みには育っていない」と認識されていた。このため，垂直統合型の大企業
を育成しようとするナショナル・チャンピオン政策が行われていた（渡邉・
作道，1996，324 頁）。

　ところが 1980 年代以降，欧米では産業政策の転換が劇的に行われた。こ
の背景には，1970〜80 年代にアジア新興諸国が新しい国際競争の相手とし
て台頭してきたことがあげられる。これに対処するため新しい産業環境の構
築が行われたのである。

　産業環境の変更は大きく二つあった。一つめは，知的財産権の保護強化で
ある。先進国産業が開発した技術が，無秩序に新興国産業へと伝播してしま

うことが問題視され，先進各国でプロパテント政策と呼ばれる知財重視の制度が施行された（上山，2000）。Teece（1986）やChesbrough（2003）は，知的資産が財産権として法的に保護されるようになったので新しい形態の分業（すなわちオープン・イノベーション）が可能になったのだ，という主張をしている。知的財産マネジメントには，すでにさまざまな研究があるので本章では二つめに集中する。

　二つめは独禁法の緩和である。独禁法は，従来，欧米で厳しく運用され企業間連携を阻むものであった。独禁法緩和の契機となったのが，国際競争力低下が叫ばれる中で行われた，国のイノベーションシステムの研究である（Lundvall, 1992; Nelson, 1987）。とくに日本は米国とは異なるイノベーションシステムを持っていると考えられたため，産業政策研究の対象となった。1980年代の産業政策研究は，そのまま日本経済研究であると言っても過言ではない（土屋，1996，529-530頁）。その成果の一つが，独禁法と共同研究の関係や，産業支援政策として政府支援も含む共同研究についての新しい運用（独禁法の運用緩和）である（詳細は，宮田（1997）を参照）。

　独禁法の緩和の当初の目的は，共同研究奨励による画期的な技術成果の創出であった。技術経営の分野でも，「競合企業が複数集まるにも関わらず，技術的な成果が生まれるのだろうか」という視点から，共同研究のプロジェクトマネジメント研究が行われた（榊原，2005）。しかし，実際には，産業に大きな影響を与えたのは企業連合による要素技術開発ではなく，企業連合による産業標準の開発であった。つまり，企業間の共同研究や産学連携共同研究，さらに，複数企業が連携して標準規格を策定する新しい標準化プロセス（コンセンサス標準化）が産業構造や企業競争力構築メカニズムに強く作用したのである。

　さらに，これらの標準規格を各地域の地域標準として積極的に採用するという産業政策が実施されたことにより，産業への影響が一段と大きくなった。欧州では1992年の欧州統合を控えて，1985年に新アプローチ宣言が行われた。この宣言は域内の市場統合を阻害する各国で別々に制定されていた国家標準を域内統一標準に置き換えることを迅速化することを目的としており，CEN, CENELECの強化やETSI（1988年設立）の設立につながった。各国行政が主体であった標準化作業が，産業が主体となって地域統一標準を制定す

ることとなったのである（OTA, 1992, pp. 69-74）。この動きを受け，米国でも地域標準の強化が起こり，NIST が 1995 年に設立された（OTA, 1992; 宮田, 2001）。最終的に，貿易に関して規格類を国際規格に整合化して不必要な貿易障害を取り除くことを目的とする WTO/TBT（GP）協定が 1995 年に締結されると，これらの産業主体の標準化プロセスは，グローバル市場に大きな影響を及ぼすようになっていった。

　次節では，この新しい標準化（コンセンサス標準化）を戦略的に活用した事業戦略，とくにプラットフォームビジネスについて説明する。

❸ オープン標準化とプラットフォームビジネス

　独禁法緩和によって可能となった企業連携は，二つのパターンに分類できる。一つめは戦略的パートナーシップと呼ばれるもので，2 社もしくは数社間で画期的な技術開発のために行われる共同研究である。戦略的パートナーシップでは，その技術成果を独占的に利用したいというインセンティブが働くため，限定的な企業間のみで情報共有が行われる。この形態の企業連携は，独禁法緩和後でも制限 3 を伴ったものの，以前と比較すれば企業連携が容易になったことは間違いなかった。

　二つめの企業連携の形態は，多数の企業（場合によっては数十から数百社）がコンソーシアムを組んで共同開発を行うという企業連携の形態である。コンソーシアム・タイプの企業連合は，明らかに従来の独禁法運用では禁止されているものであり，新しい独禁法の運用によって生み出された形態であった。

　新しい独禁法の運用では「成果に対するアクセス性がすべての企業に対して担保されるならば，大規模な企業連合であっても違法ではない」という考えを持っている。どのような企業であってもコンソーシアムに参加できたり，コンソーシアムで開発された成果がすべての企業に公開されるのであれば，それは独禁法が想定するカルテルではないとしたのである。そして，この考

3　制限とは戦略的パートナーシップを結ぶ企業の合計シェアが一定シェア以下でなくてはならない等のことである。このため，小規模企業同士では戦略的パートナーシップを結ぶことが比較的容易であったが，大企業同士では困難であった。

え方に従ってつくられたコンソーシアムは，最終的に成果をすべての企業に
公開するという点から，産業標準の作成のために利用されることが多かった。

　第一のタイプの企業連携（戦略的パートナーシップ）が成果を少数企業内に
独占しようとするものであるのに対して，第二のタイプの企業連携（コンソ
ーシアム）が成果をすべての企業に公開することを指向しているという点で
明確な違いがある。そして第二のタイプの企業連携こそ，産業標準化を通じ
て産業構造・企業競争力構築メカニズムに大きな影響を与えているのである。

　新しい独禁法の運用の下で，企業が主体となってコンソーシアムで産業標
準を策定する標準をコンセンサス標準と呼ぶ（Weiss and Cargill, 1992）。コン
センサス標準は，新しい標準化アプローチであるため，従来のデジュリ標準
やデファクト標準と混同して議論されることが多い。

　コンセンサス標準は，①コンソーシアム等の企業連合が標準策定を行い，
標準規格を産業全体に対してオープンに公開するというデジュリ標準的な側
面と，②類似の規格が乱立した場合には，結局，市場競争で産業標準が決定
されるというデファクト標準的な側面を同時に併せ持つ。①②のように従来
から存在する標準化プロセスと類似の点があるため，多数の研究で混同され
ている。加えて，「コンセンサス（合意）」という語感が持つ印象と，コンセ
ンサス標準化プロセスの実態が大きく異なっている [4] ため，困惑する研究者
も多い。しかしながら，明確にしたいのは，コンセンサス標準と，デファク
ト標準・デジュリ標準は似て非なるものであるという点である。各標準化を
比較したのが表1である。

　当初，コンセンサス標準は，競争戦略とは無関係であると考えられていた。
なぜなら，コンセンサス標準では「規格情報を誰に対しても公開しなくては
いけない」「コンソーシアムへの参加を断ることができない」などの制限が
あるからである。この制限はコンセンサス標準が独禁法の緩和（例外事項）
として生まれた経緯に関係している。これらの制限からコンセンサス標準は
企業の競争戦略とは関係のないものとして扱われてきたのである。とくに日
本企業にはコンセンサス標準に対して，いまだにこのような見方をとってい
る企業が多い。

　4　コンセンサス標準化を行うコンソーシアムでは，参加企業間で政治的なパワー
　　　ゲームが頻繁に観察される。

表 1　標準化プロセスの比較

	コンセンサス標準	デファクト標準（事実上の標準）	デジュリ標準（公的標準）
①メンバーシップ	初期メンバーは自由に決定できる（設置の柔軟性）。コンソーシアムへの参加を断ることはできない（メンバーシップのオープン性）。多数決。	1 社。2 社以上の場合は合計マーケットシェアが一定以下（例外的）。	複数社で固定的。メンバーは既存企業。満場一致の原則。
②標準の対象	標準化の対象領域は自由に決めることができる（対象の柔軟性）。市場導入前技術でもよい	市場取引プロセスを経てドミナントデザインを獲得したものに標準が決定。	市場取引前に決定できるが，一般に市場で最も利用されている仕様が規格案として提出よれる。
③公開の程度	標準化された内容は第三者にも公開しなくてはいけない（情報のオープン性）。	「誰に公開するか」「どの程度，公開するか」を任意に決定できる（限定的オープン性）。	標準化された内容は第三者にも公開（オープン性）。
④具体的な例	PCI SIG, DVD フォーラム AUTOSAR, ETSI 内 GSM WG	PC (IBM)/VTR (JVC)	ISO/IEC/ITU-T

　しかしながら，近年の研究では，コンセンサス標準は実はきわめて戦略的な道具であり，産業進化の方向を決めたり，自社に有利な産業構造をつくり出したりすることに利用されていることが明らかになってきている。とくにプラットフォームリーダーと呼ばれる企業（プラットフォーム提供企業）は，標準化プロセスをコーディネーションしながら，産業進化の方向を主導し，自らに有利な産業環境を構築していることが報告されている（Gawer and Cusumano, 2002; Iansiti and Levien, 2004）。この発見は，従来主張されていた「コンセンサス標準は企業競争に対して中立である」との見解を覆すもので画期的な発見であり，とくにプラットフォームビジネスとコンセンサス標準が強く関係していることを示唆するものであった。ただし，これらの研究では「コンセンサス標準が，どのように戦略的に利用できるのか」という点にあいまいさが残った。

　その後の研究[5]により，たとえコンセンサス標準が表 1 に示すような制限

5　新宅・江藤（2008），小川（2009），立本・高梨（2010）。

図 1　標準化と付加価値分布の変化

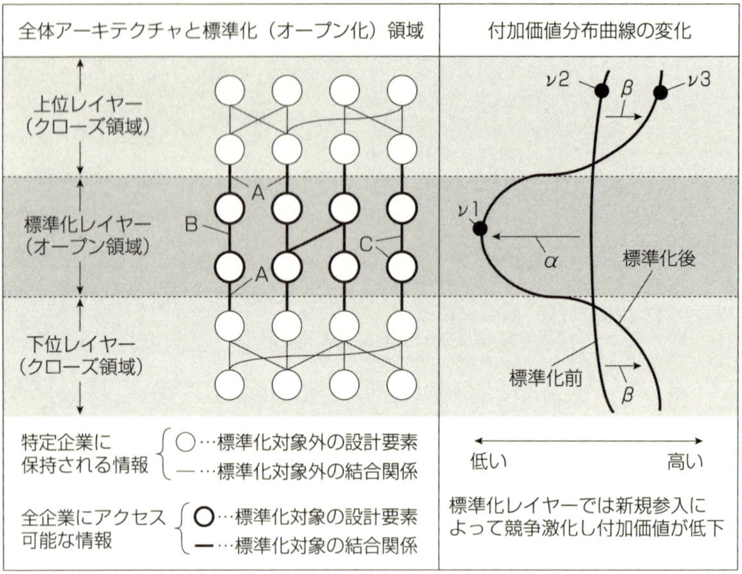
全体アーキテクチャと標準化（オープン化）領域
付加価値分布曲線の変化
上位レイヤー
（クローズ領域）
標準化レイヤー
（オープン領域）
下位レイヤー
（クローズ領域）
A
B
C
A
ν2
ν3
ν1
β
α
β
標準化後
標準化前
特定企業に
保持される情報
○…標準化対象外の設計要素
—…標準化対象外の結合関係
全企業にアクセス
可能な情報
○…標準化対象の設計要素
—…標準化対象の結合関係
低い
高い
標準化レイヤーでは新規参入に
よって競争激化し付加価値が低下

（出所）　立本・高梨（2010）。

を持っていたとしても，十分に戦略的な道具として機能するメカニズムが存在することが明らかになった。そのメカニズムとは次のようなものである（図1）。

コンセンサス標準では，全体アーキテクチャの中の「どこの領域を標準化の対象とするのか」という点について，コンソーシアムのメンバーが自由に定めることができる。参加企業間でコンセンサス（合意）さえ形成できれば，技術が完成していなくても（技術が市場導入される前ですら），当該領域を標準化対象領域とすることができる。さらに合意形成について，参加企業間で合意できるように初期メンバー（コンソーシアム設立メンバー）を恣意的に決めることもできる。これらの点は，「コンセンサス（合意形成）」という語感のイメージからは大きく乖離しているが，コンセンサス標準を戦略的に利用するための重要な考え方である。

標準化領域として設定された部分（オープン領域と呼ぶ）では，技術的ノウハウや産業コンテクストは明確な標準規格として定義され公開され，技術蓄積が小さい企業にとって絶好の参入機会となる。新規参入が多くなるため，

オープン領域の付加価値は低下し（図1のα），ローコストオペレーションが得意な企業が活躍することとなる。対照的に，標準化されなかった領域（クローズ領域と呼ぶ）[6] は，依然として技術蓄積が大きい企業にとって有利な条件が残り，新規参入も多発しない。クローズ領域で製品を提供する企業は，オープン領域に新規参入する企業を助けるようなプラットフォーム部品を提供することによって，標準化前と比べて付加価値が高まる力（図1のβ）が発生する。

　とくに留意が必要なのは，βの力はオープン領域に新規参入する企業を助成することで発生するということである。プラットフォームを新規参入者が利用する機会を大きくすることを，普及可能性（diffusibility）と呼ぶ（立本ほか，2008）。普及可能性を体現することによってβの力が発生し，これがプラットフォームビジネスで競争力を構築するための基本的な源泉となる。

　標準化を利用したプラットフォームビジネスとは，付加価値分布を強制的に変更することであるとも言える。そしてその結果生じたαの力，βの力を利用することが競争力の源となる。多くの過去の研究では，オープン領域の設定や拡大だけに気をとられ，標準化後のクローズ領域・オープン領域の付加価値の変化に注目していなかった。

　標準化後のオープン領域の付加価値（図1のν1）と，標準化前のクローズ領域の付加価値（図1のν2）とを比較すればわかるように，何も行わなかったとしても，オープン化前と比べてクローズ領域の付加価値は高くなる（図1のν2）。しかしαに示す付加価値低下の背後には企業の頻繁な市場参入が存在し，この変化を利用した戦略をとった企業だけがβによる付加価値上昇（図1のν3）の恩恵を受けられるのである。

　要するに，このようなコンセンサス標準のメカニズムを念頭に置くと，プラットフォームビジネスとは，標準化プロセスを主導しながらαの力を発生させ，自社はクローズ領域に生存しながらβの力の恩恵を受けるビジネスのことであると言える。

　重要な点は，標準化プロセスでは，単純に「標準規格を決めている」のではなく，「企業間の分業関係」を決めているのである。企業には，既存企業

　6　クローズ領域は，英語表記では closed area であるので，本来はクローズド領域が正しい。しかし，日本語文献では語感からクローズ領域と呼ばれる。

だけではなく，新規参入企業も含まれる。そのため，プラットフォームリーダーには，標準化対象領域ばかりでなく，標準化しない領域も含めた全体システムのアーキテクチャ，さらには背後の付加価値分布を知る必要があるのである。全体アーキテクチャと付加価値分布を知ることによって，「どの領域を細かく標準規格化するべきか」という意志決定を行い，新しい分業関係のデザインを行うからである。

❹　事例研究：インテルのプラットフォームビジネス

　プラットフォームビジネスでは，コンセンサス標準を戦略的ツールとして活用する。このような事業戦略で成功した代表的企業がインテルである[7]（Gawer and Cusumano, 2002; Tatsumoto et al., 2009）。

　インテルは CPU（パソコンの中枢半導体）を供給する企業である。しかし，インテルが現在の成功を収めた最大の理由は，同社がコア部品ビジネスからプラットフォームビジネスへと転換したからである。図2はインテルの売上推移を示している。1992年頃に，同社の成長軌道が変わり，急激な売上高拡大が起こっていることがわかる。インテルがパソコンのコア部品（CPU）事業を主力事業と位置づけたのは，1980年代半ばである。しかしながら図2の点線からわかるように，コア部品事業の成長だけでは，現在のインテルを説明することはできない。1990年代初頭からの新しい成長軌道（太線），すなわちプラットフォームビジネスが，インテルを現在のインテルたらしめているのである。

　インテルがプラットフォームビジネスに乗り出すきっかけとなったのは，1992年に同社が初めてコンソーシアムを主導して，パソコンの標準規格

　7　コンセンサス標準の研究は，1990年代前半には「互換性を保つために誰かがコストをかけて標準策定を行わなくてはいけないが，差別化に結び付くものではないので，有志が行う標準化」として競争戦略とは無関係に研究されていた（Weiss and Cargill, 1992）。しかし，2000年に近くなるにつれて，プラットフォーム企業が戦略的にコンセンサス標準化を活用する例が頻繁に報告されるようになった（Gawer and Cusumano, 2002）。本章のインテルの事例は，後者の研究群に含まれるものであり，プラットフォーム企業のオープン化戦略としてのコンセンサス標準化を紹介している。

図2　インテルの売上高の推移

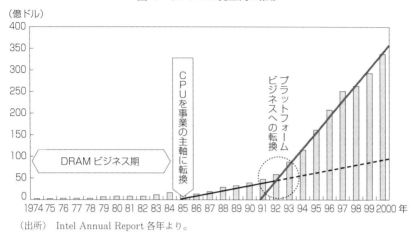

(億ドル)

CPUを事業の主軸に転換

プラットフォームビジネスへの転換

DRAMビジネス期

400
350
300
250
200
150
100
50
0

1974 75 76 77 78 79 80 81 82 83 84 85 86 87 88 89 90 91 92 93 94 95 96 97 98 99 2000 年

（出所）　Intel Annual Report 各年より。

（PCIバス）を策定したことに遡る。その後，インテルはプラットフォームリーダーとして，パソコンのさまざまな部分を次々と標準規格化していった。その結果，パソコンの内部インターフェースはほとんど標準規格化され，パソコンはオープン・モジュラーアーキテクチャの代表的な製品となった。

　ところが，詳細に検討してみると，実は，パソコン内部がすべて標準規格化されているというわけではないことがわかる（図3）。インテルはCPUとチップセットを同一の製品ロードマップ上で開発・発売を計画しており，両者を十分に調整し統合した上で，プラットフォームとして提供している。図3はプラットフォームを中心に据えた時に，パソコンのどの領域が標準規格化されているかを示している。プラットフォーム（CPUとチップセット）内部のインターフェースに関しては，独自インターフェースであり，まったく標準規格化されていない。

　一方，プラットフォームの外部インターフェースに関しては，標準規格化が進められている。たとえばDRAMやHDDのような部品とのインターフェースは標準規格となっている。つまりプラットフォーム内部はクローズ領域として残される一方，プラットフォーム外部はオープン領域として標準化されていったのである。

　プラットフォームを中心として，パソコンは産業標準のインターフェースで部品間が接続されている。言い換えれば，パソコンはプラットフォームと

図3　パソコンのオープン領域とクローズ領域

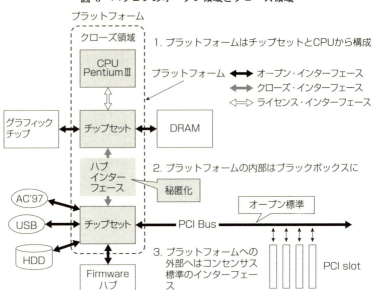

いう大きい部品と，その周囲に接続されるいくつかの部品に分別されたのである。パソコン企業にとっては，標準インターフェースに適合した部品を購入して組み合わせれば，パソコンを開発・生産できるようになったのである。パソコン企業にとって必要であった部品間の調整ノウハウなどは，それほど重要でなくなり，参入障壁が低くなった。その代わりに，柔軟な意思決定や大規模投資など，従来とは異なるコンピタンスが必要とされるようになったのである。

　この参入機会を上手に捉えたのが台湾企業であった。従来パソコン産業は先進国産業内に閉じた産業であった。とくに先端製品やノートパソコン製品などは，先進国のコンピュータ企業だけが生産をしていた。しかし標準規格化が進むと，台湾企業のような技術蓄積が小さい企業でも新規参入できるようになる。図4は台湾企業のマザーボード（デスクトップパソコンの中核部品）とノートパソコンの生産推移を示したものである。

　1990年代半ば以降，急激に台湾の生産が拡大していることが図4からわかる。この時期はパソコンの標準規格化が進展した時期である。さらに，インテルの提供するチップセットの市場シェア推移と，台湾のマザーボード・

図4　台湾のマザーボード（MB）およびノートパソコン生産

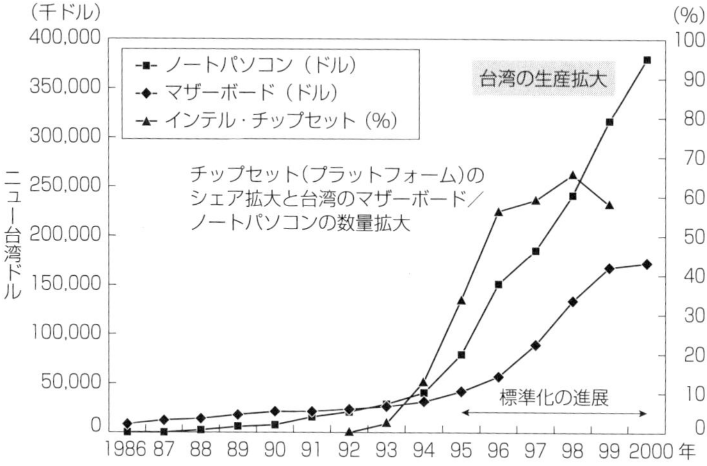

（出所）　マザーボードとノートパソコンは，The Internet Information Search System, Department of Statistics, Ministry of Economic Affairs, ROC。チップセットは Dataquest。

ノートパソコンの生産推移を比較すると，両者が相関していることがわかる。
　インテルが提供するプラットフォームを用いれば，標準インターフェースの組み合わせでパソコンを生産することが可能となる。台湾企業は短期間の間に大規模な投資を行うことによって生産能力を急拡大し，標準規格を利用した安価なパソコンを大量にグローバル市場に供給した。さらに標準規格で接続されることになったハードディスク（HDD）やメモリ（DRAM）といった主要部品の価格も急激に下がっていった。標準規格さえ守っていれば，どのハードディスク，メモリであっても同じであり，価格競争だけが唯一の競争ルールとなったのである。
　図5はパソコンの主要部品価格の推移を示したものである。プラットフォームの外部に位置し，標準インターフェースで接続される HDD や DRAM は急激に価格下落したことがわかる。2003年には HDD は1995年の40％弱にまで価格下落した。同様に DRAM は1995年の約20％にまで価格下落した。HDD は磁気記録，DRAM は半導体記録と呼ばれる，異なる技術基盤を持っている。しかし，異なる技術であっても，プラットフォームの外側に位置づけられ，標準インターフェースで接続されるようになった部品は，一様

図5　パソコンの主要部品の価格推移（1995年を100%とする）

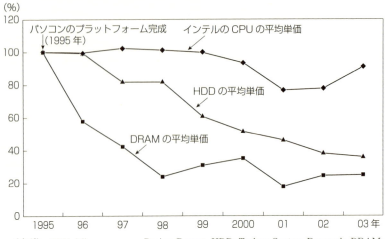

（出所）　CPU: Microprocessor Design Report, HDD: Techno System Research, DRAM:
iSuppli.

に急激な価格下落を起こした。オープン領域に位置づけられた製品では，製
品差別化競争ではなく，価格競争がもっぱら起きたのである。

　オープン領域の競争を勝ち抜いたのは，大規模投資を行い，コストリーダ
ーシップ戦略を成功させた企業であった。HDD産業ではシーゲート，
DRAM産業ではサムスン電子が代表的な成功企業となった。両社は毎年巨
額の投資を行い，大規模生産による規模の経済を背景に他社よりも安いコス
トを実現した。HDDやDRAMのようなパソコンの主要部品の価格が急激
に低下したために，パソコン自体の価格も短期間の間に下落していった。

　一方，プラットフォームの内部に位置したCPUの価格はほとんど下落す
ることなく安定した推移を経た。この間，インテルは常に50%を超える粗
利率を達成し，ここで得た利益を研究技術開発や生産能力増強に再投資した。
これによりCPUの性能はさらに向上し，マルチメディアやインターネット
をノートパソコンで扱えるまでになった。

　このようなプロセスを経てパソコンの価格が短期間に下落したため，所得
水準が低い新興国の消費者でも十分にパソコンを購入できるようになった。
そのため，ますますパソコン市場は拡大していった。パソコン市場が拡大す
るにつれて，インテルが提供するプラットフォームも世界中に普及していっ

た。ただし，パソコンの価格下落とは対照的に，プラットフォーム（たとえば，CPU）の価格は下落せず安定的なままであり，プラットフォームリーダーであるインテルは巨大な付加価値を獲得することに成功したのである。

5 プラットフォームによる国際分業と経済成長

　プラットフォームビジネスでは，産業標準化を活用することが重要な戦略となる。産業標準化とは，技術ノウハウなどの標準規格を形式知として定式化し産業全体で共有すること，すなわちオープン化を意味している。

　情報共有は国内だけにとどまらず，グローバルに共有される。このため産業標準化を利用したプラットフォームビジネスは，国際分業や国際競争力に直接的に影響する。言い換えれば，プラットフォームリーダーが産業標準化を戦略的な道具として利用することが契機となって，新たな国際分業体制や国際競争力の構築メカニズムが形づくられるのである。

　それでは産業標準化によってつくられる新しい国際分業体制とはどのようなものであろうか。それは先進国産業と新興国産業の間の分業体制である。われわれはこのような事例を 1990 年代のアジアの製造業ネットワークの中で頻繁に観察することができる。たとえば，DVD 産業（Shintaku et al., 2006; 小川, 2009），パソコン産業（Tatsumoto et al., 2009），半導体産業（立本ほか, 2009），GSM 携帯電話産業（丸川・安本, 2010），液晶パネル産業（新宅・天野, 2009），太陽光発電パネル産業（小川, 2009; 富田ほか, 2010）等である。これらの事例に共通しているのは，「技術蓄積がある先進国産業がプラットフォームを提供し，技術蓄積が浅い新興国産業がプラットフォームを利用する」という関係である。先進国産業のプラットフォーム提供が，新興国産業の新規参入を助長し，経済成長を加速させている。本節では，プラットフォームを契機とした国際分業と経済成長について考察を行い，その後，競争力構築のためのインプリケーションを示す。

　まず国際分業と経済成長についてである。プラットフォームビジネスは，前節で見たように，全体システムをクローズ領域とオープン領域に二分する。そして対照的な性格の二つの市場を創出する（図6）。これをプラットフォームの分離効果と呼ぶ（Tatsumoto et al., 2009）。

図6　プラットフォームの分離効果と経済成長

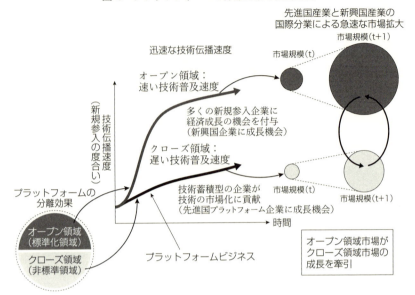

　プラットフォーム内部のクローズ領域は，プラットフォームリーダーによって部品の統合化が進み，部品間の相互調整が行われる。この領域では技術蓄積を活かした参入障壁が有効に機能する。当然，知的財産権による障壁も重要な競争要因となる。これらの参入障壁のため新規参入は容易ではなく，技術蓄積で勝る先進国企業が活躍することとなる。

　一方，標準化によってオープン領域となった部分は，参入が容易な領域となる。技術蓄積は，標準化前と比較すると重要な競争要因ではない。むしろ，柔軟な投資戦略による生産規模拡大や，ローコストオペレーションが競争要因となり，これらに秀でる新興国産業が活躍することになる。生産規模の拡大は，プラットフォームをますます受容することにつながる。さらに，これを後押ししているのが新興国の投資優遇税制である（小川，2008; 立本，2009）。

　新興国産業はプラットフォームを受容しながら，短期間の間に大規模な投資を行うことにより，成長機会を享受している。そして，先進国産業は新興国産業にプラットフォームを大量に提供することによって経済成長を達成している。すなわち，プラットフォームを媒介として，先進国産業と新興国産業の間に国際分業が成立しているのである。

　プラットフォーム化を契機とした国際分業は，従来議論されていた先進国と新興国の国際分業とは決定的に異なる性質を持っている。それは技術伝播の経路の差異である。

　1960 年代に先進国産業から新興国産業へと生産が移転する様子を理論化した PLC（プロダクトライフサイクル）モデルでは，先進国企業が新興国に行う海外直接投資が契機となって，先進国企業から新興国企業に技術伝播が行われる（Vernon, 1966）。製品の成熟段階になると，先進国企業がコスト効率的な生産のために新興国に生産拠点を移転する。この海外直接投資時に技術のスピルオーバーが生じ，新興国企業の新規参入を助成することになる。PLC モデルは多国籍企業の内部化理論を基盤とした技術移転モデルであり，海外直接投資が必須の要素である。

　これとは対照的に，プラットフォームを契機とした国際分業（プラットフォーム分離モデルと本章では呼ぶ）では，海外直接投資は必須ではない。プラットフォーム分離モデルでは，プラットフォーム化を契機として全体アーキテクチャがオープン領域とクローズ領域に二分される。そしてプラットフォーム企業（先進国企業）は産業標準化を通じて，オープン領域に属する技術知識を新興国企業に自ら進んで技術伝播させる。プラットフォーム企業にとって，新興国企業は重要なプラットフォーム製品の使い手であり，彼らに迅速に技術伝播をすることが自らのプラットフォーム普及にも貢献する。

　1990 年代以降のアジアのものづくりネットワークでは，このようなプラットフォーム化を契機とした技術伝播が頻繁に観察される。この技術伝播の主役となるのは，完成品企業の直接投資ではなく，部品企業や生産装置企業が提供するプラットフォーム型の部品や生産装置である。これを「製品のプラットフォーム化」とか「工程のプラットフォーム化」と呼ぶ（新宅ほか，2008）。部品企業や生産装置企業にとっては，新興国の完成品企業に対して自社の部品・生産装置を販売することにインセンティブがあるため，先進国から新興国への技術伝播がさらに加速される。この結果達成される「迅速な技術伝播」が，現在の東アジア諸国の急速な経済成長を支えているのである。

おわりに：プラットフォーム戦略と国際競争力
　本章のおわりに，国際競争力の構築のためのインプリケーションを示す。

プラットフォームビジネスとは，プラットフォーム化を契機とした新しい国際分業を背景としながら，新興国産業の経済成長を先進国産業が取り込むビジネスモデルである。このモデルは代表的な国際分業モデルである PLC モデルよりも，はるかに迅速に新興国産業に経済成長の機会を与える。

　このような国際分業は，プラットフォーム企業から見ても戦略的に重要である。なぜなら，プラットフォームを利用したいと切望する企業は，技術蓄積が豊富な先進国企業ではないからである。先進国企業はプラットフォームを巨大なブラックボックスと考え，利用したがらない傾向がある。反対に，技術蓄積が浅い新興国企業はプラットフォームを便利な道具と考え，積極的に活用しようとする傾向がある。だから国際的な分業はプラットフォームビジネスが目指す戦略的な目標となる。そして，もしもプラットフォームを媒介とした分業が国際分業に発展した時には，先進国・新興国がそれぞれの比較優位を発揮できるので，従来の産業構造に対して破壊的な変化をもたらすことになる。たとえば第4節で見たように，パソコン産業の垂直統合構造から水平分業構造への変化は，その典型的な事例である。

　この考察を念頭に，プラットフォームビジネスを目指す企業に対して三つの競争力構築の際のインプリケーションを提示したいと思う。まず，一点めの「知識範囲と事業範囲の調整」について説明する。プラットフォーム化は，製品をクローズ領域とオープン領域に分ける。この時，事業範囲よりも知識範囲を広くすることによって，クローズ領域からオープン領域への影響を大きくすることがビジネス上の指針となる（立本・高梨，2010）。統合型完成品企業は中核部品内製を含む製品全体の知識を保持しているので一見プラットフォームビジネスを容易に行うことができそうに見える。しかし事業体制の構築という意味で問題がある。完成品事業と中核部品外販事業間を調整するマネジメント力が弱いのである。このため，中核部品を外販できないという「統合企業のジレンマ」という状態に陥りやすい（榊原，2005）。

　この点について，DVD プレイヤー産業で OPU（DVD のレンズ部品）を中心にプラットフォームを形成した三洋電機には，学ぶ点があるように思われる。三洋電機の場合，小規模の完成品事業（DVD ドライブ）を大規模な中核部品事業（OPU）が管轄することによって，統合企業のジレンマを解決するバランスを得ている。そして完成品の知識をもとに，OPU に周辺部品を統

合したプラットフォームを完成させ，中国企業に供給するプラットフォームビジネスを構築することに成功した（小川，2009）。事業範囲（事業構造）と知識範囲をどのように変化させ，維持・調整するかがプラットフォームビジネスを成功させるためのポイントである。

　次に，二点めの「オープン領域のパートナー選択」について説明する。プラットフォームに必要とされる知識範囲はオープン領域のパートナー企業の技術的な蓄積に大きく依存する。たとえば，第二世代移動通信システムの標準規格競争で GSM が中国に採用され，CDMA 方式が韓国に採用された事例が，これにあたる。

　欧州通信設備企業は，GSM 通信方式を実現する通信システム全体をプラットフォーム化して提供することを意図していた。これには，韓国ではなく中国の産業状況が適合的であった。GSM 採用を決定した 1994 年当時，中国には信頼性のある通信設備を開発生産できる企業がなかった。欧州通信設備企業が提供するプラットフォームを用いることで，中国は早期にデジタル携帯電話を導入することができた。それに対して CDMA 方式を導入した韓国の場合，1988 年以降のデジタル交換機国産プロジェクトの結果，移動通信におけるワイヤレス技術だけが不足していた。韓国企業にとっては，ワイヤレス技術をプラットフォームとして提供してくれるクアルコムがよいパートナーだったのである。このようにプラットフォーム企業は，単に新興国というだけでなく，相手の技術蓄積に応じて，プラットフォームの提供先を変えるか，提供するプラットフォームを変える必要がある。

　最後に，三点めの「コア部品とプラットフォームの差異」について説明する。コア部品とプラットフォームは，似て非なるものである点に留意が必要である。コア部品では，自身を構成する子部品間やその生産工程間の擦り合わせが必要であったり，他社にはまねできないブラックボックスが存在したりするなどの特徴がある。いわゆるインテグラルアーキテクチャである。ただしこれらはすべて，コア部品それ自体の内部アーキテクチャについての特性であり，コア部品と外部の周辺部品についての関係については注意が向けられていない。

　一方，プラットフォームは，その内部に関しては独自インターフェースを持ち，相互に調整を行うので，コア部品と同じインテグラルアーキテクチャ

である。しかしながら，コア部品とプラットフォームの重要な差異は，外部
との関係にある。プラットフォームと外部の周辺部品との関係は，オープン
化（産業標準化）されており，その標準化プロセスをプラットフォーム企業
が主導している。これによってプラットフォーム企業は，自社に有利な産業
構造や付加価値分布を実現することができるのである。だからコンセンサス
標準化はプラットフォーム企業にとって重要な戦略的道具になるのである。

　本章では，オープン化戦略の典型的なビジネスモデルであるプラットフォ
ームビジネスについて説明した。プラットフォームビジネスの背景には，先
端技術開発を担う先進国産業と成長を望む新興国産業の国際分業が存在する。
このため，このビジネスモデルは強固であり普遍性がある。1990年代以降
のアジア諸国の急速な産業発展の背後に，プラットフォームを媒介とした先
進国産業と新興国産業の国際分業を頻繁に観察することができる。プラット
フォームビジネスは，産業標準化を通じて世界に共通した巨大な市場をつく
るものであり，わが国の産業が国際競争力を獲得する上では決して避けて通
ることができない。しかしながら，プラットフォームビジネスへの理解は，
実務界においても学術界においても，まだ十分であるとは言い難い。本章が
一助となれば幸いである。

＊　本章は，立本博文・小川紘一・新宅純二郎（2010），「オープン・イノベーションと
　　プラットフォーム・ビジネス」『研究 技術 計画』第25巻1号，78-91頁，に若干の
　　改訂を行ったものである。転載を快諾していただいた『研究 技術 計画』に御礼を申
　　し上げる。なお，本書の読者によりわかりやすいだろうとの判断から，転載にあたっ
　　てタイトルを「プラットフォームビジネス」に改めた。それに併せて本文も変更した。

参考文献

Abernathy, W. J. and J. M. Utterback (1978), "Patterns of Industrial Innova-
tion," *Technology Review*, 8 (7), 40–47.

Baldwin, C. Y. and K. B. Clark (2000), *Design Rules Vol. 1: The Power of Modu-
larity*, Cambridge, MA: MIT Press.（安藤晴彦訳『デザイン・ルール：モジュー
ル化パワー』東洋経済新報社，2004年。）

Bush, V. (1945), *Science, the Endless Frontier: A Report to the President*, Wash-
ington, DC: United States Government Printing Office.

Chesbrough, H. W. (2003), *Open Innovation: The New Imperative for Creating
and Profiting from Technology*, Boston, MA: Harvard Business School Press.

（大前恵一朗訳『OPEN INNOVATION：ハーバード流イノベーション戦略のすべて』産業能率大学出版会，2004 年。）

Chesbrough, H. W. and D. J. Teece (1996), "When is Virtual Virtuous? Organizing for Innovation," *Harvard Business Review, 74* (1), 65-73.

Gawer, A. and M. A. Cusumano (2002), *Platform Leadership: How Intel, Microsoft, and Cisco Drive Industry Innovation*, Boston, MA: Harvard Business School Press.（小林敏男監訳『プラットフォーム・リーダーシップ：イノベーションを導く新しい経営戦略』有斐閣，2005 年。）

Henderson, R. M. and K. B. Clark (1990), "Architectural Innovation: The Reconfiguration of Existing Product Technologies and the Failure of Established Firms," *Administrative Science Quarterly, 35* (1), 9-30.

Iansiti, M. and R. Levien (2004), *The Keystone Advantage: What the New Dynamics of Business Ecosystems Mean for Strategy, Innovation, and Sustainability*, Boston, MA: Harvard Business School Press.（杉本幸太郎訳『キーストーン戦略：イノベーションを持続させるビジネス・エコシステム』翔泳社，2007 年。）

Kline, S. J. and N. Rosenberg (1986), "An Overview of Innovation," in R. Landau and N. Rosenberg (eds.), *The Positive Sum Strategy: Harnessing Technology for Economic Growth*, Washington, DC: National Academy Press, 275-305.

Langlois, R. N. and P. L. Robertson (1992), "Networks and Innovation in a Modular System: Lessons from the Microcomputer and Stereo Component Industries," *Research Policy, 21* (4), 297-313.

Lundvall, B.-Å. (ed.) (1992), *National Systems of Innovation: Towards a Theory of Innovation and Interactive Learning*, London, UK: Pinter.

丸川知雄・安本雅典編著（2010），『携帯電話産業の進化プロセス：日本はなぜ孤立したのか』有斐閣。

Mills, L. S., M. E. Soulé and D. F. Doak (1993), "The Keystone-Species Concept in Ecology and Conservation," *BioScience, 43* (4), 219-224.

宮田由紀夫（1997），『共同研究開発と産業政策』勁草書房。

宮田由紀夫（2001），『アメリカの産業政策：論争と実践』八千代出版。

根来龍之（2017），『プラットフォームの教科書 超速成長ネットワーク効果の基本と応用：新しい基本戦略』日経 BP 社。

Nelson, R. R. (1987), *Understanding Technical Change as an Evolutionary Process*, Amsterdam: North Holland.

小川紘一（2008），「新興国に勝つ Blu-ray Disc のビジネスモデルを提案する」『日経エレクトロニクス』2008 年 8 月 25 日号，103 頁。

小川紘一（2009），『国際標準化と事業戦略：日本型イノベーションとしての標準化ビジネスモデル』白桃書房。

OTA [U.S. Congress, Office of Technology Assessment] (1992), *Global Stan-*

dards: Building Blocks for the Future, TCT-512, Washington, DC: U. S. Government Printing Office.

Paine, R. T. (1966), "Food Web Complexity and Species Diversity," *American Naturalist, 100* (910), 65–75.

榊原清則 (2005),『イノベーションの収益化：技術経営の課題と分析』有斐閣。

Schumpeter, J. A. (1912), *Theorie der Wirtschaftlichen Entwicklung*, Leipzig: Duncker & Humblot.

新宅純二郎・天野倫文 (2009),『ものづくり国際経営戦略：アジアの産業地理学』有斐閣。

新宅純二郎・江藤学編著 (2008),『コンセンサス標準戦略：事業活用のすべて』日本経済新聞出版社。

Shintaku, J., K. Ogawa and T. Yoshimoto (2006), "Architecture-based Approaches to International Standardization and Evolution of Business Models," International Standardization as a Strategic Tool: Commented Papers from the IEC Century Challenge, IEC, 18–35.

新宅純二郎・立本博文・善本哲夫・富田純一・朴英元 (2008),「製品アーキテクチャから見る技術伝播と国際分業」『一橋ビジネスレビュー』第56巻2号, 42–61頁。

立本博文 (2009),「国家特殊的優位が国際競争力に与える影響：半導体産業における投資優遇税制の事例」『国際ビジネス研究』第1巻2号, 59–73頁。

立本博文 (2011),「グローバルスタンダード, コンセンサス標準化と国際分業：中国のGSM携帯電話の事例」『国際ビジネス研究』第3巻2号, 81–97頁。

立本博文 (2014),「戦略的標準化：国際標準化の戦略的活用」『知財管理』第64巻4号, 498–510頁。

立本博文 (2017),『プラットフォーム企業のグローバル戦略：オープン標準の戦略的活用とビジネス・エコシステム』有斐閣。

立本博文・藤本隆宏・富田純一 (2009),「プロセス産業としての半導体前工程」藤本隆宏・桑嶋健一編『日本型プロセス産業：ものづくり経営学による競争力分析』有斐閣, 206–251頁。

立本博文・許経明・安本雅典 (2008),「知識と企業の境界の調整とモジュラリティの構築：パソコン産業における技術プラットフォーム開発の事例」『組織科学』第42巻2号, 19–32頁。

Tatsumoto, H., K. Ogawa and T. Fujimoto (2009), "The Effect of Technological Platforms on the International Division of Labor: A Case Study on Intel's Platform Business in the PC Industry," in A. Gawer (ed.), *Platforms, Markets, and Innovation*, Cheltenham, UK; Northampton, MA: Edward Elgar, 345 –369.

立本博文・高梨千賀子 (2010),「標準規格をめぐる競争戦略：コンセンサス標準の確立と利益獲得を目指して」『日本経営システム学会誌』第26巻2号, 67–81頁。

Teece, D. J. (1986), "Profiting from Technological Innovation: Implications for

Integration, Collaboration, Licensing and Public Policy," *Research Policy, 15* (6), 285–305.

富田純一・立本博文・新宅純二郎・小川紘一 (2010),「ドイツに見る産業政策と太陽光発電産業の興隆：欧州産業政策と国家特殊優位」『赤門マネジメント・レビュー』第 9 巻 2 号, 61–88 頁。

土屋大洋 (1996),「セマテックの分析：米国における共同研究コンソーシアムの成立と評価」『法学政治学論究』第 28 号, 525–558 頁。

上山明博 (2000),『プロパテント・ウォーズ：国際特許戦争の舞台裏』文藝春秋。

Vernon, R. (1966), "International Investment and International Trade in the Product Cycle," *Quarterly Journal of Economics, 80* (2), 190–207.

渡邉尚・作道潤編 (1996),『現代ヨーロッパ経営史：「地域」の視点から』有斐閣。

Weiss, M. and C. F. Cargill (1992), "Consortia in the Standards Development Process," *Journal of the American Society for Information Science, 43* (8), 559 –565.

第**11**章

標準化戦略

糸久正人

1 オープン化戦略における標準の意義

　本章の目的は，オープン化戦略を前提とした企業集合体のイノベーション活動に対して，標準（standard）を活用することの意義を明らかにした上で，コンセンサス標準の戦略性について検討することである。

　標準はきわめて多義的な概念である。たとえば，標準に関するレビューを学際的に行った Brunsson et al.（2012）では，標準という言葉が，ビジネスに関わるものからそうでないものまで，多岐にわたって使われていることを指摘している。具体的には紙のサイズや，情報・通信技術の標準，製品やサービスの品質に関する標準や国際会計システムなど，たくさんの例をあげている。また標準は，学際横断的な特徴があるために研究対象となりやすく，実際に，経済学，技術論，社会学，政治経済学，歴史学，法学といったさまざまな視点から研究がなされてきた。しかし同時に，これらの多岐にわたる研究は，標準とは何かを把握することをよりいっそう難しくしているとも指摘している（Brunsson et al., 2012）。一方，科学や技術に関して立法府にアドバイスする立場にあった米国議会技術評価局（The Office of Technology Assessment）は，標準の対象となる領域をシンプルに，(1)製品，(2)生産プロセス，(3)管理手法の 3 種類に分類している（U.S. Congress Office of Technology Assessment, 1992）。

　このような多様性を持つ標準に関して，先行研究では主にその「形成プロセス」に着目してきた。デジュリ標準，デファクト標準，コンセンサス標準

の三つがあげられる（新宅・江藤，2008）。

　デジュリ標準とは，公的機関の権威をベースに決定される標準のことである。たとえば，国家レベルでは日本の JIS，JAS[1]，ドイツの DIN，DKE[2]，地域レベルでは EU の CEN，CENELEC[3]，そして国際レベルの ISO，IEC，ITU などがあげられる。デジュリ標準には法的な正当性が与えられるために，関連する企業に対し一定の強制力を有している。とくに，国際レベルのデジュリ標準の場合，法制度は国ごとに違うものの，WTO/TBT 協定により，規格の乱立による国際貿易の阻害を防ぐため，WTO 加盟国には国際標準への遵守努力が求められる。

　一方，デファクト標準とは，市場プロセスを通じて確立される標準のことである。たとえば，家庭用ビデオ規格のデファクト標準をめぐってベータ方式と VHS 方式が競争していた事例はよく知られている（Cusumano et al., 1992）。そこでは，デファクト標準をとるために，市場プロセスに対していかに働きかけるのか，という個別企業の戦略に多くの関心が払われてきた。とりわけ，ユーザー数／補完財が増加するほど便益が増大する，というネットワーク外部性が働く製品の場合，一定の普及率（クリティカル・マス）を超えてユーザーを獲得すると，結果的にデファクト標準が確立しやすい傾向にある（Katz and Shapiro, 1985; Rohlfs, 1974）。そのため，デファクト標準を狙う企業の戦略としては，インストールベースを増大させること（山田，2007），ひいては市場を拡大するために他企業と協力する戦略をとるのか（オープン），利益を専有するために他企業と競争する戦略をとるのか（クローズ）といったことが中心に議論されてきた（淺羽，1998; 小川，2014）。

　しかし，標準化プロセスの効率性という観点から，デジュリ標準とデファ

1　JIS は Japanese Industrial Standards（日本工業規格），JAS は Japanese Agriculture Standard（日本農林規格）の略で，日本の法律に基づく標準規格である。

2　DIN は Deutsche Institut für Normung（ドイツ工業規格），DKE は Deutsche Kommission Elektrotechnik（ドイツ国家電気安全規格）の略で，ドイツの法律に基づく標準規格である。

3　CEN は Comité Européen de Normalisation（欧州標準化委員会），CENELEC は Comité Européen de Normalisation Electrotéchnique（欧州電気標準化委員会）の略で，欧州規格を制定する私的な非営利組織である。

クト標準は，それぞれ困難な問題を抱えている。まずデジュリ標準では，満場一致で賛成できる妥協点を見つけるために，数日間にわたる会議を何度も重ねなければならない。また，国際レベルのデジュリ標準の場合，一国一票制が原則となるために，インフォーマルな根回し活動も重要となる。したがって，デジュリ標準を獲得するためには，多大な調整費用が必要となる。

次に，デファクト標準では，パソコン市場におけるインテルやマイクロソフトのように勝者総取り（winner-take-all）の状況が生まれやすく，もし標準がとれれば大きなリターンを期待できる一方，標準をとれなかった場合は多くの代償を払うこととなる。したがって，とくに成熟した市場では，激しい標準化戦争を避けるために，より協調的なプロセスが望まれている。

そこで，近年では，複数企業の合意に基づく「コンセンサス標準」が志向されるようになってきている[4]。コンセンサス標準は，特定のメンバーで構成されるコンソーシアムでの合意によって標準が決定される。そのため，デファクト標準やデジュリ標準よりも効率的な標準化プロセスとなっている。

こうしたコンセンサス標準では，誰とコンソーシアムを形成するのか，どこまで標準をオープンにするのかなど，いくつかの戦略的な意思決定事項が含まれている。しかし，コンソーシアムに参加する企業の戦略に関する研究はまだ少なく，今後の発展が期待される領域である（Leiponen, 2008）。

この点を検討するためには，まずは標準自体の意義を明らかにすることが不可欠であると考える。なぜなら，利益の専有可能性の高いデファクト標準以外では，標準は集合財としての特徴を有しているために，企業／企業集合体として標準化を推進するメリットがわかりにくいからである。標準の意義といった場合，従来は，(1)製品，(2)生産プロセス，(3)管理手法に関する標準を一括りに扱っているために，議論に混乱が生じていた。たとえば，日本規格協会では，標準の意義として，①互換性，インターフェースの確保，②生産性の向上，③適正品質の確保，④正確な情報伝達，⑤技術普及，⑥安心・安全の確保，⑦環境保護，⑧産業競争力の強化，および競争環境の整備，⑨貿易の促進と定めている。しかし，そもそも標準の定義があいまいであるために，企業／企業集合体としてはどのような側面を意識して，戦略的にコン

---

4 Farrell and Saloner（1988），新宅・江藤（2008），Weiss and Cargill（1992）。

図 1　システム論的立場からの標準の対象領域

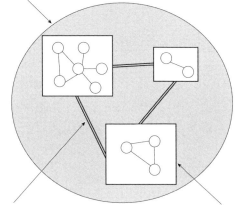

(3)　アーキテクチャレベルの標準

(2)　インターフェースレベルの標準　　　　(1)　サブシステムレベルの標準

センサス標準を活用するのか，という点が見えにくくなってしまっている。

　そこで，本章では，標準の中でも，とりわけ「製品」レベルの標準を取り扱う。さらに，「オープン化戦略を前提とした企業集合体のイノベーション活動」というコンテクストに限定して，企業の枠を越えて共有される標準が，どのような意義を持つのか議論するために，製品を一つの「システム」と見なす立場から検討を行う。システム論的な視点に立てば，企業の枠を越えて採用される製品レベルの標準の対象領域は，(1)サブシステム，(2)インターフェース，(3)アーキテクチャという三つのレベルがあげられる（図1）。製品レベルを細分化したこの三つのレベルの標準に着目し，その意義を検討するところから議論を始めたい。

　結論を先取りするならば，そうした標準の意義は企業同士のイノベーション活動を「つなげる」ことにある。すなわち，標準は企業集合体に対して協調と競争のプラットフォームを提供する。その結果，標準を採用する各企業は，(1)R&D 費用の削減と，(2)イノベーション促進という二つのメリットを享受することができる。ただし，その理由は各レベルで異なるので，続く次節では抽象モデルを用いて検討を行う。第3節では，標準をどこまでオープンにするのか，コンセンサス標準の戦略性に着目しつつ議論する。第4節では，次節における標準の意義を確認するとともに，第3節で述べたオープン化戦略における標準に関して理解を深めるために，車載ソフトウェアのコン

センサス標準「AUTOSAR」の事例を紹介する。最後にまとめとして、あらためてオープン化戦略における標準の意義を記述する。

❷ イノベーション活動における標準の意味

本節では、製品における三つのレベルの標準を対象として、各企業が標準を採用することで、(1) R&D 費用を削減し、かつ(2)イノベーションが促進する理由について、抽象モデルを中心に検討を行う。

❷.1 サブシステムの標準

オープン化戦略を前提としたシステムを開発する場合、第一に標準の対象となるのはサブシステムである。自動車、パソコン、スマートフォンなどの製品を一つのシステムと見なせば、それらを構成する要素の塊（モジュール）がサブシステムである。たとえば、デファクト標準中心に、パソコンにおける OS としてマイクロソフトの「Windows」、あるいは CPU としてインテルの「Core シリーズ」、スマートフォンにおける OS としてグーグルの「Android」、工作機械における CNC（コンピュータ数値制御）としてファナックの「FANUC」などがあげられる。

もちろん、新しいシステムを開発する場合、企業が独自にサブシステムを開発するという選択肢も存在する。実際、アップルのパソコン Mac の OS である「Mac OS X」は独自開発をしており、Mac のためだけの OS である。コストの問題を別にすれば、このように上位システムに最適設計されたサブシステムは、他のサブシステムとの高い統合性を有するために、システム全体として顧客にとって高い価値を提供できる可能性が高い（Clark and Fujimoto, 1991）。ただし、企業にとって差別化の要因となりにくい領域の標準化は、歴史的に見て、費用削減を意図して試みられてきた。たとえば、シンガーのミシンは複数モデル間で、コルトの拳銃ではモデル世代を超えて、そして初期の自動車産業では企業の枠を越えて使用されるサブシステムとしての標準化がなされてきたのである（Abernathy et al., 1983）。

以下では、こうしたサブシステムの標準の意義を明確にするために、簡単な抽象モデルで考えてみよう。A, B, C の 3 社が、x, y という二つのサブ

図 2　サブシステム標準化による R&D 費用削減の例

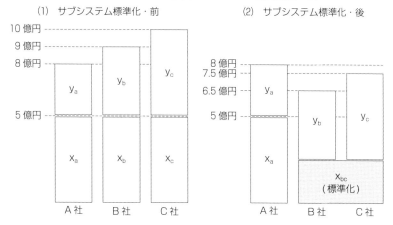

システムから構成されるシステムを開発する場合を仮定する。サブシステム x を開発するためには各社 5 億円ずつ R&D 費用を必要とする一方，サブシステム y の開発には 3 社間の開発力に差があり，まったく同一のサブシステム y を開発するためには，A 社 3 億円，B 社 4 億円，C 社 5 億円の R&D 費用を必要とする。すなわち，A 社＞B 社＞C 社の順で，コスト面での競争優位性を有している（図 2(1)）。この場合，ブランド価値，市場への近接性など，他の条件を一定とすれば，A 社が競争優位の状態にある可能性が高い。

　しかし，仮に，B 社と C 社が協調して，サブシステム x の標準化をしたらどうなるであろうか。x の R&D 費用 5 億円を B 社と C 社で折半したとする。すると，y の開発力の違いを加味したシステム全体の R&D 費用は，A 社 8 億円，B 社 6.5 億円，C 社 7.5 億円となる（図 2(2)）。A 社，B 社，C 社がそれぞれ個別に競争していた時には，A 社が最も安く新しいシステムを開発できていた。しかし，x というサブシステムを標準の対象と見なして B 社と C 社が協調して標準化を進めれば，状況は一変する。B 社と C 社は R&D 費用削減効果を得る一方，A 社は最も不利な状況に陥ってしまう[5]。

　次に考えたいのが，サブシステムの標準化によって，イノベーションが促

5　また，たとえ 3 社で協調しようとしても，A 社としては既存の競争枠組みの中では一番強く，かつ標準サブシステムの実現に不確実性がある場合，率先して B 社，C 社と協調行動はとりにくいというジレンマを抱えている（糸久・安本，2011）。

図3　サブシステム標準化によるイノベーション促進の例

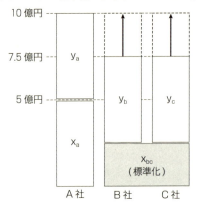

進されるという側面である。従来，経済学の分野では，標準などの規制はイノベーションを阻害すると考えられてきたが，技術の多様性が減少することで，規模の経済のメリットを享受し，より高度な価値のフロンティアを開拓できることを強調している（Swann, 2000）。ここでは，Swann（2000; 2010）に依拠しつつ，上記抽象モデルの数値例を少し変更して説明しよう。

　今度も同様に x, y というサブシステムから構成されるシステムを想定する。ただし，各社の開発力は一定で，x と y の開発には一律5億円，総額で10億円の R&D 費用を投じると仮定する。同じように x の開発には B 社，C 社が協調して R&D 費用削減を志向すれば，A 社10億円，B 社と C 社は7.5億円ずつという R&D 費用で新しいシステムを開発することが可能となる（図3）。

　しかし，ここで，x の標準化によって節約された R&D 費用を y のさらなる性能向上に投じたならばどうなるであろうか。y の開発に投じている R&D 費用は A 社5億円であるのに対して，B 社と C 社は x の標準化によって確保した2.5億円をそのまま y の R&D 費用に上乗せすれば，それぞれ7.5億円ずつ R&D 費用をかけることができる。そして，もし R&D 費用に応じて性能が線形的に向上すると仮定するならば，B 社と C 社の新しいシステムは，新たな価値のフロンティアを開拓することができる。

2.2　インターフェースの標準

　第二の対象はインターフェースの標準である。電気コンセントの規格に始まり，パソコンの USB，電気自動車の充電方式 CHAdeMO，あるいは GSM，3G といった通信規格などが代表例である。こうしたインターフェースの標準も同様に，R&D 費用削減，およびイノベーションを促進する理由に関して，抽象モデルから検討する。

　ここでは 6 個の要素から構成されるサブシステム A と，同じく 6 個の要素から構成されるサブシステム B を考えてみよう（図4）。サブシステム内の 6 個の要素には相互依存性があり，ある要素を変更すれば他の 5 個の要素に影響を及ぼす，といったいわゆるインテグラルな構造を有していると仮定する。したがって，サブシステム最適化のためには各要素の相互調整が必要となる。

　たとえば，A1〜A6 の要素をコンピュータプログラムと考えた場合，そのプログラムを走らせる順番が最適化にとって重要であったとする。この場合，「A1 → A2 → A3 → A4 → A5 → A6」「A2 → A1 → A3 → A4 → A5 → A6」「A5 → A2 → A6 → A1 → A3 → A4」など，順番の確認テストには一回当たり 1 秒かかるとする。その場合，全通りの組み合わせテストを行うには，6！秒＝6×5×4×3×2×1＝720 秒＝12 分を要する。サブシステム B についても同様である。

　こうした状況において，A と B を結ぶインターフェースの標準は，システム全体のテスト時間の削減にどれほどの影響を及ぼすだろうか。まず標準化されている場合を考えると，サブシステム A とサブシステム B の相互依存関係は断ち切られているために，全体で 6！秒＋6！秒＝24 分というトータルの時間を必要とする。

　すなわち，A の設計者と B の設計者は，標準インターフェースを守ってさえいればよいので，お互いに調整する必要はない。たとえば，パナソニックのパソコンの設計者とキヤノンのプリンタの設計者は，USB というインターフェースの標準さえ守っていれば，擦り合わせることなしに，それぞれのサブシステムを開発することができる。

　一方，インターフェースが標準化されていなければ，サブシステム A と B の間にも相互依存性が発生するために，テスト時間はなんと 6！秒×6！

図 4　インターフェースの標準化

サブシステム A　　　　　　　　　　　　　　サブシステム B

518,400 秒
×
6!=720
+
1,440 秒

6!=720

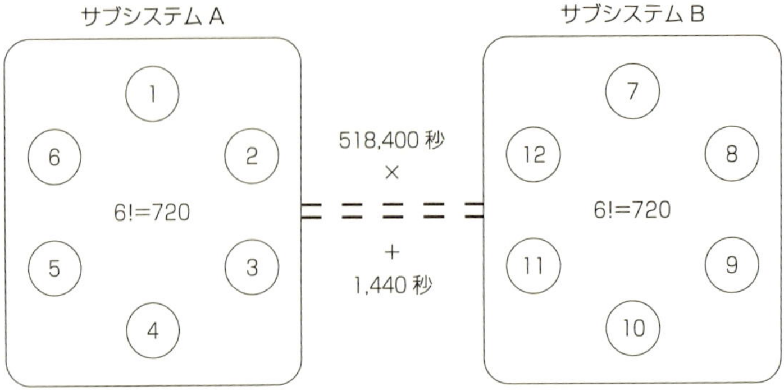

秒＝518,400 秒＝8,640 分＝144 時間＝6 日にも及ぶ。実に 720 倍もの時間がかかってしまうのである。

　むろん，こうしたインターフェース標準化のためには，サブシステムの相互依存関係を完全にディカップリングできるというモジュラー化が前提となる（Baldwin and Clark, 2000）。ただし，単なるモジュラー化といっても，上記で見たように，インターフェースが標準化されている場合とそうでない場合とでは，システム全体の R&D 費用には大きな違いがある。ちなみに，モジュラー化もせずに，12 個すべての要素の相互依存関係をそのままにしておくならば，そのテスト時間は 12 ！秒となる。これがどのくらいの「年数」になるかは計算してみてほしい。いわゆる「組み合わせ爆発（combinatorial explosion）」という問題である。

　次に，インターフェースの標準化がイノベーションを促進させる，という側面を考えてみよう。前述の抽象モデルで確認したように，インターフェースを標準化すれば，サブシステム A と B の設計者は相互調整なしに，それぞれのシステムを設計することが可能であった。これは企業の枠を越えても同様である。イノベーションの本質を新結合と捉えるならば（シュムペーター, 1977），インターフェースの標準は，新結合のバラエティを増加させることでシステム全体の新しい価値を創造する。

　そこには，三つのつながり方が存在する。第一は既存のサブシステム同士の結合である。たとえば，USB インターフェースを介してパソコンとカメラがつながることで，写真をデータとしてパソコンで管理できるようになっ

た。第二は既存のサブシステムと新しいサブシステムの結合である。たとえ
ば，iOS や Android は API（application interface）を標準化することにより，
ゲームなども含めたさまざまなアプリケーションを提供する新興メーカーが
続々と参入し，システム全体の価値を高めている。しばしば，こうした新規
参入のベースとなるサブシステムはプラットフォームとも呼ばれている
（Gawer and Cusumano, 2002）。そして，こうしたプラットフォームを前提と
した場合，プラットフォームが普及するほど多様なアプリケーションが増加
するという意味で，ネットワーク外部性の間接効果に相当する。第三は新し
いサブシステム同士の組み合わせである。たとえば，CHAdeMO というイン
ターフェースを守ることで，電気自動車メーカーはある1社が提供する急速
充電システムに縛られることなく，新たな技術進歩の果実を得ることができ
る。

2.3　アーキテクチャの標準

　最後はアーキテクチャの標準である。アーキテクチャの標準は，サブシス
テムの標準とインターフェースの標準の複合物とも解釈できる。ただし，あ
えて，アーキテクチャの標準という概念を別に検討するのは，まったく新し
いシステムのコンセプトがあいまいである時に，それを峻別する意義が先鋭
化するからである。
　たとえば，「スマートシティ」という言葉から何を思い浮かべるだろうか。
ある人は電気自動車，燃料電池車などの次世代自動車を思い浮かべるだろう
し，ある人はスマートグリッドやスマートメーターなどの電力供給システム
を思い浮かべるだろう。実際，スマートシティという新しいシステムには，
自動車，電気，建築，電力，携帯など，さまざまな産業から利害関係を有す
る企業がそのビジネスに関わってくる。そして，自分たちのビジネス領域を
どこに設定するのか，あるいは限りある自社の資源をどこに集中させればよ
いのか，ということは必ずしも産業間／企業間で合意が形成されているとは
限らない。大規模かつ複雑なシステムであるほど，競争の秩序化のためのルー
ルが必要となる。
　アーキテクチャの標準についても，R&D 費用の削減とイノベーションの
促進が達成される理由を検討する。ここでいうアーキテクチャとは，システ

図 5　アーキテクチャの標準化

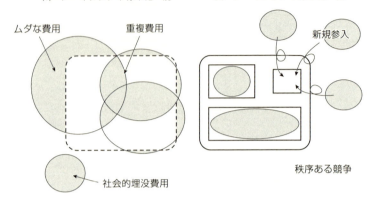

(1)　アーキテクチャ標準化・前　　　　(2)　アーキテクチャ標準化・後

ムダな費用　　　　　重複費用

新規参入

社会的埋没費用

秩序ある競争

ム全体をどのようなサブシステムに分割するのか，という設計思想を意味する。スマートシティのようなまったく新しいシステムを企業集合体で開発する時に，そのようなアーキテクチャがあいまいであれば，各企業は無秩序に競争を繰り広げるために，社会的に見て3種類の削減されるべきR&D費用が発生する（図5(1)）。図5において四角をシステム，丸を各企業の競争領域とすると，第一に，アーキテクチャから逸脱した「ムダな費用」が存在する。たとえば，スマートシティが建設される場所の多くが内陸部であった場合，その検討領域は陸上交通手段で十分であるのに対して，船舶まで含めた海上交通に関するサブシステムを検討することは無用の長物となるだろう。

　第二は，「重複費用」が存在する。たとえば，電気自動車において，自動車メーカーも，電気メーカーも，お互いに競って，新しいバッテリー技術に重複して投資していれば，あまり効率的であるとは言えない。むろん，ここでは競争を否定するわけではない。ただし，過度の重複投資は，結果として社会的な資源配分の効率性を低下させる。

　第三は，「社会的埋没費用（sunk-cost）」が存在する。高い不確実性を伴う新しいシステムを開発するためには，避けて通れない費用であるかもしれないが，結果的に支配的なアーキテクチャとして選択されなかった技術への投資は，社会的に埋もれてしまう。システムがそれほど複雑でなければ，その規模は小さく，あまり問題にはならないだろう。しかし，サブシステムの複雑性が高くなるほど，資源の埋没は大規模になり，無視できないレベルとな

表 1　標準による二つのメリットが発生する理由

	サブシステム	インターフェース	アーキテクチャ
R&D 費用の削減	共通化による R&D 費用の外部化	調整費用の削減	秩序ある競争（ムダな費用，重複投資，社会的埋没費用の削減）
イノベーションの促進	差別化領域への R&D 費用の集中	新結合のバラエティが増加	競争領域の明確化により新規参入が増加

る。

　次に，アーキテクチャの標準がイノベーションを促進するという意味では，アーキテクチャが決まることで新規参入が促進されるという側面を指摘することができる（図5⑵）。ビジネス領域が明確に決まっていれば，関連メーカーとの無益なトラブルを回避でき，自分たちの競争領域に集中して R&D 活動を行うことができる。その結果，各企業は秩序あるイノベーション活動を実施することができる。付言すれば，こうしたアーキテクチャの標準を遵守するには，一定レベルの技術力が必要となるために，システム全体の品質保証にもつながる。そのため，有象無象な企業がその領域に進行してくるのを防ぐこともできる（Slowak and Itohisa, 2011; Swann, 2000）。

　以上のように，三つのレベルにおける標準をそれぞれ見てきたが，いずれのレベルの標準においても，企業集合体は，⑴R&D 費用の削減，⑵イノベーションの促進という二つのメリットを享受できるということがわかる。これこそが，オープン化戦略における標準の基本的な意義である。システムの中の標準の対象ごとに，二つのメリットが発生する理由が異なることは説明してきたとおりである。それをまとめたものが表 1 である。

❸　標準と標準化プロセスのオープン化：コンセンサス標準の戦略性

　上記のような二つの標準のメリットを前提とした場合，その標準はどこまでの範囲に対してオープン化を進めればよいのだろうか。また，そうした標準を形成するには，どこまでの範囲の企業でコンソーシアムを形成すればよいのか。企業が標準のメリットを享受するためには，どのような戦略をとればよいのだろうか。本節では戦略的な観点から，標準自体の普及範囲と，そうした標準の形成プロセスにおけるオープン化の度合いについて検討する。

図 6　オープン化と R&D 費用，イノベーションの関係

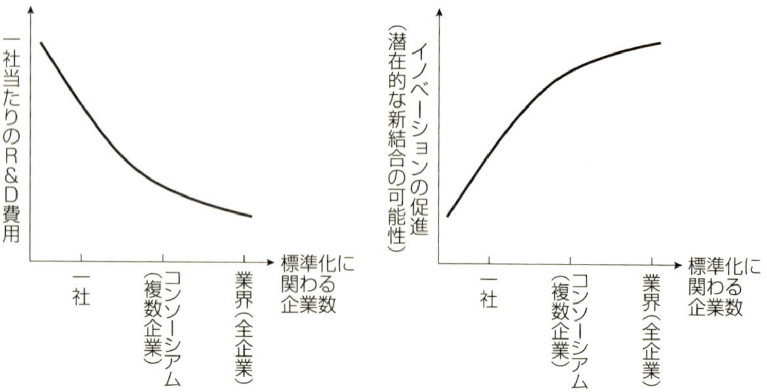

（左図）縦軸：一社当たりの R&D 費用　横軸：標準化に関わる企業数（一社／コンソーシアム（複数企業）／業界（全企業））

（右図）縦軸：イノベーションの促進（潜在的な新結合の可能性）　横軸：標準化に関わる企業数（一社／コンソーシアム（複数企業）／業界（全企業））

　まず，標準自体のオープン化に関しては，論理的には R&D 費用の観点からも，イノベーション促進の観点からも，広く業界にオープンになっている方が望ましい（図6）。

　サブシステムの標準では，1 社よりも 2 社，2 社よりも 3 社といったように，多くの企業が採用するほど，つまりオープン化の度合いが高まるほど，1 社当たりの R&D 費用は低下する。そして，節約された R&D 費用が差別化領域に対して有効に投資され，そこでの競争が高度化すれば，よりいっそうイノベーションが促進される。インターフェースの標準では，オープン化が進むほど，新しい企業同士がつながるための調整費用は大幅に節約できる。さらに，そのことは，潜在的な新結合のバラエティの増加を意味し，イノベーションの促進につながる。アーキテクチャの標準では，オープン化度合いを高めるほど，社会的な観点から直接的にムダな費用，重複費用，社会的埋没費用といった R&D 費用が削減できる。さらに，競争領域が明確となるため，既存企業／産業の R&D 費用の焦点化や，新規参入の潜在的可能性が高まるために，イノベーションが促進される。

　次に，標準を形成するための，「標準化プロセスの費用」を考えてみよう。標準自体は，業界全体に対してオープン化度合いを高めるほど，基本的に潜在的な便益は向上することを述べた。しかし，だからと言って，標準化プロセスをすべての企業で推進すれば，デジュリ標準でしばしば見受けられるように，参加メンバー全員の合意を得るには多大な調整費用がかかってしまう。一方，1 社で標準化を押し進めようとすれば，標準から独占的な利益を獲得

図7　オープン化度合いと標準化費用

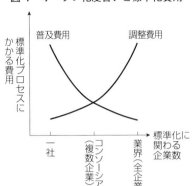

できる可能性を有する一方，標準を普及させるための費用は高くなってしま
う。まして，近年ではパソコン産業に見られたような勝者総取り（winner-
take-all）は，業界全体として嫌厭する方向にあり，容易にデファクトをと
ることは難しい。

　したがって，標準化プロセスの費用は，関連する複数の企業からなるコン
ソーシアムで決定される場合が最も効率的となる（図7）。この点はコンセン
サス標準の有効性を示唆する先行研究でも指摘されている点である[6]

　以上のことから，標準自体のオープン化と標準化プロセスのオープン化を
合わせて考慮すれば，一つの方向性として，関連する企業群はコンソーシア
ムを形成して標準化を推進し，いったん構築された標準は，業界全体に普及
していくという戦略が示唆される。実際，コンソーシアムベースで標準の原
形をつくり，それをもとに，WTO/TBT協定を背景としたデジュリ標準に
もっていくという手法は，実務的にもよく観察される事象である。

　一方，標準の原形を形成するためのコンソーシアムのメンバーは，どれく
らいの規模の企業群が望ましいのかについては，ケースバイケースとなるが，
標準の普及を考えると，波及効果を意識した最小限のクリティカルマスを達
成できるだけの企業が集まっていることが重要になるだろう。こうしたコン
ソーシアムの特徴を分析した研究によれば，欧州の場合，大企業を中心に，
中小企業，大学，研究機関など多様なプレーヤーが，国境をまたいでコンソ

---

[6]　たとえば，Cargill（1997），Leiponen（2008），Farrell and Saloner（1988）。

ーシアムに参画していることが報告されている（糸久・小林，2013）。すなわち，標準形成当初から，グローバル展開が意図されている。

❹ AUTOSARの事例：コンソーシアムの戦略性

本節では，これまでの議論を踏まえて，具体的な事例として車載ソフトウェアのコンセンサス標準「AUTOSAR」の事例から，標準の二つの意義を確認すると同時に，その戦略性について言及する。

AUTOSAR（Automotive Open System Architecture）とは，2003年にBMW，ダイムラー，ボッシュなどが中心となって推進された，車載ソフトウェアのコンセンサス標準である。増大する車載ソフトウェアの複雑性に対して，完成車メーカーがR&D費用の削減とイノベーションの促進を意図して形成された。

AUTOSARの標準化対象領域は，広義にはarchitectureという言葉に見られるように，従来の渾然一体とした車載ソフトウェアの構造を（図8(1)），BSW（basic software），RTE（runtime environment），アプリケーションという「3層構造」に分割するというアーキテクチャの標準である（図8(2)）。ただし，狭義にはBSWとアプリケーションをつなげるインターフェースとしてのRTEをAUTOSARと呼んでいる。また，BSWの主要な構成サブシステムであるOSに関しては，パソコンにおけるWindows，あるいはスマートフォンにおけるAndroidの地位を狙って，ボッシュの子会社であるETAS，あるいはVECTOR，dSPACE，携帯系のEB，KPITなどのソフトウェアベンダーが競争を行っている。

したがって，AUTOSARを上記の三つのレベルで考えた場合，サブシステム＝OSなどのBSW，インターフェース＝RTE，アーキテクチャ＝3層構造という対応関係で捉えることができる。

完成車メーカーにとって，こうしたAUTOSARを採用することのメリットは，第一にR&D費用削減である。3層構造というアーキテクチャが明確であるために，結果的に埋没してしまうようなR&D費用の節約ができる。また，RTEが標準として定義されているために，BSWとアプリケーションはディカップル（分割）されており，その結果，アプリケーションは製品モ

図8　AUTOSAR の概念図

(1) 従来の車載ソフトウェア　　(2) AUTOSARによる標準化後

（出所）　AUTOSAR（https://www.autosar.org/）の資料をもとに筆者作成。

デル，世代，企業の枠を越えた互換性が達成される。すなわち，一部のアプリケーションソフトウェアは汎用的に，市場から安く調達することも可能となる。

　第二のメリットはイノベーションの促進である。アーキテクチャが明確となったために，電気系のサプライヤーの活躍も目立つようになった。さらに，インターフェースが共通化されているために，BSW とアプリケーションの新結合のバラエティは増加し，完成車メーカーは多様なオプションの中から最適解を選択することが可能となっている。サブシステムレベルでは，差別化領域となるアプリケーションに R&D 費用を集中させ，それを自社内に囲い込むことにより，他社とは差別化された魅力ある製品づくりが可能となる。

　このように，AUTOSAR という標準を採用することで，各企業は抽象モデルで検討した二つのメリット（R&D 費用の削減，イノベーションの促進）を得ることが期待されている[7]。

　それでは，次に検討したいのが，AUTOSAR はどのようなコンソーシアムのメンバーで形成されたのか，ということである。

　AUTOSAR の前身となる標準化コンソーシアム「EAST-EEA」は，2001年に組織され，BMW，PSA，ルノーなど，欧州系の完成車メーカーが各ワーキンググループのリーダーを務めた。そして，サプライヤーのボッシュとコンチネンタル（当時はシーメンス，後にコンチネンタルが自動車部門を買収）が技術的に主要な貢献を果たしたのである。3年間のプログラム期間中に，合

　7　ただし，実際には AUTOSAR は普及段階にあるために，各社ごとのカスタマイズコストが発生してしまっているために，十分に標準化のメリットを享受しているとは言い難い。

表2 AUTOSARのパートナー一覧

（2014年6月13日現在）

	特徴	企業名（一部抜粋）
コアパートナー （9社）	標準の仕様，運営，方針を決定できる。ワーキンググループにメンバー派遣。標準化領域の技術ノウハウを提供。ビジネス化可能	BMW，ボッシュ，コンチネンタル，ダイムラー，フォード，GM，PSA，トヨタ，VW
プレミアムパートナー （47社）	ワーキンググループに参加できれば，仕様に早期アクセス／仕様化が可能。標準化領域のIPへの貢献が期待。ビジネス化可能	デルファイ，dSPACE，EB，ETAS，フィアット，フラウンホーファー，フリースケール，ヘラー，ホンダ，ヒュンダイ，インフィニオン，ジョンソンコントロールズ，ジェイテクト，マニエッティ，マツダ，パナソニック，ルノー，ルネサス，ティッセンクルップ，TRW，ヴァレオ，VECTOR，ボルボ，ZE など
アソシエイトパートナー （97社）	ワーキンググループに参加できれば，仕様に早期アクセス／仕様化が可能。ビジネス化可能	アイシン精機，アルプス，キャタピラー，CATS，チェンジビジョン，チェリー自動車，富士通，ガイオ，日立，ICT，INERGY ケイヒン，マグナ，マヒンドラ，マンドー，三菱，NEC，日本精機，日産，オムロン，OTSL，SAIC，住友電気，タタモーターズ，東海理化，東芝，トヨタ通商，ビステオン，WABCO ヤザキ など

（出所）　AUTOSAR（https://www.autosar.org/）をもとに筆者作成。

計250人／年，4000万ユーロという資源を投じて，車載ソフトウェアの新しいアーキテクチャが考案された。

　その後，2003年にAUTOSARというコンソーシアムが組織され，BMW，ボッシュ，コンチネンタル，ダイムラー，フォード，GM，PSA，トヨタ，VWをコアパートナーとして，47社のプレミアムパートナー，97社のアソシエイトパートナーといったように，標準形成の貢献度と権限に応じて，メンバーシップに差がつけられている（表2）。

　ここで注目すべきは，標準の原形づくりに，ボッシュとコンチネンタルというドイツのサプライヤーが関与していることである。これは何を意味するのかというと，初めからボッシュやコンチネンタルと取引関係にある完成車

メーカーは，少ない導入コストで標準「AUTOSAR」を取り入れることができる。その一方，上記 2 社以外のサプライヤーとの取引関係が主流である完成車メーカーは，AUTOSAR の導入に際して，設計プロセスの変更も伴うために，相対的に高い導入コストを強いられてしまう。

　この点は，コンセンサス標準の戦略性と強く関連していることを強調しておきたい。第一に，コンソーシアムを組織して，初期に標準化を主導したメンバーは自分に有利な標準を形成できる可能性を有している。第二に，後期に標準を採用する企業には 2 パターンあり，まずトヨタやホンダのように，すでに自社内で最適化された車載ソフトウェアを持っている企業は標準の採用には多大な導入費用がかかってしまう一方，中国などの新興国メーカーは自社独自の技術蓄積が少ないために，大きなプロセス変更なしに標準を採用することができる。

　以上のことから，R&D 費用の削減，イノベーションの促進という標準の二つのメリットを十分に享受するためには，戦略性を有してコンセンサス標準に関わることが重要であると示唆される。AUTOSAR の場合，欧州自動車メーカーは，初期の EAST-EEA では戦略的意図を持ったメンバーにより自分たちに有利な標準をつくり，後継の AUTOSAR ではメンバーを拡大して，そうした標準を広く普及させるための仕掛けという色彩が強いものであった。

5 まとめ

　本章では，標準という多義的な概念をシステム論的な視点から分類することにより，企業集合体のオープン化戦略を前提としたイノベーション活動において，標準にはどのような意義があるのか，また標準化プロセスにはどのような戦略性を有するのか，という点を検討した。

　標準の基本的な意義は，企業同士のイノベーション活動をつなげることにある。いわば，企業の枠を越えたイノベーション活動のプラットフォームとして機能する。その結果，企業は標準を採用することで，(1) R&D 費用の削減と，(2)イノベーションの促進という二つのメリットを享受することが可能となる。

　こうした標準は，業界に広くオープンとなった方がその便益は向上することを指摘した。ただし，標準化プロセスを考慮すると，1社では普及費用がかかってしまい，全員で合意を求めれば調整費用がかかってしまう。したがって，複数企業のコンソーシアムによって標準を形成することが効率的であると指摘した。

　標準とオープン化戦略の関係において，最も重要となるのは，標準を形成するコンソーシアムをどのようなメンバーで構成するのか，という点である。通常，コンソーシアムメンバーは自分たちに有利な標準を形成するために，コンソーシアムメンバー以外の既存有力企業は，ひとたびその標準がクリティカルマスを超えてパワーを持ち始めた場合，標準の採用には多大な導入費用が必要となるばかりでなく，標準への対応の遅れは致命傷にもなりかねない。新興国における GSM 規格の普及が，日本の携帯電話メーカーの足かせとなったことなどは典型例であろう。

　以上のように，標準は，企業のイノベーション活動に対して潜在的なメリットをもたらす一方，標準化プロセスを含む戦略的な対応次第では，そうしたメリットの度合いは大幅に増減する。したがって，オープン化戦略を前提とした場合，企業は標準の意義をよく理解した上で，どのようなメンバーと標準化を進めるのかを吟味しなければならない。

　多くの製品は複雑化の一途をたどっている（藤本，2013）。このようなイノベーション活動の複雑化という傾向に対して，1社だけで対応することは難しく，企業集合体が戦略性を有して協調することが求められる。したがって，そうした企業同士がつながる基盤を提供する標準の重要性は，よりいっそう増大するであろう。

参考文献

Abernathy, W. J., K. B. Clark and A. M. Kantrow (1983), *Industrial Renaissance: Producing a Competitive Future for America*, New York, NY: Basic Books.

淺羽茂 (1998),「競争と協力：ネットワーク外部性が働く市場での戦略」『組織科学』第 31 巻 4 号，44–52 頁。

Baldwin, C. Y. and K. B. Clark (2000), *Design Rules Vol. 1: The Power of Modularity*, Cambridge, MA: MIT Press.（安藤晴彦訳『デザイン・ルール：モジュー

ル化パワー』東洋経済新報社，2004 年。）

Brunsson, N., A. Rasche and D. Seidl (2012), "The Dynamics of Standardization: Three Perspectives on Standards in Organization Studies," *Organization Studies, 33* (5–6), 613–632.

Cargill, C. F. (1997), *Open Systems Standardization: A Business Approach*, Upper Saddle River, NJ: Prentice Hall PTR.

Clark, K. B. and T. Fujimoto (1991), *Product Development Performance: Strategy, Organization, and Management in the World Auto Industry*, Boston, MA: Harvard Business School Press.

Cusumano, M. A., Y. Mylonadis and R. S. Rosenbloom (1992), "Strategic Maneuvering and Mass-Market Dynamics: The Triumph of VHS over Beta," *The Business History Review, 66* (1), 51–94.

Farrell, J. and G. Saloner (1988), "Coordination through Committees and Markets," *RAND Journal of Economics, 19* (2), 235–252.

藤本隆宏編 (2013)，『「人工物」複雑化の時代：設計立国日本の産業競争力』有斐閣。

Gawer, A. and M. A. Cusumano (2002), *Platform Leadership: How Intel, Microsoft, and Cisco Drive Industry Innovation*, Boston, MA: Harvard Business School Press. (小林敏男訳『プラットフォーム・リーダーシップ：イノベーションを導く新しい経営戦略』有斐閣，2005 年。)

糸久正人・小林美月 (2013)，「標準化のための R&D コンソーシアム参加プレーヤーの特徴：欧州組込ソフトウェア産業の事例」『赤門マネジメント・レビュー』第 12 巻 7 号，495–514 頁。

糸久正人・安本雅典 (2011)，「コンセンサス標準に対する各企業のポジショニングと知識量の関係：自動車産業における AUTOSAR の事例から」MMRC Discussion Paper Series, No. 372。

Katz, M. L. and C. Shapiro (1985), "Network Externalities, Competition, and Compatibility," *American Economic Review, 75* (3) 424–440.

Leiponen, A. E. (2008), "Competing through Cooperation: The Organization of Standard Setting in Wireless Telecommunications," *Management Science, 54* (11), 1904–1919.

小川紘一 (2014)，『オープン＆クローズ戦略：日本企業再興の条件』翔泳社。

Rohlfs, J. (1974), "A Theory of Interdependent Demand for a Communications Service," *Bell Journal of Economics and Management Science, 5* (1), 16–37.

新宅純二郎・江藤学編 (2008)，『コンセンサス標準戦略：事業活用のすべて』日本経済新聞出版社。

シュムペーター，J. A. (塩野谷祐一・中山伊知郎・東畑精一訳) (1977)，『経済発展の理論：企業者利潤・資本・信用・利子および景気の回転に関する一研究』岩波書店。

Slowak, A. and M. Itohisa (2011), "Who Profits from Automotive Electronics

Standards?: Facing Cost Pressures," *VDI Elektronik 2011*, Baden-Baden, Germany.

Swann, G. M. P. (2000), "The Economics of Standardization," Final Report for Standards and Technical Regulations Directorate, Department of Trade and Industry, London.

Swann, G. M. P. (2010), "The Economics of Standardization: An Update," Report for the UK Department of Business, Innovation and Skills (BIS).

U.S. Congress Office of Technology Assessment (1992), "Global Standards: Building Blocks for the Future," Washington, DC: U. S. Government Printing Office.

Weiss, M. and C. F. Cargill (1992), "Consortia in the Standards Development Process," *Journal of the American Society for Information Science, 43* (8), 559 -565.

山田肇 (2007),『標準化戦争への理論武装』税務経理協会。

補　論

コンセンサス標準と知識のコントロール

安本雅典

1　標準化のインパクト

標準化は，経済・社会に影響を与える。だが，企業にとっての標準化の意義やインパクトについては，より詳しく検討する必要がある[1]。こうした意義やインパクトについては，標準化活動には参加せずに，標準化された技術を活用する多くの企業についても考える必要があるが，ここでは標準化に貢献する企業について考えてみる。企業にとっての標準化の意義やインパクトを考える場合には，標準の特徴による区別を考慮する必要がある。代表的なのは，特定企業による「スポンサー付き」（sponsored）の標準と，OSS（オープン・ソース・ソフトウェア）やコンセンサス標準といった，特定企業による「スポンサーなし」（unsponsored）の標準との区別である（David and Greenstein, 1990; Stango, 2004）。これらは，経済的影響や企業戦略へのインパクトが異なることが知られている。

スポンサー付きの標準としては，PC 産業や AV 産業の事例に代表されるように，支配的な標準，すなわち特定の企業が競争を通じて定着させたデファクト標準（事実上の標準）やプラットフォーム[2]があげられる。一方，ス

1　標準化に関わる研究の論点については，たとえば，David and Greenstein (1990) や Shapiro and Varian (1999) にまとめられている。異なる標準技術の採用には転換コスト（スイッチング・コスト，Farrell and Shapiro, 1988）がかかるため，一度採用された標準技術はロックイン効果をもたらす（Arthur, 1989）。

2　デファクト標準については，たとえば，本章第 2 章注 17 の文献参照。プラッ

ポンサーなしの標準としては，公的機関により策定されるデジュリ標準や，企業間の協調によるコンソーシアムを通じた標準（コンセンサス標準）があげられる（Cargill, 1997; 新宅・江藤，2008）[3]。OSS のような，公開・共有された技術も，スポンサーなしの標準と考えられてきた。こうした標準は，特定の企業が設定したスポンサー付きの標準とは異なり，企業間の協調によって形成され，さまざまな企業によって広範に活用される。

　とくに個々の企業では対応しきれない複雑なシステムについては，さまざまな企業が協働する必要が出てくる。社会インフラや通信システムの場合，各企業が別々にサブシステムやサービスを開発していては，サブシステムやサービスを相互に活用することはできない（第1部補論参照）。だが，相互接続性や互換性を確保できるように，複数の企業間で分担して技術を開発し標準化を進めれば，1社当たりの負担を抑えつつ，広くさまざまな企業によるイノベーションを期待することができる。

　たとえば，車載エレクトロニクスの標準化は，複雑化によるコスト負担増大に対し，企業間で技術開発の負担を分担できるようにするために進められてきた（糸久，2016; 本書第11章参照）。こうした標準化は，広く異なる企業間での協働や問題解決を通して，コスト負担の抑制やイノベーションを促すという点で，経済・社会全体にとっての広範なプラットフォームと考えることができる。ドイツをはじめとする EU の政策では，このような観点が強調されている[4]。

　ただし，コンセンサス標準では，「標準化で協調し，実装で競争する」ことを想定し，複数の企業が共通利益を実現するために協調して仕様の策定を進める[5]。このため，標準の仕様は，公開で公平・中立に定められ，誰もが用いることができる（David and Greenstein, 1990; Simcoe, 2006; Stango, 2004）。

トフォームについては，立本（2017）ならびに本書第10章参照。

[3]　数多くの理論的・実証的研究がなされているが，たとえば第2章注 **18** の文献参照。

[4]　European Commission（2014）や徳田ほか（2011）を参照。本書では，関連する議論として，第12章，第1部補論，第3部ショートケースを参照。

[5]　ドイツの主要メーカーを中心とする車載エレクトロニクスのコンセンサス標準（AUTOSAR，本書第11章参照）や，IBM のような統合型の企業において，こうした点が強調されている。関連する論点については，Simcoe（2006）参照。

したがって，コンセンサス標準については，特定の企業が自社に有利なように標準化を進めて優位を築くこと，とくにそれを長期にわたって継続することは容易ではない。さらに，コンセンサス標準では，システムのアーキテクチャ（構成要素の統合ルール）や関連する標準仕様によって，それぞれの技術の情報の多くは公開されるため，技術のスピルオーバーやフリー・ライダーの問題を引き起こす可能性がある [6]。では，こうした標準化に貢献することでは，企業は優位を築くことはできないのだろうか [7]。

　このような問題に対し，二つのポイントが指摘されてきた。一つは，企業の貢献のインセンティブを引き出すために，標準に関わる技術の知財権に工夫がなされているという点である（European Commission, 2014）[8]。典型的には，標準化（技術規格書の提案）に貢献し技術を公開する代わりに，標準技術の製品化に不可欠な特許を標準必須特許（SEP）とし，その報酬として公平，合理的，かつ非差別的な条件（FRAND: Fair, Reasonable and Non Discriminatory）で広くライセンスし収入を確保することが考えられる [9]。ただし，標準の仕様同様，特許は技術情報を公開するものである。このため，特許の引用やライセンスによって技術のスピルオーバーが生じて，競合企業の台頭を招くことがある（He et al., 2006; Jaffe and Trajtenberg, 2002）。とくに必須特許については，合理的な条件で公平なライセンスが求められており，競合企

6　European Commission（2014），Katz and Shapiro（1986），Stango（2004）参照。

7　貢献のインセンティブについては，たとえば Blind and Mangelsdorf（2016），Xia et al.（2012），Zhao et al.（2011）参照。なお，新興スタートアップ企業（多くはリソースの少ない中小企業）には，標準化に参加し貢献することのメリットがあるという指摘があるが（Waguespack and Fleming, 2009），一方で，中小企業ほど，標準化に貢献するより，標準を活用する傾向にあることが示されている（Blind and Thumm, 2004）。企業の規模による違いの影響とともに，このような点については整合性のある検討が必要かもしれない。

8　ほかにも，関連特許を保持する企業間でのクロス・ライセンスや，関係企業間で知財を共有するパテント・プールによって，ライセンス料の支払いを抑えたり，第三者からの差し止めを受けず事業を継続できるといった利点も期待できる（江藤，2016）。なお，EU におけるこうした論点整理や政策的指針は，本補論の参考文献の Bekkers や Blind らによる計量的な実証研究に依拠している。

9　ただし，何が必須か，本当に必須なのかについては，必ずしも明確な定義があるわけではないため，数多くの訴訟が行われてきた。移動体通信産業のケースはその典型である。

業の台頭を促す可能性がある。

　もう一つは，企業は，自社技術に基づく標準仕様を提案・実現することで，実質的に自社の事業や知財に有利な標準化を進めることができるという点である。協調領域であるコンセンサス標準の仕様策定プロセスでは，さまざまな国や企業の間で利害調整が必要となる。こうした事情を反映して，従来，コンセンサス標準に関わる研究の多くは，他社との協調の中で自社技術を活かして標準仕様の策定に貢献することに重要性を見出し，仕様策定のプロセスに注目してきた[10]。

　標準仕様の策定に貢献することには，いち早く標準仕様を製品に実装することが可能になるという利点がある。技術を公開しても，最新の標準技術を他企業に先駆けて実装を進めることができれば，優位を保つことができる（Garud and Kumaraswamy, 1993; Garud et al., 2002）。同様に，標準の仕様策定に貢献する企業は，発売時期，品質，コストの面での優位によって，そうでない企業より多くの価値を獲得することが可能である（Shapiro and Varian, 1999; Simcoe, 2006）。自社の事業や技術と親和性の高い方向に技術進歩を促しながら，自社が開発・検証して蓄積してきた技術を用いて，製品化を進めることができるからである。たとえば，移動体通信産業におけるノキアやモトローラなどの標準化を推進する企業のかつての優位は，こうした点から説明されてきた（Funk, 2002）。知財収入よりも，むしろ他社に先駆けて製品化することによる優位が注目されてきたと言える。

❷　標準化に貢献する企業によるコントロール

　以上のように，標準化に貢献する企業の優位は，製品化のための実装に関して，技術進歩や他企業の参入や活動をコントロールすることで成り立っている（図1）[11]。標準仕様を策定して，技術を公開しても，実装技術について

---

[10]　たとえば，Bekkers et al.（2002），Cargill（1997），Farrell and Saloner（1988），Leiponen（2008），Simcoe（2012）参照。

[11]　とくに Linux, JAVA, UNIX といったオープンなソフトウェアの開発についての研究によって，こうした点が示唆されてきた。たとえば，Garud et al.（2002），Garud and Kumaraswamy（1993），West（2003）参照。コントロールについては，本書の第2章や第2部補論も参照のこと。

図 1　コンセンサス標準におけるコントロール

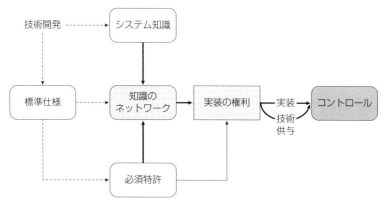

の権利（実装の権利）を保持していれば，イノベーションや他企業の活動を
コントロールすることができる。コンセンサス標準において，実装の権利を
保障するのは，必須特許である。先に述べたように，必須特許については，
もっぱら経済的利益（ライセンス収入など）が注目されてきた[12]。必須特許は，
こうした経済的利益の有無とは別に，製品への実装に求められる重要な技術
についての権利を確実にする機能を持つ。

　協調領域として複数企業で標準化を進める場合には，実装に関わる詳細な
仕様は策定されにくく，標準は基本的な要件や性能についての仕様となって
いる（Simcoe, 2006; West, 2007）。このような基本的な仕様に基づいて，複雑
なシステムを実装するには，システム全体の整合性をとりながら技術を統合
し，製品を開発することが求められる[13]。そのためには，さまざまな技術
や部材を統合するシステム知識が必要となる。とくに複数企業間にわたる複
雑なシステムの効果的な開発には，自社の事業を越えたシステム知識が不可
欠であることが指摘されている[14]。オープンな標準であっても，個々の技
術（必須特許）とともに，システム知識を保有していれば，標準仕様を実装
する権利を確保することができる。こうして，他企業の参入や製品化をコン

---

[12]　本書第2章で見たように，エンジニアリング・サービスやツールによって実
　　装のための技術を提供（ライセンス）することで，収益化を図ることも可能であ
　　る。

[13]　Prencipe（2003），Prencipe et al.（2003），West（2007）参照。ほかにも，た
　　とえば，本書第2章注11の文献参照。

[14]　Brusoni et al.（2001），武石（2003），Prencipe（2003）参照。

トロールし優位に結び付けることが可能になってくるのである。

❸ 知識のネットワーク

　以上のようなコントロールが可能かどうかは，より具体的には，複数の重要な標準仕様間にわたる必須特許のセットを保持している程度，すなわち図1の知識のネットワークの密度から推測することができる。たとえば，移動体通信の分野の主要企業は，標準技術の複数の仕様を横断して，標準仕様を実装する上で不可欠な技術について，必須特許を保有している（図2）[15]。図2では，ノード（それぞれの四角）は標準化コンソーシアムである 3GPP によるカテゴリー別の仕様を，ノード間をつなぐエッジの太さは必須特許の量を示している。また，SEPs は申告された必須特許件数であり，Density はネットワークの密度を表す値である。

　こうした知識のネットワークは，実装に必要なシステム知識に対応していると考えられる。移動体通信システムの構想や実現には，システム全体にわたる知識が求められる。図2では，ノキアやクアルコムといった主要企業は最も全体のネットワークに近く，その密度が高くなっている。こうした密度の高さは，これらの企業には，システム全体についての実装の技術やノウハウの蓄積があることを示している。

　ノキアやクアルコムは，自社事業の範囲以上にこうした知識を保有している。知識の密度の高いクアルコム（およびまだ改革の途上であるが 2010 年代以降のノキア）といった企業は製品事業では圧倒的なシェアを保持しているわけではなく，むしろ必須特許のライセンスやシステムの実装に関わるサービ

---

[15]　仕様のカテゴリー（ノードの色の濃淡）は 3GPP のものを使用している。大別すると，"Service and Technical Issues, Requirements and Plans", "Core Network and Intra Fixed Network", "Air Interface", "Mobile Phone", および "Security Algorithm" の5つのカテゴリーがあり，それがさらに細分化されている。一方，必須特許，すなわち SEP（エッジ）については，1990～2012 年の間に EU と米国で申告された6万 4228 件の特許データを，ETSI（http://ipr.etsi.org/searchIPRD.aspx）よりダウンロードして作成した。これには，2G（第二世代）と 3G（第三世代）の両方のデータを合わせて使用している。データ収集と分析の詳細は，Shiu and Yasumoto（2017）参照。

図 2　標準の技術仕様間にわたる必須特許のネットワークとその密度

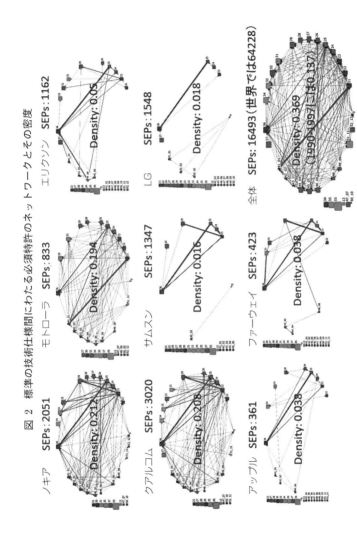

（出所）Shiu and Yasumoto（2017）より作成。

スによって収益を確保しようとしてきた**16**。こうした実態は，従来指摘されてきた製品事業での優位以外にも，実装に関わる技術そのものの提供によって（他企業の技術や事業活動をコントロールし），優位を築くことができることを示唆している。

コンセンサス標準では，製品事業において優位を持続させるのは難しい。コンセンサス標準のように，複数企業が協調して技術の広範な公開を行う場合には，標準化に貢献したとしても，技術や知識をコントロールできる保障はない。一定の期間が経てば，実装に関わる技術の標準化や，新興企業による技術活用や知識獲得も進む。実際，移動体通信の事例では，2010年代以降，端末製品の事業（インフラ事業は異なる）で優位を築いているのは，標準化を推進し優位を築いてきた企業とは異なる，新興企業（アップル，サムスン，LG，ファーウェイ，その他の新興企業）である。これらの企業の知識の密度は高くない。

では，新興企業に対し，標準化を推進する企業は，技術を公開しながら，いかに優位を築くのか，そのためにいかに技術や知識のコントロールを行うべきか。図2は，コントロールの鍵となるのは，個々の標準仕様や技術というよりは，知識のネットワークやその背後にあるシステム知識であることを示唆している。個々の標準仕様や必須特許とは異なり，背後にあるシステム知識，すなわち部材や技術を統合するノウハウやプロセスの知識とそのマネジメントは目に見えにくい。このようなシステム知識とともに，必須特許のように実装に関わる技術についての権利を広く保持していれば，密度の高い知識のネットワークを構築できる。そうなれば，他社の事業展開をコントロールし，自社なりの優位を築くことも可能になってくる。

新興企業（とくにコアを提供するIC企業）は，こうした知識のネットワークを構成する必須特許を数多く引用している**17**。特許は，標準同様，技術のスピルオーバーを引き起こし，新興企業のキャッチアップを促す可能性があ

---

16 厳密には，製品事業を行うノキアではなく，ノキア・テクノロジーズが技術の管理とライセンシングを行っている。なお，実装を伴わない，技術の供給による戦略は，従来は資源の制約から実装により事業展開を図ることの難しい技術系ベンチャー企業に適しているとされてきた。

17 詳細は，許ほか（2015）参照。

ると考えられてきた。だが，以上の検討を踏まえれば，必須特許のような重要性の高い技術の特許の引用やライセンスは，標準化を推進する企業による技術と産業のコントロールを可能にしていると考えることもできるのである。

　＊　本補論は，JSPS 科学研究費・基盤研究（B）（24330117, 15H03376）および挑戦的萌芽研究（15K13032）の助成による成果の一部である。

参考文献

Arthur, W. B. (1989), "Competing Technologies, Increasing Returns and Lock-In by Historical Events," *Economic Journal*, *99* (394), 116–131.

Bekkers, R., G. Duysters and B. Verspagen (2002), "Intellectual Property Rights, Strategic Technology Agreements and Market Structure: The Case of GSM," *Research Policy*, *31* (7), 1141–1161.

Blind, K. and N. Thumm (2004), "Interrelation between Patenting and Standardization Strategies: Empirical Evidence and Policy Implications," *Research Policy*, *33* (10), 1583–1598.

Blind, K. and A. Mangelsdorf (2016), "Motives to Standardize: Empirical Evidence from Germany," *Technovation*, *48–49*, 13–24.

Boudreau, K. J. (2010), "Open Platform Strategies and Innovation: Granting Access vs. Devolving Control," *Management Science*, *56* (10), 1849–1872.

Brusoni, S. and A. Prencipe (2001), "Unpacking the Black Box of Modularity: Technologies, Products and Organizations," *Industrial and Corporate Change*, *10* (1), 179–205.

Brusoni, S., A. Prencipe and K. Pavitt (2001), "Knowledge Specialization, Organizational Coupling, and the Boundaries of the Firm: Why Do Firms Know More than They Make?" *Administrative Science Quarterly*, *46* (4), 597–621.

Cargill, C. F. (1997), *Open Systems Standardization: A Business Approach*, Upper Saddle River, NJ: Prentice Hall PTR.

David, P. A. and S. Greenstein (1990), "The Economics of Compatibility Standards: An Introduction to Recent Research," *Economics of Innovation and New Technology*, *1* (1–2), 3–41.

江藤学（2016），「ライセンス収入から特許無力化戦略へ：標準必須特許ビジネスの変化」『一橋ビジネスレビュー』第 63 巻 4 号，92–106 頁。

European Commission (2014), *Patents and Standards: A Modern Framework for IPR-Based Standardization*, European Union.

Farrell, J. and G. Saloner (1988), "Coordination through Committees and Markets," *RAND Journal of Economics*, *19* (2), 235–252.

Farrell, J. and C. Shapiro (1988), "Dynamic Competition with Switching Costs," *Rand Journal of Economics*, *19* (1), 123–137.

Funk, J. L. (2002), *Global Competition between and within Standards: The Case of Mobile Phones*, New York, NY: Palgrave Macmillan.

Garud, R. and A. Kumaraswamy (1993), "Changing Competitive Dynamics in Network Industries: An Exploration of Sun Microsystems' Open Systems Strategy," *Strategic Management Journal*, *14* (5), 351–369.

Garud, R., S. Jain and A. Kumaraswamy (2002), "Institutional Entrepreneurship in the Sponsorship of Common Technological Standards: The Case of Sun Microsystems and Java," *Academy of Management Journal*, *45* (1), 196–214.

He, Z.-L., K. Lim and P-K. Wong (2006), "Entry and Competitive Dynamics in the Mobile Telecommunications Market," *Research Policy*, *35* (8), 1147–1165.

糸久正人（2016），「複雑性の増大とコンセンサス標準：標準化活動がもたらす競争優位」『研究 技術 計画』第31巻1号，22–30頁。

Jaffe, A. B. and M. Trajtenberg (2002), *Patents, Citations, and Innovations: A Window on the Knowledge Economy*, Cambridge, MA: MIT Press.

Katz, M. L. and C. Shapiro (1986), "Technology Adoption in the Presence of Network Externalities," *The Journal of Political Economy*, *94* (4), 822–841.

許経明・安本雅典・任懿君（2015），「標準化における知識のスピルオーバーの検討：通信産業に関する特許引用ネットワークの分析」東京大学ものづくり経営研究センター Discussion Paper Series, No.475。

Leiponen, A. E. (2008), "Competing through Cooperation: The Organization of Standard Setting in Wireless Telecommunications," *Management Science*, *54* (11), 1904–1919.

Prencipe, A. (2003), "Corporate Strategy and Systems Integration Capabilities: Managing Networks in Complex Systems Industries," in A. Prencipe, A. Davies and M. Hobday (eds.), *The Business of Systems Integration*, Oxford, UK: Oxford University Press, 114–132.

Prencipe, A., A. Davies and M. Hobday (eds.) (2003), *The Business of Systems Integration*, Oxford, UK: Oxford University Press.

Rysman, M. and T. S. Simcoe (2008), "Patents and the Performance of Voluntary Standard-Setting Organizations," *Management Science*, *54* (11), 1920–1934.

Shapiro, C. and H. R. Varian (1999), *Information Rules: A Strategic Guide to the Network Economy*, Boston, MA: Harvard Business School Press.

新宅純二郎・江藤学編（2008），『コンセンサス標準戦略：事業活用のすべて』日本経済新聞出版社。

Shiu, J. M. and M. Yasumoto (2017), "Exploring the Architectural Control over Opened System-Goods," Academy of Management 2017 Annual Meeting Proceeding (forth-coming).

Simcoe, T. S. (2006), "Open Standards and Intellectual Property Rights," in H. W. Chesbrough, W. Vanhaverbeke and J. West (eds.), *Open Innovation: Researching a New Paradigm*, Oxford, UK: Oxford University Press.（PRTM 監修, 長尾高弘訳『オープンイノベーション：組織を越えたネットワークが成長を加速する』英治出版，2008 年。）

Simcoe, T. S. (2012), "Standard Setting Committees: Consensus Governance for Shared Technology Platforms," *American Economic Review*, *102*（1), 305–336.

Stango, V. (2004), "The Economics of Standards Wars," *Review of Network Economics*, *3*（1), 1–19.

武石彰（2003),『分業と競争：競争優位のアウトソーシング・マネジメント』有斐閣。

徳田昭雄・立本博文・小川紘一編（2011),『オープン・イノベーション・システム：欧州における自動車組込みシステムの開発と標準化』晃洋書房。

Waguespack, D. M. and L. Fleming (2009), "Scanning the Commons? Evidence on the Benefits to Startups Participating in Open Standards Development," *Management Science*, *55*（2), 210–223.

West, J. (2003), "How Open is Open Enough?: Melding Proprietary and Open Source Platform Strategies," *Research Policy*, *32*（7), 1259–1285.

West, J. (2007), "The Economic Realities of Open Standards: Black, White and Many Shades of Gray," in S. Greenstein and V. Stango (eds.), *Standards and Public Policy*, Cambridge, UK: Cambridge University Press, 87–122.

Xia, M., K. Zhao and J. T. Mahoney (2012), "Enhancing Value via Cooperation: Firms' Process Benefits from Participation in a Standard Consortium," *Industrial & Corporate Change*, *21*（3), 699–729.

Zhao, K., M. Xia and M. J. Shaw (2011), "What Motivates Firms to Contribute to Consortium-Based E-Business Standardization?" *Journal of Management Information Systems*, *28*（2), 305–334 .

ショートケース

> ### オープン化戦略を促す組織とネットワーク：
> #### 欧州における EV 標準化のためのコンソーシアム
> 安本雅典・糸久正人

システムの複雑化やネットワーク化とともに，企業間で関連技術の開発・生産の負担を分かち合う必要が高まっている。さまざまな企業が関連技術を提供することになれば，それらを齟齬なく組み合わせることができなくてはならない。だが，そのためには，企業間にわたって共通の技術を開発し普及させなければならないという問題がある。一社もしくは一部の企業間の提携やグループでは，こうした要請に対応することは容易ではない。

こうした企業間にわたる要請に対応するための協調的な取組みとして，複数プレーヤーの合意に基づくコンセンサス標準（新宅・江藤，2008）が注目されている。コンセンサス標準の成功例としては，欧州の携帯電話通信標準（GSM とその後継規格）が代表的であるが，自動車についても車載通信標準（CAN/FlexRay）や電子制御ユニット（ECU）のソフトウェア標準（AUTOSAR: AUTomotive Open System ARchitecture）に関して，複数の企業が連携し国際標準化が進められてきた（たとえば Bekkers et al., 2002; Leiponen, 2008; 徳田ほか，2011）。近年では，IIC（Industrial Internet Consorium）や Industrie 4.0 といった，産業分野間にわたる IoT（Internet of Things）技術の標準化に関わる動きも活発になっている。

多様な企業が参加・貢献しているという点で，コンセンサス標準の形成や普及は，それぞれの企業の境界を越えたオープンな性質を備えている。しかしながら，コンセンサス標準の形成や普及には利害の異なる企業が参加しているために，そもそも標準が成り立ちにくい面がある。

企業やグループがそれぞれ自らに有利な条件で技術を選択し，技術の共有に消極的であれば，標準が成り立たない恐れがある。一方で，とくに大規模システムの場合，自社や自グループだけでは技術開発や標準化は難しいという判断がなされ，必要な投資が控えられてしまう可能性もある。こうした課題は，ここで取り上げる EV（電気自動車）の事例のように，国際的に産業間にわたる標準化が求められる場合にはより切実となる。産業別や国・地域別に標準形成のためのコンソーシアムや機関が設けられ，これらを横断したコンセンサスを形成することは容易ではないからである。

EV や ITS（Intelligent Transportation System）については，日本を含め世界各地で行われているように，それぞれの企業が産業をまたいで個々に提携したりグループを形成することも考えられる。しかし，提携別やグループ別に技術開発と標準化が進められた場合，それぞれの提携やグループの推す複数の異なる技術や標準が乱立することになる恐れがある。類似した複数の技術に対する重複投資が，並行して進められてしまうことにもなりかねない。大規模なシステムの開発や標準化については，

産業別や国・地域別のコンセンサス標準では，デファクト・スタンダード獲得競争と同様の問題に直面する可能性があるわけである。

　こうなると，支配的な標準は容易に成立せず，EV や ITS といった新しい大規模な技術システムの普及には制約がかかってしまうかもしれない。こうした企業・産業や国・地域の境界を越えるオープンな取組みに際して求められるのが，境界を横断して技術開発や標準化をコーディネートするための組織やネットワークである。

　ここでは，ドイツを中心とした欧州（とくに EU）における EV の標準化について，コンセンサス形成の枠組みと，標準化プロセスにおける組織やそのネットワークを見てみる。EV に関する取組みについてはその帰結はまだ見えていないが，企業・産業や国・地域の境界を越えるオープンな取組みを考える上で，参考になる事例であると考えられる。

　欧州においては，EU を中心に目指すべき産業と技術のロードマップが提示され（たとえば，Horizon 2020），それに基づいて複数の重点領域について，多様な企業や機関を巻き込んで技術開発や標準化を促すためのプログラム（ここではコンソーシアム，機関，プロジェクトを含む）が展開されてきた（詳細は，本書第 12 章参照）。欧州の携帯電話通信の標準化は時期が違い枠組みが異なるものの，従来の車載エレクトロニクス分野での技術開発と標準化は，欧州におけるこうした取組みに基づいて推進されてきた（徳田ほか，2011）。EV についても，EV 車体本体と ITS インフラのそれぞれについて技術開発と標準化を意識した取組みが進められてきた。このうち，EV 車体本体の技術開発と標準化の主要な担い手は，多くの自動車関連メーカーを抱えるドイツ（およびオーストリアなどを含むドイツ語圏）である。

　ドイツにおける試みは，国内で完結しているわけではない。EU における試みにそって，国際的な標準化と普及を視野に入れている。ドイツ，EU，そして国際の各レベルの関連する機関の試みは，相互に連携がなされている。まず制度的には，協定（ウィーン–ドレスデン協定）によって EU で成立した標準は公的な国際標準として認められるようになっている。また，ドイツの企業を中心とする民間のコンソーシアムにより策定された標準は，ドイツ国内のみならず EU においても標準として認められやすい仕組みが整備されてきている（New Approach）。ドイツ，さらに EU で認められれば，公的な国際標準としても認められやすくなっていると言える。

　EU における関連の技術開発は，関連のプログラムなど（たとえば，EPoSS, ERTRAC, Green Cars）にそって進められている。ドイツ–EU 間では，明確な人的な結び付きが存在する。こうしたプログラムには，ドイツの主要企業，大学・研究機関，政府（標準化を担う DIN）の関係者が参加し主導的な役割を果たしている。

　一方，ドイツの EV の標準化の取組みでは，ドイツ国内の官民の組織間の協調の枠組みが存在する。自動車や電機といった産業・企業間にわたって具体的課題を提示する企業のコンソーシアム（eNOVA）と，そうして得られた課題をまとめて検討する民間と政府機関との連携による組織（NPE: National Platform for Electromobility）が，相互作用しながら標準化を進める枠組みが存在している。

　ドイツ国内の EV の技術開発と標準化のためのプログラムである NPE の試みに

図　ハブとなる企業とそれらの企業の参加するプログラムを中心に広がるネットワーク

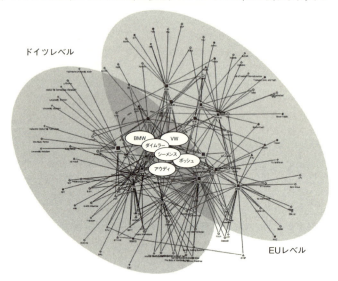

（注）　1）　2012年1〜5月に，欧州およびドイにおけるEVおよびITSを対象とした技術開発と標
　　　　　　準化のための14（EUレベル：10，ドイツレベル：4）のプログラム（コンソーシアムや
　　　　　　機関を含む）に参加する「委員（人）」と「参加企業」の情報を収集した。
　　　　2）　以上のプログラムや参加企業の間のネットワークを，NetMiner 4.0を用いて検討した。
　　　　3）　○は企業，□はプログラム，△は大学・研究機関・民間非営利機関を示す。
（出所）　安本・糸久（2013）に基づき作成。

　より，ロードマップが提示され，技術開発と標準化が促されている（たとえば，NPE
2011）。主要企業（アウディ，ボッシュ，BMW，ダイムラー，シーメンス，VW）は，eNOVA
やNPEで主要な役割を果たしており，そうしたプログラムを通じたネットワーク
においても中心的な位置を占めている（図）。NPEの試みは，いわば国レベルで産
業横断的なプラットフォームを用意することで，多様なプレーヤー間の協調を促し，
EVの開発と普及を進めようとするものである。以上の主要企業は，EUにおける
関連のプログラム（ARTEMIS，EPoSS，EUCARなど）でも中心的な位置を占めている。
こうした企業は，ハブとしてドイツにおけるネットワークとEUにおけるネットワー
クを結び付けつける役割も果たしている。これらの企業が参加するドイツやEU
のプログラムを介して，EVの技術開発と標準化のネットワークは広がっていると
考えられる。
　ドイツを中心とした欧州におけるEVの技術開発や標準化のための試みは，EU
圏内およびドイツ国内の相互に独立したさまざまなプレーヤーが境界を越えて結び
付くことによって担われているという点で，オープンに進められている。一方，そ
の成果は中国をはじめとした新興国の企業に活用され，国際的にも普及が進むこと

が期待されている。このため，NPE では，主要技術の開発とその標準化のみなら
ず，新興国の企業をはじめとした参入者を意識して認証・教育，ビジネス・モデル
の枠組みの構築にも力を注いでいる。このように，欧州における EV に関わる標準
化は，ドイツを中心とした試みではあるものの，産業・企業や国・地域の境界を越
えたオープンな取組みとなっている。

　EU における科学技術政策ではオープン・イノベーションが標榜されることが少
なくない。そうした取組みの多くは，EU 内外の多様な企業や機関に開かれている。
しかしながら，本来，EV の技術開発や標準化のような，産業・企業や国・地域の
境界を越えた取組みについては，協働を促すことは容易ではない。従来の産業・分
野ごとのコンセンサス標準のケースとは異なり，各産業でテーマ別に企業が連携し，
コンソーシアムを形成するだけでは不十分なのである。

　このような課題に直面する場合には，民間企業によるコンソーシアムだけでなく，
複数の産業・企業や国・地域にわたる制度的な枠組みと半ば公的なプログラムが求
められる。ドイツ国内外で，産業・企業間にわたるプログラムを介して，主要プレ
ーヤーを中心とした技術開発と標準化のネットワークが広がっている。EV のよう
な大規模なシステムについては，こうしたプログラムを介して異なる産業・企業や
国・地域のプレーヤー間のネットワークが発達しなければ，境界を越えたオープン
な技術開発，標準化，そして普及は促されにくいと予想される。

参考文献

Bekkers, R., G. Duysters and B. Verspagen (2002). "Intellectual Property Rights, Strategic
　Technology Agreements and Market Structure: The Case of GSM," *Research Policy*, *31* (7),
　1141–1161.

DIN German Institute for Standardization (2009). "The German Standardization Strategy: An
　Update," Berlin: DIN and DKE.

Gawer, A. and M. A. Cusumano (2002). *Platform Leadership: How Intel, Microsoft. and Cisco
　Drive Industry Innovation*, Boston, MA: Harvard Business School Press.（小林敏男監訳『プラ
　ットフォーム・リーダーシップ：イノベーションを導く新しい経営戦略』有斐閣，2005 年。）

Leiponen, A. E. (2008), "Competing through Cooperation: The Organization of Standard Setting
　in Wireless Telecommunications," *Management Science*, *54* (11), 1904–1919.

National Platform for Electromobility (NPE) (2011), "Second Report of the National Platform
　for Electromobility," German Federal Government.

新宅純二郎・江藤学編 (2008)，『コンセンサス標準戦略：事業活用のすべて』日本経済新聞出版
　社。

徳田昭雄・立本博文・小川紘一編 (2011)，『オープン・イノベーション・システム：欧州におけ
　る自動車組込みシステムの開発と標準化』晃洋書房。

安本雅典・糸久正人（協力：Swiss Car Team, ETH Zurich）(2013)，「産業横断的な標準化プロセ
　スにおけるネットワークの検討：ドイツにおける EV 標準化の事例」東京大学 MMRC
　Discussion Paper Series, No.441。

第**4**部

オープン化戦略による成果と今後の課題

第 12 章　欧州のイノベーション政策

第 13 章　経営政策

第 14 章　価値づくりにおける課題

　ショートケース　PARC のオープン化戦略

欧州のイノベーション政策
欧州型オープン・イノベーション・システム

立本博文・小川紘一

はじめに

　本章で扱う欧州型オープン・イノベーション・システムの本質は，一言で言えば，グローバリゼーションへの対応である。第二次世界大戦後，欧州は戦後復興と米国経済へキャッチアップすることを念頭に，経済システムの構築を行ってきた。しかし，1970年代に新興国経済が台頭すると，新しいイノベーション・システムを模索するようになった。これが，欧州型オープン・イノベーション形成の大きな動機となっている。欧州が，追う立場ではなく，追われる立場になった時に，欧州型オープン・イノベーションが生み出された点が重要である。

　現在の日本経済が置かれている状況は，1970〜80年代の欧州経済と相似形である。日本経済は，1970年代には追う立場であったが，1990年代以降，追われる立場となっている。中国やインド，ASEAN諸国は強烈に日本にキャッチアップしている。残念ながら，いまだ，日本は新しい状況にうまく対処できていない。このような日本にとって，欧州のイノベーション・システムの転換の事例は大いに参考になるはずである。次節以降，欧州がどのように欧州型オープン・イノベーション・システムを実現したのかを，産業政策的な観点から紹介する。

1 欧州型イノベーション・システムの成立経緯

　イノベーションは，企業のイノベーション・プロセスそれ自体と，企業を

取り囲む環境との両面から理解する必要があると主張されている。企業がイ
ノベーションを行う際に直面する環境のことを，ナショナル・イノベーショ
ン・システムと呼ぶ（Nelson, 1987; Lundvall, 1992）。ナショナル・イノベーシ
ョン・システムの中で，とくに重要だと考えられているものが制度的な環境
である。

　新しい欧州型イノベーション・システムでは，「産学官連携」「オープン・
イノベーション」といったキーワードが実現されている。これらのコンセプ
トは，日本でも重要だと考えられているが，必ずしも十分に理解されている
とは言えない。とくにこのオープン・イノベーション（Chesbrough, 2003）
を支えるシステム的な側面，制度的な側面はほとんど明らかにされていない。

　よって，本章では欧州連合（EU）最大イノベーション政策である Frame-
work Programme を対象に，欧州のイノベーション・システムの制度的側面，
すなわち欧州型オープン・イノベーションを支えるナショナル・イノベーシ
ョン・システムを明らかにしていく。なお，本章でたびたび使用している
「オープン・イノベーション・システム」という言葉は，オープン・イノベ
ーション支えているナショナル・イノベーション・システムを意味してい
る[1]。

1　オープン・イノベーション・システムという言葉は，オープン・イノベーショ
ンを支えるナショナル・イノベーション・システムを議論するために，筆者らが
著書で使用した言葉である（徳田ほか，2011）。一般的な用語ではない。しかし，
オープン・イノベーションを助長するような産業環境を整備するためには，必須
の概念である。
　　もともとのオープン・イノベーション研究は，米国西海岸の新しいイノベーシ
ョン・プロセスを念頭に，そのメカニズムを説明したものであり，どのような産
業条件がオープン・イノベーションを可能にしているのか，という議論はほとん
どなかった（Chesbrough, 2003）。その後の研究では，オープン・イノベーショ
ンという現象が米国という産業環境だけに成立するものなのか，それとも，別の
地域や国でも成立するものなのか，という疑問が提示されるようになった。この
ような疑問に一部答えたのが，Chesbrough et al.（2006）の Part2 である。彼
らは，オープン・イノベーションに関する企業行動にとどまらず，そのような企
業行動を可能にする制度について議論している。しかしながら，産学連携や特許
制度などを個別にしただけであり，疑問に十分答えているとは言えない。
　　オープン・イノベーションにおける企業行動の研究は急激に増加している。一
方，そのような企業行動がなぜ 1990 年代後半以降活発になったのかや，どのよ
うな産業環境（とくに制度要因）が，そのような企業行動を支えているのか，と

図 1　米国・欧州のイノベーション政策転換の経緯

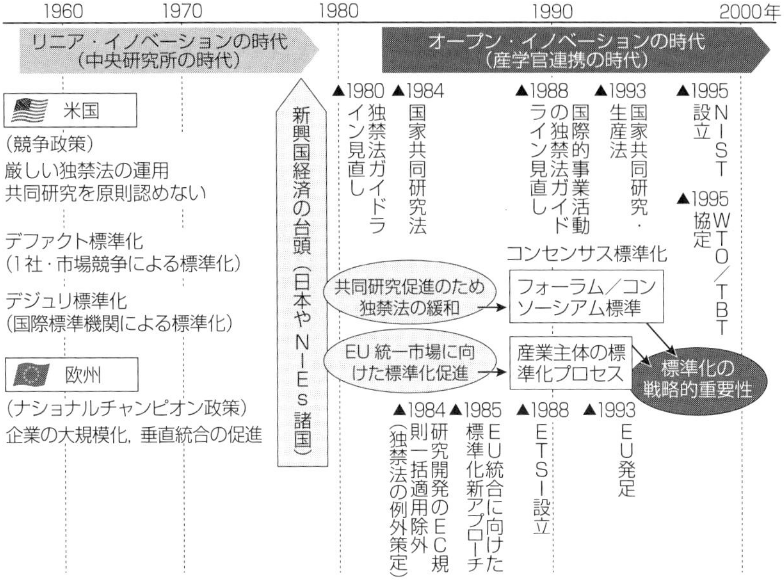

図 1 は，米国・欧州のイノベーション政策転換の経緯を示したものである。1984 年は，欧州の産業政策転換の年として重要である。それ以前の欧州各国の産業政策では，米国企業を相手にして国際競争を戦い抜くために，企業の大規模化を促進する産業政策がとられていた。欧州企業は米国企業に比べて規模が小さく，大量生産に代表されるような規模の経済を享受することができていない，と考えられていたのである。さらに，中央研究所，事業部，大規模生産工場といったフルセット垂直統合型の大企業が米国企業並みには育っていないとも認識されていた。このため，垂直統合型の大企業を育成しようとする産業政策が行われていた。これをナショナル・チャンピオン政策と呼ぶ（渡邉・作道，1996，324 頁）。この背景には大企業が中心となり，中央研究所が技術革新の発信源である，とするリニア・イノベーションの考え方

いう疑問に答える研究はほとんどない。産業政策立案者や，国際的展開を行っている企業の技術戦略立案者にとっては，この問いは非常に重要であるが十分に答えられているとは言えない。この問いに答えるため，本章では欧州におけるオープン・イノベーションを，とくにそれを支える制度の面から紹介し，背後に存在するメカニズムについて考察をした。

が強く影響していた，と考えられる。

　ところが 1970〜80 年代に東アジアの新興工業国が新しい国際競争の相手
として台頭してくると，従来の産業政策が機能しなくなっていった。そこで，
欧米各国は，このようなキャッチアップに対処するため，新しい産業政策を
模索するようになった。

　当時の日本は代表的なキャッチアップの成功例であり，また，欧米とは異
なるイノベーション・システムを持っていると考えられたため，頻繁に産業
政策研究の対象となった。1980 年代の産業政策研究は，そのまま日本経済
研究であると言っても過言ではない（土屋，1996，529−530 頁）。その成果の一
つが，独禁法と共同研究の関係や，産業支援政策として政府支援も含む共同
研究についての新しい運用である。

　たとえば日本の超 LSI 研究組合（1976〜80 年）は大成功したイノベーショ
ン・モデルとして，その後の欧米のイノベーション政策に大きな衝撃を与え
た。超 LSI 研究組合は鉱工業研究組合法を基盤としている。同法によって，
大企業同士の共同研究を独禁法に抵触することなく推進することができる。
しかしながら，このような大企業同士の共同行為は，同時期の欧米では考え
られないことであった。当時の米国における反トラスト法規制は企業がコン
ソーシアムを形成する強い歯止めとなっていたのである。同様に欧州でも，
共同研究や標準規格策定のためのコンソーシアム形成は独禁法の対象となる
懸念があった。このため，当時の欧米企業は共同行為をためらう傾向があり，
無駄な重複投資が横行したり，効率的な研究開発が阻害されたりしているの
ではないかと問題視されたのである。

　このような問題に対処するために，1984 年以降の欧州産業政策では，共
同研究・標準規格策定といった複数企業間での共同・連携を大胆に許すこと
によって，欧州の産業競争力を伸ばそうとした。共同研究促進と域内統一標
準が，欧州型オープン・イノベーションの二大柱となったのである。この産
業政策の転換を反映して，法改正や各種の施策が 1980 年代後半に実行され
た（図2）。

　まず，欧州委員会は共同研究奨励のため，欧州の独禁法にあたるローマ条
約第 85 条 1 項を緩和すべく，1984 年に「研究開発一括適用除外に関する
EC 委員会規則」を発表した。一定の要件を満たした共同研究契約は，EC

図 2　欧州型オープン・イノベーション関連政策の経緯

委員会に届け出・審査を経ることによって適用除外を受けることができると
したのである（平林, 1993, 10 頁）。これにより，欧州内での企業間の共同研
究が促進された。

　同 1984 年には，共同研究に巨大な予算支出を伴う Framework Pro-
gramme が開始された。共同研究・標準化活動を助成しながら，Framework
Programme のような大規模な産業支援政策を推進することによって，新し
い欧州のイノベーション・システムが構築されていった[2]。

　1985 年には，欧州委員会は域内統一標準の準則の策定・普及を目的とし
て，「新アプローチ（ニューアプローチ）」を発表した（EC, 1985）。当時，欧州
は 1992 年の欧州統合を目前に，統一の域内市場を形成することを目指して
いた。しかし，それまで各国で別々に策定されていた国家標準が，市場の分
断を招いていたのである。旧来の国家標準を置き換え，域内統一標準を普及
させるために，標準化団体である CEN, CENELEC の強化[3]や，新しい地域

　2　1970 年代から 90 年代初期のヨーロッパにおける，共同研究奨励政策について
　　は宮田（1997）の第 7 章を活用させていただいた。

　3　CEN（Comité Européen de Normalisation）および CENELEC（Comité Eu-
　　ropéen de Normalisation Electrotéchnique）は 1965 年に欧州統一の標準規格

標準化団体の ETSI（1988 年設立）の設立が行われた。「新アプローチ」では，各国行政が主体であった標準化作業に取って代わって，産業が主体となって域内統一標準を制定することが基本的な方針となった（田中，1991，96-105 頁；OTA, 1992, pp. 69-74）。

このイノベーション・システムは，1995 年に WTO で TBT ／政府調達協定（GP 協定）が締結されると，国際競争力に一段と強く影響を与えることとなった。政府調達協定では，各国行政の調達機関が調達する産品・サービスの技術仕様について，国際規格が存在する場合には当該国際規格に基づいて定める旨規定されている。政府調達市場は各国とも巨大であり [4]，政府市場に影響を与える国際標準を迅速に策定できる体制は，欧州産業の国際競争力を協力に後押しするものとなった。

以上説明したように，共同研究促進と域内統一標準化が，欧州型オープン・イノベーションの二大柱であり，これが現在の欧州の発展を支えている。

２ 欧州における共同研究促進政策

２.１　Framework Programme の構造と特徴

欧州型のオープン・イノベーションのシステムとして，共同研究促進の点で，代表的であると思われる Framework Programme を説明する。その後，とくに現在進行中の第七次プロジェクトに注目して，そのメカニズムについて説明する。

を作成するために設立された。しかしながら，欧州では長い間，各国が独自に標準規格を策定しており（国家規格），CEN や CENELEC のような欧州統一の標準規格と国家規格が整理されていない状態が続いていた。1993 年の欧州連合（欧州市場統合）を目前として，標準規格の混乱状態を是正するために 1985 年に「協調的に欧州統一規格を策定するべし」とする政策が欧州委員会から発表された。これが「新アプローチ」宣言である。この宣言を受けて 1986 年には約 30 の標準分野の権限が CEN，CENELEC に与えられた。両組織内のワーキンググループ数はその後 3 年間のうちに 2 倍になり，1989 年には 950 もの標準規格ドラフトを作成するに至った（1986 年には 220 の標準規格ドラフトしか作成していなかった）（OTA, 1992, p. 70）。

4　政府調達市場は，およそ各国の GDP の 10〜15% 程度であると言われている。（経済産業省通商政策局，2008，327 頁）。

大規模イノベーション・システムとしてその後のヨーロッパに大きな影響を与えたのが，1984年発足のFramework Programme と，1985年発足のEUREKA（European Research Coordination Agency：欧州先端技術共同研究機構）である。Framework Programme は当時のEC が主導したイノベーション・プログラムであったが，1993年にこれがEU に引き継がれても，その重要性が一段と高まって現在に至る。

Framework Programme（FP）の特徴は，まず将来のヨーロッパのあるべき姿とその実現のための課題を想定し，これを課題解決のためにEC 加盟国が協力する基礎研究のプログラムである。この意味でトップ・ダウン型のイノベーション・システムと位置づけられる。Framework Programme は欧州委員会主導のファンドで運営されるEU 全体としてのプログラムであり，研究開発を中核にした学術研究や人材育成，さらにはインフラ整備をも含む包括的なプログラムである。直接的な共同研究助成のみならず必要な人材育成，研究ネットワーク等の研究，インフラ等の研究開発環境の整備強化も行う総合的な仕組みになっている。

これに対して，ほぼ同じ時期の1985年に発足したEUREKA は，フランスのミッテラン大統領が主導した技術イノベーション・システムである。当時の欧州は，1980年代の初期に米国が打ち出した戦略防衛構想（スターウォーズ計画）を実質的な産業育成政策と見なし，これに対抗させる産業育成政策がEUREKA だったと言われる。その特徴は，それぞれの国が他の国を誘い，EU 全体としてではなく，参加国だけが推進する市場指向型の研究開発であるということである。したがってEU ではなく参加国の政府が資金を出す。FP と対比させれば，ボトム・アップ型のイノベーション・システムと言えるであろう[5]。

図3に1984年の第一次Framework Programme（FP1）から2007年にスタートしたFP7までの予算推移を示す。1984年にわずか33億ユーロだった予算が10年後のFP4では約4倍の131億ユーロになった。2007年から始まるFP7では，従来の5年計画から7年計画に長期化し，27カ国のEU 加盟国に準加盟国のスイス，ノルウェー，イスラエルが加わる30カ国の巨大イ

---

[5] EUREKA 設立の背景とその後の経緯については宮田（1997）の第7章を参照。

図 3　各 Framework Programme の予算推移

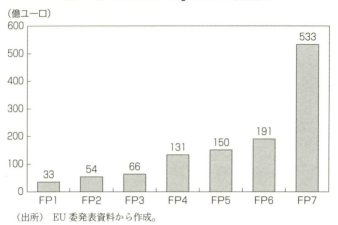

（億ユーロ）

（出所）　EU 委発表資料から作成。

ノベーション・システムへと成長した。7年間の予算が 533 億ユーロ（約 8.5
兆円）であり，FP6 の 2.8 倍へと急増した。年間予算で見れば 2 倍になって
おり，欧州委員会の Framework Programme に対する期待が急速に高まった
と考えられる。

　2002 年に始まる FP6 では，小粒のバラマキに陥った FP5 の反省を踏まえ
てテーマを集約化・重点化し，プロジェクトを大型化した。予算も FP5 か
ら 27％ も増やしている（FP5 は FP4 の 15％ アップ）。また新たに欧州研究領
域（European Research Area: ERA）という仕組みをつくり，これを実現する
ための計画としての戦略的研究アジェンダ（Strategic Research Agenda: SRA）
という仕組みも新たに組み込んだ。これが 2007 年から始まる FP7 で，イノ
ベーション組織をつなぐインターフェースの役割を担うことになる。

　FP7 では，運営に関する考え方がさらに大きく変わった。EU 諸国企業の
国際競争力の強化に向けて，企業ニーズに焦点を当て，企業ニーズに応える
仕組みへと舵を切ったのである。その背景には将来の EU のための基礎研究
費を GDP の 3％ にするというマクロ政策があった（2000 年のリスボン戦略，
2005 年の新リスボン戦略）。日本と違って，EU 地域では研究開発投資に対す
る企業側の出資が少なかったので，3％ を実現するのは企業からもっと資金
を出させなければならなかったのである。

　この仕組みづくりは，FP6 の活動実態を踏まえた上で 2007 年の FP7 へ取

図 4　大規模イノベーション創出の仕組み：FP7，ETP，JTI の関係

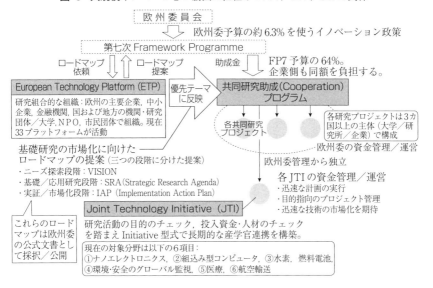

り込まれている。十分に練られた長期の取組み思想が背後にあることも，ここから理解されるであろう。

　企業が求めるのはグローバル市場の競争力強化である。この基本メッセージを運営の要に据えた FP7 は，個別の研究プラットフォームやワーキンググループの委員長に企業人を任命して産業界が主導できる仕組みを新たにつくった。産業界の人々，大学や研究所，さらに欧州委員会や各国政府・NPO などの市民団体が，ともに技術ビジョンを共有できるようにしたのである。加えて，BRICs の優れた研究者を Framework Programme に協力させるためのグローバル・ネットワーク，およびこれを支える ERA 構想が強化された。さらには，イノベーションの成果を欧州市場ひいてはグローバル市場に適用するため，成果を国際標準にする活動も支援された。当然その背景には，欧州企業の国際競争力を強化しようとする考えが存在する。

　第七次 Framework Programme（FP7）の全体構造を図 4 に示す。FP7 は欧州委員会の予算の約 6.3％（約 8.5 兆円）を使う巨大なイノベーション政策である。従来は研究開発の担当閣僚だけが出席したが，FP7 では各国の経済担当閣僚も参加し，インプットとしての投資とアウトプットとしての経済効果を視野に入れて議論されるようになった。さらに FP7 では，投資リスク分

図5　大規模イノベーションの推進

(1)　FP6では従来型イノベーション支援

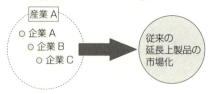

(2)　FP7(FP6後半)では大規模イノベーション支援

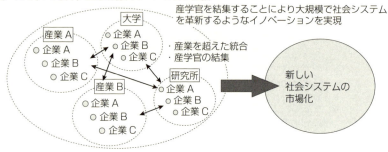

担の融資制度として，欧州投資銀行（EIB）による研究開発融資制度（「リスク分担融資便宜〔Risk-Sharing Finance Facility：RSFF〕」）も新たに設けられた。

2.2　European Technology Platform

FP7は，今後のEUが全体として取り組むべきテーマとそのロードマップを作成するが，そのロードマップはETP（European Technology Platform）が提出するSRAに大きく影響される。ETPは2年ごとにFP7へロードマップを報告する。

ETPとは，欧州委員会の主導で，研究技術の中長期的な計画への提言を行う域内の産学官の研究開発能力総動員体制のフォーラムのことである（図5）。または，そのアウトプットである提言自体をETP（単にTPとも）と呼ぶこともある。

そもそも，EUでは各国レベルを超えた技術開発が必要な分野があると考えられていた。たとえば水素・燃料電池の開発などは社会経済に大きな影響を及ぼすので欧州レベルで扱う問題であると認識されていた。しかし，そのような対象分野について共通の研究計画を設置できるほど，欧州統合は進んでいなかった。このため研究計画をつくるための組織として，産学官の研究

開発能力の総動員体制の ETP が設置されたわけである。ETP は欧州として
の科学技術の戦略的研究アジェンダ（SRA）の決定と実施を，民間主導（民
間の資金負担あり）の産学官総動員体制の下に進めるもので，本報告で指す欧
州型オープン・イノベーションの中核をなす要素である。

　実際の ETP は，一種の研究組合的な組織であり欧州主要企業が中核メン
バーになっている。加えて中小企業や金融機関，国および地方の研究機関や
大学，そしていろいろな NPO や市民団体も参加するオープンなコンソーシ
アムである。産業界だけでなく，欧州を支える多くの人々で技術ビジョンを
共有できるようにするためである。このことは資金提供，ビジネスマッチン
グ，ネットワーク構築等多くの面で FP7 を支える強力なツールになってい
る。現時点で約 30 の研究プラットフォームが活動している。研究プラット
フォームは現在も増加している。

　プラットフォーム設置にあたっての基本的な考え方は，第一に欧州全体に
関わる主要な課題であること，第二に経済規模が大きく欧州全体に大きな付
加価値をもたらす分野であること，第三に経済的・技術的・社会的であって
環境に配慮した包括的な取組みであること，第四に運営が完全オープンであ
ること，そして第五に基礎研究から市場化に至るまでの下記の各ロードマッ
プが作成されることである。

　(1)　ビジョン

　(2)　戦略的研究アジェンダ（SRA）

　(3)　実装活動計画（IAP）

　ビジョンとは，課題を解決するために開発すべき技術的な展望のことであ
る。たとえば 2020 年の欧州のあるべき姿を明確化すると，そのビジョンを
実現するための課題も明確化される。その課題に対して，技術的な指針を与
えているのがビジョンである。

　戦略的研究アジェンダ（SRA）とは，ビジョンに対応した重点開発領域の
決定および長期の技術目標や開発スケジュールなどを列記した一連のロード
マップである。

　実装活動計画（IAP）とは，人的および財政的な資源を結集し，戦略的研
究アジェンダ（SRA）を実行に移す行動計画である。とくにここでは基礎研
究の目標・成果が，実用化技術や商品，製造，サービスなどの経済的な価値

につながる仕組み，すなわち研究成果が市場価値創造・市場投入されるまでの道筋（たとえば実証実験や標準規格化のスケジュール）も同時に策定される。

2.3　SRA と FP7 の関係

これらの一連のロードマップの作成活動は，産業界の主導によって行われる。この母体となっているのが，ETP である。ETP はもともと FP 計画のための組織ではなかったが，FP7 になって重要な役割を担うようになった。各 ETP が欧州委員会に提出したロードマップを欧州委員会は尊重し，SRA の指摘事項を FP7 の各プロジェクトで優先的に扱う。フレームワークプログラムにはさまざまなプログラムが存在するが，その重要性に応じて予算配分が行われる。SRA で指摘された事項に関係するプログラムは，重要性が高くなる。

図6に FP7 の主なプログラムを示す。FP7 の主な支援対象プログラムは，五つの分野から構成されている。Cooperation（複数企業・大学で行われる協力研究），Idea（基礎研究），People（人材育成），Capacity（研究インフラ整備），JRC（欧州委直属の研究機関への助成）といったプログラムである。この中でも最大の予算規模（全体の61%）となっているのが，Cooperation プログラム（協力プログラム）である。Cooperation の実態は複数の産学官共同研究開発プロジェクトへの助成である。Cooperation による産学官の共同研究開発プロジェクトについては後述する。

さらに，より重要で大きなテーマに関しては，欧州委員会ではなく，次に説明する JTI によって専門的・集中的に共同研究プロジェクトが管理運営される。

2.4　Joint Technology Initiatives

SRA と FP7 に関連して，もう一つ重要な施策が，JTI（Joint Technology Initiatives）の設置である。SRA の中には大規模な社会経済の変革を伴うような目標のものもある。そのようなテーマには，プロジェクトの進捗・予算を一元的に管理する JTI が設置される。JTI は，EU 法第171条に基づく合同出資事業として位置づけられる。すなわち，JTI は EU 法第171条に基づき，EU，メンバー国，民間の資金を持ち寄って設置されるジョイント・ア

図 6　FP7 の主なプログラム

フレームワークプログラムの中心は協力プログラムによる産学官の共同研究開発支援

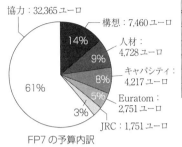

協力：32,365 ユーロ
構想：7,460 ユーロ
人材：4,728 ユーロ
キャパシティ：4,217 ユーロ
Euratom：2,751 ユーロ
JRC：1,751 ユーロ

14%
9%
8%
5%
3%
61%

FP7 の予算内訳

プログラム名	概要
協力	優先分野別の共同研究開発プロジェクト助成
構想	学術基礎研究プロジェクトを支援。FP7 で新設
人材	研究人材の育成強化
キャパシティ	研究開発のためのインフラ(設備・ネットワーク等)支援
JRC	欧州委直属の研究所(七つ)への助成
Euratom	Euratom（欧州原子力共同体）への助成

・FP7 予算中で協力(cooperation)プロジェクト
　が最も大きい(ERA 構想との関連)。
・2 番めに学術基礎研究支援をするアイディア
　(idea)プロジェクトが大きい。FP7 より新設。

■ オープン化による研究開発の効率化を推進（重複投資を防ぎ経営資源の効率化）
■ 産学官の共同研究開発促進のプログラム
■ 背　景
　■ オープンネットワーク化（ERA 構想）
　　■ 欧州内での東西問題／南北問題の解消
　　■ 開発途上国の研究者と欧州研究者のネットワーク化
　■ 世界市場開拓
　　■ 欧州発のグローバル標準規格
　　■ 新興国市場に対するプレゼンス

（出所）　産業技術総合研究所パリ事務所作成資料をもとに作成。

ンダーテーキングと呼ばれる組織であり，設置には閣僚理事会における多数決による決議（resolution）が必要となる。決議のための原案提出権は欧州委員会にある。

　現在約 30 の ETP があり各分野の SRA を提出しているが，それらのうち JTI が設置されたのは 6 分野にとどまっている。JTI が設置された分野はとくに重要であると認められており，特権的な運用がなされる。たとえば，欧州銀行（EIB）と Framework Programme の資金をもとにつくられた「リスク分担融資便宜（RSFF）」は，JTI に対して無条件に適応される。RSFF の規模は 100 億ユーロ程度であり，Framework Programme で最大規模の協力プログラムが 324 億ユーロであることを考えると，相当に大きな規模であることがわかる。RSFF はメンバー国政府との調整や交渉の必要がなく，欧州委員会だけで進めることができる措置である。

　JTI の主な役割は，ETP が採択したプラットフォームの SRA をチェックし，そして投入資金や人的資源のチェックを踏まえながら長期的な産学官連携を構築する，あるいは確定する点にある。

　JTI はとくに大規模投資が必要で，社会経済に対する影響力が大きいテーマに対して設置される。JTI に認定されたテーマは，欧州委員会ではなくJTI が管理を行う。これにより，テーマ遂行の機動力・柔軟性が保たれるわけである。したがって JTI の対象になるには，以下の要件が必要になる。

(1)　SRA 実施のために，産業界が資金的・人的な貢献を宣言していること

(2)　SRA の実施期間が長く FP7 計画の期間（7 年）を超えたものであること（長期計画）

(3)　対象とする技術分野の研究費用が大規模であり，リスクが高いこと

　これまでにナノテク（ENIAC），組込みシステム（ARTEMIS），医療（IMI），航空輸送（Clean Sky），水素・燃料電池（FCH），環境安全のグローバル監視（GMES）[6] など，六つの分野で JTI が設置された（括弧内は設立された JTI 名称）。なお JTI は研究成果を商品化する上で障害になる事項の特定とその排除も役割の中に含まれている。

2.5　JTI の示すロードマップとは：産業エコシステム・標準化と規制・対象市場

　JTI は ETP から提出された SRA に基づいたロードマップを実行する。このロードマップは，単なる技術ロードマップではない点に留意が必要である。SRA で最終的に目指す社会経済システムが目標として提示されると，「それはどういった企業群が新しい産業を形成するのか（産業エコシステム）」「新しい社会経済システムの普及にはどのような標準規格が必要でどのような規制緩和（もしくは新しい規制）が必要か」，さらに「この社会経済システムが影響を及ぼす地域（対象市場）はどういったところになるのか」が，明確に記述される。新しい社会経済システム実現のために技術だけでなく，法律・標準規格や産業連携のあり方が示されているのである。

　たとえば，組込みシステム分野の JTI である ARTEMIS が採択しているSRA には，達成すべき目標として以下の項目が含まれる。

6　GMES は後に JTI として実行されないことが決定した。

〈ARTEMIS で掲げる目標〉

○　標準化と規則（Standardization and Regulation）
・欧州内での標準化の推進。加えて国際標準化活動の場における欧州関係者の地位向上。
・特定の標準化イニシアティブについて，共通見解を策定する。
・1〜3 年以内に標準化の主題を特定する。
○　産学連携（Industry-Academia Collaboration）
・産業と学会が相互に生産的に関わり合うこと。領域を越えて協力する体制を推進する。
・教育訓練イニシアティブにも積極的に関わる。
○　教育と訓練
・コースを開発すること。
・カリキュラムの確立を支援し，欧州の著名な大学に講座を開設すること。
○　国際協力（International Cooperation）
・国際協力は Win-Win の関係を基本とする。
・既存の長所に基づいて，たとえばアジアの新しい市場を拓く。また，ARTEMIS 基準を世界基準として強化する。
○　すべての共同研究プロジェクトは，SRA に掲げた目標のいずれかに従事する。　　　　　　　（以上，ARTEMIS, 2006, pp. 28-31, より抜粋引用）

このように，JTI が推進する SRA は単なる技術ロードマップではなく新しい社会システム構築のためのロードマップとなっている。JTI は，大規模イノベーション・社会的イノベーションを引き起こすための重要な推進メカニズムになっているのである。

今まで概観したように，FP7 は ETP，Cooperation そして JTI の三つに役割が分担された構造をとっており，それぞれが役割の範囲で徹底的に議論・協議すれば自動的に結果が出てくることが期待される構造となっている。この中でもとくに FP7 から新しく設けられた JTI の役割が重要であり[7]，ETP 単独では不可能な具体化へのシナリオを JTI が欧州委員会に代わってつく

7　JTI の仕組みは FP6 の後期に始まり，FP7 で大規模に適応されるようになった。

る。つまり，SRA がインターフェースとなって，ETP と JTI を結び付けているのである。

❸ ERA 構想：研究ネットワーク構築の仕組み

オープン・イノベーションの視点から，FP7 の仕組みの中でわれわれがとくに着目すべき施策に，EU 以外の国々も喜んで FP7 へ参加するような仕組みが至る所に組み込まれている点があげられる。この一つが Cooperation プログラムの中の ERA 構想であり，FP7 を活性化するための仕掛けづくりとなっている。

国際的な共同研究は，指定条件を満たせば優遇助成の対象となり，助成資金が用意されている。この狙いは，研究開発の欧州域内国境をなくし，EU が FP7 で方向づけた研究活動を欧州全体で統合的に行う仕掛けづくりである。

たとえば，条件を満たせば以下のような各種インセンティブが用意されており，とくに共同研究が最も優先される助成対象となる。

(1)　広範囲の研究機関が参加しやすくするインセンティブ

①　最低でも 3 カ国以上の共同研究へ助成（実績は 5 カ国以上）

②　大学，研究機関，および企業からなる産学官コンソーシアム型の共同研究プロジェクトへの助成

③　東欧など，後進国や BRICs 関連の研究機関が加わる共同研究への助成

(2)　研究ネットワーク・人的ネットワークに対するインセンティブ

①　EU 域内の研究機関で行われる共同プロジェクトへの助成

②　研究活動の支援，たとえばネットワーク構築費，人的交流のための旅費，会議費などへの助成

(3)　企業に対するインセンティブ

①　Framework Programme で開発された技術や製品が BRICs 諸国市場へ移転

②　ETP を介して欧州投資銀行（ETB）から融資のチャンス提供

(1)〜(3)は EU 参加国内での共同研究を推進する。しかしながらそれ以上に

図 7　FP7 に見る産学官・共同研究の概要

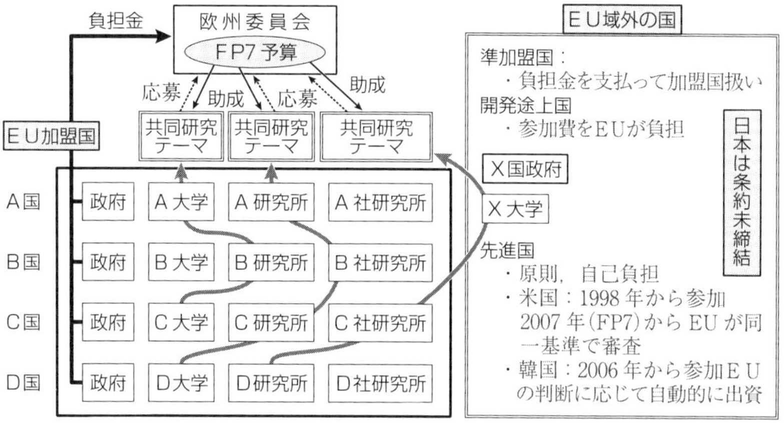

（出所）　産業技術総合研究所パリ事務所作成資料をもとに作成。

重要なのは，European Research Area（ERA）として非欧州諸国，とくに今後の巨大市場として期待さる BRICs の人材を Framework Programme へ積極的に参加させる仕組みとしてのインセンティブを設定していることである。

　図 7 に EU 域内の産学官が共同で応募する構図，および EU と非 EU が共同で産学官連携を組みながら Framework Programme へ応募する構図を要約した。少なくとも最低 3 カ国が共同で申請するのであれば，どんな枠組みでも自由に応募できることがここから理解されるであろう。とくに BRICs の中国，ロシア，インドなどが参加すればインセンティブがつき，その上でさらに成果が EU の参加企業と BRICs との人材ネットワークを介してもたらされ BRICs 市場へ展開を促進している。FP7 の ERA 構想は，ETP が描く 2020 年のビジョンをグローバルな巨大市場へ普及させるための強力なグローバル産業政策になっていると考えられるのである。

　図 8 には ERA の仕組みを介して Framework Programme に参加する国のプロジェクト規模をまとめた。ここからわかるように，EU はロシア，中国，インド，ブラジルなど BRICs の大国と多種多様なプロジェクトを走らせているが，その背景にはこれらの国々であれば Framework Programme へ参加するための費用がすべて EU によって賄われるからである。米国などの先進国については費用は自己負担である。

　なお EU と科学技術協定を締結していない日本とも共同プロジェクトを走

図 8　研究・人材を世界中から EU に呼び込む，ERA 構想

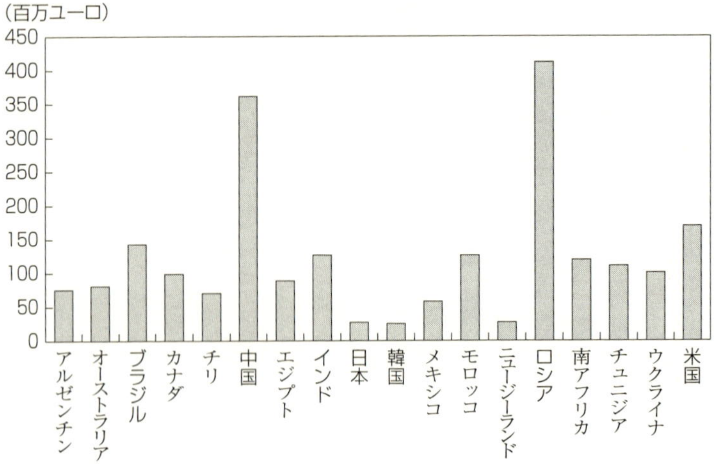

(百万ユーロ)

（出所）産業技術総合研究所パリ事務所作成資料をもとに作成。

らせているが，その多くは日本が圧倒的な技術力を誇る分野に限られている。ただし，そのようなプロジェクトは，全体から見れば例外的である[8]。

　欧州委員会レベルのイノベーション政策では，BRICs やネクストイレブン諸国の優れた研究者を Framework Programme へ協力させるための ERA 構想をインプット政策と位置づけ，そして Framework Programme のイノベーション成果をグローバル市場へ展開する国際標準化をアウトプット政策の中核に据えていると考えられる。FP7 がスタートする1年前の 2006 年に欧州の国際競争力構築フレームワーク「グローバル・ヨーロッパ」が発表された（COM, 2006）が，ここでは国際標準化を欧州経済からグローバル経済への架け橋として推進する方針がより明確に位置づけられている。

❹ EU のイノベーション政策への評価と考察

　ここまでの調査研究で明らかになったことは，この 30 年間で欧州のイノベーション政策が大きく変化している点である。現在行われている欧州のイノベーション政策への評価を表1に示す。

---

[8] 2006 年までの実績では，ロシアと中国が参加するプロジェクトが 350 件，米国が 150 件，そして日本がわずか 22 件であった。

表 1　EU のイノベーション政策への評価

(1)　「経済成長」と「雇用創出」の目標の下でイノベーション政策に大規模に人・もの・金を投入。総力戦に。
(2)　大規模なイノベーションを可能とする産学官の共同研究開発の総力体制。
(3)　技術シーズと社会ニーズを幅広く集めるオープン・イノベーションの推進。
　・協力プロジェクト，ERA 構想。
　・従来の産業区分を越えたクロスバンダリーなマッチング。
　・産業側だけでなく，大学・研究所や NPO 団体まで入れた共同体制。
(4)　大規模イノベーションを可能とする新しい仕組みの導入。
　・ETP や JTI。
　・実現に向けたロードマップの策定。技術創出から市場展開まで。
　・市場展開には国際標準化を使う。欧州市場だけでなく新興国市場も取り込む。
(5)　参加企業はイノベーションの成果の中に利益源泉を組み込むというビジネスモデルを構築しようとしている。
　・競争領域と非競争領域の明確化。
　・新しいパートナーづくり（新しいマッチング）。

　欧州では，統合前夜に当たる 1980 年代に数々の政策が打ち出されたが，なかでも大きな変化は大企業育成政策（ナショナルチャンピオン政策）から共同研究奨励政策への転換である。欧州委員会が主導する大規模な共同研究推進政策として，Framework Programme および欧州大国が主導する EUREKA 計画が 1984 年に開始された。欧州の産学官連携の時代がここから始まったと言ってもいいだろう。

　Framework Programme は，その後も毎年のように拡大・強化を続け，2007 年から開始された第七次 Framework Programme（FP7）は年平均 76 億ユーロ（FP6 の 2.8 倍，図 3 参照）となっており，過去最大規模となっている。

　このような大規模予算のイノベーション政策を正当化しているのは，「経済成長」と「雇用創出」の二つのキーワードである。欧州が国際競争に勝ち抜き，現在の生活水準を維持するためには，この二つが必須の目標となる。このため総力体制とも言える産学官の共同研究を大規模に推進する体制が整えられているのである。

　本章で見たように FP7 では，ETP や JTI といった社会システムを変革するような大規模イノベーションを推進する複数の仕組みが取り込まれている。これらの仕組みがそれぞれ単独で機能しても成果が出るトップ・ダウン分業型の構造となっており，ボトム・アップ型の日本と際立った違いが見られる。

　加えて，協業領域と競争領域の峻別に関しても，欧州と日本とでは大きな違いが見られる。欧州の場合，ETPというオープンコンソーシアムで関係者が多角的な視点から議論を行うため，最終的にどこが協業領域で，どこが競争領域なのかに関するコンセンサスを醸成しやすい。欧州ではこのような議論が長期に及ぶこともあり一概にメリットだけを見ることができない。しかしながら，日本のケースを振り返ってみると，日本の行政支援の研究開発プロジェクト（国家プロジェクト，通称国プロ）では，協業領域と競争領域が事前に峻別されていないので，いわゆる競争前領域（pre-competitive）共同研究や自社の保険として位置づける共同研究に終始しており，協業によるシナジー効果の果実が市場に導入されないという悪循環に陥っている。

　また，EUのFP7では，幅広い技術シーズを世界中から取り込むためのERA構想が展開されており，欧州域内での複数分野にまたがる研究・企業・NPO団体の共同研究を加速するとともに，欧州域外の諸国（とりわけBRICs諸国）からの研究者を迎え入れることに成功している。このような研究ネットワークの拡大は，大規模イノベーションのシーズ収集とともに，その成果の出口として国際標準化を世界市場に普及させる際に役立っている。欧州の国際競争力構築の青写真として2006年に発表された「グローバル・ヨーロッパ」では，国際標準化を欧州経済からグローバル経済への架け橋として推進する方針がより明確に位置づけられている（COM, 2006）。

　欧州は1980年代から大きくイノベーション・システムを転換しており，FP7のERA構想，ETPやJTIに見られるような産学官の大規模連携の促進と大胆な公的資金投入などが，大規模な社会的イノベーションを生む基盤となっている。さらに，それを欧州地域市場，ひいてはグローバル市場へと展開する道具として地域標準・国際標準化を上手に取り入れている。「コンソーシアムへの公的資金の積極的投入」や「地域標準の活用」は，米国のオープン・イノベーションとは明らかに異なる。しかし，欧州にせよ米国にせよ共通しているのは，企業・大学や公的な研究所と政府が共同した産学官の新たな連携が「オープン・イノベーション」の体制を体現していることである。

　従来の調査研究は欧州のイノベーション政策を各国単位で見ており，本章のように欧州委員会レベルで捉えたものは少なかった。そのためか，1980年代以降の欧州のイノベーション・メカニズムを「オープン・イノベーショ

ン」の一種であるという見解を示す調査研究はほとんど存在しなかった[9]。現在でも欧州のイノベーション政策をクローズドなリニア・イノベーションであると考える研究者も多い。しかし，それは各国レベルのイノベーション政策に注目したものであり，欧州委員会レベルの視点が欠けているためであると思われる。

　牧歌的なリニア・モデルで巨額のイノベーション投資をしても，国や企業の国際競争力に寄与しないことは，1970〜80年代の米国が教訓的事例である。EUでもこの教訓を踏まえたイノベーション・システムの転換が，1980年代以降，試みられてきた。これが本章で取り上げられた欧州型オープン・イノベーションである。欧米諸国は1980年代に産業構造を強制的に転換させて「オープン環境における，協業的イノベーションと競争的イノベーションとを共存させる仕組みづくり」を，数多くの失敗事例と成功事例を積み重ねながら社会ノウハウとして体得した。われわれは，この欧州の体験と，その結実である欧州型オープン・イノベーションに，多くを学ぶことができるのではないだろうか。

おわりに

　1990年代以降，グローバリゼーションはますます加速している。多くの新興国が世界経済の仲間入りをして，キャッチアップを行いながら経済成長をしている。このような状況の中で，オープン・イノベーションの重要性は，ますます増している。本章で見たように欧州は1980年代よりイノベーション・システムを転換させ，欧州型オープン・イノベーションと呼ぶべき新しいイノベーション・システムを構築している。

　振り返って，わが国のイノベーション・システムはどうであろうか。1996年から2005年まで続いた日本の第一期と第二期の科学技術基本計画では，合計42兆円が投入された。第三期では2006年から2010年までにさらに25兆円の税金がつぎ込まれた。巨大な金額である。しかしながら日本のイノベ

9　貴重な例外としてChesbrough et al.（2006）があげられる。ただし，彼らの研究はオープン・イノベーションを制度・政策から捉えるという視角の重要性を主張するものの，その制度・政策が一体何であるのかを明確にするものではなかった。

ーション・システムは依然として，リニア・モデルを前提に構築されており，多くの受取手のいない技術開発プロジェクトが発生してしまっているように見える。

　残念ながら，従来型のイノベーション・システムでは，協業と競争の峻別を起点に据えながら，成果をグローバルな競争力へ転化させる視点が欠けている。このため，初期段階では圧倒的な技術力や知財量を誇っても，大量普及のステージから市場撤退をする，というパターンを何度も繰り返している 10。類似の兆候は，エレクトロニクス産業以外の多くの産業領域に急拡大している。この意味でわれわれは，欧米が当たり前のように語るオープン化思想の歴史的な経緯を踏まえ，加えて，キャッチアップを行う新興国の制度設計を理解し 11，得意技を最大限に活かす日本型のオープン・イノベーション・システムを構築しなければならないと思われる。

＊　本章は，立本・小川（2010）をもとに加筆修正を行ったものである。転載を快諾していただいた GBRC には御礼を申し上げる。最新の欧州のイノベーション政策については，徳田（2014）を参考にしてほしい。ただし，基本的な政策の方針については，本章で説明したものから変化していない。

参考文献

ARTEMIS (2006), ARTEMIS Strategic Research Agenda, 1st edition, download from https://www.artemisia-association.org/sra

Chesbrough, H. W. (2003), *Open Innovation: The New Imperative for Creating and Profiting from Technology*, Boston, MA: Harvard Business School Press.（大前恵一朗訳『OPEN INNOVATION：ハーバード流イノベーション戦略のすべて』産業能率大学出版会，2004 年。）

Chesbrough, H. W., W. Vanhaverbeke and J. West (2006), *Open Innovation: Researching a New Paradigm*, Oxford, UK: Oxford University Press.

COM [Commission of the European Communities DGExternal Trade] (2006), *Global Europe Competing in the World: A Contribution to the EU's Growth and Jobs Strategy*, European Commission External Trade, http://trade.ec.europa.eu/doclib/docs/2006/october/tradoc_130376.pdf.

EC [European Council] (1985), "New Approach to Technical Harmonization and Standards," *Council Resolution 85/C 136/01*, European Council, May 7.

10　たとえば，小川（2009a）の第 1 章，図 1.1 参照。
11　たとえば，立本（2009b）を参照。

平林英勝 (1993), 『共同研究開発に関する独占禁止法ガイドライン』商事法務研究会。

経済産業省通商政策局 (2008), 『2008 年版不公正貿易報告書：WTO 協定及び経済連携協定・投資協定から見た主要国の貿易政策』経済産業省。

Lundvall, B.-Å. (ed.) (1992), *National Systems of Innovation: Towards a Theory of Innovation and Interactive Learning*, London, UK: Pinter.

宮田由紀夫 (1997), 『共同研究開発と産業政策』勁草書房。

Nelson, R. R. (1987), *Understanding Technical Change as an Evolutionary Process*, Amsterdam: North Holland.

小川紘一 (2009a), 『国際標準化と事業戦略：日本型イノベーションとしての標準化ビジネスモデル』白桃書房。

小川紘一 (2009b), 「日本の国際標準化をどう考えるか：日本型イノベーション・システムの再構築に向けて(6)」東京大学知的資産経営・総括寄付講座ディスカッションペーパー, No. 9。

OTA〔U. S. Congress, Office of Technology Assessment〕(1992), *Global Standards: Building Blocks for the Future*, TCT-512, Washington, DC: U.S. Government Printing Office.

田中俊郎 (1991), 『EC 統合と日本：ポスト 1992 年に向けて』日本貿易振興協会。

立本博文 (2008a), 「GSM 携帯電話① 標準化プロセスと産業競争力：欧州はどのように通信産業の競争力を伸ばしたのか」東京大学ものづくり経営研究センターディスカッションペーパー, No. 191。

立本博文 (2008b), 「GSM 携帯電話② 特許問題：欧州はどのように通信産業の競争力を伸ばしたのか」東京大学ものづくり経営研究センターディスカッションペーパー, No. 197。

立本博文 (2009a), 「GSM 携帯電話③ アーキテクチャとプラットフォーム：欧州はどのように通信産業の競争力を伸ばしたのか」東京大学ものづくり経営研究センターディスカッションペーパー, No. 204。

立本博文 (2009b), 「国家特殊的優位が国際競争力に与える影響：半導体産業における投資優遇税制の事例」『国際ビジネス研究』第 1 巻 2 号, 59–73 頁。

立本博文・小川紘一 (2010), 「欧州のイノベーション政策：欧州型オープン・イノベーション・システム」『赤門マネジメント・レビュー』第 9 巻 12 号, 849–872 頁。

徳田昭雄 (2014), 「EU の研究・イノベーション政策の概要：Horizon 2020 に着目して」『国際ビジネス研究』第 6 巻 2 号, 123–137 頁。

徳田昭雄・立本博文・小川紘一編著 (2011), 『オープン・イノベーション・システム：欧州における自動車組込みシステムの開発と標準化』晃洋書房。

土屋大洋 (1996), 「セマテックの分析：米国における共同研究コンソーシアムの成立と評価」『法学政治学論究』第 28 号, 525–558 頁。

渡邉尚・作道潤編 (1996), 『現代ヨーロッパ経営史：「地域」の視点から』有斐閣。

第13章

経営政策

澤田直宏・中村洋・浅川和宏

1 オープン化戦略の論点

　ヘンリー・チェスブロウにより「オープン・イノベーション」という概念が提示されてから14年の間，いわゆるオープン化戦略は学界にとどまらず，実業界においてもその概念は注目を集めている。たとえば，シスコシステムズは自社の研究開発部門への資源配分を減らすとともに，社内に買収先調査チームを専担で設置し，自社の経営資源を強化するのに有効なベンチャーの買収を行う A&D 政策（Acquisition & Development Policy）を採用することで変化の激しい IT 業界での環境適応を目指している（Gassmann, 2006）。P&G はホームページに自社が求める技術を公開し，積極的に外部の知識を取り込んでいる。実際，P&G における製品の 50% 以上に他社技術が取り入れられていると言われている[1]。ゼネラル・ミルズは社内にオープン化戦略推進チームを設置し，新たな外部パートナーの獲得を推進している[2]。日本国内においてもオープン化戦略は広がりつつある。たとえば，アステラス製薬では研究本部が主幹となって自らの推進する研究テーマを公開し，同社外部に解決策の提供を呼びかけている[3]。また，大阪ガスなどオープン化戦略を担う

---

[1] 『日本経済新聞』（2010 年 5 月 13 日）11 面。
[2] 「成果の出るオープン・イノベーション：少数精鋭チームをどう機能させるか」『日経ビジネス ONLINE』http://business.nikkeibp.co.jp/article/tech/20090316/189126/（2010 年 6 月 16 日検索）。
[3] アステラス製薬ホームページより http://www.astellas.com/jp/a-cube/about/index.html（2012 年 7 月 9 日検索）。

専担者を設置している企業も存在する [4]。

　しかしながら，めまぐるしく変化する経営環境において万能の経営政策はなく，常にその経営政策が効果を発揮するための前提条件が存在する。このことはオープン化戦略においても例外ではない。本章ではあらためてオープン化戦略が効果を発揮する条件について検討することにより，学問レベルにとどまらず実務的なインプリケーションについても言及を行う。

　また，既存のオープン化戦略に関する研究は企業レベルでの分析が中心であった。しかしながら，実際の研究開発活動は各企業が保有する研究所を中心に行われている。このため本章ではより実態に則った分析を行う必要性から，企業の本社と研究所の活動を同時に扱う。具体的には，企業の本社レベルでのオープン化戦略およびその他の本社レベルの経営政策と，同企業の保有する研究所レベルでのパフォーマンスとの関係についてデータを用いて実際に検証する [5]。

　本章の構成は以下のとおりである。まず次節ではオープン化戦略および他の経営政策に関する既存研究について振り返り，そこから導かれる理論仮説を提示する。第3節では次節で提示した理論仮説についてアンケート調査に基づく検証を行う。第4節では結果に対する考察および実務的インプリケーションを述べる。

❷　本社におけるオープン化戦略と他の経営政策との関係

　本節ではオープン化戦略およびその他の本社レベルの経営政策が同企業の保有する研究所の研究開発パフォーマンスにどの程度影響を及ぼすのかについて既存研究をレビューする。本社部門が研究所内で活動する研究者・技術者の行動を直接管理するのは大変難しい。このため本社サイドでは企業戦略やマネジメント・コントロール・システム等を通じて研究者・技術者の行動パターンに対して影響を及ぼすことに重点を置くことになる。本節では研究者・技術者に影響を及ぼす本社レベルの経営政策としてオープン化戦略および本社による研究開発指針の明示，組織目標達成への本社による戦略的イニ

4　『日本経済新聞』（2010年3月29日）13面。
5　詳細については，澤田ほか（2010）を参照のこと。

シアティブを取り上げる。これら三つの経営政策は管理面・心理面から研究所の研究開発パフォーマンスに影響を及ぼす。さらに，これら各政策の交互作用効果が研究開発パフォーマンスに影響を与える可能性もある。以下では，既存研究をもとに上記経営政策が研究所の研究開発パフォーマンスに影響を及ぼす可能性について理論面から検討を行う。

　なお，第1章図1のとおり，オープン化戦略はその焦点として企業集合体を対象とする場合と企業単体を対象とする場合とに分かれる。第1章の図1左下のとおり企業単体を分析対象とする場合，オープン化戦略といわゆる「オープン・イノベーション」はほぼ同意義で用いられる。チェスブロウはオープン・イノベーションを「知識の流入と流出を自社の目的にかなうように利用して社内のイノベーションを加速するとともに，イノベーションの社外活動を促進する市場を拡大すること」と定義している（Chesbrough, 2003; Chesbrough and Crowther, 2006）。同定義からいわゆるオープン・イノベーションは知識の「流入」により「自社の目的にかなうようにイノベーションを加速」するインバウンド戦略と，知識の「流出」により「イノベーションの社外活動を促進する市場を拡大」することを意図するアウトバウンド戦略の二つがあることが読み取れる。なお，知識の流出によってイノベーションの社外活動を促進することは，自社にとってより価値のある知識が社外で生成され，それを再び社内に取り込むことにより社内のイノベーションが加速されるという間接的な効果を生む。いずれにしても最終的には社外にある知識をいかに取り込むのかが重要となることから，本章においてはとくに断りがない場合，インバウンド戦略に焦点を当てて議論を進める。

2.1　本社のオープン化戦略と研究開発パフォーマンス

　個々の企業の経営陣は過去の経験を通じて企業の直面する問題の解決方法を学習する。これらの問題解決方法の集合体は経営陣の事業運営上のロジックを形成し，経営資源の調達・配分の決定方法といった重要な経営判断に永続的に影響を及ぼす。同ロジックの一つが外部への開放性の程度である。外部への開放性に関するロジックは企業の外部に存在する経営資源の活用に対する態度にも影響を与える。一つの態度が NIH シンドローム（Not Invented Here syndrome）と呼ばれる極端な内部開発志向である（Katz and Allen,

2007)。反対にオープン志向の場合，外部に存在する経営資源を積極的に活用しようとする。後者の態度が単なる非公式なロジックから経営政策として公式化されればオープン化戦略として実行されることになる。

　公式化されたオープン化戦略はマネジメント・コントロール・システム等を通じて企業の保有する研究所内の研究者・技術者の行動パターンに影響を与える。行動パターンにまで影響を与えたオープン化戦略は次第に研究所内で公式／非公式の制度として浸透することになる。制度として確立された行動パターンは個々の研究者・技術者の心理面にも影響を与えることになる。具体的には，組織内の研究者・技術者が外部の経営資源を活用することに正当性を与えることで，同行動に自主的に取り組むことへの心理的障壁が低くなる。こうした個々の研究者・技術者の行動が繰り返されることで組織のルーティンとして確立され，外部からの知識獲得活動がさらに強化される。積極的な外部交流は，外部からの知識移転に不可欠な個人間の信頼関係を生み出す。信頼に裏づけられた社会的関係はたとえ特定の状況に依存した特殊な知識（状況に埋め込まれた知識：embedded knowledge）でさえも移転を可能にする。新たな知識とは既存の知識の組み合わせである。外部からの直接的な知識獲得は組織内での知識の組み合わせに多様性を与え，新たな知識が創造される可能性が高くなる。このようなプロセスを経ることにより本社レベルのオープン化戦略が研究所レベルの研究開発パフォーマンスにプラスの影響を与えると考えられる。

2.2 「本社のオープン化戦略」と「本社による技術開発指針の明確化」との交互作用効果

　本社による技術開発指針とは，現在および将来の競争環境に対する評価に基づき，特定の製品開発に必要な要素技術および関連技術の蓄積に関わる一連の活動を，時間展開を勘案の上，いくつかのフェーズに分けて本社が提示することを示す。本社レベルで技術開発の方向性を示すことの効果は以下のとおりである。まず技術開発の方向性の提示は研究所の研究者・技術者に対して特定分野における技術開発の重要性をあらためて認識させる。技術開発の方向性は経営資源の配分においても明確な指針となり，特定の技術分野に対する資源配分が長期にわたり保証されていることを組織内に示すことにな

る。特定分野における技術開発の重要性に対する認識と資源配分の保証は，研究所の研究者・技術者に研究開発へのコミットメントを生み出すことで知識の蓄積が促進される。特定分野での知識の蓄積は研究所の同分野における知識評価能力を向上させ，さらに特定分野での知識の吸収が進むという好循環を生み出す。また，ある種の知識は一定量が蓄積されて初めて効率性・生産性が高まる「資産集積の経済性」を有する（Dierickx and Cool, 1989）。たとえば医薬品産業の場合，基礎化合物の数によりその組み合わせの種類が決まるため，基礎化合物の数自体が新薬開発において重要となる。このように本社の技術開発指針の明確化は研究者・技術者のコミットメントと資産集積の経済性の観点から研究所の研究開発パフォーマンス向上に貢献する。

　ここでオープン化戦略と本社による技術開発指針の明確化の関係について検討を行う。オープン化戦略には当然ながら外部交流が必要である。しかし，外部交流の実施および交流関係の維持には時間および労力といったコストがかかる。また，獲得した知識を研究所内で整理・統合する際にも情報処理のコストが生じる。既存研究においても過剰なオープン化戦略の実施は知識獲得によるプラスの効果を相殺するだけのコストを生み出すことで，かえって生産性を悪化させることが示されている（Laursen and Salter, 2006）。

　しかしながら，本社の技術開発指針の明確化により特定分野への集中が事前に取り決められている状況では，オープン化戦略においても特定のプレーヤーとの外部交流に焦点を絞ることが可能になる。このことは知識獲得活動の効率を向上させることにつながる。こうして本社の技術開発指針は従来からの自前による研究開発に影響を与えるだけではなく，オープン化戦略との組み合わせにより，研究所の知識基盤を効率的に深化させることにつながる。知識基盤の深化によって新たな知識の組み合わせのパターンが増加することにより，研究所の研究開発パフォーマンスの向上につながるだろう。このことからオープン化戦略と本社による技術開発指針の明確化にはプラスの交互作用効果があると考えられる。

2.3　「本社のオープン化戦略」と「組織目標達成への本社による戦略的イニシアティブ」との交互作用効果

　組織目標達成への本社による戦略的イニシアティブとは，企業としての高

い組織目標を掲げ，それを達成するため戦略の立案・実行において本社経営陣が強いリーダーシップを発揮し，下位組織のストレッチを促すことを表す。本社が高い組織目標を掲げるとともに目標とのギャップを示すことは，従業員に対して事業環境や自社の置かれたポジションについての認識を深化させ，自社の戦略に対する理解を促進する。自社の戦略に対する理解は，外部環境における不確実性の増大に伴い，組織の複雑化が進むことでわかりにくくなっている個別部門の業務内容と業務活動全体との関係をあらためて認識させる。

　つまり，この政策は上述した技術開発指針のような狭い領域に対する指針ではなく，製品戦略や事業戦略，企業戦略といったより広い文脈から自らの業務内容を理解することを促すのである。このような理解は，研究者・技術者に対して目標とのギャップを埋めることを促し，高いモチベーションをもって業務に取り組むことを促進することにつながる。これら研究者・技術者の市場志向・戦略志向は企業業績にプラスの影響を与える。なお，組織論・組織行動論においても，企業のリーダーによる明確な目標の提示が企業業績の改善につながることが示されている（Keller, 2006）。

　上述のとおり，本社の技術開発指針とは異なり，本社の戦略的イニシアティブとはより広範囲の方向性を示すものである。研究所の研究開発において特定分野に経営資源を絞り込むことの有効性については前項のとおりである。しかしながら，特定分野の「深い」知識だけではなく，「知識の幅」も重要である。なぜならば知識創造活動には知識の組み合わせが重要であり，その際，類似の知識の組み合わせだけではなく，異なる知識の組み合わせから新たな知識が生み出されるからである。

　前項で指摘したとおり，オープン化戦略に伴う外部交流にはコストが生じる。このため分野を絞り込むことは重要である。しかしながら，業界環境や自社の市場ポジション等も視野に入れた中長期的な戦略を前提として，外部との広範な関係を構築していくことの方が企業の知識ベース構築においては有効である可能性が高いと言える。このことからオープン化戦略と本社による戦略的イニシアティブにはプラスの交互作用効果があると考えられる。

❸　アンケート調査に基づく検証

❸.1　データおよび変数

　本節では前節で提示したオープン化戦略の効果，および同戦略と他の経営政策との交互作用効果について実際のアンケート調査に基づき検証を行う。アンケート調査の対象については日系大手企業とした**6**。分析対象を大手企業とした理由は，本章では上述のとおり本社レベルと研究所レベルという二つのレベルを同時に分析するため，本社と研究所が組織的に分かれており，管理者が兼務されていないことを重視したからである。アンケートでは企業・研究所の双方に関する数値データ，経営政策の実施状況，研究所のパフォーマンスについて対象企業の研究所所長に回答いただいた。アンケートの総数は846件であり，うち243件からの回答を得た**7**。

　独立変数である経営政策の実施状況については研究所所長により5段階スケールにて回答いただいた（1＝「まったく行っていない」〜5＝「かなり行っている」）**8**。研究所の研究開発パフォーマンスについて既存研究では特許の数により測定するものが多数存在する。しかしながら，研究開発活動は社会的な複雑性を伴う一連の活動である。この際，特許取得は研究所の行う活動の一部，とくに川上工程の一部を反映したものにすぎず，研究開発活動全般を

6　具体的な作業としては2004年度決算時点で連結売上高1000億円以上の企業を抽出した。分析対象企業の抽出後，ダイヤモンド社（2004）『会社職員録2005〔全上場会社版〕』をもとに上記基準を満たす企業の保有する研究所の所長へアンケートを送付した。この際，同一企業内に複数の研究所がある場合においても1企業1研究所とはせず全研究所に送付した。

7　企業ベースでは133社の回答となり，1企業平均1.88研究所からの回答を得ることとなった。なお，243件のサンプルについて産業・企業の偏りが少ないことから，抽出バイアスについては問題ないものと判断した。また，非回答者バイアスについても確認を行った。なお，詳細については澤田ほか（2010）を参照のこと。

8　本節で用いる独立変数である3変数（「本社のオープン化戦略」「本社の技術開発指針」「組織目標達成への本社による戦略的イニシアティブ」）については，同アンケートの複数のアイテムを合成した変数を用いた。理由としては，単一アイテムの場合，アンケートの回答に対するバイアスが検証結果に大きく影響を与え，信頼性が低くなる可能性があるからである。

図1　モデル：本社のオープン化戦略，技術開発指針，戦略的イニシアティブと研究所の研究開発パフォーマンス

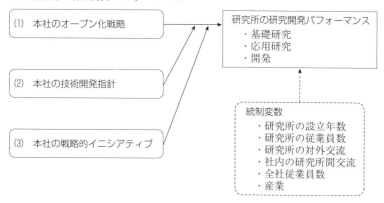

反映していない。以上を勘案し，研究所の研究開発のパフォーマンスについては基礎研究・応用研究・開発の3工程に分類した上でそれぞれオープン化戦略および他の経営政策との関係について分析を行った。各パフォーマンスについても研究所所長に自研究所における評価を5段階スケール（1＝「とても不満足」〜5＝「とても満足」）にて回答を得た。なお，本分析では統制変数として6変数を投入している。すなわち，研究所レベルとして，①研究所の設立年数，②研究所の従業員数，③研究所の対外交流，④社内の研究所間交流，次に全社レベルとして，⑤全社従業員数，⑥産業である。以上についてモデルに表すと図1のとおりとなる。

3.2　分析結果

　分析モデルは，①統制変数のみのモデル，②統制変数および独立変数で構成されたモデル，③統制変数および独立変数，交互作用変数で構成されたモデル，の3種類である。本分析では研究開発における各工程の特徴を捉えるため，研究開発パフォーマンスを基礎研究，応用研究，開発の3工程ごとに別々に検定を実施した。以上から，3モデル×3結果変数の合計9モデルについて検証を行っている（表1）。

　(1)　本社のオープン化戦略

　2.1項では，本社のオープン化戦略が研究所の研究開発パフォーマンスにプラスの影響を与えると予想した。結果としては，基礎研究を結果変数とし

表 1　検定結果：研究所の

	Model 1	Model 2	Model 3	Model 4
従属変数	基礎研究	基礎研究	基礎研究	応用研究
定　数	1.895(0.817)	−0.587(0.940)	−1.168(0.883)	10.653(0.177)
統制変数				
研究所の設立年数	0.000(0.927)	0.002(0.678)	0.002(0.629)	−0.004(0.356)
研究所の従業員数	0.000(0.877)	0.000(0.393)	0.000(0.334)	0.000(0.543)
研究所の対外交流	0.198(0.014)**	0.151(0.057)†	0.160(0.048)**	0.074(0.334)
社内の研究所間交流	0.032(0.673)	−0.033(0.651)	−0.032(0.664)	0.235(0.002)***
全社従業員数	0.000(0.421)	0.000(0.416)	0.000(0.437)	0.000(0.668)
建　設	0.512(0.583)	0.936(0.292)	0.883(0.327)	1.112(0.215)
化　学	0.131(0.540)	0.170(0.397)	0.155(0.443)	0.007(0.973)
医薬品	0.594(0.084)†	0.543(0.095)†	0.555(0.091)†	0.125(0.704)
製　鉄	−0.164(0.621)	−0.057(0.858)	−0.059(0.854)	−0.208(0.513)
非鉄金属	0.185(0.580)	0.137(0.668)	0.158(0.628)	−0.128(0.701)
金属製品	−0.204(0.753)	0.236(0.705)	0.208(0.740)	−0.415(0.505)
機　械	0.250(0.563)	0.300(0.462)	0.324(0.431)	−0.342(0.411)
輸送用機器	−0.628(0.057)†	−0.513(0.099)†	−0.527(0.093)†	−0.153(0.611)
精密機器	0.793(0.145)	0.838(0.104)	0.888(0.089)†	−0.410(0.431)
その他製造業	−0.184(0.648)	−0.328(0.395)	−0.316(0.415)	0.321(0.408)
通　信	1.172(0.003)***	1.116(0.003)***	1.100(0.003)***	0.531(0.156)
独立変数				
本社のオープン化戦略（OIS）		0.238(0.002)***	0.227(0.003)***	
本社の技術開発指針（TO）		−0.252(0.018)**	−0.272(0.014)**	
本社の戦略的イニシアティブ（SI）		0.328(0.001)***	0.352(0.001)***	
交互作用変数				
OIS×TO			−0.048(0.610)	
OIS×SI			0.080(0.410)	
adj. R²	0.100	0.204	0.197	0.052
F−value	2.062	3.066	2.784	1.526
P−value	0.013**	0.000***	0.000***	0.099†
VIF（average）	1.266	1.404	1.626	1.268
VIF（max）	1.917	2.389	3.400	1.947

（注）　†p＜0.10; **p＜0.05; ***p＜0.01（両側検定）

　ている Model 2 および3はプラスかつ有意であった。しかしながら，応用研究および開発についてはプラスであるものの有意ではなかった。本分析ではオープン化戦略の変数について，ベンチャー企業との連携など必ずしも基礎研究分野に特化したものを用いたわけではなかったにもかかわらず，このような結果が出たことは注目に値する。

　解釈としては，最先端の知識が主に外部の大学・研究機関に存在する基礎研究分野では知識の探索が重要であり，本社のオープン化戦略は同活動を促進するためプラスの効果があると言える。しかしながら，獲得した知識を応

研究開発パフォーマンス

Model 5	Model 6	Model 7	Model 8	Model 9
応用研究	応用研究	開発	開発	開発
12.037(0.125)	11.611(0.137)	1.369(0.868)	5.280(0.502)	5.837(0.463)
−0.004(0.270)	−0.004(0.287)	0.001(0.771)	0.000(0.842)	−0.001(0.788)
0.000(0.813)	0.000(0.868)	0.000(0.794)	0.000(0.545)	0.000(0.657)
0.050(0.525)	0.039(0.619)	0.060(0.448)	−0.016(0.838)	−0.026(0.739)
0.184(0.013)**	0.193(0.008)***	0.230(0.002)***	0.171(0.017)**	0.170(0.020)**
0.000(0.680)	0.000(0.901)	0.000(0.431)	0.000(0.451)	0.000(0.475)
1.084(0.221)	1.354(0.125)	0.915(0.329)	0.800(0.367)	0.876(0.331)
0.003(0.989)	0.059(0.770)	−0.248(0.247)	−0.239(0.234)	−0.222(0.274)
0.086(0.789)	0.169(0.600)	0.106(0.758)	0.133(0.681)	0.122(0.709)
−0.191(0.545)	−0.249(0.428)	−0.387(0.245)	−0.225(0.479)	−0.227(0.478)
−0.108(0.743)	−0.102(0.753)	−0.127(0.704)	0.071(0.824)	0.051(0.876)
−0.347(0.575)	−0.229(0.709)	−0.175(0.788)	−0.032(0.959)	0.007(0.991)
−0.381(0.348)	−0.419(0.297)	−0.411(0.346)	−0.454(0.267)	−0.482(0.241)
−0.141(0.635)	−0.058(0.844)	−0.091(0.770)	−0.026(0.930)	−0.013(0.965)
−0.316(0.536)	−0.392(0.440)	−0.112(0.838)	−0.051(0.920)	−0.113(0.827)
0.356(0.356)	0.347(0.362)	−0.190(0.638)	−0.061(0.874)	−0.079(0.838)
0.530(0.149)	0.636(0.082)†	0.206(0.598)	0.303(0.411)	0.323(0.383)
0.034(0.659)	0.001(0.990)		0.094(0.202)	0.106(0.157)
−0.052(0.626)	0.038(0.736)		0.166(0.115)	0.191(0.080)†
0.254(0.012)**	0.174(0.101)		0.174(0.083)†	0.143(0.175)
	0.252(0.019)**			0.066(0.480)
	−0.191(0.052)†			−0.098(0.314)
0.100	0.124	0.002	0.124	0.118
1.885	2.020	1.019	2.151	1.983
0.020**	0.009***	0.441	0.006***	0.011**
1.412	1.661	1.263	1.404	1.644
2.370	3.590	1.917	2.398	3.553

用し製品化につなげる川下工程においては外部知識の流入が重要であるとは言えない。つまり知識の活用段階となる川下工程においては社内に蓄積された情報をいかに活用するのかが重要であるため，同工程においてはオープン化戦略による外部からの情報収集がパフォーマンスに影響を与えない可能性があると言える。なお，既存研究は結果変数を基礎研究分野に近い特許で測定していたため，オープン化戦略が有効であるとの結果が出たことが推察される。しかしながら，以上の分析のとおり本社によるオープン化戦略は川下工程における有効性については再検討の余地があると言える。

(2) 本社のオープン化戦略と技術開発指針の明確化との交互作用効果

2.2項に関して検証する。まずは本社による技術開発指針の単独の効果について考察する。同変数については基礎研究を結果変数としているModel 2および3にてマイナスかつ有意であった。また，同変数は応用研究において有意ではなく，開発ではプラスであったものの弱い有意水準となった。これらの結果を勘案すると，川上工程から川下工程に推移するに従い，本社の技術開発指針の効果はマイナスからプラスに変化する可能性が指摘できる。

解釈は以下のとおりである。技術開発指針は資源配分に強く影響を及ぼし，選択と集中を行う際に効果がある。しかしながら，基礎研究ではさまざまな知識の探索活動が重要であるため，明確すぎる指針は特定の知識分野のみ過剰な深化をもたらし効率性を損ない，パフォーマンスを低下させる可能性を指摘できる。反対に川下工程における知識の活用段階では明確な指針による選択と集中が重要である可能性を示唆している。

以上を踏まえて本社のオープン化戦略との交互作用効果について検討する。2.2項では，本社の技術開発指針の明確化は本社のオープン化戦略が研究所の研究開発パフォーマンスを向上させるインパクトにプラスの影響を及ぼすと予想した。結果としては，基礎研究および開発では有意ではなかったものの，応用研究においてプラスかつ有意となった（上述のとおり，本社のオープン化戦略および本社の技術開発指針ともに応用研究において単独では有意ではなかった）。

解釈としては，応用研究は知識の探索段階から活用段階への移行期間であるため，活用に関する活動への資源配分が増加し，探索に関する活動への資源配分が減少する。しかしながら，同工程においても依然として外部からの情報収集が重要であるため，本社が技術開発指針を示すことで外部知識の獲得を促進することが，パフォーマンスに対してプラスの影響を与えた可能性がある。このため，オープン化戦略が単独の場合は有意ではなかったにもかかわらず，技術開発指針との交互作用効果はプラスとなった可能性が指摘できる。

(3) 本社のオープン化戦略と組織目標達成への本社による戦略的イニシアティブとの交互作用効果

2.3項に関して検証する。まずは組織目標達成への本社による戦略的イニ

シアティブの単独の効果について考察する。同変数については，基礎研究を結果変数としている Model 2 および 3 にてプラスかつ有意であった。応用研究では Model 5 のみプラスかつ有意であった。開発においても Model 8 のみプラスかつ弱く有意であった。また，パラメータについては基礎研究から開発に推移するにつれてゼロに近づいている。換言すれば，本社の戦略的イニシアティブはプラスで有意であるものの，パラメータ自体は基礎研究から開発に推移するにつれて小さくなり，有意水準も弱くなっていくのである。これらの結果を勘案すると，川上工程において本社の戦略的イニシアティブは有効であるものの，川下工程への推移に従いその効果は低減していくものと考えられる。同変数の単独の効果については，上述の技術開発指針と異なり，大まかな企業の方向性を示すことになる戦略の提示は基礎研究段階における探索活動を促進すると言える。

　以上を踏まえて次に本社のオープン化戦略との交互作用効果について検討する。2.3 項では，組織目標達成への本社による戦略的イニシアティブは，本社のオープン化戦略が研究所の研究開発パフォーマンスを向上させるインパクトにプラスの影響を及ぼすと予想した。結果としては，応用研究においてマイナスかつ弱い有意となったものの，全体として効果が認められるものではなかった。とくに基礎研究においては，本社のオープン化戦略および戦略的イニシアティブがともに単独でプラスに有意であったにもかかわらず，交互作用効果においては有意とならなかった。このことは，本社の技術開発指針がオープン化戦略の効果を高めたのとは異なり，本社の戦略的イニシアティブだけでは研究所におけるオープン化戦略を活性化することは困難であることが指摘できる。

４　考察および実務的インプリケーション

　既存研究では主にケーススタディに基づく分析により，研究開発プロセスの全工程にてオープン化戦略が有効である可能性が指摘されていた（Chesbrough, 2003）。本章の分析では，研究所所長へのアンケートを実施することにより，研究開発活動に関する統計データをもとにオープン化戦略について検証した。その際，研究開発工程を基礎研究および応用研究，開発の 3 工程

に分割し，工程の推移に伴う影響の変化を検証した。この結果，工程ごとに
オープン化戦略の効果を検証することにより，必ずしもオープン化戦略がす
べての工程で有効であるとは限らず，有効に機能するにはある種の条件が存
在することを示した。すなわち，基礎研究の場合はオープン化戦略単独でも
有効であるものの，応用研究では本社が明確な技術開発指針を提示する必要
がある。また，開発では有効ではないことも示された。さらに組織目標達成
への本社による戦略的イニシアティブを強めることが研究所レベルにおいて
オープン化戦略を促進し効果を高めるわけではないことも示された。

　本章の分析から示唆される実務的インプリケーションとしては以下の3点
があげられる。第一に，本社レベルでのオープン化戦略への関与は研究所の
川上工程に影響を与える。このため川上工程のパフォーマンス向上のために
は本社が積極的に関与していった方がよい。第二に，川上工程においては関
与の仕方について技術の詳細なレベルにまで本社が関与するとかえってマイ
ナスの影響を与えることになる。このため，本社はオープン化戦略と大まか
な戦略的方向性のみを示し，細部は研究所に任せることが重要である。第三
として，応用研究のパフォーマンスを向上させるにはオープン化戦略と技術
開発指針の明確化を同時に行い，特定分野に関する外部情報を積極的に収集
することが重要であると言える。

　なお，今後の課題としてはいわゆる経営組織論とオープン化戦略との関係
についてより深い考察を行うことが求められる。たとえば，1990年代後半
以降に研究が進んだダイナミック・ケイパビリティとオープン化戦略との関
係についての考察である。ダイナミック・ケイパビリティの一側面をより具
体的に考察すれば，それは外部環境の変化に合わせて外部資源へのアクセス，
および既存の経営資源と外部資源との新たな組み合わせによる資源開発，市
場化困難または陳腐化した経営資源の放出を遂行する能力とも解釈できる。
つまり，ダイナミック・ケイパビリティの具体的な実践例としてオープン化
戦略を捉え直すこともできるのである。オープン化戦略の研究は，すなわち
ダイナミック・ケイパビリティに関する研究に大きな一助となる可能性が秘
められている。

　また，オープン化戦略を単独で議論するのではなく，それに適合した組織
デザインとの関係についても考察を行う必要がある。たとえば，従来の機械

的／有機的組織の議論においては外部環境の不確実性に対して受身的な組織内部の対応について考察されてきた。しかしながら，企業側が自ら外部の経営資源を取り込むことで不確実性に対応しようとするオープン化戦略において，どのような組織デザインが適切なのかについてはコンティンジェンシー理論の観点からも関心が深いテーマであると言える。

　最後に，従来の研究はインバウンド戦略についての考察が中心であった。今後はアウトバウンド戦略についての研究を蓄積するとともに，インバウンド戦略とアウトバウンド戦略各々単独の効果だけではなく，これらを同時に実施することの意義についても検討を行う必要があると言える。

　本章の分析における限界は以下の3点である。第一に，本研究では独立変数だけではなく研究所のパフォーマンスについても同一のアンケート調査票からデータを収集している。本研究では統計的手法によってデータとして問題がないことを確認しているものの，より慎重に行う場合，これらのデータは異なるデータソースから入手すべきである。第二に，本研究はアンケートの集計値に基づくものである。つまり，特定のプロジェクトを選択した上で上述の経営政策が研究開発パフォーマンスを向上させたことを示すものではない。また，本分析は川上工程が川下工程に影響を及ぼすといった各工程間の影響について考慮したものでもない。このため，個別のプロジェクトを追いかけた分析とは若干異なる結果が出る可能性がある。第三に，本研究は日本国内のデータのみを用いたものである。このため，日本企業の行動パターンに関する実証分析としては有効であるものの，普遍性を保証するものではない。今後の研究では，以上の問題点を解消することが求められる。

参考文献

Chesbrough, H. W. (2003), *Open Innovation: The New Imperative for Creating and Profiting from Technology*, Boston, MA: Harvard Business School Press. （大前恵一朗訳『OPEN INNOVATION：ハーバード流イノベーション戦略のすべて』産業能率大学出版会，2004 年。）

Chesbrough, H. W. and A. K. Crowther (2006), "Beyond High Tech: Early Adopters of Open Innovation in Other Industries," *R&D Management*, *36* (3), 229-236.

Dierickx, I. and K. Cool (1989), "Asset Stock Accumulation and Sustainability of Competitive Advantage," *Management Science*, *35* (12), 1504-1511.

Gassmann, O. (2006), "Editorial: Opening up the Innovation Process: Towards an Agenda," *R&D Management, 36* (3), 223–228.

Katz, R. and T. J. Allen (2007), "Investigating the Not Invented Here (NIH) Syndrome: A Look at the Performance, Tenure, and Communication Patterns of 50 R&D Project Groups," *R&D Management, 12* (1), 7–20.

Keller, R. T. (2006), "Transformational Leadership, Initiating Structure, and Substitutes for Leadership: A Longitudinal Study of Research and Development Project Team Performance," *Journal of Applied Psychology, 91* (1), 202–210.

Laursen, K. and A. Salter (2006), "Open for Innovation: The Role of Openness in Explaining Innovation Performance among U.K. Manufacturing Firms," *Strategic Management Journal, 27* (2), 131–150.

澤田直宏・中村洋・浅川和宏 (2010),「オープン・イノベーションの成立条件：本社の経営政策および研究所の研究開発プロセスと研究開発パフォーマンスの観点から」『研究 技術 計画』第 25 巻 1 号, 55–67 頁。

第14章

価値づくりにおける課題

延岡健太郎

1 はじめに

　製造業の競争力にとって，企業外部の資源を有効に活用するオープン化戦略の重要性が一段と高まっている。とくに，デジタル技術が中心の情報通信機器や電子機器において，その戦略的な効果が顕著なため，それらの産業では急速に活用事例が拡大している。アップル，HP，ビジオ，シスコシステムズなどに代表されるように，世界のパソコン，携帯電話，薄型テレビ，ネットワーク機器などで成功している企業の多くは，技術開発・製品開発・製造などのそれぞれの段階で，外部企業を広範囲に活用している。

　日本企業も，これらの産業では，外部からの部品購入だけでなく，開発・製造についても，外部企業への委託を積極的に進めている。たとえば，オープン化を象徴するパソコンはもちろんのこと，元来は日本企業が固有技術を使って内部で開発・製造してきた薄型テレビやデジタルカメラについても，外部への依存が年々高まった。

　オープン化戦略が重要になったのは，大きく分けると二つの要因が寄与している。それらは，①市場・競争環境の変化によって，企業外部の資源活用への要請・必要性が高まったこと，②共同開発や製造委託など，企業外部の資源活用が容易になったこと，の両面である。それぞれ簡単に説明しよう。

　第一に，技術変化が速く，市場競争がいっそう厳しさを増した中で，企業への短期的な業績に対する要求はさらに高まっている。そのため，より短期間で，より低コストの商品を開発・導入しなくてはならない。自社内の開

発・製造にすべてを依存していてはそれを実現することができない。また，技術や市場の変化が速い中で，自社だけで技術開発や工場の設備投資をしても，十分に投資回収ができないリスクが高まった。そのため，開発・製造機能が外部に委託される必要性が増したのである。

　第二に，オープン化戦略の実行が容易になっている。その理由としては，次の二つがある。

　一つには，商品・技術の構造として，外部の部品や製造設備を活用したり，商品開発や製造を外部に委託したりすることが容易になっている。具体的には，商品アーキテクチャとして，インテグラル型（擦り合わせ型）ではなく，モジュラー型（組み合わせ型）の商品が増えているので，外部企業との協業が簡単になっている（延岡，2006）。モジュラー型の商品であれば，使用するのが産業内で標準的になった部品が多いので，企業間での設計や仕様に関する調整をあまり必要としない。つまり，外部に委託しても調整コストが抑えられる。また，同様の理由から，委託先の管理を徹底しなくても，部品や組み立て製造の品質が安定しやすいのである。

　二つには，台湾・中国の EMS（Electronics Manufacturing Service：生産請負）や ODM（Original Design Manufacturer：開発・生産請負）などの企業が，開発・製造に関する経営能力を高めている。その結果，かなり高い品質や技術が要求される商品でも，日本や欧米企業が以前よりも安心して委託できるようになった。

　このような背景の下，オープン化戦略を活用することによって，内部で実施するよりも効率的かつ迅速に，新商品を開発・製造できる場合が多くなった。日本企業においても，このようなトレンドに遅れまいとして，オープン化戦略やオープン・イノベーションがもてはやされた。しかし，現実には，デジタル製品におけるオープン化の流れによって最大の被害を被ってきたのが日本企業である。たとえば大型薄型テレビや太陽電池パネルのような日本企業が量産化のイノベーションを牽引した商品についても，比較的早い時期に，技術力が低い企業でも，部品や製造設備を外部から調達することによって，製造できるようになった。このようなオープン化の結果，日本企業は利益を生み出すことがきわめて難しくなった。

　つまり，オープン化は産業や企業にとってよい点も多いが，同時に負の側

面が潜んでいる。本章では，そのようなオープン化に潜む落とし穴について議論し，その対策を考える。負の側面を簡単に言えば，オープン化の社会的なインフラが整備され，各企業が簡単に相互の新技術を活用したり，技術や部品を他社から購入できたりすれば，企業は差別化が困難になり，付加価値を創出することができにくくなるということである。つまり，オープン化が進み，個々の企業や社会は効率が高まりコストが削減できたと満足していても，実は一方では，付加価値や利益，または生産性という指標において，低下する可能性がある。

　本章では，この点を議論するために，製造企業の機能・役割を「ものづくり」と「価値づくり」に分けて考える概念枠組みを使う。結論を先取りすれば，オープン化は「ものづくり」にとってはよいが，うまく活用しなければ「価値づくり」にとっては弊害をもたらす場合が多い。近年，日本の製造業が低迷してきたのは，まさに，オープン化のもたらす弊害に直面している点が一因である。

　ここで，ものづくりと価値づくりに関して，簡単に定義しておこう。ものづくりとは，技術・機能・品質が優れた商品を，低コストで開発・製造することを目的とする。一方，価値づくりとは，経済的な価値を創造することを目的とする。具体的には，顧客にとっての価値[1]（支払う価格）から，それを開発・製造するために必要とされた投資・コストを差し引いたものが，企業が創造した経済的な価値である。つまり，基本的には，経済学・経営学で定義する付加価値[2]と言ってもよいだろう。

　ここでの主張は，オープン化は価値づくりに負の影響をもたらす場合が少なくないということである。ただし，一般的には，オープン化がものづくりだけでなく，価値づくりにとっても有利だとする認識もあり，それを全面的に否定するつもりはない。価値づくりにも貢献すると考える背景は，次の二

1　顧客価値という場合に，マーケティング分野では，価格を考慮した価値（Value for Money）を指す場合が多い。本章では，一貫して，顧客価値は価格を考慮しない純粋な顧客の便益を意味する。

2　「付加価値」という言葉は，一般には単に付加的なものを付けて高く販売することを意味する場合があるが，ここでは経済学の定義どおり，産出額と原材料費ほかの差異である。ユニクロのように，低価格の商品でも，大きな付加価値を生む事例が多く，高額の商品の方が，付加価値が高いとは言えない。

点によるものだろう。

　一つには，過度の自前主義によって，必要以上に，社内でのものづくりにコストをかけすぎている企業が，社外の技術や部品を適切なレベルで活用すれば，ものづくりだけでなく，価値づくりにもポジティブに働く。ただし，それでも，外部へ依存することによる価値づくりへの貢献は限定されている。つまり，後述するように，大きな価値づくりには，競合企業との差別化が必要である。この点で，外部に依存すること自体の貢献は小さい。

　二つには，アップルやシスコシステムズのような，製造をほとんどすべて外部依存して，価値づくりに大成功している企業が多く存在する点である。ここで注意すべきなのは，これらの企業は，外部企業に依存したから成功したわけではない。成功の最大の要因は商品の競争力などほかにあり，オープン化戦略は補佐的な貢献だと考えられる。実際に，生産技術開発や主要な製造設備の購入など重要な部分は内部で実施している。

　本章では，オープン化戦略のポジティブな側面の裏に潜むネガティブな側面を説明する。さらには，オープン化戦略が価値づくりに負の影響をもたらす場合が多い中でも，オープン化戦略を活用して，ものづくりだけでなく，価値づくりもうまく実現するための方向性について，後半で説明しよう。

❷ ものづくりと価値づくりの乖離

　製造企業の経営にとっては，優れた技術・商品を開発・製造することと，それを利益・付加価値といった経済的な価値に結び付けることの二点が重要である。この点に関して，MOT（Management of Technology：技術経営）の分野に1960年代から取り組んできた先駆者であるマサチューセッツ工科大学（MIT）のエドワード・ロバーツ教授は，企業や社会にとって真に役立つイノベーションとは，「Invention」（発明・技術革新）と「Exploitation」（経済的活用）の二つが必要だと強調した（Roberts, 1988）。その後，同様な概念について，技術経営に必要なのは，「価値創造」（Value Creation）と「価値獲得」（Value Capture）だとする枠組みが一般化してきた（延岡，2006）。これらに共通する概念は，技術的に優れた商品によって価値創造するだけではなく，そこから企業として経済的な価値を獲得しなくてはいけないということ

図1　ものづくりと価値づくりの位置づけ

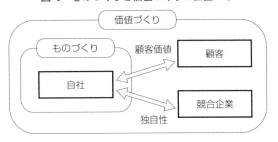

である。さらには，本章で使っている，ものづくりと価値づくりの対比も価値創造と価値獲得の対比と同じ意味合いである。価値創造と価値獲得の枠組みでも悪くないが，これらは両方に価値が含まれ混乱をまねくので，ここでは，さらにわかりやすい言葉として，価値創造を「ものづくり」，価値獲得を「価値づくり」で統一して議論しているのである（延岡，2011）。

　ものづくりと価値づくりに分けて考える概念枠組みは，近年いっそう重要性が高まっている。実際に，多くの産業で優れた技術や商品を開発しても，利益にはなかなか結び付かなくなったからだ。一般的に，日本企業は，ものづくりは得意だが，価値づくりが苦手である。その傾向に拍車をかけているのがオープン化戦略でありオープン・イノベーションなのである。

　図1に，ものづくりと価値づくりの関係を表している。この枠組みでは，価値づくりを構成する要因として，ものづくりと，顧客価値，競合企業（独自性）の三つをあげている。ものづくりも，もちろん，価値づくりの重要な構成要素の一つである。ものづくりの良し悪しは，基本的には，自社内の技術・商品開発や製造の戦略やマネジメントによって決まる。ここで，近年，優れたものづくりが，直接的に価値づくりに結び付かなくなったのは，他の二つの要因，つまり顧客価値と競合企業（独自性）の影響が大きくなったからである。（延岡，2011）。それら二つの要因の内容，および，それらの影響がなぜ大きくなってきたのかについて，簡単に説明しよう。

　第一に，価値づくりの大きさは，競合企業との関係性の中で決定される。ある企業が，同じように機能・品質・コストに優れた商品を開発・製造しても，競合企業の状況によって，価値づくりの大きさはまったく異なる。たとえば，最先端の技術を使ったすばらしい商品を開発しても，競合企業も同様

に優れた商品を提供していれば，競争の結果，価格は下降し，市場における価値は低下する。価値づくりには，独自性が必要なのである。

　これは，価値づくりの本質に関わる点である。価値づくりに結び付く商品とは，社会的に価値が高く社会貢献が大きい商品である。競争の結果，低価格でなくては売れない商品とは，基本的には社会的な存在価値が低い商品だと言わざるをえない。その商品が存在しなくても，同じような商品がすでにほかにもあり社会は困らないからである。このような社会にとって価値の低い商品では，価値づくりはできない。

　近年，グローバルな競争が激しくなり，企業間競争が，価値づくりにいっそう大きな影響を持つようになっている。液晶テレビや太陽電池パネルのような革新的な新技術・新商品を開発しても，比較的早い段階に，強力な競合企業が多数出現し，価格が低下してしまう。優れたものづくりができたとしても，企業間競争が以前よりも，より早くより強力に価値づくりに影響をもたらすようになった。新商品が社会貢献に結び付きにくくなったと言える。これを助長してきたのは，オープン化戦略を促進する産業構造や製品特性である。

　第二に，価値づくりは，顧客の価値基準に影響を受ける。同じような機能・品質を持った商品でも，顧客の主観的な価値基準や使用する状況によって，商品の顧客価値は大きく変わる。顧客価値は，商品内容や仕様だけではなく，商品と顧客との複雑な関係性で決まる。

　1980年代までは，顧客価値の多くの部分はものづくりの良し悪しによって決まっていた。顧客は機能・品質が高いものに対して，それに応じた対価を支払っていた。しかし，世界の技術レベルが向上した結果，顧客が基本的に求める機能や品質を満たすことが簡単になったために，機能・品質における差別化が難しくなった。機能や品質によって，顧客が支払う対価に違いをもたらすことができにくくなった結果，多様で複雑な顧客価値による競争が重要になった。つまり，ものづくりの良さと顧客にとっての価値の関係は薄まってきたのである。

　このように商品力が均等化した一因は，企業内部で独自のものづくりを極めなくても，世界市場から部品システムを買い集めることによって，機能や品質の面で顧客が十分に満足できる商品が開発・製造できるからである。パ

ソコンのエーサー（台湾）や，大型薄型テレビのビジオ（米国）などの世界
的な大成功が象徴している。これらの成功についても，オープン化戦略の実
行が容易になったことが裏で支えている。

　このような背景の下で，顧客がさらに大きな対価を支払ってでも欲しいと
考えるのは，多くの場合，単純な機能や品質を超えた価値を持った商品であ
る。その代表例が，アップルのiPhoneやiPod，任天堂のWii，バイクのハ
ーレーダビッドソン，掃除機や扇風機のダイソンなどであった。それぞれ，
従来の技術軸で機能やスペックを評価した場合には，とくに優れているわけ
ではない。機能や品質であれば，ものづくりの良し悪しで決まる部分が大き
いが，それを超えた顧客価値は，単純なものづくりだけでは実現できない。
結果的に，ものづくりと顧客価値の関係が乖離しているのである。

❸　オープン化が価値づくりへもたらす影響

　ものづくりと価値づくりの枠組みで考える場合に，オープン化は，どのよ
うな影響をもたらしているのだろうか。オープン化は，直接的には，ものづ
くりへの貢献が大きい。ものづくりを自社だけで実施するのではなく，社外
の資源を活用するので，より迅速に，より低コストで，優れた技術開発や商
品開発が実現できる。

　近年，コスト低減と開発スピードアップを目的として，オープン化を重視
する企業が増えてきた。自前主義では高コストとなり，東アジアで製造され
る商品には太刀打ちできない場合が多くなった。また，技術や部品を購入し
ないで，内部開発・製造にこだわりすぎると，新商品の導入が遅れてしまう
可能性が高い。そのような背景から，企業は何とか低コストで良い商品を迅
速に導入するために，積極的にオープン化戦略を取り入れる。結果的に，比
較的小さな投資によって，低コストでありながらも優れた商品がつくり出せ
る可能性が高くなる。このように，ものづくりにとって，オープン化の貢献
はきわめて大きいと言える。

　しかし，前述のとおり，近年，優れたものづくりが，価値づくりに結び付
くとは限らない。実際には，皮肉にも，効率的なものづくりを目指してオー
プンに他社の資源を活用すればするほど，価値づくりから遠ざかる傾向が見

られる。世界の製造企業がオープン化のメリットを活用することによって，企業のものづくり能力は均一化に向かう。その結果，たとえ，外部の資源をうまく活用して，機能とコストのバランスに秀でた商品が開発・製造できたとしても，企業間競争がいっそう激しくなり，商品の価格は低下する。つまり，優れたものづくりを促進する産業インフラが構築され，より多くの企業がうまくものづくりをできるようになれば，個々の企業にとっては価値づくりが実現できる可能性が低下するのである。

　オープン化する中で，具体的には商品や部品のモジュール化・標準化を通して，企業間におけるものづくり能力の均衡化が促進される。企業が，オープンな環境で，外部の資源をスムーズに活用するためには，次の二つの理由から，モジュール化・標準化をオープン化と同時に進めることが重要である。第一に，オープン化のメリットを享受するためには，外部の技術や部品を組み込みやすいように，部品間インターフェースをシンプルにし，モジュール化（規格化）した方がよい。そうしなければ，企業間の調整コストが高まり，低コストが実現できなくなる。第二に，オープン化によるコスト低減効果を最大化するためには，企業内だけでなく企業を越えた標準化・共通化が求められる。外部から導入する部品のコストが低い理由の一つは標準部品として大量生産されるからである。購入部品でも，自社に固有の設計であれば，コストは高くなる。

　このように，企業がオープン化を目指す場合，企業を越えたモジュール化・標準化を推進するので，企業間の差別化が必然的に困難になる。つまり，オープン化こそが，ものづくりと価値づくりの乖離を助長する要因となっているのである。

　次節で，オープン化戦略を活用しながらも，価値づくりを実現する技術経営について考えることにする。

❹　価値づくりの条件：持続的な独自性と顧客価値

　本節では，まずは一般的な観点から，価値づくりの条件を考える。ものづくりが価値づくりに結び付かないのは，前述のように，競合企業と顧客価値の二つの要因が介在するからである。つまり，価値づくりを実現するために

図 2　価値づくりの条件と落とし穴

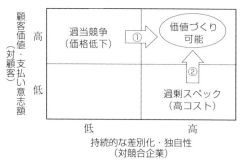

は，①優れたものづくりを，競合企業との「差別化・独自性」に結び付け，②その独自性に対して顧客が大きな対価を支払ってくれる「顧客価値」を創出すること，の両方が必要である。これら差別化・独自性と顧客価値がともに不十分な場合は問題外だが，近年の日本企業はどちらか片方だけしか実現できない事例が増えている。それらを図示したのが図2である。

　最初に，顧客価値が高くても，競合企業に対して差別化・独自性がない状況である（図2の左上のセル）とする。その場合には，競合企業との競争になり比較的早い段階に顧客の購入価格は低下する。顧客ニーズに完璧に合致した商品でも，過当競争になれば価値づくりはできない。たとえば，大画面で映像が美しく，薄くて軽く，顧客ニーズへの適合という意味でもすばらしい商品である大型薄型テレビが象徴的である。

　そこで企業は，過当競争を避けるために差別化や独自性を追求する。しかし，その場合に，図2の中で，左上のセルから右下のセルへ移動してしまう場合が多い。新技術によって独自性が実現できたとしても，過剰スペックと判断され，顧客がコスト上昇に見合う対価を支払ってくれない場合が増える。多くの企業が実現できる普通の技術で顧客は満足してしまう。たとえば，日本の薄型テレビよりも，技術的には劣ったビジオが，米国で2007年以降，市場シェアトップを争うほど成功したのも，顧客がそれで十分だと判断したからである。

　このように，価値づくりを実現するためには，①模倣をされない持続的な独自性と，②顧客が喜んで高い価格を支払うような顧客価値を同時に実現する必要がある。次に，それぞれに関して，日本企業がオープン化戦略を活用

しながら実現するための経営について考えよう。

5　オープン化戦略における価値づくり：持続的な差別化・独自性

　前述のとおり，オープン化のメリットを考え，外部の資源を効率的に活用しようとする場合には，企業レベルでも産業レベルでもモジュール化・標準化を促進させようとする。しかし，日本企業は，そのようなモジュール化・標準化が進んだ産業において，競合優位性を持つことは難しい。一方で，同じオープン化された産業でも，擦り合わせ型の商品であれば，日本企業は優位性を発揮できる可能性がある。以下では，その点を説明する。

　まず，オープン化とモジュール化・標準化が同時に進行した中で競争優位を実現するためには，次の三つの戦略があるが，いずれについても日本企業は得意ではない。第一に徹底した低コストを追求する戦略である。オープンな市場で低コストの部品を購入して組み合わせる。しかし，このアプローチでは，中国企業を相手に勝ち目はない。工場の生産コストは，日本企業でも中国工場の活用などによって大幅に低減できる。しかし，販売費および一般管理費などが大きな負荷となる日本企業は，コスト低減だけで中国企業と対等以上に競うことは不可能に近い。

　第二に，サプライ・デマンドチェインを中心としたグローバルな仕組みづくりで優位性を構築する戦略である。かつて大きな成功をおさめたパソコンのデルのように世界で最適な部品を迅速に探索して組み合わせ，顧客にカスタマイズし迅速に配送する仕組みである。しかし，日本企業は，このような真にグローバルな仕組みの構築が得意ではない。実際に，このような仕組みによって，世界的に優位性を誇っている日本企業は存在しない。

　第三は，プラットフォーム・リーダーになることである。これは，最終製品を構成するモジュールの中でも，とくにその基幹となる部品・ソフトを持ち，産業全体をリードする能力で，パソコンであればインテルやマイクロソフトなどのような企業である。それらの企業は最初に標準を勝ちうるだけではなく，世界中のパソコン企業や部品システム企業，ソフト・アプリ企業などを長期的に牽引してきた。日本は高度な部品技術を持っていても，世界の多数の強力な周辺企業の上に立ち強力なリーダーシップを発揮し続ける力を

持った企業は見当たらないし，将来的にも大きな期待はできない。

　このように，日本企業は，モジュール化・標準化を前提にしたオープンな産業構造の中では，競争優位を持つことは不得手である。ない物ねだりをしても仕方がない。そこで視点を変えて考えると，オープンに他社の資源をうまく活用する戦略であっても，必ずしもモジュール型の商品である必要はない。実際に，日本の自動車産業は，擦り合わせ型の商品であるが（延岡，2006），オープン化戦略の成功事例である。一方で，米国のGMやフォードは，過度にクローズドで垂直統合を採用した失敗事例と言える。

　1990年後半のデータだが，トヨタの内製率は部品コストベースで，27%にすぎず，7割を超える部品を外部から調達している（Dyer, 2000）。当時，すでにGMは1980年代に日本の自動車企業の成功から多くを学び，内製率を大幅に下げた後だったが，それでもまだ55%を内部依存していた。それ以前は，GMとフォードの内製率は70%を超えていた。擦り合わせ型商品なので，外部から部品を調達するためには，共同開発や高度な調整を実現する組織能力が必要であるが，その点で日本企業の方が優れていた。米国企業はそのような能力を持っていなかったので，オープン化戦略を活用することが難しかったのである。

　このように，日本企業は擦り合わせ型商品におけるオープン化戦略は得意である。しかも，近年のオープン化戦略では，擦り合わせ型が重要になっていると考えられる。たとえば，後述するように，アップルの事例では製造委託先の台湾ODM企業との擦り合わせをうまくやっている点が成功要因の一つになっている。擦り合わせ型のオープン化戦略を考えるための枠組みを図3に示している。

　一般的には，図3の縦軸に示されたオープン化戦略を推進する場合には，横軸で示された商品アーキテクチャにおいてモジュラー化を伴う場合が多い。通常，新規の商品カテゴリーが創出される際には，最初はクローズド・擦り合わせ型（図3の右下のセル）の特性を持つ場合が多い。企業内でさまざまな擦り合わせをしながらイノベーションが実現される。次に，新商品開発が成功すると，その後は，図中で①の矢印で示しているように，徐々に，モジュラー化とオープン化が同時に進行していく。それが一般的な商品のライフサイクルである。しかし，日本企業が競争力を発揮するためには，図中の②の

図3　オープン・擦り合わせ型モデル

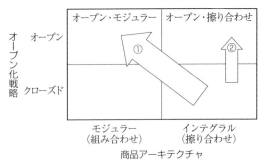

方向，つまり，オープン化をしながらも擦り合わせ型の商品アーキテクチャを維持すべきである。

　擦り合わせ型の商品でありながら，外部企業の資源を最大限に活用するためには，外部企業との緊密な調整や問題解決が必要である。トヨタでは，それをうまく実現するために，さまざまな仕組みを構築してきた（Dyer and Nobeoka, 2000）。同じ部品であっても，通常は2社以上の複数の部品企業から調達する。多くの場合には，トヨタ系列企業があっても，それ以外の部品企業からも同時に購入する。複数の部品企業から購入する場合に，すべての企業がトヨタ系列企業というわけにはいかないし，あえて，多様性を重視するために系列外から購入する傾向もある。また同時に，トヨタは，トヨタ系列の部品企業であっても，トヨタ以外の自動車企業（ホンダやマツダ）へ，積極的に販売することを奨励する。つまり，トヨタの部品購買も，トヨタ系列企業の部品販売についても，それらどちらについてもオープン化を推進しているのである。他の日本の自動車企業と比較しても，このような二つの意味で，トヨタはオープン化の傾向が強い。

　トヨタは，取引する部品企業に対して，系列企業かどうかにかかわらず徹底して教育・指導する。トヨタと取引をすれば，自社の能力を上げることができるため，感謝されかつ信頼を得る。加えて，その部品企業はトヨタとの取引に関して，うまく擦り合わせができる能力を高める。このように，トヨタは擦り合わせ型の企業間取引とオープン化をうまく組み合わせているのである（真鍋・延岡, 2002）。

　日本企業ではないが，オープン化と擦り合わせ型の高度なバランスを実現

しているのがアップルである。アップルは工場を持たず製造はすべて外部に依存するオープン化戦略である。しかし，商品は独自技術を駆使した擦り合わせ型である。たとえば，パソコンの MacBook Air や iPhone のボディは，アルミの削り出しでつくっているからこそデザインが美しい。製造も簡単ではない。それをオープン化戦略（ファブレス）の中で実現するために，製造装置（CNC 切削機）を自ら購入し委託先企業（主に台湾のフォックスコン）に貸し出している。そのため，2014 年の設備投資は日本のソニーやパナソニックの何倍にもなり 1 兆円に近くなっている。

　このような経営ができる組織能力は，簡単に構築することができない。そのため，オープン化戦略の利点を活用しながらも，摸倣されない独自性を同時に実現できるのである。

⑥　オープン化戦略における意味的価値の創出

　次に，顧客価値に関してオープン化の活用を考える。近年，顧客価値の内容に変化が見られる。ここまで述べてきたように，企業間競争が激しくなった結果，技術や機能での差別化・独自性を維持することは困難になった。その中で，価値づくりを実現するためには，技術・機能を超えた顧客価値を創出することが求められている。実際に，大きく成功している商品の多くは，必ずしも技術や機能の高さだけに依存していない。

　近年の象徴的な商品としては，その後失速したが前述の任天堂 Wii がある。技術的・機能的に優れたソニーのプレイステーション 3（PS3）よりも，Wii の方が圧倒的に大きな付加価値を創造した。PS3 は莫大な投資によって開発された最新の半導体を活用して，技術やスペックでは優位性を誇ったが，価値づくりでは劣った。同様に，携帯電話でも，NEC やパナソニックが開発する先端機能が満載された商品ではなく，アップルの iPhone が大きな成功をおさめた。iPhone はテレビも見られないし，おサイフケータイにもならないし，赤外線通信も使えなかった。それでも圧倒的な人気を博してきた。これらの商品では単なる機能や仕様を超えた価値を顧客が意味づけているのである。

　生産財でも同様の傾向が見られる。工場のセンサーで 20 年間以上にわた

り平均 40% 以上の売上高営業利益率を維持したキーエンスは，競合企業の
オムロンに対して技術では劣っていたが，「顧客のかゆい所に手が届くよう
な商品」によって大きな価値を創造した（延岡，2011）。台湾の半導体企業で
あるメディアテックは，技術的には日本企業に劣るが，携帯電話端末やテレ
ビなどの顧客企業が商品開発に使いやすい半導体やソリューションの提供に
よって，大きな成功をおさめている。単なる商品機能を超え，顧客にとって
真に役立つ価値が付与されていると言える。とくに重要なのは，それらの企
業は顧客企業の売上げや利益を高める提案ができている点である。顧客企業
にとっては，高度な機能やスペックではなく，それこそが求めている顧客価
値である。

　このように，商品価値には機能の高さによって決まる部分もあるが，顧客
の解釈と意味づけによってつくられる価値が少なくない。前者の価値を「機
能的価値」，後者を「意味的価値」と呼ぶ。消費財で言えば Wii や iPhone，
生産財ではキーエンスやメディアテックの商品は意味的価値が高い。機能的
な差別化が困難になった近年，必然的に，成功企業の多くが意味的価値によ
って成功しているのだ。

6.1　意味的価値の定義と内容

　機能的価値とは，客観的に価値基準が定まった機能的な評価によって決ま
る価値である。一方，意味的価値とは，顧客が商品に対して主観的に意味づ
けることによって生まれる価値である。意味的価値をわかりやすく定義する
方法の一つを図 4 に示している。ある商品の価格に大きな影響を持つ基本機
能・スペックと価格の関係をプロットする。たとえば，デジタルカメラであ
れば，基本機能としては，画素数，ズーム倍率，手振れ補正機能の有り無し
などが考えられる。これら複数の変数を統計的に統合することによって，こ
の図の横軸で示されている「基本機能・スペック」をつくる。それと価格と
の間に高い相関関係があれば，それが機能的価値と判断できる。

　この図では，白丸で表した商品は，主要機能のみによって価格が決定され
ている。つまり，顧客は客観的に基準が定まった機能的価値に対して対価を
支払っている。パソコンや薄型テレビであれば，ほとんどの商品がこのよう
な傾向を示す。一方で，黒丸の商品は，機能と価格の一般的な関係（客観的

図 4　機能的価値と意味的価値（仮想例）

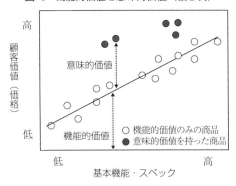

に決まっている関係）から乖離している。つまり，その商品が持つ機能の価値よりも，顧客が高い価格を支払っている。図中では直線で表している機能的価値によって決まる価格水準と，実際の価格との差異が意味的価値だと解釈できる。たとえば，自動車や家具であれば，機能的価値だけではなく意味的価値を持った商品が少なくない。

　意味的価値は特殊な価値ではない。実は，市場に流通している商品の中で機能的価値だけで商品価値が決まっている商品は少ない。身のまわりを見ても衣類，時計，めがね，かばんなどの中で機能・スペックだけで商品価値が決まっているものはほとんどない。自宅でも，家具類から食器，キッチン用品まで，機能だけで価値が決まっているものは少ない。会社のオフィスでさえも，デスクや椅子，本棚なども，基本機能の客観的評価だけで価格が決まっているわけではない。

　図5で示しているように，顧客価値は機能的価値の総和ではない。顧客は，商品全体のイメージ，品質感，デザインなどを総合的かつ主観的に判断して，自分が支払う金額として価値を決めている。商品によって程度の違いはあるが，多くの商品で，意味的価値が商品価値の多くの部分を担っている。しかも，その重要性は年々高まっているのである。

　「すべての商品」の顧客価値は，機能的価値と意味的価値の合計だと定義することができる。意味的価値に近い概念は，感性価値や情緒的価値，経験価値といったさまざまな言葉で表現されてきた。それらは，商品の機能や実用性では表せない価値を表現している点では意味的価値と同じである。それ

図5　商品・サービスの顧客価値（機能的価値＋意味的価値）

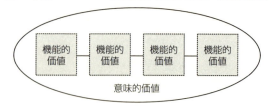

らの「感性」「情緒的」「経験」などは，顧客が意味づける価値の内容の一例である。つまり，意味的価値の概念は，それらを包括している。そのため，パソコンのように，意味的価値が小さいものから，ルイ・ヴィトンのバッグのように意味的価値の高いものまで，しかも意味づけの内容にはとらわれず，意味的価値の概念で議論できる。

6.2　意味的価値とオープン化戦略

多くの日本企業は，機能的価値において，優位性を持とうとする。他社から調達した技術や部品では，商品のスペックで表される機能的価値において，差別化することは難しい。そこで，企業内部で技術・商品開発が行われ，企業外からの資源の活用は限定される。これが日本企業においてオープン化戦略が十分に活用されない理由の一つである。

たしかに，機能的価値だけで競争する場合には，企業外部へ過多な依存はできない。しかし，ここまで述べてきたように，商品の顧客価値を高めるためには，機能的価値だけでなく意味的価値こそが鍵を握る。意味的価値を創造するためには，実は，オープン化戦略をうまく活用することが重要である。ここでは，その点を説明しよう。

まず，図6に概念的な枠組みを示している。前述の自動車産業は例外的だが，多くの日本企業が，世界の基準からすればクローズに位置づけられる戦略によって，機能的価値で優位性を得ようとする（図6左下セル）。しかし，競争が厳しく，高い業績を上げることができていない場合が多い。前述のとおり，業績が上がらないので，投資削減とコスト低減，および開発期間を短縮するために，オープン化戦略を志向する傾向が高まってきた（図6では，右下のセルへ移動）。しかし，右下のセルに当たる「オープン・機能的価値」の領域では，ものづくりには都合がよくても，過当競争に結び付き，結局の

図 6　顧客価値とオープン・イノベーション

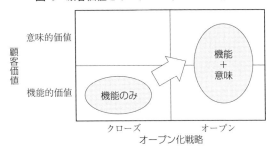

ところ，価値づくりは，さらに困難になってしまう。左下の「クローズ・機能的価値」以上に過当競争に陥る可能性が高いであろう。

　日本企業がオープン化戦略を活用する場合には，図 6 に示しているように，機能的価値に意味的価値を加えることが求められる。実は，オープン化戦略をうまく活用すれば，意味的価値を付加できる可能性が高まる。その理由について二つの視点から説明しよう。

　第一に，外部の資源を活用することによってのみ意味的価値が創造できる場合がある。意味的価値とは，前述のとおり，顧客の主観的な価値基準によってつくられる。消費財であれば顧客が心の底から欲しいと思う商品，生産財であれば，顧客企業の事業の中でより大きな利益をもたらすような商品（部品やソリューション），を実現するための優れた商品企画（商品コンセプト）が必要である。技術や機能を超えた意味的価値を含有した商品コンセプトを創出することも簡単ではないが，それを商品化することはいっそう難しい。とくに，企業がその時点で持つ技術だけでは実現できない場合が多い。

　つまり，企業内の技術だけに依存したのでは，すばらしい意味的価値が発想できたとしても，技術的な対応ができない可能性がある。そのため，必然的に企業外の資源を活用することが必要になる。とくに，意味的価値の創出には，企業内部に蓄積してきた技術とは無関係な技術が必要になる場合が少なくない。たとえば，アップル（iPod，iPhone など）の成功は，通信ネットワークや，コンテンツ（楽曲やゲーム）に支えられているが，パソコン企業内部でそれらを最初から準備しておくことはできないだろう。意味的価値も含んだ真の顧客価値を創出することはきわめて困難であり，技術の内容や範囲を企業内部に限定すべきではない。

　第二に，顧客の琴線に触れるような意味的価値を創出するためには，その企業固有のきわめて優れた技術が必要になる。顧客に感動を与えるような商品には，その企業にしかない本物の強みが求められる。長期間にわたり，その分野に集中しない限り，実現できないような技術である。

　アップルの例では，快適に楽しく使える高度な GUI（Graphical User Interface）である。アップルは，GUI の技術については，1980 年代初頭の Mac（パソコン）の時代から，30 年以上多くの資源を投下し，模倣されない強みにまで育てている。だからこそ，顧客が使ってみると感銘を受ける。このように，特定の分野における強みに長期的に集中するためには，他の領域は外部企業に依存するしかない。つまり，オープン化戦略を活かすためには，他社には真似のできない強固な強みを内部に持ち，加えて意味的価値を含めた顧客価値の企画・提案能力が必要だということである。

7 おわりに

　本章では，最初にものづくりと価値づくりの概念枠組みについて説明した。そこで，オープン化は，ものづくりを向上させるが，価値づくりには負の効果がもたらされる場合が多い点を説明した。多数の企業がオープンに資源を活用し合い，ものづくりの効率ばかりを追うと，どの企業も価値づくりができなくなる可能性が高まる。企業自らがコモディティ化を促進してしまう。結果的に，企業が創出する価値によって成り立っている社会は経済的に大きな問題を抱えることになる。過去 20 年間以上にわたり苦難に直面している日本経済は，オープン化の悪い側面を反映していると見ることもできる。

　日本企業がオープン化を活かして価値づくりを実現する方向性についても本章で説明した。それらをまとめると，三点が必要だということになる。第一に，オープン化でも，簡単に組み合わせることができるモジュラー型の商品ではなく，擦り合わせ型の商品を，外部の企業と信頼関係を構築して協同で開発・製造することが重要である。第二に，オープン化しない部分で，独自の強固な強みを持つことである。第三に，これら企業内外の資源を統合して，単なる機能・スペックを超えた大きな顧客価値（機能的価値＋意味的価値）をつくり出す企画力・コンセプト開発力が必要である。これらの三点が

揃って初めて本当に有効なオープン化戦略が実現できる。

　しかし，多くの日本企業は闇雲にオープン化を唱えている場合が多いので，最後にオープン化の危険性を再度強調したい。業績が悪い日本企業は垂直統合や自前主義の弊害だと指摘され，オープン化の方向に進むことを促されている。実際に，それによって，ものづくりの効率は向上し，短期的には業績が向上する場合も多い。しかし，それは，長期的には，きわめて危険な状況である。外部依存によって，日本企業の持つ最大の強みである長年積み重ねた技術が，徐々に消滅していくからである。特定技術分野における積み重ねられた問題解決能力や経験知のような組織能力こそが「技術」そのものである（延岡，2011）。そのため，技術は，それを鍛え続けない限り，衰退してしまう。しかも，その技術に関する組織能力は，うまく測定したり管理したりすることができない。オープン化を過度に推進することは，短中期的に価値づくりができなくなる問題と，長期的に技術やものづくりの組織能力を失ってしまう問題の両方を引き起こす可能性がある。その点に，十分に注意を払って，オープン化戦略を議論すべきであろう。

参考文献

Dyer, J. H. (2000), *Collaborative Advantage: Winning Through Extended Enterprise Supplier Networks*, New York, NY: Oxford University Press.

Dyer, J. H. and K. Nobeoka (2000), "Creating and Managing a High Performance Knowledge-Sharing Network: The Toyota Case," *Strategic Management Journal, 21* (3), 345–367.

真鍋誠司・延岡健太郎 (2002)，「ネットワーク信頼の構築：トヨタ自動車の組織間学習システム」『一橋ビジネスレビュー』第 50 巻 3 号，184–193 頁。

延岡健太郎 (2006)，『MOT［技術経営］入門』日本経済新聞社。

延岡健太郎 (2011)，『価値づくり経営の論理：日本製造業の生きる道』日本経済新聞出版社。

Roberts, E. B. (1988), "Managing Invention and Innovation: What We've Learned," *Research Technology Management, 31* (1), 11–29.

Schmitt, B. H. (1999), *Experiential Marketing: How to Get Customers to Sense, Feel, Think, Act, Relate to Your Company and Brands,* New York, NY: Free Press. (嶋村和恵・広瀬盛一訳『経験価値マーケティング：消費者が「何か」を感じるプラス α の魅力』ダイヤモンド社，2000 年。)

360

ショートケース

PARC のオープン化戦略

真鍋誠司

1 PARC の概要

PARC（Palo Alto Research Center）は，有名企業からベンチャー企業や政府機関まで，さまざまな顧客に対してカスタム R&D サービス，テクノロジー，知的財産，専門知識を提供している。より具体的には，テクノロジーの共同開発，顧客企業の持つテクノロジーのカスタマイズ，新規事業領域の創案，製品・サービスのアイディア発見・構築，特殊または顧客の不足している専門知識・知的財産・ノウハウ・インフラ（クリーンルーム，材料の特性評価，顕微鏡・分光学分析，アイトラッカー等）の提供を行っている。

PARC は，物理学者，化学者，コンピュータ科学者，エンジニア，さらには社会科学者も含めて約 400 人の研究員を有している。また，PARC にはソフトウェアのラボ二つとハードウェアのラボ二つ，計四つのラボがある。ニーズに応じて，ラボ間を横断したプロジェクトも珍しくはない。知的財産面では，これまでに約2500 の特許を取得しており，毎年平均約 150 の特許を申請している。

PARC と取引をする顧客のメリットとして，ビジネスの新たな選択肢の創出，市場化までの期間短縮，リスクの削減，企業競争力の向上，アイディア創出から実現に至るプロセスに生じる障害克服の支援を PARC はあげている。顧客には，たとえば，親会社であるゼロックスをはじめ，ボーイング，P&G，モトローラ，パナソニック，大日本印刷，電通等，日本を含めて世界各国の企業がある（PARC, 2016）。

2 PARC の歴史

PARC は 1970 年，シリコンバレーの中心地である米国カリフォルニア州パロアルトにおいて，米国ゼロックス（以下，ゼロックスと記述）の研究部門（Xerox PARC）として設立された。設立当初の PARC の理念は，"The Office of the Future"であり，現在のオフィスのあり方を予見させる数多くの発明を行った。たとえば，レーザー・プリンティング（1971 年），パーソナルコンピュータ「PC Alto」（1972 年），イーサネット（1972 年）等の先進的なものがあった。

しかしながら，発明のすべてがゼロックスのビジネスの成功につながったわけではなかった。たとえば，グラフィカル・ユーザー・インターフェース（GUI）はPARC の発明だったが，後に Apple やマイクロソフトに模倣されてしまう。

問題は，発明する能力ではなく，それを自社のビジネスモデルに見合うかたちで実用化して収益に結び付ける仕組みと意識にあった。そのため，2002 年には，ゼロックスの 100% 子会社として法人化された。PARC は，会社として独自に収益を上げなければ存続できない体制に生まれ変わった。PARC の理念も，"The Business of Breakthroughs" に変更された。単なる発明に終わるような研究ではなく，ビジネスを意識したコマーシャル・イノベーションへシフトしたのである（PARC, 2016）。

3　PARC のオープン・イノベーション

　PARC が子会社として独立した結果，イノベーションとして収益を上げることのできる他の企業との連携が可能になった。つまり，オープン・イノベーションを前提とした，実用的なイノベーションを加速できるようになったのである。

　連携先企業が求める目標が明確である場合，PARC が目標に関連する知識・技術を提供し，共同開発を行う。PARC は，テクノロジーの研究・開発のための人員としてコンピュータ科学者，数学者，物理学者，化学者を抱えている。

　たとえば，Thinfilm とのオープン・イノベーションでは，フレキシブル・プリンテッド・エレクトロニクスを開発した。これは，世界で初めてディスプレイ，センサー，バッテリー，メモリー，ロジック回路等すべてを印刷技術により実現したものである。

　また PARC は，CCN（Contents Centric Network）というメディアやコンテンツの配信に適した新しいネットワークアーキテクチャ技術のコンソーシアムを立ち上げた。これは，複雑化した端末間の通信を前提としたネットワーク技術の課題解決を目指すものである。URL 等のホストのロケーション情報ではなく，名前づけされたコンテンツが直接配信され，ネットワーク上に自動的にキャッシュされる。そのため，効率的なコンテンツの共有が可能になる。CCN 技術は，実用化段階に入っているという（PARC, 2016）。このように，特定の企業からの依頼を受けるだけでなく，PARC 主導でオープン・イノベーションを実践するケースもある。

4　エスノグラフィを活用したイノベーション

　PARC はまた，ユーザー視点をテクノロジーに融合させるアイディアを発掘するために，文化人類学者，社会学者，心理学者，UX（ユーザーエクスペリエンス）研究者も人員として抱えている。連携先企業が求める知識や技術があいまいな場合もある。PARC では，最終的な製品・サービス，およびそれらが必要とする知識や技術の前提となるようなアイディアを発掘するところから始めることができる。とくに，エスノグラフィのビジネスへの活用が PARC の持つ優位性である。エスノグラフィは，人々の文化の中における行動や行為を研究する方法と定義される（佐々, 2014）。人々の営みの場（フィールド）に入り込み，できるだけそこでの営みを遮ることなく，普段どおりのありのままを深く理解することを目指す。したがって，リアリティのある人々の営みに迫ることができる。

　イノベーションにおいては，エスノグラフィによって現行の製品・サービスによって満たされていない，背景にあるニーズや欲求を明るみに出すことが可能になる。それらのニーズを深く理解することで，人々の潜在的な期待に応えるような，営みに寄り添う革新的な製品・サービスをデザインすることができるのである。PARC

はこれを人間中心イノベーションと呼んでいる。PARC では，オフィスにおけるコ
ピー機の使用方法等，1970 年頃からゼロックス社内でエスノグラフィのビジネス
への応用を開始しており，エスノグラフィをイノベーションに応用するノウハウの
蓄積がある。

　エスノグラフィを利用したイノベーションの事例に，2004 年に大日本印刷と開
発した Magitti（モバイル・レジャーガイド）がある。PARC の持つエスノグラフィによ
る人間中心イノベーションと，大日本印刷の持つ豊富な情報コンテンツとビジネス
化する強力なリソースが補完的に働いて実現したオープン・イノベーションである。
PARC との共同開発以前，大日本印刷は，「若者の紙離れが進む中，どのように彼
らに情報発信をしていくべきか」という課題を持っていた。PARC は，この課題に
対して，エスノグラフィによって若者の好み，価値観，活動等を明確化していった。
その結果，利用するうちに個人の好みを学習し，情報過多でない役に立ちそうな好
みの情報だけを知らせる機能が必要であることがわかった。この機能の実現には，
PARC の保有するレコメンデーション技術が貢献した。以上を踏まえて，最終的に
は，紙媒体を見なくなった若者層を対象としたモバイル・レジャーガイド「Magit-
ti」の開発に至ったのである（佐々，2014）。Magitti は，現在のスマートフォンが登
場する前から，その原型となるハードウェアとそこでのインタラクション・スタイ
ルを予見するものであった。

5　PARC のオープン化戦略

　ゼロックスからスピンオフした PARC は，当時のゼロックスから見れば，社内
で活用しきれない知識や技術を社外で活用して収益を得るアウトバウンド型オープ
ン・イノベーションの実践事例でもある。したがって，現在の PARC の存在自体
がゼロックス社のオープン化戦略の成果であるとも言えるだろう。

　現在，PARC は主には以下にあげる二つの戦略を用いて，親会社であるゼロック
ス以外の企業とも連携してイノベーションを創出している。

　第一に，政府や軍関連の潤沢な競争的資金を活用し，必要に応じて世界をリード
する大学や他企業と連携しながら，イノベーティブなテクノロジーの創造を加速さ
せる戦略をとっている。これは，いわゆるインバウンド型のオープン・イノベーシ
ョンと言える。

　第二に，生み出されたテクノロジーを PARC が蓄積し，保有している固有の知
識や技術を提供する戦略である。これは，アウトバウンド型オープン・イノベーシ
ョンである。また，テクノロジー創造にとどまらず，顧客の潜在ニーズをつかみ，
イノベーションのアイディアを創出するエスノグラフィなどの人間中心のアプロー
チを用いてイノベーションを起こすケイパビリティも併せ持っている。これは顧客
の求める直接的な知識や技術ではなく，手法を提供するアウトバウンド型オープ
ン・イノベーションと言えよう。同時に，顧客企業との相互作用から新しい知識や
アイディアを創造するという意味では，カップルド型オープン・イノベーションを
志向する戦略でもある。

　このように，PARC はさまざまなオープン・イノベーション戦略を複合的に用いながら継続的にイノベーションを創出している。

参考文献

PARC（2016），同社ホームページ https://www.parc.com/jp/index.html

佐々牧雄（2014），「パロアルト研究所（PARC）の人間中心イノベーションへの取り組み」みなとみらい産官学ラウンドテーブル発表資料。

おわりに

　本書では，「オープン化戦略」をテーマに掲げ，17 人の執筆者による論考を収録している。海外の動き，とくにオープン・イノベーションや IoT（Internet of Things）をめぐる動きに触発され，近年，研究者のみならず実務家の間でも，オープン化についての関心が高まっている。とはいえ，「オープン化戦略」というテーマは幅広く，多様な観点から研究が進められている。その中から，本書では，経営学を中心に可能な限り幅広く，重要なトピックを取り上げるように試みた。本書で取り上げることができたトピックは限られた範囲のものであり，またトピックの取り上げ方や検討の仕方も各章によりさまざまである。ただし，それぞれの論考では，各トピックについて，注目すべき課題や研究の進展を，実感していただけるのではないかと思う。

　ここで，本書のスタンスについて，二点ほど記しておきたい。まず，一点めは，本書は「オープン化戦略」を掲げてはいるものの，「オープン化しなければならない」とか，本書の取り上げている考え方や方法が望ましいということを，無条件に主張しているわけではないという点である。オープン化を促すような状況があり，それに対してさまざまな考え方や方法，戦略やビジネスモデルが提示されている。ただし，それらを採用すべきかどうかという規範的な問題は，別の問題である。バックグラウンドや立場が異なれば，観点（価値）も，なすべきことも異なってくるからである。

　近年，編者は，理工系の研究者や国内外のさまざまな産業・分野の実務家と，共同研究や企画・調査を行うことが増えている。このようにバックグラウンドや立場の異なる関係者が集まった場合，拠り所となるのは，適切なコンセプト（概念）と具体的なエビデンスである。だが，多くの場合，議論が深まれば深まるほど，どういう概念や考え方を用いてエビデンスを捉えればよいか，その概念は適切か，それによって何がどのように理解できるのかという，切実な問題に突き当たることになる（逆に言えば，大まかに捉えている限りは，こうした問題は生じない）。エビデンスを数量で捉え分析しようという場合には，問題はより切実になる。いわば実事求是の壁である。

　こうした壁がクリアされなければ，何をなすべきかといった，規範的な提

案にまでたどり着くことは難しい。仮に「かたち」としてはたどり着くことができても，確信の持てないエビデンスを足場に「こうあるべきである，こうすべきである」と提案するのは，はなはだ心もとないし，良心的であるとも思えない。概念や考え方の土台固めは，学術的な問題にとどまらず，すぐれて実践的な問題でもあるのである。こうした点を念頭に，本書では，現象を把握し分析する，すなわち実証の手助けとなる概念や考え方を，まずは整理してまとめてみることにした。即効性のある「解答」を希求している方々には物足りず，迂遠なように思えるかもしれない。だが，こうした迂回が，結局は研究や実践の発展への近道となるのではないだろうか。

　二点めは，「オープン化」というテーマが本書では掲げられているが，編者はこの言葉を手放しで使うことにややためらいを覚えているという点である。さまざまなバックグラウンドを持つ実務家や研究者がイメージを共有する上では，この言葉は非常に使い勝手がよい。一方で，きちんと概念を特定しそれに対応する事例やデータを適切に収集し分析するということになれば，この言葉はなかなかの難物である。

　技術的な意味合いに限定せず，社会，経済，法，マネジメントといった社会科学の概念として考えた場合，「オープン化」には複数の意味合いが含まれている。たとえば，複数企業間の取引・共有，情報の公開，権利放棄，フリー（無償）といった概念は相互に関連してはいるものの，同義ではなく，いずれも「オープン」とされるものの一面を捉えているにすぎない。またこれらの程度，範囲，影響も一様ではない。実際，本書で取り上げた文献においても，以上のような問題から，「オープン」という概念は，実証研究には用いにくいとする指摘を見出すことができる。それでも，本書が，あえて「オープン化」という言葉を用いたのは，あいまいなイメージではあっても，まずはこうした手がかりから土台固めを進め，議論や検討を深めていければよいと考えたからである。

　以上の二点を踏まえ，本書には，キーとなりそうな考え方や研究成果に関わる箇所では，明快さを欠くことを承知で，原典となる文献や資料を引用しながら説明している。多くの科学分野がそうであるように，フロンティアではさまざまな観点から，まずは手探りで現象の測定や分析が始められる。そうした試みが発展していくかどうかは，いかに知識を積み上げ，活用してい

くことができるかどうかにかかっている。感覚的な主張やエッセイは，無手
勝流の自由さが魅力的ではあるものの，概念やエビデンスに確証を持たせる
土台がないから，当たり外れのリスクは大きい。

　これに対し，これまでの知識の蓄積（これはある種の集合知である）を土台
にすれば，われわれは，試行や修正を経ながらも，着実に一つひとつ上に積
み重ねていくことができる。本書で取り上げた知識の蓄積，すなわち文献や
資料の多くは英文である。それほど本書のテーマに関わる研究の発展は，海
外では著しい。専門的なテーマに絞り込まれているものも多く，なかには理
解が容易でないものも含まれているかもしれないが，これまでの知識の蓄積
の論点をより深く知り，フロンティアに足場を築く上で参考となるはずであ
る。

　最後に，本書の出版までには，実に多くの方々のお世話になった。紙幅の
都合もあり，ここでは，とくに執筆者の皆様と有斐閣書籍編集第二部の藤田
裕子氏に，深くお礼とお詫びを申し上げたい。この書籍の原稿依頼・執筆は
2013 年に始まっているので，すでに 4 年ほどの月日が経っている。執筆者
の皆様からは，1〜2 年以内に最終稿をいただいているから，その後の遅れ
は，すべて編者が責めを負うべきものである。その間の関連分野の進歩は著
しく，また編集上の調整を行う必要が出てきたという事情はあるものの，こ
こまで月日が経ってしまったのは，雑務にかまけがちであった編者の怠慢に
よるものにほかならない。その間，執筆者の皆様と藤田氏には実に辛抱強く
ご対応いただくことになった。あらためて謝意を表して，結びとしたい。

　　2017 年初秋

横浜国立大学にて

安 本 雅 典
真 鍋 誠 司

索　引

人名索引

A

Abernethy, M. A.　143
Adler, P. S.　159
Adner, R.　34
Ahuja, G.　37
Allen, T. J.　141
Appleyard, M. M.　6
Arikan, A. T.　28
Arora, A.　6
Arthur, W. B.　196
Awate, S.　133

B

Bacdayan, P.　161
Baldwin, C. Y.　25
Barney, J. B.　56
Bekkers, R.　81
Benner, M. J.　117
Billinger, S.　33
Blind, K.　64
Borgatti, S. P.　163
Boschma, R. A.　160
Boudreau, K. J.　13
Brandenburger, A. M.　38
Brown, C.　122
Brunsson, N.　264
Brusoni, S.　25
Burt, R. S.　163

C

Cargill, C. F.　28, 246
Chesbrough, H. W.　6
Christensen, C. M.　170
Christensen, J. F.　5
Clark, K. B.　25
Cockburn, I. M.　65
Cohen, W. M.　62
Cool, K.　147, 330

Cooper, R. G.　100
Crowther, A. K.　328
Cusumano, M. A.　13
Cyert, R. M.　115

D

Daft, R. L.　140
Dahlander, L.　6
David, P. A.　27
Dedrick, J.　41
Dierickx, I　147, 330
Dittrich, K.　68
Dougherty, D.　102
Duysters, G.　68
Dyer, J. H.　351
Dyer, W. J.　68

E

Eisenmann, T. R.　12
Enkel, E.　9, 24, 68
Etzkowitz, H.　165
Evans, D. S.　13, 31

F

Farrell, J.　28, 266
Ferguson, C. H.　28
Fichter, K.　37, 68
Fleming, L.　22
Funk, J. L.　34

G

Galbraith, J. R.　139
Gallagher, S.　12
Gambardella, A.　26
Gann, D. M.　6
Gans, J. S.　23
Garud, R.　26, 30
Gassmann, O.　24, 68, 326

Gawer, A.　13
Granovetter, M.　141
Granstrand, O.　5
Greenstein, S.　27
Grigoriou, K.　133
Gulati, R.　36

H
Hamel, G.　138
Hansen, M. T.　142
Hargadon, A.　133
Henderson, R. M.　25
Henkel, J.　12
He, Z.-L.　36
Hobday, M.　41
Hounshell, D. A.　4
Hughes, B.　63

I・J
Iansiti, M.　32
Ingram, P.　158
Jacobides, M. G.　6
Jaffe, A. B.　36
Jaworski, B. J.　98

K
Kale, P.　158
Kapoor, R.　34
Katz, M. L.　28
Katz, R.　23, 141
Kawakami, T.　97
Kenny, M.　171
Kline, S. J.　241
Koenig, G.　39
Kohli, A. K.　98
Kotler, P.　95
Krackhardt, D.　162
Kumaraswamy, A.　30
Kusunoki, K.　31
Kwon, S.-W.　159

L
Langlois, R. N.　6, 30
Laursen, K.　330

Lawrence, P. R.　139
Lee, C.-H.　39
Leiponen, A. E.　28
Lengel, R. H.　140
Leonard-Barton, D.　226
Levien, R.　32
Levinthal, D. A.　62
Linden, G.　122
Lorsch, J. W.　139
Lundvall, B.-Å.　243

M
Mahoney, J. T.　29
Majchrzak, A.　96
Malhotra, A.　96
Mangelsdorf, A.　287
March, J. G.　115
Miles, R. E.　118
Mintzberg, H.　135
Moor, J. F.　38
Morris, C. R.　28
Mowery, D. C.　4

N
Nalebuff, B. J.　38
Narver, J. C.　98
Nelson, R. R.　118, 243
Nonaka, I.　135

P
Paine, R. T.　242
Paruchuri, S.　133
Parker, G. G.　31
Peteraf, M. A.　147
Pisano, G. P.　11
Podolny, J. M.　118
Powell, W. W.　37, 165
Prahalad, C. K.　138
Prencipe, A.　25

R
Raymond, E. S.　22, 41
Raynor, M. E.　30
Roberts, E. B.　344

Robertson, P. L.　30
Rosenberg, N.　4, 63
Rothaermel, F. T.　133
Rysman, M.　28

S
Saloner, G.　28, 266
Salter, A.　330
Sanchez, R.　29
Schilling, M. A.　28
Shapiro, C.　21, 28
Shiu, J. M.　83
Simcoe, T.　28
Simon, H. A.　115
Slater, S. F.　98
Snow, C. C.　118
Sorenson, O.　118
Stango, V.　27
Staudenmayer, N.　31
Steinmueller, W. E.　76
Stern, S.　23
Stuart, T. E.　118
Sutton, R. I.　133
Swann, G. M. P.　270

T
Teece, D. J.　6
Thumm, N.　64
Trajtenberg, M.　36
Tushman, M. L.　117, 141

U
Ulrich, K. T.　29
Utterback, J. M.　241
Uzzi, B.　142

V
Varian, H. R.　21
Venkatraman, N.　39
Vernon, R.　257
Vincenti, W. G.　25
von Hippel, E.　21
von Krogh, G.　22

W
Waguespack, D. M.　22
Wareham, J.　63
Weick, K. E.　221
Weiss, M.　28, 246, 266
West, J.　12
Williamson, O. E.　21
Wincent, J.　68
Winter, S. G.　118
Womack, J. P.　217
Woodard, C. J.　198
Wood, D.　41

X・Z
Xia, M.　28
Zhao, K.　287

あ　行
青島矢一　7
淺羽茂　28
阿部容子　24
石井淳蔵　95
市川芳明　80
糸久正人　24, 28
井上達彦　170
今井賢一　21
上山明博　244
江藤学　27
小田切宏之　21
小野譲司　96

か　行
加護野忠男　136
加藤俊彦　7
加藤みどり　210
金光淳　36
金子郁容　36
軽部大　135
川上智子　98
川上桃子　33
許経明　292
香山晋　31
國領二郎　4

許斐義信　28

さ 行
榊原清則　3
澤田直宏　332
柴田高　28
嶋口充輝　95
清水洋　8, 25, 133
シュムペーター（Schumpeter, J. A.）　272
新宅純二郎　27
椙山泰生　38

た 行
高尾義明　38
武石彰　3
竹内弘高　22
立本博文　30
徳田昭雄　33
富田純一　255

な 行
永田晃也　21
中野勉　159
沼上幹　136

根来龍之　31, 241
野中郁次郎　22
延岡健太郎　5, 344

は 行
藤本隆宏　7
星野雄介　5

ま 行
真鍋誠司　68
丸川知雄　30
宮田由紀夫　244
元橋一之　4

や 行
安田雪　36
安本雅典　24
山田英夫　28
依田高典　156
米倉誠一郎　5

わ 行
若林直樹　36, 154

企業名索引

アルファベット
AT&T のベル研究所（Bell Laboratories）
　4
BMW（Bayerische Motoren Werke）　280
Facebook　95
GE（General Electric）　33
GM（General Motors）　351
HP（Hewlett-Packard）　341
LG（Lucky-GoldStar）　292
LINE　95
PARC（Palo Alto Research Center）　360
P&G（Procter & Gamble）　11
PSA　280
TSMC（Taiwan Semiconductor Manufacturing Company）　13
Twitter　95

VW（Volkswagen）　280

あ 行
味の素　5
アステラス製薬　326
アップル（Apple Computer）　30
アプライド マテリアルズ（Applied Materials）　226
インテル（Intel）　7, 13
エレファントデザイン　96
大阪ガス　5, 87, 326

か 行
キーエンス　354
クアルコム（Qualcomm）　290
グーグル（Google）　13

コーエー　188
コマツ　97
コンチネンタル（Continental）　279

さ 行
サムスン（Sumsung Electronics）　292
三洋電機　258
シーゲート（Seagate Technology）　254
シスコ（Cisco Systems）　7, 326
シーメンス（Siemens）　43
スクウェア・エニック　189
スワロフスキー（Swarovski）　96
ゼネラル・ミルズ（General Mills）　326
ゼロックス（Xerox）　360
　　——のパロアルト研究所（PARC: Palo Alto
　　Research Center）　4
ソニー　353

た 行
ダイキン（工業）　8, 13
ダイソン（Dyson）　347
ダイムラー（Daimler）　280
テスラ（Tesla）　13
トヨタ（自動車）　13, 68

な 行
ナインシグマ（Nine Sigma）　203
　　——・ジャパン　203
日本電気（NEC）　8

任天堂　347
ノキア（Nokia）　288

は 行
ハドソン　189
パナソニック　353
ハーレーダビッドソン（Harley-Davidson）
　　347
ビジオ（Vizio）　341
ファーウェイ（Huawei）　292
ファナック　268
フォックスコン（Foxconn/Hon Hai Pre-
　　cision Industory）　353
フォード（Ford Motor Company）　280,
　　351
ボッシュ（Bosch/Robert Bosch）　13
ホンダ　281

ま 行
マイクロソフト（Microsoft）　7
三菱ケミカルホールディングス　8
村田製作所　227
メディアテック（MTK: MediaTek）　65
モトローラ（Motorola）　288

や・ら 行
安川電機　224
ユニクロ　343
レゴ（Lego）　96

事項索引 ————————————————————————

A
absorptive capability　→吸収能力
Android　13
API（application interface）　273
ARTEMIS（Advanced Research and Te-
　　chnology for EMbedded Intelligent
　　Systems）　316
AUTOSAR（Automotive Open System
　　Architecture）　13, 278, 296

C
CEN（Comité Européen de Normalisation）
　　77, 265
CENELEC（Comité Européen de Normalisa-
　　tion Électrotechnique）　77, 265
CHAdeMO　271
CoPS（Complex Product Systems）　76
CPU（Central Processing Unit）　251

D
DIN（Deutsches Institut für Normung）

28, 265
DKE（Deutsche Kommission Elektrotechnik）
　28, 265

E

EAST-EEA（Embedded Electronic Architec-
　ture）　281
EMS（Electronics Manufacturing Service）
　33
eNOVA　297
ETP（European Technology Platform）
　312
ETSI（European Telecommunications Stan-
　dards Institute）　244
EUREKA（European Research Coordination
　Agency）　309
Europe 2020　77
European Commission　27
European Research Area（ERA）　319

F・G

Framework Programme　304, 308
FRAND（F/RAND: Fair, Reasonable, and
　Non-Discriminatory）　287
GSM（Global System for Mobile Communi-
　cations）　271

H・I

Horizon 2020　77
ICT（Information and Communication Tech-
　nologies）　93
Industrie 4.0　33
IIC（Industrial Internet Consortium）　33
IoT（Internet of Things）　33
IP（Intellectual Property）　32

J・L

JAS（Japanese Agricultural Standard）
　265
JAVA　288
JIS（Japanese Industrial Standards）　265
JTI（Joint Technology Initiative）　314,
　315
Linux　13, 14

M・N

M&A（Mergers & Acquisitions）　218
Make or Buy　147
MIRAI　210
New Approach　297
NIH（Not Invented Here）　133
　――シンドローム　328
NIST（National Institute of Standards and
　Technology）　245
NPE（Nationale Plattform Elektromobili-
　tät）　297

O・P

ODM（Original Design Manufacturer）
　33
OHA（Open Handset Alliance）　32
OS（Operating System）　13
PLC（プロダクトライフサイクル）モデル
　257

R・S

RAND　→FRAND
R&Dネットワーク　37
SEMATEC（Semiconductor Manufacturing
　Technology）　210

T・U

TLO（Technology Licensing Organization）
　146
Unix　14
USB（Universal Serial Bus）　271

V・W

VDA（Verband der Automobilindustrie）
　77
VDE（Verband der Elektrotechnik Elek-
　tronik und Informationstechnik）　77
Windows　28
WTO/TBT（World Trade Organization/
　Technical Barriers to Trade）協定
　265

あ 行

アウトソーシング　229

アウトバウンド型オープン・イノベーション　9

アーキテクチャ（architecture）　24, 29, 41, 250, 273

　　──知識（architectural knowledge）　25

アライアンス　13, 209

　　──戦略　4

暗黙知（tacit knowledge）　162

意思決定　138

イノベーションの民主化（democratizing innovation）　22

意味的価値　354

インターフェース　24, 271

インテグラル　271

　　──型（擦り合わせ型）　342

インバウンド型オープン・イノベーション　9

ウィーン－ドレスデン協定（Vienna/Dresden Agreement）　297

埋め込み（embeddedness）　162

エコシステム　13, 38, 66, 169, 171, 242

　　セミオープンな──　178

エスノグラフィ　361

欧州委員会（European comission）　306

欧州先端技術共同研究機構　→ EUREKA

オープン・イノベーション　7, 8, 131, 132, 328

　　──・システム　304

オープン化　3, 240

　　──戦略　11

オープン－クローズ戦略　13, 197

オープン／クローズド　174

オープン性（openness）　20

　　環境の──　20

オープン・ソース　75, 210

　　──・ソフトウェア（OSS: Open Source Software）　22

オープン・ビジネスモデル　58

オープン領域　248

か 行

開発環境　24

開発支援　24

囲い込み　4

価　値　11

　　──獲得　12, 344

　　──創造　12, 344

　　──づくり　343

価値共創分析マトリクス　93, 104

活用（exploitation）　6, 117, 153, 161

カプセル化（encapsulation）　24

関係的契約（relational contract）　157

関西バイオクラスター　166

Kandai モデル　106

官民協働　155

企業間（の）ネットワーク　→組織間ネットワーク

企業グループ　155

技術情報のマネジメント　114

技術の公開　195

技術の市場（market for technology）　6

キーストーン（企業）　66, 242

機能的価値　354

吸収能力（absorptive capability）　62, 121, 158, 233

境界連結担当者（boundary spanner）　154

協業（collaboration）　322

共　創　95

　　──型イノベーション　97

協調（cooperation）　210, 221

　　──領域　288

共同研究（・開発）　8, 214

協豊会　160

組み合わせ爆発（combinatorial explosion）　272

クラウドソーシング　96

クラスター　43

クリーク（clique）　163

クロスライセンス契約　58

クローズ（ド）領域　249

ケイパビリティ（capabilities）　226

系　列　8, 155

研究開発（R&D）　209

　　──アライアンス　210

限定合理性（bounded rationality）　115

堅牢性（安定性）（robustness）　173

コア技術　147, 148, 230

コア・コンピタンス（core competence）　103

コア部品　259

構造的空隙（structural hole）　164

互換性（compatibility/exchangeability）　28

顧客価値　343, 354

顧客関係管理（CRM: Customer Relationship Management）　95

コミュニティ　14, 40

コモディティ化　358

コンセンサス（合意形成）　248

コンセンサス標準（voluntary/consensus standard）　13, 24, 27, 63, 80, 195, 246, 266, 285, 286, 296

コンソーシアム　13

コントロール　27

さ 行

サービス・ドミナント・ロジック　96

サプライヤー・システム　40

産学連携　244

産業エコシステム　156, 316

産業クラスター　156, 165

参照設計／参照アーキテクチャ（reference design/Architecture）　32

資産集積の経済性　330

市場志向　98

市場情報のマネジメント　93

市場での取引ネットワーク　156

システム知識（system knowledge）　25

実践共同体　160

実装（implementation）　23

　　——活動計画（IAP）　313

　　——知識　25

自前主義　4, 344

社会関係資本（social capital）　159

社会的埋め込み（embeddedness）　141

社会的埋没費用（sunk-cost）　274

ジョイント・ベンチャー　10

状況に埋め込まれた知識（embedded knowledge）　329

情報の粘着性（information stickiness）　22

信頼（trust）　162, 329

垂直統合　243

スイッチング・コスト（switching cost）　285

水平分業　226

スピンオフ　10

擦り合わせ　259

3 G　271

生産性（効率性）　173

製品アーキテクチャ（product architecture）　60, 116

選択的開示（selective revealing）　196

専　有　12

　　——可能性（appropriability）　20

戦略的イニシアティブ（Strategic Initiatives）　330

戦略的研究アジェンダ（SRA: Strategic Research Agenda）　313

戦略的提携　155

戦略的パートナーシップ　246

相互接続性（interoperability）　28

組織学習（organizational learning）　117, 226

組織間学習　68, 158

組織間ネットワーク　36, 153, 154

組織能力（organizational capabilities）　56

ソーシャル・ネットワーキング・ツール　99

ソーシャル・メディア　95, 99

た 行

ダイナミック・ケイパビリティ　57, 338

探索（exploration）　6, 114, 117, 153, 161

知財（IP: Intellectual Property）　10

　　——制度　6, 23

知財権（IPR: Intellectual Property Right）　23, 58

知識（knowledge）　329

　　——移転　167

　　——移転ネットワーク　158

仲介企業（brokerage/intermediary）　68

紐帯（embedded tie）　142, 162

　　強い——の強み　162

　　弱い——の強み　163

超 LSI 研究組合　210, 306

長期継続的関係　　8
デザインルール　　230
デザインハウス　　33
デジュリ標準（de-jure standard）　　264, 265
　　――化　　240
デファクト標準／デファクト・スタンダード
　　（de-facto standard）　　27, 63, 265, 285,
　　296
　　――化　　240
統合（integration）　　132, 140
統合企業のジレンマ　　258
統合性（integrity）　　116
特許権　→知財権
独禁法　　246
ドミナント・ロジック　　58
取引コスト（transaction cost）　　138, 182

な　行

ナショナル・イノベーション・システム
　　304
ナショナル・チャンピオン政策　　305
ニッチ企業　　67, 171
ニッチ創出（革新性）　　173
ニッチ・プレイヤー　→ニッチ企業
ネットワーク外部性（network externality/
　　effect）　　28, 175
ノウハウ（Know-how）　　230

は　行

媒介中心性（betweeness centrality）　　164
パテント・プール　　81
ハブ（hub）　　37
バリュー・チェーン　　35
範囲の経済（economy of scope）　　181
ビジネス・エコシステム　→エコシステム
ビジネスモデル　　57
ビッグデータ　　93
必須特許　→標準必須特許
標準（standard）　　264, 266
　　――化　　6, 75, 285, 348
標準必須特許（SEP: Standard Essential
　　Patent）　　81, 287
ファウンダリー　　122

付加価値　　343
普　及　　12
　　――可能性　　249
プラットフォーム　　26, 259, 273, 285
　　――化　　257
　　――（提供）企業　　31, 65, 171, 247
　　――戦略　　240
　　――の分離効果　　255
　　――・ビジネス　　245, 247
　　――・リーダー　　13, 67, 247, 350
　　――・リーダーシップ戦略　　13
ブリッジ（bridge）　　43
分権化　　138
ベンチャー・キャピタル　　6
補完財（complementary goods）　　22
補完的資産（complementary assets）　　21,
　　22
ポジショニング　　45

ま　行

マネジメント・コントロール・システム
　　143
ムーアの法則（Moor's Law）　　122
モジュラー
　　――・アーキテクチャ　　29, 60
　　――・イノベーション　　30
　　――化（modularization）　　29, 30, 229,
　　272, 348, 351
　　――型（組み合わせ型）　　342
ものづくり　　343

や　行

ユーザー・イノベーション（user innovation）
　　21, 22
4 P　　95

ら　行

ライセンシング　　10
リード・ユーザー（lead user）　　22
リニア・モデル　　104
ロイヤルティ・フリー（RF: Royalty Free）
　　12
ロックイン（locked-in）　　196, 285

♣編者紹介

安本 雅典（やすもと・まさのり）

横浜国立大学大学院環境情報学府・研究院教授

真鍋 誠司（まなべ・せいじ）

横浜国立大学大学院国際社会科学研究院教授

オープン化戦略：境界を越えるイノベーション

Strategy for Open Business: Innovation across Boundaries

2017年12月5日　初版第1刷発行

| 編　者 | 安　本　雅　典 |
| | 真　鍋　誠　司 |

発行者　　江　草　貞　治
発行所　株式会社　有　斐　閣

郵便番号 101-0051
東京都千代田区神田神保町 2-17
(03) 3264-1315〔編集〕
(03) 3265-6811〔営業〕
http://www.yuhikaku.co.jp/

印刷・株式会社理想社／製本・大口製本印刷株式会社
ISBN 978-4-641-16465-9